이재철 목사의

로마서

이 재 철 목 사 의

로마서

ROMANS

1

로마서 1-7장

믿음으로 말미암아 살리라

이 재 철

홍성사

책을 내면서

주님의교회에서 로마서를 설교한 것은 1992년 5월 20일부터 1995년 12월 27일까지였습니다. 그때 하나님께서 넘치도록 부어 주셨던 은혜를, 저는 지금도 생생하게 기억하고 있습니다. 자칫 공기의 진동으로 끝나 버릴 수도 있었던 그 은혜가, 이번에 홍성사의 수고를 통해 사라지지 않는 기록으로 남게 되었습니다. 말을 글로 정리하는 것이 참으로 어려운 일인데도, 홍성사 가족들이 오래전의 말을 현재의 글로 잘 표현해 주었습니다. 이 모든 과정을 섭리하신 하나님께, 그리고 수고하신 홍성사 가족 모든 분들께 진심으로 감사드립니다.

2015년 5월 양화진에서

이재철

로마서 4장

로마서 5장

로마서 6장

로마서 7장

일러두기

■ 〈이재철 목사의 로마서〉는 이재철 목사가 주님의교회에서 목회하면서, 수요성경공부 시간에 로마서를 본문으로 설교한 내용을 엮은 것입니다. 제1권은 1992년 5월 20일부터 1993년 3월 17일까지 설교한 내용을 담았습니다.

■ 당시 설교가 행해졌으나 녹음이 남아 있지 않아, 아래 설교들은 이 책에 담겨 있지 않습니다.

– 차례에서 5번과 6번 설교 사이에 '하나님께서 내버려 두다'(롬 1:24-25, 1992.7.8), 11번과 12번 설교 사이에 '그들은 정죄받는 것이 마땅하니라'(롬 3:1-8, 1992.9.9), 21번과 22번 설교 사이에 '다만 이뿐 아니라'(롬 5:3-4, 1992.12.2), '사랑을 확증하셨느니라'(롬 5:8, 1992.12.9), 28번과 29번 설교 사이에 '죄로 심히 죄 되게'(롬 7:7-13, 1993.3.3).

■ 펴내는 과정에서 원고에 대한 저자의 별도 검토 없이, 편집팀이 녹취원고를 교정·교열하고 오늘날의 정황에 맞지 않는 내용을 적절히 거르고 다듬었습니다.

■ 본문에 인용한 성경 구절은 개역개정판 성경을, 찬송가는 새찬송가를 기본으로 하였습니다. 개역개정판 외의 성경 역본을 따랐을 경우 별도 표기했습니다.

■ 본문에서 괄호 속의 ＊ 표시는 해당 괄호 속 내용이 편집자 주임을 나타냅니다.

로마서 1장

1
예수 그리스도의 종

로마서 1장 1-4절

예수 그리스도의 종 바울은 사도로 부르심을 받아 하나님의 복음을 위하여 택정함을 입었으니 이 복음은 하나님이 선지자들을 통하여 그의 아들에 관하여 성경에 미리 약속하신 것이라 그의 아들에 관하여 말하면 육신으로는 다윗의 혈통에서 나셨고 성결의 영으로는 죽은 자들 가운데서 부활하사 능력으로 하나님의 아들로 선포되셨으니 곧 우리 주 예수 그리스도시니라

많은 사람들이 로마서를 '성경 중의 성경', '복음서의 핵심', '바울의 복음서'라 하고, '성경을 반지로 비유한다면 로마서는 그 반지의 보석' 즉 가장 중요한 부분이라고 말합니다. 실제로 지난 2천 년 동안의 교회 역사를 볼 때 여러 위대한 인물들이 로마서의 영향을 받았고, 그간 생겨난 거의 모든 이단들도 로마서의 영향을 받았습니다. 로마서는 그만큼 중요한 책임을 알 수 있습니다. 그렇다면 로마서가 왜 중요한지 그 이유를 먼저 알아야 하겠습니다.

사도 바울은 총 13편의 서신을 기록했는데, 로마서를 제외한 나

머지 서신들은 자신이 세운 교회에 보낸 편지이거나 디모데서처럼 자신의 제자에게 보낸 편지입니다. 즉 편지 수신자를 알고 있는 상태에서 상대가 고민하고 있는 문제에 해답을 주기 위해 쓴 것들입니다. 예를 들면, 고린도서는 심각한 파벌 싸움이 있던 고린도 교회에 보낸 편지입니다. 성령의 은사를 받은 교인들이 서로 자신의 은사가 우월하다면서 싸웠는데, 바울은 그들의 잘못을 지적하며 가장 좋은 은사가 사랑이라는 것과, 사랑 없는 은사는 아무 소용이 없음을 일깨워 주었습니다. 또 갈라디아서는, 갈라디아 교회 내에 율법주의자들이 들어와 교회를 어지럽히자 그들의 주장처럼 율법으로 구원받는 것이 아니라, 오직 은혜로 구원받는다는 것을 일깨워 주기 위해 쓴 편지입니다. 디모데서는 바울이 제자 디모데에게 목회에 관한 가르침을 전해 주기 위해 쓴 것입니다. 이처럼 특정 목적을 위해, 어떤 문제를 해결하고자 썼기 때문에, 편지에서 복음을 체계적으로 설명할 필요가 없었습니다. 바울이 편지를 쓰기 전 해당 지역을 방문했을 때 복음을 이미 설명해 주었기 때문입니다.

그러나 로마서의 경우, 바울은 로마서를 기록할 때까지 로마에 한 번도 가본 적이 없었습니다. 로마에는 이미 자생적인 그리스도인들이 있었습니다. 그곳에 이미 교회가 세워져 있었던 것입니다. 그 교회는 아직 사도들에 의해 양육되지 못한 교회였습니다. 바울이 로마 교회에 편지를 보내게 된 것은 그 교회에 어떤 문제나 분쟁이 있어서 해답을 제시하기 위해서가 아니었습니다. 그들에게 구원과 복음이 무엇인지, 예수 그리스도가 누구신지 설명하기 위함이었습니다. 따라서 로마서는 구원과 복음을 가장 체계적이고 신학적이고 신앙적으로 서술한 편지입니다.

로마서를 단순히 편지라고 말하기 이전에 사람들은 로마서를 '구원의 복음에 관한 완벽한 논문'이라고 말합니다. 로마서를 보면 구원이 무엇인지, 복음이 무엇인지 온전히 이해할 수 있다는 의미입니다. 어떤 이들은 로마서가 없다면 예수님의 행적을 기록한 사복음서를 온전히 이해하기 힘들 것이라고도 합니다. 이와 같은 로마서를 우리가 함께 공부하는 동안, 모두가 로마서의 가르침을 자신의 심령에 새길 수 있기를 간절히 바랍니다.

두 번째로 생각해 볼 것은 로마 교회가 어떻게 자생적으로 생겨났는지, 누가 그 교회를 세웠는지 하는 점입니다.

로마가톨릭교회는 두 가지 근거에서 베드로가 로마 교회를 세웠다고 말합니다. 하나는 전승傳承으로, 오늘날 베드로성당이 있는 그곳에서 베드로가 순교했다는 것입니다. 그러나 베드로가 그곳에서 순교했다는 것과 그곳에 교회를 세웠다는 것은 결코 같은 의미가 될 수 없습니다. 베드로가 로마에서 순교했다는 것이 베드로가 로마 교회를 세웠다는 증거일 수는 없는 것입니다.

로마가톨릭교회는 또 다른 근거로 사도행전 12장 17절을 제시합니다.

베드로가 그들에게 손짓하여 조용하게 하고 주께서 자기를 이끌어 옥에서 나오게 하던 일을 말하고 또 야고보와 형제들에게 이 말을 전하라 하고 떠나 다른 곳으로 가니라

이 구절은 베드로가 헤롯에 의해 투옥되었다가 사형당하기 전날 천사로부터 극적으로 구출된 뒤 '다른 곳으로 갔음'을 증언하고 있습니다. 베드로는 이 구절 이후 사도행전에서 사라집니다. 감옥에

서 나온 베드로는 마가의 집으로 가서 자신을 위해 기도하던 교인들에게 자초지종을 설명한 뒤 '다른 곳'으로 갔는데, 로마가톨릭교회의 주장은 그때 베드로가 간 곳이 바로 로마라는 것입니다. 그러나 이는 성경적 주장이 아닙니다. 그 첫 번째 이유는 바울이 갈라디아서 2장 9절에 다음과 같이 증언했기 때문입니다.

또 기둥같이 여기는 야고보와 게바와 요한도 내게 주신 은혜를 알므로 나와 바나바에게 친교의 악수를 하였으니 우리는 이방인에게로, 그들은 할례자에게로 가게 하려 함이라

바울과 바나바는 이방인들을 전도하기 위해 갔고, 야고보와 게바 즉 베드로와 요한은 할례자들을 전도하기 위해 갔다는 말입니다. 그러니까 베드로는 할례 받은 유대인들을 위한 전도자로 소개되고 있습니다. 주님께서는 베드로를 포함한 사도들의 전도 대상이 할례 받은 유대인들을 넘어서지 못했기에 이방인들을 위한 당신의 도구로 바울을 택하셨습니다.

이 사람은 내 이름을 이방인과 임금들과 이스라엘 자손들에게 전하기 위하여 택한 나의 그릇이라(행 9:15)

따라서 베드로가 바울보다 먼저 로마에 가서 로마 교회를 세웠다는 것은 설득력이 없습니다. 더욱이 바울이 로마서를 기록하기 전에 베드로가 로마를 방문하여 로마 교회를 세웠다면, 바울은 로마에 있는 교인들에게 로마서와 같은 교리서를 써 보낼 이유가 없었습니다. 로마서 15장 20절에 기록된 바울의 전도 철학으로 인함

입니다.

또 내가 그리스도의 이름을 부르는 곳에는 복음을 전하지 않기로 힘썼노니 이는 남의 터 위에 건축하지 아니하려 함이라

이미 교회가 있고 목회자가 있는 곳에는 들어가지 않으려 했다는 말입니다. 다른 사람이 애쓰고 있는 곳에 들어가 방해꾼 노릇하지 않겠다는 뜻입니다.

또 사도행전 28장에 의하면 로마에 도착한 바울이 그곳에 있는 유력한 유대인들을 모두 불렀는데, 거기에 베드로의 이름은 없었습니다. 사도행전을 쓴 누가는 사도행전의 첫 부분을 베드로 이야기로 시작합니다. 누가는 베드로를 잘 아는 사람이었습니다. 따라서 베드로가 먼저 로마에 가서 교회를 세웠다면, 바울이 로마에 도착해 베드로를 만났다는 기록이 있어야 하지만 그런 기록은 발견할 수 없습니다.

이상의 내용을 토대로 무엇을 추론할 수 있습니까? 로마 교회가 자생적으로 생겨났고, 이후 바울이 로마서라는 편지를 보내 교회에 가르침을 주었으며, 또 직접 찾아가 교회를 돌보다가 순교했다고 생각할 수 있습니다. 그렇다면 로마가톨릭교회가 '다른 곳으로 갔다'는 사도행전 12장 17절 한 구절을 가지고 베드로가 로마 교회를 세웠다고 주장하는 이유가 무엇이겠습니까?

바울이 죽고 난 뒤 300년이 지나서 기독교는 로마의 국교가 되었습니다. 그 이후 300년이 지나자 교회의 힘이 막강해졌습니다. 주후 6세기경 로마제국은 다섯 개의 교구로 나뉘어 있었습니다. 로마 교구, 콘스탄티노플(오늘날 터키의 이스탄불) 교구, 예루살렘 교

구, 안디옥 교구, 아프리카의 알렉산드리아 교구입니다. 로마 교구의 중심지는 로마제국의 수도인 로마에 있었습니다. 로마 교구의 주교는 자신이 수장首長이 되어 다른 교회를 자신의 지배하에 두고 싶어 했습니다. 그래서 성경적인 근거를 찾은 것이 마태복음 16장 18-19절이었습니다.

또 내가 네게 이르노니 너는 베드로라 내가 이 반석 위에 내 교회를 세우리니 음부의 권세가 이기지 못하리라 내가 천국 열쇠를 네게 주리니 네가 땅에서 무엇이든지 매면 하늘에서도 매일 것이요 네가 땅에서 무엇이든지 풀면 하늘에서도 풀리리라 하시고

　여기에서 '이 반석 위에 내 교회를 세울 것이다'라는 주님의 말씀은 주님의 교회를 베드로 개인 위에 세울 것이라는 의미가 아니라, "주는 그리스도시요 살아 계신 하나님의 아들이시니이다"(마 16:16)라는 베드로의 반석 같은 신앙고백 위에 세울 것이라는 뜻입니다. '내가 천국 열쇠를 네게 줄 것이다'라는 말씀도 베드로 혼자 그 권리를 갖게 하시겠다는 것이 아니라, 베드로의 신앙고백 위에 세워진 교회가 구원의 통로가 되도록 하시겠다는 약속의 말씀입니다. 하지만 로마 교회는 이 구절을 취하여, 베드로가 로마 교회를 세우고 천국 열쇠를 받은 주인공이라고 주장했습니다. 따라서 베드로가 초대 교황이고, 로마 교회의 주교가 그 교황직을 이어받아야 한다는 것입니다.
　마태복음 16장에 나오는 '반석'이 신앙고백이 아니라 베드로 개인을 의미하면 두 가지 문제가 생깁니다. 첫째, 베드로를 통한 교회만이 교회로 인정받는다면 사도행전에 등장하는 바울이 세운 교회는

교회일 수 없게 됩니다. 둘째, 사탄의 권세가 교회를 이길 수 있게 됩니다. 마태복음 16장 21-23절을 보면 주님께 칭찬받은 베드로가 곧이어 주님께로부터 "사탄아 물러가라"는 꾸지람을 받습니다. 당신이 고난받을 것을 밝히신 예수님께 베드로가 절대로 그런 일이 일어나서는 안 된다고 항변했기 때문입니다. 주님께서 그런 베드로에게 사탄이라고 하신 것입니다. 만약 '반석'을 신앙고백이 아니라 베드로 개인으로 해석하면, 주님께서 교회를 사탄 위에 세운 셈이 됩니다. 또한 "음부의 권세가 이기지 못하리라"(마 16:18)고 하셨는데, 사탄이 교회의 기초가 되면 사탄이 이길 수 있게 됩니다. 따라서 베드로가 로마 교회를 세웠다는 것은 성경의 모순을 초래하는 비성경적 근거입니다.

로마 교회가 어떻게 생겨났는지에 대한 성경적인 근거는 다른 데 있습니다. 사도행전 2장을 보면 성령님께서 이른바 '마가의 다락방'에 임하는 장면이 나옵니다. 그곳에 있던 제자들이 주위의 사람들이 들을 수 있도록 그들의 모국어로 방언을 하기 시작했습니다. 그때 제자들 주위에 있던 사람들 가운데 "로마로부터 온 나그네 곧 유대인과 유대교에 들어온 사람들"(행 2:10하)이 있었습니다. 로마에서 온 사람들 중에는 유대인도 있고 유대인이 아닌 로마인으로서 유대교에 입교한 사람들도 있었다는 것입니다. 따라서 이 내용에 비추어, 성령님의 역사로 복음을 전해 들은 로마인들이 로마로 돌아간 뒤 함께 모여 예배를 드렸음을 생각할 수 있습니다. 마치 한국에 선교사들이 들어오기 전에, 이미 국외에서 복음을 들은 우리나라 평신도들에 의해 교회가 생겨났던 것과 같은 경우입니다.

그렇다면 우리가 이 지점에서 어떤 은총을 깨달을 수 있습니까? 로마에서 그리스도인들이 모여 주님을 사모하고 주님 앞에 예배드리고 있을 당시, 주님께서는 그들을 위해 저 먼 곳에 있는 사도 바울로 하여금 편지를 쓰게 하고 그 편지를 보내 주셨다는 사실입니다. 하나님을 사모하는 마음을 지닌 사람들에게 하나님 아버지께서는 하나님의 방법으로, 그들에게 필요한 은혜를 적절하게 채워 주신다는 사실입니다. 오늘 우리도 주님을 사모하는 중심을 지닐 때, 멀고 먼 곳의 사람을 동원해서라도 주님께서 주님의 방법으로 우리에게 은총의 역사를 이루어 주실 것입니다.

셋째, 로마서가 어디에서 기록되었는지가 중요합니다. 로마서는 고린도에서 기록되었습니다. 사도행전 20장 2-3절은 에베소를 떠난 바울이 '헬라'에서 '석 달 동안' 머물렀다고 전합니다. 이 '헬라'가 고린도를 의미합니다. 헬라 지방에서 고린도는 가장 큰 항구 도시였습니다. 특별히 고린도는 다른 항구 도시와 달리 도시 외곽에 두 개의 커다란 항구가 있었습니다. 하나는 도시의 동쪽에, 하나는 서쪽에 있어 유럽에서 오는 배들과 아시아에서 오는 배들의 하역을 각각 담당했습니다. 어느 항구보다 무역량이 많았기에 경제가 발전해 있었고, 이방인들의 왕래가 잦았습니다. 그래서 도시에 향락과 쾌락이 넘쳤습니다. 성도덕이 문란하고 사람들은 우상과 잡신을 섬겼습니다. 온 도시에 거대한 신전이 열두 개나 있고 그 중앙에는 아폴로 신전이 있었습니다. 특히 아크로폴리스의 아프로디테 신전에서는 공창公娼이 이루어졌습니다. 즉 신전에서 일하는 여자들이 돈을 받고 매음을 했습니다. 그 신전에 창녀들이 천 명가량 있었으니, 2천 년 전의 신판 '소돔과 고모라'였던 것입니다.

당시 사람들이 성적으로 너무도 문란한 삶을 살았기에 고린도에 있는 교회에도 음행의 파도가 밀려 들어왔습니다. 그런 상황 가운데 바울은 고린도전서 5장을 통해 음행하는 사람들을 엄히 꾸짖었습니다. 헬라어 '코린티아조마이κορινθιάζομαι'는 '고린도 사람이 되다', '고린도 시민이 되다'라는 의미인데, 이 단어가 나중에는 '성적으로 극히 타락하다'라는 뜻으로 바뀔 정도로 거의 모든 고린도 사람들이 타락했기 때문입니다. 놀라운 것은, 바울이 이런 고린도에서 은혜 중 은혜의 책인 로마서를 썼다는 사실입니다.

이 사실은 우리로 하여금 무엇을 깨닫게 합니까? 우리가 세속에 물들고 찌들고 세상이 아무리 향락과 쾌락의 노예가 되어 간다 하더라도, 하나님의 은혜는 막을 수 없다는 것입니다. 오히려 세상이 어두우면 어두울수록 하나님의 은혜는 더욱 뚜렷해집니다. 바울도 예전에 세상과 더불어 살던 사람입니다. 그런 그가 타락한 고린도에서 주님을 바라보며 자신이 진리의 사람으로 선택받았다고 생각하니 그 은혜가 더 클 수밖에 없었습니다. 그래서 바울은 죄가 많은 곳에 은혜가 넘친다고 고백했습니다(롬 5:20).

만약 고린도에서 바울이 깨어 있지 않았다면, 세상 조류에 휩싸이고 유혹받았을 것입니다. 말씀 안에서 깨어 있을 때에만, 세상의 풍조에 휩쓸리지 않고 그것을 딛고 일어나 하나님의 은혜를 체험할 수 있게 됩니다. 오늘날 이 땅의 도시가 황폐화되고 퇴폐화되어 가고 있습니다. 그런데 우리는 왜 바울처럼 어두운 도시 속에서 은혜를 받지 못하는 것입니까? 타락 가운데 있던 나를 구원하여 주신 주님의 은혜를 왜 뼈저리게 느끼지 못하는 것입니까? 한 가지 이유 때문입니다. 말씀 안에서 깨어 있지 않으면, 그리스도인들도 세상 사람들과 함께 세속화되어 가는 것입니다.

그렇다면 어떻게 깨어 있을 수 있습니까? 자율적으로는 어렵습니다. 2년 전 '자율 야구'를 표방하던 야구 감독이 있었습니다. 몸이 상품인 프로야구 선수들을 어린아이처럼 다룰 수 없다는 것이 이유였습니다. 그래서 훈련은 선수들이 자율적으로 하고 감독은 그들이 뛸 수 있는 판만 짜주면 된다는 것이었습니다. 그럴듯한 논리입니다. 그런데 그 감독이 시즌 중에 사표를 썼습니다. 자율 훈련을 하였음에도 좋은 성적을 거두지 못했습니다. 그분이 작년 1년 동안 이론을 더 강화하여 올해 초 또 다른 팀의 감독이 되었습니다. 그 팀은 2년 전 우승을 한 팀이었습니다. 그런데 그 팀이 지금은 꼴찌를 면하지 못하고 있습니다. 이런 결과를 지켜본 해설가들은 한국에서는 아직 자율 야구가 안 된다고 말하고 있습니다. 자율이라는 것은 이처럼 어려운 것입니다. 말씀도 마찬가지입니다. 내가 혼자만의 노력으로 말씀 안에서 늘 깨어 있는 것은 불가능한 일입니다. 그러면 어떻게 해야 합니까?

하나님께서 우리가 늘 깨어 있을 수 있도록 우리에게 주신 타율적인 방법이 있습니다. 바로 예배입니다. 주일예배, 찬양예배, 새벽예배 등에 참여해 내가 하나님의 말씀을 나의 것으로 삼을 때에 비로소 말씀 안에서 늘 살아 있는 영혼을 지닐 수 있습니다. 우리가 하나님의 말씀이 새겨지는 시간에 참석해 하나님의 말씀과 함께하는 영혼을 지니게 되면, 세상이 아무리 험악해도 그 속에서 은혜를 받고, 넘어짐 없이 주님 앞에 바로 설 수 있습니다.

세상의 역사는 누구에 의해 바뀝니까? 그것은 세상에 오염된 그리스도인에 의해 바뀌지 않습니다. 언뜻 보면 뒤떨어지고 모자라고 실패한 것처럼 보이지만 말씀 가운데 바로 서서 세상에 휩쓸리지 않는 사람이 결국 세상을 바꿉니다. 바울이 그러했습니다. 고린도에서 온갖 유혹에도 침몰하지 않았기에 오히려 그곳에서 은혜의 로마서를 쓸 수 있었고, 그에 의해 고린도가 바뀌고 로마가 새로워졌습니다. 우리가 로마서 공부를 하는 동안 이 땅의 도시가 아무리 어두워진다고 해도, 오히려 하나님의 은혜를 온 영혼으로 체험해 이 세상을 향해 바울처럼 주님의 은혜를 증거하는 주님의 자녀들이 될 수 있기를 바랍니다.

넷째, 로마서의 구성이 어떠한지 살펴봐야 합니다. 여러 갈래로 세분하여 이야기할 수 있겠지만 크게 두 부분으로 나눌 수 있습니다. 1장부터 11장까지는 '어떻게 예수 그리스도를 믿을 것인가' 하는 교리적인 내용을 설명하고 있습니다. 다시 말해, 구원의 핵심이라 할 수 있는 칭의(稱義, 예수 그리스도를 믿음으로 의로워지는 것)와 성화(聖化, 믿음으로 의로워졌으므로 거룩하게 살아가는 것)에 대해 전하고 있습니다.

12장부터 16장까지는 '어떻게 믿을 것인가'에서 한 걸음 더 나아가 '어떻게 살아야 할 것인가' 하는 윤리적인 내용을 이야기하고 있습니다. 정말 예수님을 믿음으로 의인이 되었다고 여긴다면, 삶의 현장에서 실제로 거룩한 삶을 살라고 바울은 말합니다. 사람들이 로마서를 가리켜 은혜의 책이라고 부르는 것은 로마서의 한 면만 보기 때문입니다. 바울은 로마서에서 구체적으로 거룩한 삶을 살 것을 철저하게 요구하고 있습니다. 이 세상에서 죄인으로 살아왔지만 예수 그리스도를 믿음으로 말미암아 거룩한 사람이 되었다고 여긴다면, 반드시 거룩한 삶을 살아야 한다는 것입니다. 그렇지 않으면, 자신이 믿음으로 의로워졌음을 믿지 못하는 것입니다. 이것이 바울의 결론입니다. 그러므로 바울이 쓴 로마서의 한 면만 주목한다면 우리는 절름발이 교인이 됩니다. 로마서는 은혜의 책이고 사랑의 책이지만, 한편으로는 십자가의 책이고 의무의 책인 것입니다.

　마지막으로 살펴볼 것은, 본문 1절에서 바울이 자신을 소개하는 내용입니다.

예수 그리스도의 종 바울은 사도로 부르심을 받아 하나님의 복음을 위하여 택정함을 입었으니

　우선, 바울은 스스로 "예수 그리스도의 종"이라고 말하고 있습니다. 현재 인천에 배 한 척이 들어와 있는데, 해외에 복음을 전하며 다니는 이 배의 이름은 '둘로스δοῦλος'입니다. 둘로스의 뜻은 '노예'입니다. 본문 1절의 '종'에 해당하는 헬라어가 바로 둘로스로서, 바울이 자신을 예수 그리스도의 둘로스 즉 노예라고 한 것은, 스스로 주님 앞에 모든 것을 맡겼다는 뜻입니다. 그래서 자기가 있는 곳마다 자기가 드러나는 것이 아니라 주님만 드러나게 하겠다는 의미입니다.

　둘째, 자신의 이름 "바울"을 불렀습니다. 헬라어로는 '파울로스Παῦλος'입니다. 바울의 본래 이름은 사울 즉 '사울로스Σαῦλος'입니다. 사울은 베냐민 지파 출신입니다. 베냐민 지파는 이스라엘 초대 왕인 사울 왕을 배출한 지파로 유명합니다. 사울이라는 이름의 뜻은 '요구하다'입니다. 요구는 채워지면 또 다른 요구를 낳기 때문에 만족이 있을 수 없습니다. 사울 왕도 왕위에 앉았음에도 만족하지 못하고 권력의 노예가 되어 비참하게 망했습니다. 우리가 생각하기에 사울 왕은 선정善政을 펴지 못하고 하나님 앞에서 비참하게 죽었으니 누구에게도 자랑거리가 될 수 없다고 볼 수 있습니다. 그러나

그렇지 않습니다.

전두환 전 대통령이 백담사에 유배되어 국민으로부터 부정당하며 온갖 수모를 겪었지만, 오랜 시간이 지나면 전씨 가문에서는 대통령을 낸 가문이라며 자부심이 대단할 것입니다. 백담사를 가고 안 가고는 크게 따지지 않을 것입니다. 마찬가지로, 로마서가 기록될 당시는 사울 왕이 이스라엘의 초대 왕을 지낸 지 천 년이 지난 때였습니다. 베냐민 지파 사람들은 자신들이 이스라엘 최초의 왕을 낸 지파의 후예라는 자부심이 있었습니다. 그래서 바울의 아버지도 바울을 낳고서 그 이름을 사울이라고 지었습니다. 베냐민 지파의 전통을 따라 초대 왕 사울과 같은 걸출한 인물이 되라는 뜻을 이름에 담은 것입니다.

그런데 사울이 예수 그리스도를 만나고 사도행전 13장에서 1차 전도 여행을 떠나면서 그 이름이 파울로스로 바뀌었습니다. 파울로스의 뜻은 '작다'입니다. 내가 주님 앞에 서고 보니 내 존재는 아무것도 아니라는 것입니다. 내가 할 수 있는 것이 아무것도 없다는 것입니다. 파울로스라는 단어는 동사 '파우오παύω'에서 파생되었는데, '포기하다'라는 뜻입니다.

주님을 만난 사울이 자신만을 위해 살던 삶을 철저하게 포기하였습니다. 바울이 고백하기를, 자신이 난 지 8일 만에 할례를 받은 것, 베냐민 지파인 것, 히브리인 중의 히브리인인 것, 율법으로는 바리새인인 것, 이 모든 것을 배설물로 여겼다고 했습니다(빌 3:5-8). 살아오면서 그 모든 것을 자신을 위해 가지고 있었는데, 주님을 위한 삶을 살고자 하니 필요 없게 되었다는 것입니다. 자신을 위한 삶을 포기하고 주님을 위해 살고자 스스로 작은 사람이 된 것입니다. 그러므로 '나는 바울이다'라는 말은, 그리스도 앞에서 작은 존재라고 자신을 규명하는 것입니다.

셋째, 바울은 자신이 '사도로 부르심을 받았다'고 하였습니다. '사도'는 헬라어로 '아포스톨로스ἀπόστολος'이며, '보내다'라는 의미의 동사 '아포스텔로ἀποστέλλω'에서 유래합니다. 즉 사도란 보냄을 받은 사람인데, 그 목적이 무엇이었습니까? 1절 하반절이 '하나님의 복음을 위하여 택정함을 입었다'고 밝히고 있습니다.

순서로 볼 때, 주님 앞에서 둘로스가 되는 사람, 주님 앞에서 작은 사람 즉 주님 앞에서 교만하지 않은 사람이 아포스톨로스로 부르심을 받습니다. 그런데 이 순서대로 주님 앞에서 노예가 되고 스스로 작은 사람이 되어 주님의 택하심을 받는다고 한다면, 사실 우리는 모두 가망 없는 인생들입니다. 하지만 바울의 인생을 살펴보면 하나님께로부터 택정함을 입은 것이 가장 먼저임을 알 수 있습니다. 교회를 잔멸하고자 그리스도인들을 죽이러 가던 사울을 주님께서 먼저 다메섹에서 꺾으셨습니다. 그리고 그 죄 많은 인간을 아포스톨로스로 부르셨습니다. 주님께서 불러 주셨기 때문에 그 주님의 사랑 앞에서, 표현할 수 없는 주님의 은총 앞에서, 사울은 자기 삶을 포기하고 비로소 파울로스가 되었습니다. 도저히 감당할 길 없는 주님의 사랑에 보답하기 위해 둘로스가 된 것입니다.

바울은 계속해서 말합니다.

이 복음은 하나님이 선지자들을 통하여 그의 아들에 관하여 성경에 미리 약속하신 것이라(2절)

복음은 하나님의 아들이 이 땅에 오셨다는 것입니다.

그의 아들에 관하여 말하면 육신으로는 다윗의 혈통에서 나셨고(3절)

하나님의 아들은 참인간이었습니다.

성결의 영으로는 죽은 자들 가운데서 부활하사 능력으로 하나님의 아들로 선포되셨으니 곧 우리 주 예수 그리스도시니라(4절)

하나님의 아들은 부활하심으로 신성을 지닌 분으로 선포되셨습니다. 여기서 '선포되셨다'에 대한 바른 번역은 '확인되셨다'입니다. 새번역 성경은 '확정되셨다'라고 표기하고 있습니다. 하나님의 아들로 오신 그분이 부활하심으로 그 사실이 확인되고 입증되었다는 말입니다.

바울은 복음을 소개하면서 하나님의 아들은 참인간이며 부활자시라고 설명하고 있습니다. 이어서 4절 하반절에 "곧 우리 주 예수 그리스도시니라"고 말합니다. 따라서 복음이 바로 예수 그리스도라고 전하고 있습니다. 주목할 점은 1절에서 "예수 그리스도의 종 바울은"이라고 시작하면서 예수 그리스도의 종으로 자신만을 언급했는데, 4절에서 "우리 주"라고 말함으로써 그 대상을 이 편지를 받는 로마 사람들로 확대하고 있는 것입니다. 이는 편지를 받는 사람이 바울과 마찬가지로 둘로스가 되고 파울로스가 되어야 한다는 말입니다.

이 말은 2천 년 전 주님께서 바울을 통해 로마 교인들에게 하셨던 말씀일 뿐 아니라, 바로 오늘 우리 자신들에게도 하시는 말씀입니다. 이 시간 주님을 알지 못하고 죄악 가운데 있는 사람들보다 애당초 뛰어난 도덕성을 지니고 있기 때문에 우리가 선택받은 것이 아닙니다. 많은 죄가 있음에도 불구하고 주님께서 헤아릴 수 없는 사랑으로 우리를 먼저 택정해 주셨습니다. 그 사랑을 안다면 이제부터 주님의 사랑에 응답하느냐 하지 않느냐, 이 차이에 따라 우리 삶이 결정됩니다.

사울 왕은 하나님께로부터 택정함을 받았습니다. 그런데 하나님 앞에서 파울로스가 되지 못하고 자신을 더 키우려고 하였습니다. 가룟 유다도 하나님께로부터 부름을 받았습니다. 하지만 주님 앞에서 파울로스가 되지 못하고 주님을 이용해 자신의 주머니를 채우려 하다가 망하고 말았습니다. 주님께서 우리 역시 불러 주셨는데, 그 주님의 사랑 앞에서 얼마나 파울로스가 되고 둘로스가 되느냐에 따라 하나님의 역사가 우리의 삶 가운데 얼마나 나타나는지 구별되게 됩니다. 오늘 우리를 불러 주신 주님의 사랑 앞에 우리 자신을 드리고, 주님 앞에서 더 낮아지는 파울로스가 되고 오직 그분의 뜻대로 살아가는 둘로스가 되십시다. 그러면 우리를 통해 이루시는 하나님의 역사를 삶의 매 순간 경험하게 될 것입니다.

2
은혜와 평강

로마서 1장 1-7절

예수 그리스도의 종 바울은 사도로 부르심을 받아 하나님의 복음을 위하여 택정함을 입었으니 이 복음은 하나님이 선지자들을 통하여 그의 아들에 관하여 성경에 미리 약속하신 것이라 그의 아들에 관하여 말하면 육신으로는 다윗의 혈통에서 나셨고 성결의 영으로는 죽은 자들 가운데서 부활하사 능력으로 하나님의 아들로 선포되셨으니 곧 우리 주 예수 그리스도시니라 그로 말미암아 우리가 은혜와 사도의 직분을 받아 그의 이름을 위하여 모든 이방인 중에서 믿어 순종하게 하나니 너희도 그들 중에서 예수 그리스도의 것으로 부르심을 받은 자니라 로마에서 하나님의 사랑하심을 받고 성도로 부르심을 받은 모든 자에게 하나님 우리 아버지와 주 예수 그리스도로부터 **은혜와 평강**이 있기를 원하노라

진리의 노예가 되고 작은 사람이 되어야 사도로 부르심을 받을 수 있다면, 우리 가운데 사도로 부르심 받을 사람은 아무도 없습니다. 왜냐하면 우리는 스스로 진리의 노예가 될 수 없기 때문입니다. 그

런데 바울에게 일어났던 일은 이 순서와 반대입니다. 바울이 죄 가운데 있었음에도 주님께서 먼저 그를 택정하여 부르셨습니다. 주님의 불러 주심에 힘입어 바울은 파울로스, 즉 교만의 자리에서 겸손의 자리로 내려갈 수 있었고, 주님의 그 은혜 속에서 비로소 주님의 종, 진리의 노예가 될 수 있었습니다.

그렇다면 여기서 한 가지를 더 생각해 봐야 합니다. 하나님이 불러 주시고 택정해 주신 것이 뭐가 그토록 대단하고 기쁘며 감격스러운 일이기에 이처럼 진리 앞에서 파울로스가 되고 둘로스가 되어야 하는가 하는 점입니다. 사도행전 9장에는 바울이 다메섹 도상에서 예수 그리스도에 의해 강권적으로 사로잡혀 선택받는 장면이 나옵니다. 그 현장에는 바울 혼자 있었던 것이 아니었습니다. 바울과 똑같은 생각으로 예수 그리스도를 대적하던 동료들이 있었습니다. 그럼에도 같은 시간, 같은 장소에서 바울만 주님께 선택받았습니다.

사도행전 9장 7절을 보면, 바울과 같이 가던 사람들이 소리는 들었으나 아무도 보이지 않아 그저 멍하게 서 있었다고 전하고 있습니다. 바울이 주님의 음성을 듣고 주님의 빛을 바라보던 그 극적인 순간에 말입니다. 바울이 동료들 중 가장 나은 사람이라서 혼자만 선택받았던 것입니까? 그렇지 않습니다. 디모데전서 1장 15절에서 바울은 자신을 가리켜 "죄인 중에 괴수"라고 고백하고 있습니다. 죄인 중에서 가장 우두머리라는 의미입니다. 바울은 진리를 대적하던 사람들의 괴수였습니다. 그럼에도 하나님께서 그를 택정해 진리를 보게 하시고, 영원한 생명을 알게 하시고, 이 세상의 거짓과 유혹을 물리칠 수 있는 새 생명을 주셨습니다. 그러한 사랑과 은혜 앞에서 바울은 파울로스가 되고, 둘로스가 될 수밖에 없었던 것입니다.

바울은 본문 1절에서 '택정'이라는 단어를 쓰고 있습니다. 이것은 주님께서 지나치다가 우연히 바울을 찍으신 것이 아니라, 바울을 아시고 정확하게 집어내셨다는 의미입니다. 이사야 43장 1절에서 하나님께서 "내가 너를 지명하여 불렀나니 너는 내 것이라"고 말씀하셨듯이, 주님께서 우리 역시도 그렇게 집어내어 주셨습니다.

지난 주일 낮 예배 때 제 간증을 말씀드렸습니다. 험악하고 어두운 죄악 된 세상에서 살던 저를, 어느 날 주님께서 빛으로 사로잡아 주시고 바로 세워 주신 은혜를 말씀드렸습니다. 그런데 제가 느끼는 더 큰 은혜는, 당시 저와 흑암 속에서 함께한 많은 이들이 있었는데 그들 속에서 저만 주님의 빛에 사로잡혔다는 사실입니다. 아직도 많은 이들이 죄악 된 삶을 살고 있습니다. 욕망과 쾌락이 삶의 전부인 양 여기고 있습니다. 제가 그들보다 더 나은 사람이라서 주님께 사로잡혔겠습니까? 그렇지 않습니다. 그들보다 더 못한 삶을 살았는데도 주님께서 저를 강권적으로 불러 주시고 새 생명을 알게 해주셨습니다. 그 생명을 알게 되니, 저 자신을 주님 앞에 드리지 않을 수 없었습니다.

우리나라 4천만 국민 가운데 1천만 명이 예수님을 믿는다고 하면, 네 사람 중 한 명이 구원받은 것을 의미합니다. 네 사람이 같이 있었는데, 그들과 비교해 나는 조금도 나을 것이 없음에도 하나님께서 세 사람은 제외하고 나를 택정해 주신 것입니다. 이 사랑을 깨닫는 것이 중요합니다. 왜냐하면 이 사랑을 올바로 깨닫는 사람만이 삶의 목표가 분명해지기 때문입니다. 이것을 깨닫지 못하면 목표가 없든가, 있어도 바른 목표가 되지 못합니다. 새벽부터 밤늦게까지 열심히 뛰어가며 돈을 버느라 자식 얼굴 한번 제대로 볼 수 없는데, 그렇게 살아가는 사람에게 왜 사느냐고 물으면 대답을 못 합니다. 평생 혼자 써도 남을 만큼 돈을 벌고도 계속 돈에 집착하는 이유는, 삶의 목적이 없기 때문입니다. 만약 이 사람에게 삶의 목적이 존재한다 해도 그것은 참된 목적이 될 수 없습니다.

바울은 죄인 중에 괴수 같은 자신을 불러 주신 주님의 은혜를 깨닫고 난 뒤 그 은혜를 베풀어 주신 이유를 생각하기 시작했고, 해답을 얻었습니다. 1절에서 바울은 하나님의 복음을 위하여 택정함을 입었다고 했는데, 이는 하나님의 복음을 위한 삶을 살도록 주님께서 은혜를 베풀어 주셨음을 알게 되었다는 말입니다. 바울에게 삶의 목적이 분명하게 세워진 것입니다.

'복음'은 말 그대로 '복된 소식', '기쁜 소식'입니다. 이 복음이 무엇입니까? "하나님이 선지자들을 통하여 그의 아들에 관하여 성경에 미리 약속하신 것이라"(2절)고 했습니다. 하나님께서 구약의 선지자들을 통해 계속 약속해 오셨던 당신의 아들, 그분이 곧 복음이라는 것입니다. 그렇다면 그 아들은 어떤 분입니까? "육신으로는 다윗의 혈통에서 나셨고 성결의 영으로는 죽은 자들 가운데서 부활하사 능력으로 하나님의 아들로 선포되셨으니 곧 우리 주 예수 그리스도시니라"(3-4절)고 했습니다. 복음이란 한마디로 예수 그리스도라는 것입니다. 그렇다면 왜 예수 그리스도가 복음입니까? 이유는 한 가지입니다. 그분이 우리에게 생명의 길을 열어 주셨기 때문입니다. 그분만이 우리의 죄 문제를 해결해 주시고, 그분만이 우리에게 새로운 생명을 주어 이 땅에서 참된 가치의 삶을 살게 하시고, 그분만이 우리를 영원한 생명으로 인도해 주시기 때문입니다.

내가 이 세상에서 아무리 많은 돈을 벌어도, 아무리 천하를 움직이는 권력을 쥐고 있어도, 명예가 아무리 태산처럼 높아도, 죽어서

관에 들어가 관 뚜껑에 못이 박히는 순간 그 돈과 권력은 나를 살리지 못합니다. 이 세상의 어떤 가치도 그 관 앞에서는 무용지물입니다. 그러나 그 순간에도 우리를 살릴 수 있는 분, 우리에게 영원을 향해 나아갈 수 있도록 인도해 주는 분, 그분이 곧 죽음을 깨뜨리고 부활하신 예수 그리스도입니다.

그래서 주님의 부활이 중요합니다. 죽었다 살아나시고, 지금도 살아 계신 분은 예수 그리스도밖에 없습니다. 그러므로 주님만이 우리의 안내자가 되십니다. 바울은 그런 주님의 사랑을 인식한 뒤 자신은 '하나님의 복음을 위하여' 택정함을 입은 것이라고 삶의 목적을 분명히 했습니다. 하나님의 복음을 위한다는 것은 바꾸어 말하면, 다른 사람의 생명을 살리는 것을 목표로 삼는다는 것입니다. 복음을 전한다는 것은 구원의 길을 알리는 것이니, 누군가의 생명을 살리는 것입니다. 누군가를 살리는 생명의 통로가 되는 것이 바울의 삶의 목표였습니다.

누군가가 그리스도인이 지녀야 할 삶의 목적이 무엇이냐고 물으면, 대체로 우리는 주님의 영광을 드러내는 것이라고 대답합니다. 그런데 주님의 영광을 드러내는 것이 구체적으로 무엇입니까? 삶의 현장에서 사람을 살리는 것입니다. 왜입니까? 하나님께서 하시는 일이 바로 사람을 살리는 것이기 때문입니다. 하나님께서 우리에게 성경 말씀을 주신 이유, 하나님께서 많은 선지자들을 우리에게 보내 주신 이유, 하나님께서 당신의 독생자를 십자가에 달려 돌아가게 하신 이유, 하나님 아버지께서 오늘도 우리를 불러 주시는 이유, 이 모든 것이 바로 사람을 살리기 위함입니다.

내 아버지의 뜻은 아들을 보고 믿는 자마다 영생을 얻는 이것이니 (요 6:40상)

주님께서 사람을 살려 영생을 주는 것이 하나님의 뜻이라고 못박아 말씀하셨습니다. 그 하나님의 뜻에 동참하는 것, 그 하나님의 일을 내 삶의 목적으로 삼는 것이 바로 하나님의 영광을 드러내는 것입니다.

세상에서 가장 행복한 사람이 누구이겠습니까? 삶의 목적을 분명히 지니고 있는 사람입니다. 세상에서 가장 보람된 일이 무엇입니까? 사람의 생명을 살리는 일입니다. 왜냐하면 생명보다 더 귀한 것은 없기 때문입니다. 사람의 생명을 살리는 이 귀한 일을 자기 삶의 목적으로 삼은 사람이야말로 기쁨의 삶, 신명 나는 삶의 주인공이 아닐 수 없습니다. 바울은 "은혜의 복음을 증언하는 일을 마치려 함에는 나의 생명조차 조금도 귀한 것으로 여기지 않는다"(행 20:24)고 고백했습니다. 어떻게 이런 고백이 가능하겠습니까? 절망에 처해 있던 사람이 복음을 받아들이면 소망을 품고 일어서게 됩니다. 한 인간의 삶의 가치관이 뒤바뀝니다. 풍비박산 난 가정이 복음을 받아들이면 그리스도 안에서 새롭게 변화됩니다. 생명과 복음을 전하며 이 같은 변화를 눈앞에서 확인하고 매일 경험하는 것보다 더 가치 있는 일은 없습니다. 이런 가치 있는 일이라면 바울은 자신의 생명을 걸겠다는 것입니다.

오늘 본문은 생명을 전하고 복음을 전하는 일에 사도 바울이 얼마나 열정적으로 임하는지 잘 보여 줍니다. 신학자들은 오늘 본문이 복음에 대한 사도 바울의 크나큰 열정을 대변해 주는 부분이라고 말합니다.

1절부터 7절까지는 로마 교회의 교인들에게 인사말을 전하는 편지의 서두입니다. 우리나라에서는 편지를 쓸 때 먼저 수신자 이름을 쓰고 나서 발신자 이름을 밝힙니다. 이와 달리 신약시대 헬라 문화에서는 편지 쓰는 사람이 자신을 먼저 밝힌 뒤 편지 받는 사람의 이름을 썼습니다. 그래서 바울은 1절에서 자신의 이름을 먼저 드러내고 있습니다. 수신자에 관한 내용은 7절 상반절에 나옵니다.

로마에서 하나님의 사랑하심을 받고 성도로 부르심을 받은 모든 자에게

이 서신이 제대로 격식을 갖춘 편지가 되려면 1절 다음에 7절이 바로 연결되어야 합니다. 그런데 1절과 7절 사이에 2-6절이 다소 엉뚱하게 끼어 있습니다. 1절을 다시 한 번 잘 보십시다. "예수 그리스도의 종 바울은……"이라고 자신을 밝히다가 "하나님의 복음을 위하여 택정함을 입었다"라고 설명을 덧붙이며 '하나님의 복음'을 이야기하고 있습니다. 상대방에게 문안을 하기도 전에 복음이란 무엇인지 전하고 있는 것입니다.

바울은 언제 어디서나 복음과 생명을 전하고자 했습니다. 그 열정으로 날아오는 돌멩이도 무릅쓰고 세계 곳곳을 누볐습니다. 바울의 그런 열정은 어디서 나온 것입니까? 주님께서 자신과 같은 죄인을 택정해 주신 은혜와 그 깨달음, 그러한 주님에 대한 사랑이 솟구치며 복음의 열정이 꽃핀 것입니다.

그렇다면 우리 삶의 목적이 어떠해야 하는지 자명해집니다. 무슨 일을 하든지 그 일을 통해 생명을 전하는 것, 사람의 생명을 살리는 것이 우리에게 주어진 삶의 목적입니다. 내 일터가 어디든 상관없이 하나님께서 그 일터를 내게 맡겨 주신 까닭은, 바로 그곳에서 만나는 사람들에게 생명을 전하고 그들로 하여금 영원한 생명을 얻게 하기 위함입니다.

내가 생명을 전하고 다른 사람을 살리는 사람이 되었다는 것은, 이미 내가 '생명의 사람'이 되었음을 의미합니다. '죽음의 사람'은 절대로 생명을 전하지 못합니다. 생명을 전한다는 것은 전하는 사람이 이미 생명의 사람이 되었음을 의미하는 것이요, 생명의 사람이 되었다는 것은 바로 생명이신 주님께서 그와 함께하심을 의미합니다. 생명을 전하는 삶 속에 하나님의 기쁨과 권능이 함께하시는 것은 두말할 나위가 없습니다.

대부분 우리는 그리스도인으로서 하나님의 영광을 나타내야 한다는 강박관념이 있습니다. 왜입니까? 제대로 깨닫지 못해서 그렇습니다. 우리는 세상에서 자꾸 큰 업적을 남겨 하나님의 영광을 드러내려 합니다. 하나님께서는 업적을 원치 않으십니다. 하나님께서 요구하시는 것은 생명을 전하는 것, 즉 다른 사람의 생명을 살리는 것입니다. 업적은 절대로 인간이 만드는 것이 아닙니다. 내가 바른 삶을 살고 바른 삶의 통로가 되면, 모든 업적은 하나님께서 이루어 주십니다. 그런데 우리는 그것을 거꾸로 생각합니다. 하나님께서 이루어 주시는 업적을 내가 이루려 하기 때문에 바른 삶에는 관심이 없습니다. 수단과 방법을 가리지 않고 업적을 만들어 그 업적을 통해 하나님의 영광을 드러내려 하다 보니 그 과정에서 수없이 많은 사람을 해치게 됩니다. 사람의 생명을 살리기보다는 오히려 갉아먹습니다.

언제 사람의 생명을 살리는 역할을 올바로 할 수 있습니까? 나 같은 죄인을 주님께서 택정하여 살려 주시고 바로 세워 주셨다는 사실, 그 은혜와 사랑을 진실로 깨달을 때, 사도 바울처럼 파울로스가 되고 둘로스가 되어 생명을 살리는 도구가 될 수 있습니다. 그렇다면 주님으로 말미암아 은혜를 입은 사도의 직분은 무엇을 목적으로 합니까? 5절에 답이 나와 있습니다.

그의 이름을 위하여 모든 이방인 중에서 믿어 순종하게 하나니

즉 복음과 생명을 전하는 목적은 이방인들로 하여금 주님을 믿고 순종케 하는 것입니다. 여기에서 '믿음'이란 곧 '순종'을 의미합니다. '아니오'라고 말하지 않는 것입니다. 자신의 지위나 재산, 생각과 상관없이 순순히 복종하는 것입니다. 그렇다면 이 순종은 구체적으로 무엇에 대한 순종입니까?

첫째, 하나님의 말씀에 대한 순종입니다. 어떤 말씀이든지 자신에게 주어지는 말씀을 수용하고 받아들이는 것입니다. 열왕기하 5장에는 한센병에 걸린 '나아만'이라는 아람의 군대 장관이 나옵니다. 그는 엘리사가 하나님의 능력을 갖고 있다는 소문을 듣고 많은 선물을 가지고 찾아갑니다. 엘리사는 그런 나아만에게 사환을 보내, 요단강에서 일곱 번 목욕하라고 합니다. 나아만 생각에는 한심한 말이었습니다. 자기 같은 사람이 왔으면 엘리사가 정중히 직접 나아와 여호와를 부르며 그 손을 자신의 상처에 놓고 기도해 줄 줄 알았기 때문입니다. 그래서 나아만은 엘리사의 말을 듣지 않았습니다. 그러다가 부하들의 권유로 엘리사의 말에 결국 순종했습니다. 그러자 한센병이 나았습니다.

이와 반대의 경우도 있습니다. 첫 시간에도 언급했던 것처럼, 마태복음 16장을 보면 베드로는 예수님께 인간이 받을 수 있는 가장 큰 칭찬을 받았습니다. 주님께서 "내가 누구냐"고 물으시니 베드로가 "주는 그리스도시요 살아 계신 하나님의 아들이시니이다"라고 대답했습니다. 이에 주님은 "너의 그 신앙고백 위에 교회를 세우고

네게 하늘나라의 열쇠를 주겠다"고 말씀하셨습니다. 그런데 이어지는 주님과 베드로의 대화는 이와 전혀 다르게 전개됩니다.

이때로부터 예수 그리스도께서 자기가 예루살렘에 올라가 장로들과 대제사장들과 서기관들에게 많은 고난을 받고 죽임을 당하고 제삼 일에 살아나야 할 것을 제자들에게 비로소 나타내시니 베드로가 예수를 붙들고 항변하여 이르되 주여 그리 마옵소서 이 일이 결코 주께 미치지 아니하리이다
(마 16:21-22)

베드로는 방금 전 자기 입으로 고백하기를, 주님께서는 하나님의 아들이요 그리스도시라고 하였습니다. 하지만 그 하나님의 아들이 고난을 받고 십자가에서 죽는다고 하니 베드로는 예수님을 붙들고 절대 그런 일이 주님께 일어나서는 안 된다고 항변했습니다. 즉 예수님의 말씀을 부인했습니다. 그 말씀을 받아들이지 않은 것입니다. 이에 예수님께서 그런 베드로를 '사탄'이라고 부르셨습니다(마 16:23). 주어지는 그리스도의 말씀을 수용하지 않고 거부할 때, 사탄이 될 수 있다는 의미입니다. 내가 아무리 예배당 안에 있고 예수 그리스도의 면전에 있다 할지라도, 그분이 주시는 말씀을 수용하지 않으면 주님으로부터 사탄이라 배격당할 수 있다는 것입니다.
베드로는 청산유수 같은 멋진 고백을 했음에도 주님께서 주시는 말씀을 수용치 않았습니다. 이런 어리석음을 비단 베드로만 범하겠습니까? 오늘날 우리의 모습도 이와 같음을 깨달아야 합니다. 우리도 기도할 때 멋지게 신앙고백을 합니다. 우리는 고백에는 무척 익숙합니다. 그야말로 숙달된 고백의 달인들입니다. 그러나 주님께서 우리에게 주시는 말씀에 순종하는 달인은 되지 못하고 있습니다.

다른 말씀은 다 좋지만 이 말씀만은 안 된다고 거부할 때가 많습니다. 이렇게 우리가 접어 둔 말씀들이 성경을 펼치면 도처에 있습니다. 내 삶에서 아예 제외시켜 버린 말씀을 합하면, 내가 수용한 말씀보다 훨씬 많습니다. 매일 자신에게 주어지는 말씀에 대한 순종함이 없이는 어떤 경우에도 믿음의 사람일 수 없습니다.

둘째, 주어진 모든 상황에 대한 순종입니다. 말씀에 대한 고백과 순종 모두 멋지게 할 수 있다 해도, 자신의 생각과 어그러지는 상황이 눈앞에 전개되면 그것을 용납하지 못하는 경우가 많습니다. '어쩌자고 저를 이 지경에 몰아넣습니까!' 하는 탄식과 원망과 불만이 터져 나오는 것입니다.

바울은 예수 그리스도를 믿는 로마 사람들에게 '성도'라 하였습니다(7절). 우리도 모두 성도입니다. 성경에 있는 말들이 오늘날 많이 변질되어 그 단어가 본래 지녔던 의미와 감동이 잘 전달되지 않는 경우가 많습니다. 우리 자신이 성도라고 할 때 감동이 있습니까? '성도聖徒'의 본래 의미는 '거룩한 사람'입니다. 성경에서 '거룩하다'는 말은 하나님과 예수님께만 적용되는 말입니다. 그런데 성경이 우리를 가리켜 '성도'라 일컫는 것입니다. 즉 우리가 거룩한 사람이라는 것입니다. 세속에 찌들어 어둠 속에 살고 있는 우리가 어떻게 거룩한 사람일 수 있습니까? 바울은 본문 6절에서 "너희도 그들 중에서 예수 그리스도의 것으로 부르심을 받은 자"라고 말하고 있습니다. 다시 말해, 거룩하신 주님께서 우리를 주님의 것으로 부르시고 주님의 소유로 삼으셨기 때문입니다.

예를 들어, 위대한 천재 과학자 아인슈타인이 손에 한센병이 걸렸다고 하십시다. 그러면 아인슈타인의 손을 보고 저 손은 천재의 손이 아니라고 할 수 있습니까? 그럴 수 없습니다. 아인슈타인의 손이 비록 한센병에 걸려 썩어 문드러지고 있다 해도 그 손은 천재 아인슈타인의 손입니다. 왜냐하면 그 손은 아인슈타인의 손이기 때문입니다. 영국의 과학자 스티븐 호킹의 몸이 움직이지 못하고 휠체어에 의존한다 해도 그 몸은 스티븐 호킹의 몸입니다. 이와 마찬가지로 우리가 어둠 속에 살고 있는 형편없는 죄인임에도 불구하고 거룩하신 주님께서 주님의 것으로 불러 주셨기에, 우리는 거룩한 사람인 것입니다. 따라서 우리는 그런 주님을 힘입어 거룩한 삶을 살아야 하는 의무가 있음을 알아야 합니다. 내가 온갖 죄에 물들어 있음에도 주님께서 나를 불러 주셨음을 진정 믿는다면, 이제부터는 거룩하신 그분을 닮아가야 합니다. 주님을 닮기 위해 시간과 에너지를 쏟아야 합니다. 진실로 주님을 내 중심에 모시고 그분의 생각과 행동으로 내 삶이 지배받아야 합니다.

세상에서 어떤 사람이 가장 추한 사람입니까? 자신의 권리는 주장하면서 자신의 의무는 다하지 않는 사람입니다. 이런 태도를 가진 기업인, 정치인 혹은 집안의 가장을 우리는 추하게 보고 조금도 존경하지 않습니다. 하나님 자녀로서의 권리만 주장하고 의무를 다하지 않는 사람은 세상 사람들과 하나님께 동시에 버림받는다는 것을 우리는 마음속에 새겨 두어야 합니다.

로마에서 하나님의 사랑하심을 받고 성도로 부르심을 받은 모든 자에게 하나님 우리 아버지와 주 예수 그리스도로부터 은혜와 평강이 있기를 원하노라 (7절)

여기에서 '은혜'라는 단어는 헬라어로 '카리스χάρις'로, '대가를 받지 않는 것'을 뜻합니다. 바울은 성도로 부르심 받은 모든 이들이 보상받을 것을 생각지 않는 사람이 되기를, 그리고 그러한 그들의 삶 속에 하나님의 평강이 있기를 바란다고 했습니다. 우리가 이 세상에서 계획하는 일이 잘되어 갈 때 하나님의 은혜를 느끼곤 합니다. 자신의 계획이 순조롭게 풀려 갈 때 평강 곧 샬롬을 누립니다. 반면에, 계획한 것이 제대로 이루어지지 않고 생각과 전혀 다른 상황이 전개될 때 우리는 절망하고 원망합니다. 그러나 참그리스도인이라면, 어떤 상황에서든 그리스도의 은혜와 평강을 누릴 수 있어야 합니다. 앞에서 믿음은 순종이고, 순종은 곧 말씀에 대한 순종과 상황에 대한 순종이라고 했습니다. 내가 정말 믿는다면, 나에게 주어진 지금의 상황 역시 나를 택하고 세우신 하나님께서 주신 것임을 믿어야 합니다.

본문 1절에서 7절까지 '입었다'는 단어가 한 번, '받았다'는 단어가 다섯 번, '택정되었다'는 단어가 한 번 나옵니다. 그런데 이 일곱 개의 단어가 무엇을 강조하느냐면, 하나님께서 일방적으로 우리를 세우셨음을 강조하고 있습니다. 하나님께서 일방적으로 우리에게 은혜를 베풀어 사도로 세워 주시고, 예수 그리스도의 것으로 삼아 주시고, 거룩한 성도로 만들어 주시고, 새 생명을 주셨다는 것입니다. 그러므로 내가 죄 가운데 있었음에도 이처럼 하나님께서 일방적으로 나를 불러 세워 새 생명을 주셨음을 믿는다면, 내가 정말 예수 그리스도께 속하였음을 믿는다면, 어떤 상황에 있든지 그 상황 또한 하나님 아버지께서 나를 더 좋은 방향으로 인도하기 위해 예비하신 것임을 믿어야 합니다. 이것을 믿을 때에만 어떤 상황에서든지 더 큰 은혜와 평강을 경험할 수 있습니다.

요셉은 가나안 땅에서 갑부의 아들로 살았습니다. 그러나 형들로 부터 버림받고 애굽의 보디발 집에서 노예생활을 했습니다. 그 집에서도 모함을 받아 감옥에 갇혔습니다. 그 세월이 13년입니다. 그런데 창세기 39장과 40장 어디에도 요셉이 보디발의 집에서나 감옥에서 탈출하려 했다는 내용이 없습니다. 요셉은 그 상황을 하나님께서 주신 것으로 믿었습니다. 하나님께서는 그 상황들을 통해 요셉을 바로 세우심으로, 결국 그를 애굽의 국무총리로 삼아 하나님의 생명의 통로가 되게 하셨습니다.

시편 34편 10절에서 다윗은 "젊은 사자는 궁핍하여 주릴지라도 여호와를 찾는 자는 모든 좋은 것에 부족함이 없으리로다"라고 고백했습니다. 젊은 사자가 어떻게 궁핍하겠습니까? 절대 궁핍하지 않습니다. 그런데 혹 궁핍할지언정 하나님을 찾는 사람은 모든 좋은 것으로 부족함이 없다는 것입니다. 여기에서 우리가 주목해야 할 점은 시편 34편이 다윗이 아비멜렉 앞에서 미친 척하다가 쫓겨나 지은 시라는 사실입니다. 사울에게 쫓기던 다윗은 이스라엘에 숨을 데가 없자 가드 왕 아비멜렉 앞에서 침을 질질 흘리며 미친 척했습니다. 그러고는 겨우 생명을 부지한 뒤 이 시를 쓴 것입니다. 당시 다윗은 아무것도 가진 것이 없었고 미친 척하지 않으면 목숨조차 부지할 수 없는 상황이었음에도, 하나님을 찾는 사람은 아무런 부족함이 없을 것이라고 믿음으로 고백했던 것입니다.

어떻게 이런 은혜와 평강이 있을 수 있습니까? 하나님을 믿음으로 그렇습니다. 베들레헴의 양치기에 불과했던 자를 하나님께서 일방적으로 선택해 부르셔서 골리앗을 이기게 하시고, 이스라엘 최고의 장군으로 만들어 주셨습니다. 그런 하나님께서 지금 자기를 미친 시늉을 하지 않으면 안 될 상황으로 몰아넣으신다면, 앞길이 보이지 않지만 분명 더 좋은 길로 인도해 주시리라 믿었기에, 다윗은 그 상황에서도 "모든 좋은 것에 부족함이 없으리로다"라고 고백할 수 있었습니다. 사도 바울도 똑같은 고백을 했습니다. 바울은 돌에 맞아 죽을 뻔하고, 배가 파손되어 죽을 뻔하고, 곤장을 맞아 죽을 뻔하는 등 질곡과 고난이 유난히 많았습니다. 그러나 로마서 8장 32절에서 이렇게 말했습니다.

자기 아들을 아끼지 아니하시고 우리 모든 사람을 위하여 내주신 이가 어찌 그 아들과 함께 모든 것을 우리에게 주시지 아니하겠느냐

하나님께서는 당신의 가장 귀한 독생자를 죽이고 우리를 택하여 살리셨습니다. 그런 하나님께서 우리에게 어찌 좋은 것을 주시지 않겠느냐는 것입니다. 이것을 믿으면, 우리 앞에 어떤 상황이 닥쳐도 문제가 없습니다. 예를 들어 만약 내가 누군가에게 배신당했다면, 이는 하나님께서 나와 그 사람을 새로운 관계로 맺어 주시기 위함입니다. 지금 내가 꺾임을 당했다면, 주님께서 나를 새로워지게 하시기 위함입니다. 지금 내가 망하게 되었다면, 주님께서 나를 흥하게 하시기 위함입니다. 바울은 이것을 믿었기 때문에 고난 가운데서도 은혜와 평강을 누릴 수 있었습니다.

우리가 이 세상을 살아가면서 언제 어려움과 고통을 경험합니까? 어떤 상황이나 결과가 자신의 계산과 맞지 않을 때입니다. 자신의 생각과 맞지 않기 때문에 고통스러워합니다. 하지만 우리가 진정 하나님을 믿는다면, 우리를 일방적으로 사랑하시는 하나님께서 우리에게 더 좋은 길을 예비해 주심을 알기에, 어떤 상황에서든지 주님을 믿음으로 바라보며 은혜와 평강을 누릴 수 있습니다. 모든 주

어진 상황 속에서 은혜와 평강을 누릴 수 있는 사람이 세상에서 가장 부요한 사람입니다. 이런 사람은 언제나 하나님이 함께하심을 경험합니다. 삶의 힘겨운 질곡에 놓인다 해도 당신의 아들을 죽이신 하나님께서 더 좋은 길을 우리에게 열어 주시기 위함임을 믿으십시다. 여러분의 삶 가운데 하나님의 은혜와 평강이 날마다 차고 넘치기를 주님의 이름으로 축원합니다.

3
내가 빚진 자라

로마서 1장 8-15절

먼저 내가 예수 그리스도로 말미암아 너희 모든 사람에 관하여 내 하나님께 감사함은 너희 믿음이 온 세상에 전파됨이로다 내가 그의 아들의 복음 안에서 내 심령으로 섬기는 하나님이 나의 증인이 되시거니와 항상 내 기도에 쉬지 않고 너희를 말하며 어떻게 하든지 이제 하나님의 뜻 안에서 너희에게로 나아갈 좋은 길 얻기를 구하노라 내가 너희 보기를 간절히 원하는 것은 어떤 신령한 은사를 너희에게 나누어 주어 너희를 견고하게 하려 함이니 이는 곧 내가 너희 가운데서 너희와 나의 믿음으로 말미암아 피차 안위함을 얻으려 함이라 형제들아 내가 여러 번 너희에게 가고자 한 것을 너희가 모르기를 원하지 아니하노니 이는 너희 중에서도 다른 이방인 중에서와 같이 열매를 맺게 하려 함이로되 지금까지 길이 막혔도다 헬라인이나 야만인이나 지혜 있는 자나 어리석은 자에게 다 **내가 빚진 자라** 그러므로 나는 할 수 있는 대로 로마에 있는 너희에게도 복음 전하기를 원하노라

우리가 누군가를 평가할 때 어떤 관점으로 바라보느냐에 따라 그

평가는 달라집니다. 가령 박정희 대통령에 대해 이야기해 보십시다. 인권이나 민주, 이런 범주의 안경을 쓰고 보면 그에 대한 평가는 부정적입니다. 도덕과 윤리적인 면에서도 좋은 점수가 나오기 힘듭니다. 그러나 경제적인 측면에서 본다면, 그는 가난하던 우리 민족이 세계로 도약할 수 있는 발판을 만들었습니다. 동일한 사람인데 그를 비추는 조명과 우리가 쓰는 안경에 따라 평가가 달라지는 것입니다.

하나님의 말씀도 마찬가지입니다. 우리가 하나님의 말씀을 볼 때 어떤 관점, 어떤 시각으로 보느냐에 따라 그 평가와 결과는 전혀 상이해집니다. 예를 들면, 하나님의 말씀을 철저하게 기복祈福의 관점에서만 보는 사람들이 있습니다. 하나님께 복을 받는 것은 참 중요합니다. 복이 없으면 우리는 살아갈 수 없습니다. 하나님께서 사람을 지으시고 가장 처음 하신 일이 복을 주신 것입니다(창 1:28). 하나님께 복을 받지 않으면 사람이 사람답게 살지 못합니다. 그런데 삶의 수단이어야 할 이 복이 삶의 목적이 되는 경우가 있습니다. 이것이 기복주의입니다. 그래서 기복주의에 빠진 사람은 창세기부터 요한계시록까지의 성경 말씀 가운데 자신이 복을 받는 데 필요한 내용만 취하고 나머지 내용은 다 버립니다.

지난주 일간신문 1면 하단의 5단 광고를 보신 분이 계실 것입니다. 요즘 물의를 일으키고 있는 어느 교회 목사님과 관련한 광고인데, '잠실 주경기장에서 이런저런 일을 하니 여기에 참여하라'는 내용이었습니다. 그런데 그 광고에서 "주 예수를 믿어 가난과 질병과 죽음에서 자유를 얻으라"는 문구를 쉽게 찾아볼 수 있습니다. 이것이 기복주의자들의 대표적인 표어, 즉 캐치프레이즈입니다. 예수를 믿는데 가난한 것, 예수를 믿는데 병드는 것, 예수를 믿는데 불의의 사고를 당해 죽는 것 등은 전혀 비성경적이라고 보는 것입니다. 예수님을 믿으면 부자가 되어야 하고, 예수를 믿으면 무병장수해야 하고, 예수를 믿으면 사고도 없어야 한다는 것입니다. 성경을 이렇게 해석하면 많은 문제점이 생깁니다.

첫째, 성경에 나오는 가난하게 살았던 사람들, 병들었던 사람들을 해명할 길이 없게 됩니다. 바울은 복음을 전하기 위해 스스로 청빈한 삶을 살았습니다. 바울이 쇠사슬에 묶여 로마에 도착하는 모습을 생각해 보십시오. 실상 거지의 모습과 진배없었을 것입니다. 또한 누가복음 16장에 나오는 나사로는 태어날 때부터 평생을 부자의 집 대문 앞에서 거지로 살았습니다. 그런데 죽은 뒤 나사로는 천국에 갔고, 나사로가 밥을 빌어먹던 집 주인은 지옥에 갔습니다. 우리가 잘 알다시피 바울은 몸에 병이 있었습니다. 그러나 그 병이 낫지 않았습니다. 오히려 바울은 그것을 은혜로 생각했습니다. 기복주의자들의 관점에서는 이런 내용에 대한 설명이 불가능합니다.

구약에서 가장 기적을 많이 행한 엘리사는 병에 걸려 죽었습니다(왕하 13:14). 그런데 그는 살아생전에 단 한 번도 자기 병을 낫게 해달라고 기도하지 않았습니다. 왜냐하면 한 가지 사실을 분명하게 알았기 때문입니다. 죽음은 천국에 들어가는 관문이라는 것입니다. 예수 그리스도를 믿는 사람에게는 모든 죽음이 축복입니다. 왜입니까? 믿는 사람에게는 죽음의 순간에 천국이 주어질 것이기 때문입니다.

둘째, 병이 낫는 것만이 축복이라면, 병이 낫지 않은 사람은 실패자가 되는 셈이 됩니다. 실제로 기복주의자들은 수만 명을 모아 놓고 치유 집회를 할 때 '병이 낫는 사람이 몇 명이냐'에 초점을 맞춥니다. 하지만 하나님께서 우리에게 구원을 주시고 진리를 알게 하셨으며 하나님과 더불어 누릴 수 있는 수많은 복을 주셨는데, 자신이 소원하는 것 하나가 이루어지지 않았다고 평생을 실패자처럼 살아가는 것이 과연 하나님께서 뜻하시는 바이겠습니까?

셋째, 복 자체가 목적이 되어 기독교인으로서의 의무를 다하지 않게 됩니다. 진실로 화평과 희락을 누리고 절제와 온유의 삶으로 성령님의 도구가 되어야 할, 그리스도인으로서의 윤리적·도덕적 의무를 소홀히 하게 됩니다. 복 받는 것만이 삶의 목적이기 때문에 복을 달라는 절규의 소리만 커집니다. 그래서 평생 예수를 믿으면서도 세월이 갈수록 더 이기적인 모습만 드러날 뿐, 거룩을 찾아 볼 수 없게 됩니다. 가정에서나 사무실에서나 존경할 만한 모습이 하나도 보이지 않게 되는 것입니다.

한편, 구약에 등장하는 선지자들의 외적인 모습에만 초점을 맞춰 성경을 해석하는 사람들도 있습니다. 모세가 이집트의 바로 왕을 찾아가 '내 백성을 해방시키지 않으면 재앙이 임할 것이다'라고 선포한 것이나, 엘리야가 아합 왕에게 '불의를 행치 말라. 하나님의 의를 행하라'고 꾸짖은 것에만 주목하여 세상을 향해 잘못된 것을 소리 높여 꾸짖으면서, 그 과정에서 자기 뜻대로 되지 않으면 세勢를 과시하곤 합니다. 때로는 세상 사람들처럼 자신이 생각하는 의를 위해 폭력적인 방법도 불사합니다.

이처럼 외적인 관점에서만 성경을 해석하면 무엇이 문제가 됩니까? 예수 그리스도는 이 땅에 오셔서 한 번도 세를 과시한 적이 없습니다. 또한 폭력적인 방법을 한 번도 사용하신 적이 없습니다. 오히려 예수님께서는 이 세상의 불의와 폭력에 의해 찢기셨습니다. 전혀 방법이 달랐습니다. 그런데 그렇게 찢기며 포용하자 오히려 상대가 거꾸러지고 변화되었습니다. 이것이 예수 그리스도의 방법입니다. 구약의 선지자들을 외적 관점에서만 볼 때는 이 예수 그리스도의 방법이 실종되고 한쪽으로 치우치게 된다는 것을 알 수 있습니다.

우리는 성경을 볼 때 분명한 안경을 가지고 봐야 합니다. 그 안경은 도대체 무엇입니까? 예수님께서 그 분명한 안경을 우리에게 제시해 주셨습니다. 한 율법사가 예수님을 시험하기 위해 계명 중에 어떤 계명이 제일 큰지 물었습니다. 예수님께서는 즉각 명쾌한 답변을 주셨습니다.

네 마음을 다하고 목숨을 다하고 뜻을 다하여 주 너의 하나님을 사랑하라 하셨으니 이것이 크고 첫째 되는 계명이요 둘째도 그와 같으니 네 이웃을 네 자신같이 사랑하라 하셨으니 이 두 계명이 온 율법과 선지자의 강령이니라 (마 22:37-40)

여기서 '율법'은 율법서, 즉 모세오경을 말합니다. 그리고 '선지자'는 예언서를 의미합니다. 다시 말해, 하나님을 사랑하고 사람을 사랑하는 것이 바로 당시 성경의 핵심이라는 말씀입니다. 성경은 경천애인敬天愛人의 관점으로 볼 때에만 올바로 해석될 수 있고, 그 관점으로만 하나님이 제대로 이해될 수 있으며, 우리 삶의 목적과 방법이 바르게 세워질 수 있습니다.

하나님을 믿고 있음에도 하나님께서 왜 가난을 주십니까? 왜 때로는 질병을 주십니까? 하나님을 사랑하는 사람으로 세우시기 위함입니다. 하나님께서 왜 건강을 주십니까? 왜 명예를 주십니까? 왜 복을 주십니까? 나 혼자 잘 살라는 뜻입니까? 그렇지 않습니다.

사람을 사랑하는 도구로 삼으라고 주시는 것입니다. 따라서 사회적 지위가 높아짐에 따라 자신의 권리만을 더욱 주장할 것이 아니라, 지위가 높아지고 가진 것이 많아질수록 하나님 앞에서 도덕적 · 윤리적으로 더욱 진실한 그리스도인으로 바로 서야 합니다. 하나님을 사랑하는 것이 사람을 사랑하는 것이요, 사람을 사랑하는 것이 하나님을 사랑하는 것이라는 의식이 내 안에 정립될 때, 이 세상의 그 무엇이 주어져도 그것이 내 삶의 목적이 되지 않습니다.

예수님께서 왜 이 땅에 오셨습니까? 이유는 간단합니다. 하나님과 본체가 같으신 하나님의 독생자께서 인간의 모습으로 오셨습니다. 그리고 이 땅에서 잠시 사시다가 십자가에 달려 비참하게 돌아가셨습니다. 왜입니까? 하나님을 어떻게 사랑해야 하는지 본을 보이시기 위해서입니다. 예수 그리스도께서 채찍에 맞아 피 흘리시고 십자가에 못박혀 "엘리 엘리 라마 사박다니"(나의 하나님, 나의 하나님, 어찌하여 나를 버리셨나이까) 하고 외치며 돌아가셨습니다. 왜입니까? 사람을 어떻게 사랑해야 하는지 본을 보여 주시기 위해서입니다. 예수님의 생애는 '하나님 사랑 + 사람 사랑 = 그리스도의 길'입니다. 따라서 하나님을 사랑한다면서 사람을 사랑하지 않는 사람은 참된 그리스도인일 수 없고, 사람을 사랑한다면서 하나님을 경배하지 않는 사람 역시 참된 그리스도인일 수 없습니다. 참된 그리스도인은 하나님 사랑과 사람 사랑이 언제든지 함께 맞물려 있어야 합니다.

사도 바울은 이 점을 분명하게 터득하고 있던 사람입니다. 지난시간에 상고했듯이 바울이 다메섹으로 향할 때 혼자가 아니었습니다. 동료들이 함께 있었습니다. 그런데 그 현장에서 동료들은 주님의 음성을 알아듣지 못하고 주님의 모습도 보지 못했습니다. 그 순간 바울 혼자만 구원받았습니다. 말하자면, 알 수 없는 하나님의 사랑으로 인해 바울만 선택된 것입니다. 그러므로 바울은 하나님께 사랑의 빚을 진 사람입니다. 아무것도 해드린 것이 없음에도 하나님께서 그를 선택해 주셨기 때문입니다. 그런 바울이기에 하나님께 진 사랑의 빚을 어떻게 갚아야 하는지 정확하게 알고 있었습니다.

바울은 본문 14절에서 "헬라인이나 야만인이나 지혜 있는 자나 어리석은 자에게 다 내가 빚진 자라"고 하였습니다. 여기서 '헬라인'이란 헬라어를 할 줄 아는 사람, '야만인'은 헬라어를 할 줄 모르는 사람을 뜻합니다. 당시는 로마가 세계를 지배할 때이지만, 그 이전에 알렉산더가 헬라제국을 만들고 헬라문명이 세계를 지배했기 때문에 라틴어보다는 헬라어가 공용되었습니다. 그래서 헬라어를 못 쓰는 사람은 야만인으로 취급되었습니다. 그러한 야만인에게든 어리석은 사람에게든 모두 빚을 졌으며, 저들을 다 사랑하는 것이 곧 하나님께 빚을 갚는 길임을 바울은 명확하게 인지했던 것입니다. 사람에게 사랑의 빚을 갚고자 하는데, 내 마음에 드는 사람, 나와 사상이 같은 사람에게만이 아니라 그가 누구든 상관없이 배운 사람이든 못 배운 사람이든, 가진 사람이든 못 가진 사람이든 내 눈에 보이는 사람에게 갚는 것이 하나님께 받은 사랑의 빚을 갚는 것이라고 생각했습니다.

바울의 위대함이 어디에 있습니까? 정각正覺, 정행正行에 있습니다. 바르게 깨닫고, 깨달은 것을 바르게 행하는 것입니다. 아무리 우리가 하나님의 말씀을 가까이 한다고 해도, 바르게 깨닫지 못하면 소용없습니다. 또한 아무리 우리가 하나님의 말씀을 바르게 깨달았다 해도, 바르게 행하지 못하면 의미가 없습니다.

오늘날 우리 사회에 기독교인이 25퍼센트를 차지하는데도 이 땅의 화평과 사랑의 열매는 그만큼의 정도로 맺어지지 않고 있습니다. 이유는 한 가지입니다. 하나님을 사랑하는 데는 무척이나 익숙한데, 하나님을 사랑하는 것이 곧 사람을 사랑하는 것이라는 사실을 제대로 인식하지 못하기 때문입니다. 그래서 하나님을 사랑한다는 명목으로 아름다운 예배당을 건축하고 장식하는 데는 익숙하지만, 사람에게 진 빚을 갚는 데는 인색합니다. 우리가 이것을 제대로 인식하지 못하는 한, 앞으로 대한민국 국민의 75퍼센트가 그리스도인이 된다고 해도 지금보다 나아질 수는 없을 것입니다.

그렇다면 사람을 사랑한다는 것이 구체적으로 무엇입니까?

첫째, 8절은 "먼저 내가 예수 그리스도로 말미암아 너희 모든 사람에 관하여 내 하나님께 감사함은 너희 믿음이 온 세상에 전파됨이로다"라고 전하고 있습니다. 여기서 말하는 '온 세상'이란 로마제국을 말합니다. 로마에 있는 그리스도인들의 믿음이 온 로마제국에 전파되고 복음에 관한 소문이 퍼지고 있었습니다. 그때는 기독교가 박해받기 전으로, 로마제국이 극도로 타락하고 온 사회에 사치와 부패와 방종이 만연하던 시대였습니다. 공직자를 비롯한 모든 사람이 부정부패를 일삼고 쾌락을 추구하지 않으면 못난 사람으로 치부될 정도였습니다. 그러나 예수를 믿는 사람들은 조금도 세상과 타협하지 않고 정결한 삶을 살았습니다. 믿지 않는 사람들로서는 이해할 수 없고, 도저히 흉내 내지 못할 삶이었습니다. 그래서 예수 믿는 사람들을 높이고 칭송하기 시작했습니다.

바울은 이와 같이 로마 교회의 성도들이 세상으로부터 칭찬받는 모습에 하나님께 감사드린다고 말한 것이었습니다. 사랑이라는 것이 무엇입니까? 사랑은 남이 잘되는 것을 기뻐하는 것입니다. 사람들은 남이 잘되는 것을 잘 보지 못합니다. 사촌이 땅을 사도 배가 아프다고 합니다. 그러나 하나님은 사람을 사랑하시는 분입니다. 하나님께서 그리스도를 보내 주신 것, 우리에게 선교하라는 지상 명령을 주신 것은 사람을 사랑하시기 때문입니다. 그러므로 남이 잘되는 것을 배 아파하지 않고 그가 잘되기를 바라는 것은 곧 하나님을 사랑하는 것입니다. 남이 잘되는 것을 진정으로 기뻐할 때, 하나님께서 그 마음을 통해 역사하십니다. 그 마음이야말로 사람을 사랑하시는 하나님께서 역사하실 수 있는 통로가 되기 때문입니다. 남을 잘되는 길에서 자꾸 끌어내리려 하고 모함하고 과소평가하는 사람을 통해서는 하나님의 역사가 이루어지지 않습니다.

둘째, 9절은 "내가 그의 아들의 복음 안에서 내 심령으로 섬기는 하나님이 나의 증인이 되시거니와 항상 내 기도에 쉬지 않고 너희를 말하며"라고 전하고 있습니다. 그리스도인이 누군가를 사랑한다는 것은, 그 사람을 위해 기도하는 것입니다. 바울은 '항상 내 기도에 쉬지 않고 너희를 말한다'고 하였습니다. 여기서 '항상'은 영어로 'day and night'의 의미입니다. 즉 밤낮으로 너희, 곧 로마에 있는 그리스도인들을 위해 기도했다는 것입니다. 누군가 우리에게 기도해 달라고 부탁하면 우리는 그렇게 하겠다고 대답하지만 빈말이 될 때가 많습니다. 그러나 바울에겐 빈말이 아니었습니다. 얼마나 열심을 다했던지 "내 심령으로 섬기는 하나님이 나의 증인이 되시거니와"라고 고백할 정도였습니다. 다시 말해, 자신이 그들을 위해 얼마나 기도했는지는 하나님께서 증인 되신다는 것입니다.

남을 위해 기도하는 것이 왜 사랑입니까? 요즘은 참 복잡한 세상입니다. 그래서 새벽부터 밤까지 시간에 쫓기며 바쁘게 살아가고 있습니다. 그러다 보니 여유롭게 편히 앉아 기도하는 시간을 갖기가 쉽지 않습니다. 사람들은 대개 기도를 하면 하나님께 간구하는데, 기도 시간이 짧다 보니 자기 것도 간구하기가 턱없이 모자랍니다. 그러니 언제 남을 위해 기도할 수 있겠습니까? 우리의 기도를 한번 살펴보십시다. 나와 이해관계가 있는 사람을 제외하고서 다른 사람들을 위해 얼마나 기도하고 계십니까? 그들을 위해 하루에 몇 분을 기도하십니까? 사랑은 그들을 위해 기도해 주는 것입니다. 그들을 위해 시간을 내어 기도하는 것이 이미 사랑입니다.

무엇보다 기도는 성령님께서 역사하시는 시간입니다. 내가 누군가를 위해 축복의 기도를 해준다면 더없이 좋겠지만, 그에 대한 미움과 원망을 하나님 앞에 토로하고자 하는 기도도 있을 것입니다. 그러나 누군가에 대한 미움이 있다 해도 그 미움을 담아 '하나님, 저 사람 죽여 주십시오'라고 기도하지 못합니다. 성령님께서 역사하시면, 내가 미워하는 사람일지라도 그에 관해 기도할 때 오히려 그에게 행한 나의 잘못을 회개하게 됩니다. 그를 위해 그에게 더 유익하도록 기도하게 됩니다. 이런 기도가 계속 이어지면, 그 사람과의 관계에서 이기적인 내 모습이 없어지고 결국 내 삶이 바뀝니다. 반대로 남을 위하지 않는 기도는 나의 이기심을 위한 기도일 뿐입니다. 평생 나를 위해서만 기도한다면, 결국 나는 거룩해질 수 없습니다.

내가 남을 위한 기도의 제물이 되면, 내게 있어야 할 것을 내가 구하기 전에 주님께서 먼저 아시고 다 주십니다. 남을 위해 기도하는 것이 하나님을 사랑하는 것이기 때문입니다. 구체적으로 남을 위해 기도함으로써 하나님을 사랑하는 모습을 하나님 앞에 보여 드릴 때, 왜 하나님께서 그 기도하는 사람을 책임지지 않으시겠습니까?

셋째, 10절은 "어떻게 하든지 이제 하나님의 뜻 안에서 너희에게로 나아갈 좋은 길 얻기를 구하노라"고 전하고 있습니다. 사랑은 그 사람이 처한 상황으로 찾아가 그의 수준으로 내려가는 것입니다. 바울은 로마에 있는 그리스도인들에게 감동적인 편지 한 장 띄우는 것으로 할 일을 끝내지 않았습니다. 로마에 가려고 여러 차례 시도했습니다. 그러나 그때마다 길이 막혔습니다. 그럼에도 바울은 결국 로마를 찾아갔습니다. 왜입니까? 사랑은 그 사람을 찾아가 그의 손을 잡아 주는 것이기 때문입니다. 바울이 지중해를 건너갈 때 태풍을 비롯해 커다란 장애물들이 있었습니다. 그러나 바울은 고난을 무릅쓰고 로마로 가서 그들과 함께함으로, 그들을 사랑하는 자신의 모습을 보여 주었습니다.

내가 남의 처지에 맞춰 그와 함께하는 것, 나보다 못한 사람의 수준으로 내려가는 것은 참으로 어려운 일입니다. 그러나 분명히 깨달아야 할 것은, 사랑은 상대방의 수준으로 나를 낮추는 행위라는 사실입니다. 이 사실을 깨닫지 못하면 부부간도 남남처럼 됩니다. 부부간에 문제가 있는 가정들이 많습니다. 그 이유는 서로의 수준 차이 때문입니다. 의식 수준, 감정 수준 등이 다름으로써 발생하는 여러 문제들이 있습니다. 그러나 아무리 문제가 많을지라도 내가 상대방 수준으로 내려가면, 모든 문제가 해결될 수 있습니다.

글도 쓰고 여권운동도 하시는 등 박식하신 권사님이 계십니다. 그런데 50세가 넘으신 지금도 어떻게 하면 남편과 이혼할까를 생각하십니다. 왜냐하면 권사님은 박식한 데 비해 남편은 그렇지 못하기 때문입니다. 예수님께서 이 땅에 오셔서 우리와 수준을 맞추어 주지 않으셨으면 우리는 절대로 구원받지 못합니다. 이 권사님이 매일 가정에서 얼굴을 맞대고 있는 남편의 수준으로 자기를 떨어뜨리지 못하는 한, 수많은 강의에서 그리스도의 사랑을 아무리 외친다 한들, 남을 이해시킬 수는 있을지 몰라도 사랑의 역사는 일어나지 않을 것입니다. 하나님의 역사는 나를 아래로 떨어뜨릴 때만 일어나기 때문입니다.

'새신자반' 강의가 끝났을 때 어떤 성도님의 요청으로 만남을 가졌습니다. 성도님은 새신자반을 공부하는 동안 큰 깨달음을 얻었다고 했습니다. 그분은 사업을 하면서 두 가지 모토로 사람을 관리했는데, 첫째는 효율, 둘째는 자기 욕심이었습니다. 그러니까 사람을 평가할 때, 얼마나 효율적인 사람인가, 또 내가 세운 계획에 얼마만큼 도움이 될 수 있는 사람인가를 중점적으로 판단했습니다. 그래서 새로운 프로젝트를 추진하면서, 일차로 하급직 중에서 그 기준에 벗어난 사람들의 인사고과표를 작성해 그들에게 사퇴 통보를 했고, 조만간 중간 관리직을 다시 평가해 몇 사람을 더 솎아 낼 예정이었습니다.

그러다 새신자반을 공부하면서 그 성도님은 직원들이 자신을 사랑할 이유가 없다는 것을 깨닫게 되었습니다. '내가 저들의 상황으로 내려가 준 적이 없는데 저들이 나를 사랑해 줄 이유가 있을까? 정말 저들이 나를 상사로 사랑하고 따르게 하고 싶다면 내가 저들의 처지로 내려가 주어야 하지 않을까?' 하고 생각했습니다. 그래서 자신이 작성한 인사고과표를 찢어 버리고 직원들을 이해하고자 했습니다. 놀랍게도 성도님이 그들과 함께하기 시작하면서부터 직원들에게 변화가 나타났습니다. 그들은 더 최선을 다해 일했고 성도님을 쳐다보는 눈빛도 달라졌습니다. 그래서 성도님은 너무도 감사한 마음에 저를 만나 식사라도 하고 싶었다고 했습니다.

우리는 흔히 이렇게 생각합니다. '나는 남편이니까 당신은 나를 사랑해야 해', '나는 아내니까 당신은 나를 아껴 줘야 해', '나는 상사니까 당신은 나를 따라야 해'. 그러나 사랑이 없으면 최소한의 형식적인 의무만 마지못해 행해질 뿐입니다. 상대방이 나를 진정으로 사랑할 때가 언제입니까? 내가 먼저 상대방의 수준으로 내려갈 때입니다. 그렇게 그를 포용할 때 비로소 사랑의 역사가 일어납니다. 우리가 하나님을 사랑하는 이유도 이와 같습니다. 하나님께서 우리 수준으로 내려와 주셨기에, 우리가 그런 하나님을 사랑할 수 있는 것입니다.

넷째, 11절은 "내가 너희 보기를 간절히 원하는 것은 어떤 신령한 은사를 너희에게 나누어 주어 너희를 견고하게 하려 함이니"라고 전하고 있습니다. 여기서 말하는 '은사'란 선물을 뜻합니다. 바울이 만 가지 고난을 무릅쓰고 성도들을 찾아가 만나려 하는 것은 은사를 나누어 갖기 위함이라는 말입니다. 사랑은 나눔입니다. 구체적인 나눔이 있어야 합니다.

서울대 법대 교수인 모 집사님이 법대생들에게 강의를 하면서 이렇게 말씀하셨다고 합니다.

"세상 사람들이 머리 좋고 똑똑한 사람을 왜 좋아하는지 아는가? 우리 동네, 우리 교회, 우리 친척 중에 똑똑한 사람이 있으면 왜 그를 자랑하고 높여 주는 줄 아는가? 그 사람 덕에 득을 보기 때문이다. 그런데 요즘은 똑똑한 사람, 능력 있는 사람 때문에 득을 보기보다는 사회 전체가 해를 입는다. 너희가 아무리 법대를 나와 고시를 패스해도 너희로 인해 주위 사람들이 나아지는 일이 없다면, 권력이나 휘두르며 너희끼리만 잘되면, 너희는 세상 사람들로부터 지탄을 받을 것이다."

우리는 나누어야 합니다. 세상 사람들이 왜 초대교회를 존경하는 눈으로 쳐다보았습니까? 구체적인 나눔이 있었기 때문입니다. 지금은 왜 교회가 욕을 먹습니까? 나눔이 턱없이 부족하기 때문입니다. 그렇다면 구체적으로 무엇부터 나누어야 합니까? 시간입니다. 시간을 나누지 않고 돈만 나누는 것은 적선일 뿐입니다. 동냥하는 거지에게 돈 몇 푼만 쥐어 준다면, 이것은 적선이지 진정한 사랑이 아닙니다. 부모님께도, 부부간에도, 친구 사이에도, 누구에게든지 시간을 나누어 주는 것으로부터 사랑은 시작됩니다. 시간을 나눔으로써 상대의 눈 속에서 근심의 빛을 읽을 수 있고, 시간을 나눔으로써 상대의 말 속에서 고통의 소리를 들을 수 있고, 시간을 나눔으로써 상대의 문제를 해결해 주기 위해 나의 물질도 나눌 수 있는 것입니다.

다섯째, 12절은 "이는 곧 내가 너희 가운데서 너희와 나의 믿음으로 말미암아 피차 안위함을 얻으려 함이라"고 전하고 있습니다. 바울은 자신이 그들을 찾아가는 이유는 서로의 믿음으로 서로 위로받기 위함이라고 말하고 있습니다. 그런데 서로가 위로받기 위해서는 서로 상대를 위로해 줄 수 있을 만큼 상대의 수준이 되어야 합니다. 따라서 사랑은 내가 상대의 처지까지 낮아지고, 그다음에는 상대를 나의 수준까지 끌어올려 주는 것입니다.

누군가를 도와줄 때, 그 사람이 일평생 자신의 도움을 받는 사람으로 남아 있기를 바라는 마음이 있지는 않으십니까? 이런 마음이 있는 사람은 자신의 도움을 받던 사람이 어느 날 갑자기 자신과 대등한 위치가 되어 나타나거나 전세가 역전되면, 이것을 용납하지 못하고 어떻게 해서든지 그를 끌어내리려 합니다. 그러나 진정한 사랑은 그를 최소한 나의 수준까지, 그다음에는 오히려 나보다 더 높여 주는 데 있습니다. 내가 남을 높여 주면 그만큼 나 자신이 깎이는 것 같지만, 그렇지 않습니다. 사람들이 왜 상대를 깎아내립니까? 상대를 깎아내리면 상대적으로 자기가 높아진다고 착각하기 때문입니다. 그러나 상대를 깎아내리는 사람은 절대로 높임을 받지 못합니다. 반대로, 상대를 자꾸 높여 주면 이상하게도 사람들이 나를 따르게 됩니다. 상대를 높여 주는 마음은 하나님을 사랑하는 마음이기에, 그 속에서 하나님께서 역사하시기 때문입니다.

마지막으로, 13절은 "형제들아, 내가 여러 번 너희에게 가고자 한 것을 너희가 모르기를 원하지 아니하노니, 이는 너희 중에서도 다른 이방인 중에서와 같이 열매를 맺게 하려 함이로되 지금까지 길이 막혔도다"라고 전하고 있습니다. 바울이 로마의 성도들에게 가는 목표가 있는데, 그 목표는 다른 이방인들 가운데서 열매를 맺었던 것처럼 로마 성도들 가운데서도 열매가 맺어지게 하기 위함이라는 것입니다. 여기서 '열매를 맺게 한다'는 것은 하나님 앞에서 독립하는 인간이 되는 것을 의미합니다. 로마의 성도들이 더 이상 바울을 통하지 않고 하나님 앞에 바로 서서 하나님과 직접 교제하고 하나님을 직접 섬기는 사람이 되도록 하려는 것입니다. 이것이 로마 그리스도인들을 향해 바울이 추구하는 사랑의 최후 목표였습니다.

사랑이 무엇입니까? 사랑은 내가 도와주는 사람을 나에게 묶어 두는 것이 아닙니다. 그 사람을 독립시키는 것입니다. 그때 하나님께서 우리에게 새로운 일들을 부어 주십니다. 지난 월요일에 청소년대책연구소 이영숙 연구원님과 이야기를 나누었는데, 청소년은 아이도 아니고 어른도 아닌 중간 단계라고 하였습니다. 더 쉽게 말하면, 아이의 단계를 탈피해서 어른으로 진입하는 과정이라는 것입니다. 고로 청소년은 아이의 삶을 거부하게 됩니다. 아이의 삶을 거부하지 않으면 절대 어른이 못 됩니다. 육체적·심리적으로 아이의 생활방식을 거부해야 하는 시기인데 그렇게 하지 못하도록 묶으면, 그 청소년은 일평생 미숙아가 되고 맙니다. 따라서 무척이나 착하고 말 잘 듣던 아이가 어느 날 갑자기 '예' 대신 '아니오'를 말한다면, 이상한 일이 아닙니다. 청소년기에 따른 자연스러운 현상이고 정상적인 과정입니다.

부모가 자녀를 독립인으로 인정하지 않으면 일평생 자녀를 묶게 됩니다. 창세기 2장 24절은 "남자가 부모를 떠나 그의 아내와 합하여 둘이 한 몸을 이룰지로다"라고 분명하게 전하고 있음에도, 자녀를 결혼시킨 뒤에도 독립시키지 못합니다. 하나님께서 나와 함께하시고 나를 세우셨던 것처럼, 자녀와도 함께하시고 세워 주신다는 것이 부모의 믿음이어야 합니다. 이것이 사랑입니다. 나를 거치지 않고 하나님의 사랑을 직접 받게 하는 것, 이것이 자녀에게 줄 수 있는 가장 큰 선물이기 때문입니다. 내가 아무리 자녀에게 사랑을 주어 봐야 하나님의 사랑에 비하면 나의 사랑이라는 것은 미약할 따름입니다.

사랑은 첫째, 그가 잘되는 것을 기뻐하는 것입니다. 둘째, 그를 위해 기도하는 것입니다. 셋째, 그의 수준으로 내려가는 것입니다. 넷째, 나누는 것입니다. 다섯째, 그를 나의 수준 이상으로 끌어올리는 것입니다. 여섯째, 그를 하나님 앞에서 독립된 인격으로 세우는 것입니다. 우리가 누군가를 사랑한다고 할 때, 정말 이렇게 사랑하고 있습니까? 이런 사랑이 아니라면 우리는 여전히 이기적인 사랑 속에 있는 것입니다. 하나님 아버지께서 우리 각자에게 가정을 주시고 사랑하는 아내와 남편과 자녀를 주셨습니다. 그리고 일터를 주셔서 직장 동료들과 함께하게 해주셨습니다. 또 교회에서 성도들과 교제하게 해주셨습니다. 이것은 무엇을 의미합니까? 하나님께서 우리를 이유 없이 일방적으로 사랑하고 구원해 주신 그 사랑의 빚을 우리로 하여금 그들에게 갚으라는 뜻입니다.

가정에 나와 불화의 관계에 있는 사람이 있을 수 있습니다. 일터에 나의 마음을 상하게 하는 사람이 있을 수 있습니다. 교회에 나와 뜻을 달리하는 사람이 있을 수 있습니다. 그러나 우리가 잊지 말아야 할 것은, 하나님 아버지를 사랑하는 그 사랑으로만 그들을 사랑할 수 있다는 것입니다. 우리의 노력으로는 결코 사랑할 수 없습니다. 그러나 나 같은 죄인을, 이유 없이 내 수준으로 내려오셔서 사랑하시고 구원하여 주신 하나님을 사랑한다면, 그들을 사랑하는 것만이 하나님께 보답하는 것임을 깨달아야 합니다.

중요한 것은, 아무 상관도 없는 사람을 사랑하라고 하나님께서 명령하지 않으신다는 것입니다. 우리가 우리 주위에 포진된 그들을 사랑하면, 하나님께서 친히 그들을 책임져 주실 것이기에 사랑하라고 명령하시는 것입니다. 그들을 사랑하는 마음이 하나님을 사랑하는 마음이기에, 그 마음을 통로 삼아 하나님께서 그들을 변화시키시기 때문입니다. 저 역시도 하나님께서 책임져 주셨습니다. 제 주위의 많은 분들이 하나님에 대한 사랑의 빚을 저를 사랑하는 것으로, 타락의 어둠 속에 있던 저를 사랑하는 것으로 갚고자 했을 때, 하나님께서는 그들의 심령을 통해 제가 이 자리에 설 수 있도록 저를 변화시켜 주셨습니다. 여러분께서도 이런 사랑을 하셔야 되지 않겠습니까? 여러분 주위에 있는 사람이 누구이든지 그들에게 사랑의 빚을 갚는다면, 하나님께서 바울 한 사람을 통해 로마를 바꾸셨듯이, 여러분의 심령을 통해 여러분 주위에 있는 사람들을 기필코 변화시켜 주실 것임을 믿고 경험하시기를 주님의 이름으로 축원합니다.

4
믿음으로 말미암아 살리라

로마서 1장 16-17절

내가 복음을 부끄러워하지 아니하노니 이 복음은 모든 믿는 자에게 구원을 주시는 하나님의 능력이 됨이라 먼저는 유대인에게요 그리고 헬라인에게로 다 복음에는 하나님의 의가 나타나서 믿음으로 믿음에 이르게 하나니 기록된 바 오직 의인은 **믿음으로 말미암아 살리라** 함과 같으니라

오늘 말씀은 신앙생활에서 대단히 중요한 의미를 지니는데, 그 이유를 함께 살펴보시겠습니다.

16절이 이렇게 시작합니다.

내가 복음을 부끄러워하지 아니하노니

바울은 복음을 부끄러워하지 않는다고 증언하고 있습니다. 2천년 전 바울이 이 증언을 한 시대에는 로마제국이 지중해 세계를 장악했음에도 라틴어보다 헬라어가 더 통용되었습니다. 즉 헬라의 철

학과 전통이 여전히 지배하던 시대였습니다. 한편, 로마제국은 철저하게 권력과 무력을 신봉해 힘의 철학이 병존하던 시대였습니다. 그런 가운데 사도 바울이 주장한 복음, 곧 갈릴리에 살고 있던 예수라는 목수가 십자가에 못박혀 죽고 다시 부활했다는 것은 그리 대단한 것이 아니었습니다. 로마제국이 추구하던 역사적이고도 철학적인 전통에 비추어 본다면 사람들에게 허무맹랑한 이야기일 수 있었습니다. 그러나 바울은 복음이 전혀 부끄럽지 않다고 당당하게 말했습니다. 오히려 복음을 자랑했습니다.

왜 복음이 그의 자랑거리입니까? 바울은 두 가지 이유를 들고 있습니다. 첫째, 복음은 구원을 주시는 하나님의 능력으로, 히브리인이든 헬라인이든 누구든지 예수 그리스도를 믿기만 하면 구원받을 수 있기 때문이었습니다. 구원받는다는 것이 무엇입니까? '구원'을 다른 말로 대체하면 '자유'입니다. 예수 그리스도를 믿으면 죄로부터 자유, 심판으로부터 자유, 죽음으로부터 자유가 주어진다는 것입니다.

둘째, 17절은 "복음에는 하나님의 의가 나타나서 믿음으로 믿음에 이르게 하나니 기록된 바 오직 의인은 믿음으로 말미암아 살리라 함과 같으니라"고 증언합니다. 공동번역성경은 16-17절을 다음과 같이 전하고 있습니다.

나는 그 복음을 부끄럽게 여기지 않습니다. 복음은 먼저 유다인들에게 그리고 이방인들에게까지 믿는 사람이면 누구에게나 구원을 가져다주시는 하느님의 능력입니다. 복음은 하느님께서 인간을 당신과 올바른 관계에 놓아 주시는 길을 보여 주십니다. 인간은 오직 믿음을 통해서 하느님과 올바른 관계를 가지게 됩니다. 성서에도 "믿음을 통해서 하느님과 올바른 관계를 가지게 된 사람은 살 것이다" 하지 않았습니까?

　복음에는 '하나님의 의'가 나타난다고 했는데, 하나님의 의는 무엇입니까? 우리로 하여금 하나님과 바른 관계를 맺을 수 있게 해주는 것입니다. 사실, 의인 이외에는 하나님 앞에 설 수 없습니다. 죄인은 하나님 앞에서 죽을 수밖에 없기 때문입니다. 하나님은 절대로 죄인과 함께하실 수 없습니다. 우리는 예외 없이 모두 죄인으로, 하나님 앞에 서면 죽을 수밖에 없습니다. 그러나 예수 그리스도를 믿으면, 죄인임에도 불구하고 하나님 앞에 설 수 있게 됩니다. 왜냐하면 하나님과 우리의 관계가 회복되기 때문입니다.

　이것을 신학적인 용어로 '이신칭의以信稱義'라고 합니다. '써 이以', '믿을 신信', '일컬을 칭稱', '의로울 의義', 즉 믿음으로써 의롭다 칭함을 받는 것입니다. 우리는 죄인이지만 예수 그리스도를 믿을 때, 하나님께서 우리를 의롭다고 인정해 주심으로 하나님 앞에 바로 설수 있게 됩니다. 로마서의 주제인 이신칭의를 이해하지 못하면 로마서를 이해할 수 없고, 성경을 이해할 수 없으며, 복음이 자랑이 되고 기쁨이 되기는커녕 오히려 자신의 욕심을 채우기 위한 수단과 방법으로 전락해 버리고 맙니다. 그래서 이신칭의를 깨닫는 것이 대단히 중요합니다.

　우리가 믿음으로 말미암아 의롭다 칭함 받는 것이 무엇인지 정확하게 인식하기 위해서는 '나'라는 인간 존재에 대한 인식이 무엇보다 선행되어야 합니다. '내가 누구인가'부터 생각해 보아야 한다는 말입니다. 만약 내가 나 스스로 의를 이룰 수 있다면, 나에게는 복음이 필요 없습니다. 혼자 힘으로 하나님 앞에 설 수 있기 때문입니다. 하지만 스스로 구원을 이룰 수 있을 정도로 자신에게 의가 있습니까? 자신이 의인입니까? 그렇지 않습니다. 성경은 철저하게 모든 사람은 다 죄인이라고 단정합니다. 의인은 없나니 한 사람도 없습니다(롬 3:10). 그러면 누군가는 자신이 왜 죄인이냐고 반발할 수 있습니다. 우리가 전도를 하다 보면 자신은 죄인이 아니라고 생각하는 사람을 종종 만나게 됩니다.

몇 달 전 어느 가족분들의 권유로, 암으로 병원에 입원해 계신 할아버님께 복음을 전하기 위해 뵈러 갔습니다. 복음을 전하려면 먼저 '나'라는 인간 존재에 대해 일깨워 드려야 했습니다. 그래서 인간이 죽은 뒤 죄인은 하나님의 심판을 받고 의인만 하나님 앞에 설 수 있다고 말씀드렸습니다. 그랬더니 그분이 자신은 평생 한 번도 죄를 짓지 않았기 때문에 죽어서도 하나님 앞에 설 수 있다고 하셨습니다. 제가 다시 말씀드렸습니다.

"선생님은 대한민국의 법이 정한 바를 저촉하는 범죄는 한 번도 저지르지 않으셨을 것입니다. 그러나 아무리 선생님께서 거룩한 모습을 하고 계셔도 선생님 속에 죄성罪性이 내재하고 있음을 알고 계실 것입니다. 마음속으로 얼마나 다른 사람을 증오했는지, 얼마나 추한 생각을 했는지 선생님은 알고 계십니다. 그래서 선생님도 죄인입니다."

이 말이 끝나자 그분은 수긍하고 복음을 받아들이셨습니다.

성경은 '범죄'와 '죄'를 구별해서 전하고 있습니다. 범죄는 내가 법을 위반하여 그 결과가 겉으로 드러난 것입니다. 그러나 이와 같은 범죄를 저지르지 않아도 누구에게나 죄는 있기 마련입니다. 우리의 본성은 죄로 물들어 있습니다. 그러므로 우리는 모두 죄인입니다. 성경이 모든 사람을 죄인이라고 단정하는 것은, 법률적인 범죄를 저지르지 않았다 해도 사람은 죄의 본성을 지니고 있기 때문입니다.

우리는 범죄를 저질러야 죄인이 된다고 생각하는데 성경은 거꾸로 우리가 죄인이기 때문에 죄를 지을 수밖에 없다고 말합니다. 즉 감옥에 있는 사람들은 범죄가 드러난 죄인이고, 우리는 아직까지 범죄가 드러나지 않은 죄인입니다. 이것이 다를 뿐입니다. 바꾸어 말하면, 도덕적인 죄인이냐 비도덕적인 죄인이냐, 이 차이밖에 없습니다. 모두 죄인인데 어떤 사람은 더 죄를 지었고 어떤 사람은 아직까지 덜 죄를 지었을 뿐입니다.

자신이 정말 죄인이 아니라면, 자기 안에 증오나 추한 생각이나 음욕 등이 없어야 합니다. 자기 안에 더러운 것이 가득 차 있다는 것은 무엇을 의미합니까? 본성이 죄인이라는 의미입니다. 따라서 우리는 아무도 하나님 앞에 설 수 없습니다. 서는 순간에 죽음을 피할 수 없기 때문입니다. 이처럼 죽을 수밖에 없는 죄인인 우리의 죄를 예수 그리스도께서 대신 지시고 구속救贖하심으로, 우리가 의롭다고 칭함 받는 것이 바로 복음입니다.

그렇다면 여기에서 질문이 제기됩니다. 왜 예수님만 우리의 구세주가 될 수 있습니까? 왜 석가모니나 공자는 안 됩니까? 예수님 이외에 다른 구원의 길은 없습니까?

믿음이란 말씀에 대한 믿음입니다. 그러므로 하나님이 우리에게 주신 성경 말씀을 믿지 못하면서 하나님을 믿는다는 것은 불가능합니다. 입으로 믿는다고 말은 하면서도 성경 말씀을 온전히 믿지 못하는 사람은 자신의 생각과 감정을 믿는 것일 뿐입니다. 우리가 하나님을 믿는다면, 그 믿음은 하나님이 우리에게 주신 성경 말씀에 대한 믿음으로 드러나야 합니다.

예수 그리스도의 복음 역시 성경 말씀에 근거해서 이해하고 인식해야 합니다.

첫째, 마태복음 1장 21절은 "아들을 낳으리니 이름을 예수라 하라. 이는 그가 자기 백성을 그들의 죄에서 구원할 자이심이라"고 전하고 있습니다. 마리아가 아이를 가졌는데, 마리아의 남편 요셉에게 천사가 나타나 아이의 이름을 예수라 하라고 명했습니다. 그가 자기 백성을 죄에서 구원할 분이기 때문이었습니다. 예수님께서는 죄에서 인간을 구원하는 구세주이십니다. 인류 역사상 수많은 사람들 가운데 '내가 너희 죄로 인해 죽는다'고 말씀하신 분은 예수님 한 분밖에 없습니다. 사랑, 의리, 우정 때문이 아닌, 죄 때문에 죽는다고 말한 사람은 없었습니다. 석가모니나 공자는 다른 사람의 죄 때문에 죽지 않았습니다. 그들은 다른 사람의 죄로 인해 죽고자 이 땅에 온 것이 아니기 때문입니다.

요한복음 1장 29절에서 요한이 예수님의 나아오심을 보고 말하기를 "보라. 세상 죄를 지고 가는 하나님의 어린 양이로다"라고 했습니다. 이것은 예수님께서 우리의 죄를 대신 지고 가는, 하나님께서 정하신 그리스도시라는 말입니다. 우리가 누군가의 죄를 대신 진다고 생각해 보십시다. 과연 질 수 있습니까? 못 집니다. 어떤 사형수가 사형 집행을 당하려고 하는데, 그의 아버지가 법무부장관에게 자신은 살 만큼 살았으니 아들 대신 사형시켜 달라고 요청했다고 하십시다. 그러나 아들 대신 아버지를 사형시킬 수는 없습니다. 물론 그 사람이 구치소 밖에서 아들을 위해 스스로 생명을 끊을 수 있습니다. 그것은 어디까지나 그의 자유이기 때문입니다. 그럼에도 그의 죽음이 아들의 죄를 탕감시키지 못합니다. 죄를 탕감할 자격이 그에게 없기 때문입니다.

예수님만이 하나님께로부터 인정받은 하나님의 어린 양입니다. 우리의 죄를 대신 지고 죽으심으로 인해 우리의 죄가 대속되도록 하나님께서 인정하신 유일한 분이십니다.

둘째, 요한복음 11장 25-26절은 "나는 부활이요 생명이니 나를 믿는 자는 죽어도 살겠고 무릇 살아서 나를 믿는 자는 영원히 죽지 아니하리니 이것을 네가 믿느냐"라고 전하고 있습니다. 여기에서 말하는 생명은 영원한 생명입니다. 예수님께서는 죽으셨다가 당신의 말씀대로 부활하셨습니다. 그리고 지금까지 살아 계시고 영원히 존재하십니다. 그렇기 때문에 예수님만이 우리를 영생의 길로 인도하실 수 있습니다. 석가모니와 공자는 이 세상에 빛을 비추는 존경할 만한 삶을 살았지만, 죽음을 깨뜨리고 부활하지 못했습니다. 오늘날 그들에게는 거대한 무덤이 남아 있으나, 예수 그리스도께는 무덤이 없습니다. 화장해서 재가 되었거나 무덤 속에서 그 시체가 썩어 버린 유한한 존재가 우리에게 영생을 줄 수 있겠습니까?

예수님께서 부활하신 것이 왜 중요합니까? 주님께서 부활하심으로 그분이 하신 모든 말씀이 오늘날까지 효력을 갖습니다. 약속한 사람이 죽으면 그 약속은 아무 의미가 없어집니다. 예수님께서는 오늘도 살아 계시기에, 그분의 말씀이 오늘도 유효한 것입니다. 이 세상에서 죽음을 맞이했던 수많은 사람 가운데 다시 몸으로 부활하고 영원한 생명 속에 있는 분은 예수 그리스도밖에 없습니다.

셋째, 마태복음 16장 13절은 "예수께서 빌립보 가이사랴 지방에 이르러 제자들에게 물어 이르시되 사람들이 인자를 누구라 하느냐"고 전하고 있습니다. 예수님께서 자신을 가리켜 "인자"라고 하셨습니다. '인자人子'는 '사람의 아들'이라는 뜻입니다. 예수님께서는 이 땅에 사람의 아들로 오셨습니다. 여인의 몸에 잉태되어, 외양간 구유에서 태어나셨습니다. 구유는 짐승의 밥통입니다. 요즘은 세상이 좋아져 구유가 장식용으로 부잣집 거실에 놓이기도 하지만, 사실 구유는 더럽고 지저분하기 짝이 없는 것입니다. 예수님께서 바로 그 더러운 자리에서 태어나셨습니다. 세상에 어떤 비천한 사람도 짐승의 거처에서 태어나지는 않을 것입니다. 우리가 눈물을 흘릴 때, 누가 위로하며 눈물을 닦아 줍니까? 우리의 아픔을 이해해 주는 사람입니다. 예수님께서는 사람으로 오시되 짐승의 구유에 처음 누우셨고, 가장 못사는 달동네 갈릴리에서 사셨습니다. 그리고 밑바닥에서 아픔과 괴로움을 겪는 사람들과 함께 30여 년간의 삶을 나누셨습니다. 그런 예수님이시기에 우리가 어떤 고통 가운데 있다 해도 그분은 우리의 사정을 헤아리실 수 있습니다.

그뿐만 아니라 누가복음 1장 35절에서 천사가 마리아에게 육체를 통해 태어날 아기는 "하나님의 아들"이라 일컬어질 것이라고 전하고 있습니다. 예수님께서는 사람의 아들이면서 동시에 하나님의 아들이십니다. 세상에서, 우주에서 가장 높으신 하나님의 아들이십니다. 따라서 예수님께서는 가장 낮은 지위에 있는 사람의 마음도 아시지만, 하나님의 아들이시므로 가장 높은 지위에 있는 사람의 마음도 아십니다. 사람들이 흔히 생각하듯이, 예수님께서 과부와 고아, 나그네의 친구로 지위가 낮은 사람들의 심령은 잘 이해하시지만 지위가 높은 사람은 이해하시지 못할 것처럼 여겨질 수 있습니다. 그러나 그렇지 않습니다. 예수님께서는 하나님의 아들이시기에 대통령의 고민도 아십니다. 책임자 격인 장長의 자리에 있는 사람들의 고민도 아십니다. 해야 할 일을 하고도 아랫사람들에게 욕먹는 아픔을 누구보다 잘 알고 계십니다. 예수님께서는 이 세상 모두를 수용하실 수 있습니다.

넷째, 마태복음 1장 23절은 "보라. 처녀가 잉태하여 아들을 낳을 것이요 그의 이름은 임마누엘이라 하리라 하셨으니, 이를 번역한즉 하나님이 우리와 함께 계시다 함이라"고 전하고 있습니다. 예수님께서는 곧 하나님이십니다. 여기에서 이런 질문이 생길 수 있습니다. 예수님은 하나님의 아들이라고 했는데 예수님이 곧 하나님이시라면, 어떻게 하나님의 아들이 하나님이 될 수 있는가? 개의 새끼는 개입니다. 소의 새끼는 소입니다. 사람의 아들은 사람입니다. 마찬가지로 예수님께서는 하나님의 아들이시기 때문에 하나님이십니다. 즉 예수님의 속성屬性이 하나님이시라는 말입니다.

그러면 왜 예수님께서 하나님이신 것이 중요합니까? 예수님께서는 내 속마음과 모든 아픔을 이해하시는 참인간이십니다. 동시에 참하나님이시기에, 내 모든 삶의 문제를 도우실 수 있습니다. 이 도우심은 일시적인 것이 아니라 영원한 도우심입니다. 또 나의 죄를 대신하여 속죄해 주실 수 있습니다. 그래서 인간으로 와서 인간으로만 살다 간 석가모니와 공자는 우리의 구세주가 될 수 없습니다.

이제 우리에게 한 가지 질문이 더 생깁니다. 하나님이신 예수님께서 꼭 십자가에서 찢겨 돌아가셔야만 했는가? 그냥 편하게 돌아가실 수는 없었던 것인가? 이 물음에 대한 답을 이해하려면 먼저 유월절을 이해해야 합니다. 이스라엘 백성들이 출애굽하기 전날, 하나님께서 사람이든 짐승이든 애굽 땅에 있는 모든 처음 난 것을 죽이기로 하셨습니다. 하지만 이스라엘 백성들에게는 '너희는 양을 잡아 그 피를 문설주와 인방에 바르라. 그러면 내가 그 피를 보고 그 집을 뛰어넘어 갈 것이다'라고 말씀하셨습니다(출 12:1-14). '유월逾越'은 '뛰어넘다'는 뜻입니다. 영어로는 '패스오버Passover'입니다. 그 집에 누가 있든지, 그 집 문설주에 피가 발라져 있으면 그 집 안의 사람들은 죽임을 당하지 않았습니다. 그 유월절 피가 구약에서 제사의 모형이 되었습니다.

인간이 죄를 지으면 하나님 앞에서 생명을 부지할 수 없습니다. 그래서 하나님을 믿는 사람들은 하나님께 자신을 대신하여 짐승을 제물로 잡아 바쳤습니다. 그리고 짐승을 잡기 전 짐승의 머리 위에 손을 얹고 "하나님, 제가 이런 죄를 지었는데 제가 죽어야 할 죗값을 이 짐승이 대신 치릅니다. 용서해 주십시오" 하고 기도했습니다. 그러고는 그 짐승의 피를 제단에 뿌리면, 하나님께서 그 피를 보시고 그 사람의 죄를 패스오버해 주셨습니다. 그러나 구약에 나타난 모든 제사는 온전할 수 없었습니다. 제물로 바쳐진 짐승이나 제사를 집전執典하는 제사장들이 모두 완전할 수 없는 존재였기 때문입니다. 그래서 동일한 제사를 반복해 드려도 죄의 문제가 본질적으로 해결될 수는 없었습니다.

이에 하나님께서 인간을 사랑하셔서 새로운 언약을 주셨는데, 그것이 무엇입니까? 참인간이시요 참하나님이신 흠 없는 예수 그리스도를 십자가의 제물로 삼아 인간의 죄를 대속해 주시는 것입니다. 그런 까닭에 누구든지 자신을 대신해 예수님께서 십자가에서 돌아가셨다는 것을 믿는 사람에게는, 하나님의 심판이 패스오버됩니다. 이것이 예수님께서 온몸에 피를 흘리며 돌아가신 까닭입니다. 예수님께서 가시관을 쓰고 머리에서 피를 흘리셨습니다. 주님을 믿을 때, 내가 머리로 지은 모든 죄가 그 피에 의해 하나님의 심판으로부터 패스오버됩니다. 예수님께서 손에서도 피를 흘리셨는데, 주님을 믿을 때 내 손으로 지은 죄가 심판으로부터 패스오버됩니다. 예수님께서 발에서도 피를 흘리셨는데, 주님을 믿을 때 내가 발로 다니면서 지은 죄가 패스오버됩니다. 예수님께서 채찍으로 가슴을 맞고 피를 흘리셨는데, 그래서 내가 마음으로 지은 모든 죄가 패스오버됩니다. 즉 예수님께서는 우리가 어떤 모양의 어떤 죄를 지었든, 겉으로 드러난 범죄든 속으로 감춰진 죄든 상관없이 패스오버시켜 주시기 위해 완전한 제물이 되어 피를 흘려 주신 것입니다.

이와 같은 사실을 받아들일 때, 우리는 다음의 말씀 앞에 무릎 꿇을 수밖에 없습니다.

내가 곧 길이요 진리요 생명이니 나로 말미암지 않고는 아버지께로 올 자가 없느니라(요 14:6)
다른 이로써는 구원을 받을 수 없나니 천하 사람 중에 구원을 받을 만한 다른 이름을 우리에게 주신 일이 없음이라(행 4:12)

예수 그리스도를 통해서만 하나님께 갈 수 있다는 복음의 실체가 잘못 이해되면, 예수 믿는 사람의 오만으로 비춰질 수 있습니다. 그러나 '나'라는 인간의 실체를 제대로 이해하고 예수 그리스도께서 어떻게 우리의 구원자가 되셨는지를 바로 인식한다면, 복음이 그야말로 복된 소식일 수밖에 없음을 깨닫게 됩니다. 왜냐하면 나 같은 죄인이 예수 그리스도로 말미암아 새로운 생명을 얻었다는 것, 내가 믿음으로 말미암아 의로운 사람으로 하나님 앞에 설 수 있다는 것보다 놀라운 일은 없기 때문입니다.

요즘 중앙일보에 박삼중 스님이 수기를 연재하고 계신데, 감동적인 이야기가 많습니다. 얼마 전 실린 수기를 보면, 스님이 20대 때 처음으로 사형수를 만나서 교화한 이야기가 있습니다. 당시 사형수는 사상범 김세진 씨로 50대 후반이었습니다. 박삼중 스님과는 30세 정도 나이 차이가 났습니다. 이 사형수는 사형 집행을 당하기 직전에 박삼중 스님에게 다음과 같이 당부했다고 합니다.

"공산주의고 뭐고 다 허망합니다. 이제 다 꿈을 깼습니다. 스님, 내 영혼을 스님에게 부탁드립니다."

그리고 박삼중 스님은 기록하기를 "나는 지금도 그가 죽은 날이 되면, 그 묘소가 있는 근처의 스님에게 부탁해서 제사를 드리게 한다"고 하였습니다. 죽은 사형수를 위해 스님이 할 수 있는 일이 이 것밖에 없었습니다. 죽음 앞에 선 인간이 자신의 영혼을 남아 있는 인간에게 부탁했는데, 그를 위해 해줄 수 있는 것은 그가 죽은 시간에 제사 지내 주는 것밖에 없는 것입니다. 제사도 스님이 살아 있을 동안만입니다. 스님이 돌아가시면 그마저도 할 수 없습니다.

그러나 하나님의 아들이신 예수 그리스도께서는 그렇지 않습니다. 그분은 우리의 죄를 대신 지고 돌아가심으로 우리에게 새 생명을 주시고, 우리가 그분을 믿을 때 모든 죄를 패스오버시켜 주시며 우리를 의롭게 만들어 주십니다. 이 사실을 바로 깨달으면 복음을 대하는 우리의 자세가 달라집니다.

첫째, 복음이 자랑이 됩니다. 복음을 영어로 '굿 뉴스Good News'라고 합니다. 왜 복음이 좋은 소식입니까? 복음을 헬라어로는 '유앙겔리온εὐαγγέλιον'이라고 하는데, 당시 이 말이 쓰인 상황을 보면 좀 더 잘 이해할 수 있습니다. 요즘은 전쟁이 터지면 기자들이 달려가 관련 기사를 신속하게 전송합니다. 심지어 텔레비전이 전쟁 현장을 중계하는 시대입니다. 전쟁의 경과를 텔레비전으로 보면서 우리 편이 이기면 기뻐하기까지 합니다. 그러나 2천 년 전에는 전쟁이 났을 경우 전쟁터와 일반 사람들이 거주하는 성읍 사이에 아무런 통신수단이 없었습니다. 가족이 전쟁터에 나간 지 3개월 혹은 6개월이 지나도 전쟁에서 이겼는지 졌는지 알 도리가 없었습니다. 이런 상황에서 어느 날 누군가 헐레벌떡 성문을 열고 뛰어와 "우리가 이겼다!"고 외치면, 이것이 '유앙겔리온'이었습니다. 전쟁에서 질 경우 패전국 사람들은 이긴 나라에 노예로 끌려갔습니다. 그리고 낙인이 찍혔습니다. 그런데 전쟁에서 이기면 노예가 될 필요가 없으며 상대 나라에서 전리품을 가져올 수도 있었습니다. 나라가 부요해지는 것은 자명했습니다. 그러니 전쟁에서 이겼음을 알리는 것은 좋은 소식이 아닐 수 없었습니다.

복음이 좋은 소식인 것은 이처럼 승리의 소식이기 때문에 그렇습니다. 죽음으로부터의 승리, 죄로부터의 승리, 심판으로부터의 승리를 이룬 소식이기에 복음이 우리의 자랑이 될 수밖에 없는 것입니다.

둘째, 복음 앞에서 경건한 삶을 살게 됩니다. 이전까지는 내가 죄인이었지만, 예수 그리스도를 믿음으로 주님께서 내 모든 죄를 패스오버시켜 주시고 나를 의인으로 만들어 주셨습니다. 내가 그리스도 안에서 새로운 피조물이 되었습니다. 그러므로 나의 힘이 아니라 주님을 힘입어 이제부터 의인의 삶을 살아가는 것입니다.

"주님께로부터 구원받았음을 믿습니다. 그리고 의로워졌음을 믿습니다"라고 우리가 고백하면서도 삶에 변화가 없다면, 우리 자신이 주님 안에서 새로워졌다는 사실을 진정으로 믿지 못하기 때문입니다. 대개 오래되고 헌 자동차를 소유한 사람은 누가 몰래 차에 흠을 내놓아도 크게 화를 내지 않습니다. 반면 새 차를 가진 사람은 주차하는 데도 신경 쓰고, 차에 조금만 때가 묻어도 닦습니다. 왜냐하면 새 차이기 때문입니다. 그런데 새 차를 구입하고도 아무 곳에

나 주차하고 누가 발로 차도 가만히 있다면, 그것은 자신이 새 차의 주인이 되었음을 인식하지 못하기 때문입니다.

삶에 변화가 없는 또 다른 이유는, 믿음으로 말미암아 의인이 되었다는 의미를 제대로 깨닫지 못하기 때문입니다. 어떤 사람이 복권을 샀는데, 100억 원에 당첨되었습니다. 그는 공사장에서 잡역을 하는 사람이었습니다. 사람들이 그에게 물었습니다. "100억 원을 가지고 무엇을 할 예정입니까?" 그랬더니 그 사람은 좋은 자동차도 사고, 양복도 살 것이라고 대답했습니다. 그러면 그것들을 산 후에는 무엇을 할 것이냐고 사람들이 물었더니, 그는 공사장으로 일하러 갈 것이라고 대답했습니다. 사람들이 그 이유를 묻자 그는 돈을 벌기 위해서라고 대답했습니다. 오로지 돈을 벌기 위해 품팔이를 계속한다면, 그 사람은 100억 원이라는 돈의 가치를 모르는 것입니다. 예수 그리스도를 믿음으로 구원받았다면서도 그 구원의 가치를 모르면, 우리는 이전과 같은 삶을 반복하게 됩니다. 구원의 가치를 제대로 알면, 우리의 삶은 반드시 그에 합당한 모습으로 드러나게 마련입니다.

내가 하나님의 모든 자비하심으로 너희를 권하노니 너희 몸을 하나님이 기뻐하시는 거룩한 산 제물로 드리라 이는 너희가 드릴 영적 예배니라(롬 12:1)

죽을 수밖에 없는 죄인이 의인으로 선택되었으니, 이제부터는 하나님께서 기뻐하시는 거룩한 삶을 살아야 할 의무가 주어진 것입니다. 복음의 요지는 두 가지입니다. 주님께서 나를 의롭게 만들어주셨고, 그러하기에 나는 주님의 말씀대로 살아야 한다는 것입니다. 이것이야말로 그리스도인이 지녀야 할 바른 신앙고백입니다.

그렇다면 복음이 이처럼 간단한데, 이 복음을 놓고서 왜 교회가 수많은 교파로 나뉘어 있습니까? 교권 다툼은 차치하고 교리 문제만을 다룬다면 간단하게 설명할 수 있습니다. 믿음으로 구원을 얻는다는 복음의 요체와, 그러므로 우리가 거룩하게 살아야 한다는 성화의 의무를 떼어 놓으면 교파가 자꾸 생기게 됩니다.

예를 들면, 가톨릭 초기에 아우구스티누스 같은 위대한 교부가 믿음으로 말미암아 구원을 얻는다는 복음을 잘 설명하였습니다. 그리고 믿음으로 의로워졌기 때문에 거룩한 삶을 살아야 한다고 성경대로 가르쳤습니다. 그런데 시간이 흐르면서 거룩하게 살아야 한다는 면만 강조하는 사람들에 의해 복음이 그 본질에서 멀어져 버렸고, 거룩하게 살아야 한다는 의무만 남게 되었습니다. 그 결과 선행이 없으면 구원받을 수 없으므로, 선행을 하지 못한 데 대한 면죄부를 돈을 내고 사면, 그 돈으로 하나님의 예배당을 짓는 일에 참여함으로 구원을 얻을 수 있다는 데까지 이르렀습니다.

이런 상황에서 마르틴 루터가 본문 17절 "의인은 믿음으로 말미암아 살리라"는 말씀에 근거하여 개신교를 시작했습니다. 가톨릭이 시계의 추를 '행함'이라는 쪽의 끝으로 가져다 놓은 것을 루터가 '믿음' 쪽으로 가져온 것입니다. 그런데 가톨릭이 행함만을 강조한 것처럼 루터는 믿음만을 강조한 나머지 야고보서처럼 행함을 강조하는 책은 성경에서 빼야 한다고 주장했습니다.

루터보다 후발주자인 제네바의 개혁가 칼뱅은 장로교의 핵심 교리로 믿음과 성화를 동시에 강조했습니다. 그리고 칼뱅의 예정론은 본래 하나님의 은혜를 돌아보며 행하는 고백의 성격이 짙었습니다. 즉 나 같은 죄인이 구원받고 보니 하나님께서 만세萬世 전부터 나를 미리 예정하시고 택하셨음을 깨닫게 된다는 것이었습니다.

오늘 우리 모두에게도 이와 같은 고백이 있습니다. 그때 그 사람이 나를 전도하지 않았다면 내가 예수님을 알지 못했을 텐데, 그 우연한 사건으로 내가 구원을 얻었고, 구원을 얻고 보니 실은 바울의 고백처럼 창세전부터 하나님께서 나를 택정하신 것이었다고 우리 역시 고백합니다.

하지만 칼뱅이 죽고 난 뒤 칼뱅주의자들이 이 예정론을 극단화시켰습니다. 하나님께서 애당초부터 사람을 ○표와 ×표로 구별해 놓으셨다는 것입니다. 이렇게 되면, 아무리 교회를 열심히 다녀도 애당초 ×표인 사람은 구원받지 못한다는 문제가 생깁니다. 반대로 아무리 술 먹고 방탕해도 애당초 ○표인 사람이라면 하나님께서 구원해 주시게 됩니다. 그러다 보니 사람들이 구태여 열심히 신앙생활할 필요가 없어지고 영적으로 나태해지게 되었습니다.

이에 웨슬리의 감리교는 상대적으로 행함을 강조했습니다. 인간의 거룩한 삶이 수반되지 않은 믿음은 믿음이 아니라고 가르쳤습니다. 그런데 감리교가 행함을 강조하다 보니 인간의 의지, 인간의 결단이 부각되고 성령님의 공간이 없어지고 말았습니다. 그래서 성결교와 침례교가 성령님의 역할을 강조했습니다. 행함을 강조하되 성령님의 도움이 없이는 안 된다는 것입니다. 그러나 성령님을 강조하다 보니 인간의 책임이 실종되어 버렸습니다. 내가 잘못을 되풀이하는 것은 아직 성령님께서 은혜를 주시지 않았기 때문이라는 것입니다. 미국의 침례교 일각에서는 성령님을 강조하느라 성경을 소홀히 여깁니다. 성령님께서 내게 이렇게 직접 말씀하셨다고 내세우다 보니 성경 말씀이 상대적으로 덜 중요하게 된 것입니다. 그래서 미국에서는 침례교에서 이단이 가장 많이 나옵니다.

신앙은 반드시 세 가지를 함께 지니고 있어야 합니다. 지知, 정情,

의意입니다. '지'는 하나님을 지적으로 아는 것입니다. 말씀에 대한 바른 깨우침, 바른 인식입니다. '정'은 감정으로 하나님께 자신을 드리는 것, 즉 주님을 사랑하는 것입니다. '의'는 나의 의지로 복음을 생활화하는 것입니다.

교파 분열이 왜 생깁니까? 2천 년 동안 시기적으로 볼 때 이쪽을 강조하면 상대적으로 저쪽을 이야기하는 교파가 나오고, 저쪽이 강조되면 이쪽을 보완하기 위해 또 다른 교파가 생긴 것입니다. 내가 믿음으로 구원받았고, 그러므로 거룩하게 살아야 한다는 것이 함께 있으면, 이것이 정통입니다. 그런데 사람들이 이 둘을 떼어놓고 어느 한쪽만을 강조하다 보니 교파가 자꾸 분열되는 것입니다. 지금 우리가 어떤 교파에 속해 있느냐가 중요한 것이 아닙니다. 나는 죄인이었지만 내가 주님을 믿음으로 하나님께서 나를 의롭다 하시고 구원해 주시어 새로운 생명을 얻었기에, 이 시간 이후부터 거룩한 삶을 행함으로 입증하고자 한다는 것이 우리의 신앙 고백이면 됩니다.

예수님께서 요한복음 14장 21절에서 "나의 계명을 지키는 자라야 나를 사랑하는 자니"라고 말씀하셨습니다. 여기에서 "사랑하는 자"는 '믿는 자'와 똑같은 의미입니다. 즉 주님의 계명을 지키는 사람이라야 주님을 믿는 사람이라는 것입니다. 그리고 예수님께서 계속해서 말씀하시기를 "나를 사랑하는 자는 내 아버지께 사랑을 받을 것이요 나도 그를 사랑하여 그에게 나를 나타내리라"고 하셨습니다. 우리가 말씀대로 행하지 않으면 우리의 믿음이 참된 믿음일 수 없습니다. 믿음과 행함은 동전의 양면처럼 똑같은 것입니다. 믿기 때문에 행해야 하고, 행함으로 믿음을 입증해야 합니다. 우리가 이와 같은 삶을 살아갈 때, 바울을 바울 되게 하신 주님께서 날마다 우리와 함께하시면서, 우리의 삶을 통해 하나님 아버지의 위대하신 구원의 역사를 펼쳐 가시게 될 것입니다.

5
하나님의 진노

로마서 1장 18-25절

하나님의 진노가 불의로 진리를 막는 사람들의 모든 경건하지 않음과 불의에 대하여 하늘로부터 나타나나니 이는 하나님을 알 만한 것이 그들 속에 보임이라 하나님께서 이를 그들에게 보이셨느니라 창세로부터 그의 보이지 아니하는 것들 곧 그의 영원하신 능력과 신성이 그가 만드신 만물에 분명히 보여 알려졌나니 그러므로 그들이 핑계하지 못할지니라 하나님을 알되 하나님을 영화롭게도 아니하며 감사하지도 아니하고 오히려 그 생각이 허망하여지며 미련한 마음이 어두워졌나니 스스로 지혜 있다 하나 어리석게 되어 썩어지지 아니하는 하나님의 영광을 썩어질 사람과 새와 짐승과 기어 다니는 동물 모양의 우상으로 바꾸었느니라 그러므로 하나님께서 그들을 마음의 정욕대로 더러움에 내버려 두사 그들의 몸을 서로 욕되게 하게 하셨으니 이는 그들이 하나님의 진리를 거짓 것으로 바꾸어 피조물을 조물주보다 더 경배하고 섬김이라 주는 곧 영원히 찬송할 이시로다 아멘

성경은 인간을 세 부류로 나눕니다. 첫째, '형이하학적 인간'입니

다. 다른 말로 표현하면, 본능적 인간입니다. 성경은 이런 사람을 가리켜, 하나님이 아닌 자신의 배만을 섬기는 사람이라고 말합니다(롬 16:18). 먹고 마시는 것, 쾌락, 욕망 등 본능에 의해 움직이는 사람, 즉 인간의 본능을 최고의 가치, 최고의 목표로 삼는 사람입니다. 창세기 2장 19절은 하나님께서 동물도 사람처럼 흙으로 지으셨다고 증언하고 있습니다. 따라서 인간이 본능적으로 살 때는 동물과 별 차이가 없게 됩니다.

흔히 본능적 인간을 가리켜 '짐승 같은 사람'이라고 하는데, 사실 짐승이 이 말을 들으면 대단히 억울할 것입니다. 동물의 세계에는 강간이라는 것이 없다고 합니다. 반면에 인간은 자신의 욕정을 위해 다른 인간을 파괴합니다. 황폐화시킵니다. 그러고도 양심의 가책을 느끼지 않습니다. 또한 짐승들이 새끼를 사랑하는 모습은 어떻습니까? 자기 목숨을 다 내놓을 정도로 새끼를 보호하는 모습은 가히 외경심을 느낄 만합니다. 반면 자기 본능대로 사는 인간이 짐승만큼 자식을 사랑합니까? 그렇지 못합니다.

먹을 것에 대한 욕망 앞에서도 짐승과 인간은 상반된 모습을 보입니다. 짐승은 배부를 때는 먹이를 쌓아 두지 않습니다. 배고플 때만 찾아서 먹습니다. 반대로 본능적 인간은 아무리 배가 불러도 먹을 것이 썩어 없어질지언정 쌓아 두어야 합니다. 먹을 것을 탐하는 욕망에는 브레이크가 없습니다. 인간이 이렇듯 자기 본능대로만 살면 버러지 같은 존재와 다를 바 없습니다.

이런 인간은 성경에 나오는 소돔 사람들과 똑같습니다. 하나님의 천사가 사람의 모습으로 소돔에 오자, 소돔의 남자들이 롯의 집에 모여들어 그 사람을 내놓으라고 했습니다(창 19장). 그리고는 롯에게 '우리가 상관하겠다'고 했습니다. 여기서 '상관하다'라는 말은 남색男色을 의미합니다. 그래서 천사들이 그들의 눈을 멀게 했습니다. 그랬더니 소돔 사람들이 곤비해서 지쳐 쓰러질 때까지 그 집의 문을 찾겠다고 야단이었습니다. 눈이 멀었는데도 자기 눈먼 것을 안타깝게 생각하는 사람이 없었습니다. 눈이 멀어도 좋으니 욕망만 풀면 되겠다는 것이었습니다. 오늘날에도 많은 사람들이 바로 이런 삶을 살아가고 있습니다.

둘째, '형이상학적 인간'입니다. 다른 말로 표현하면, 철학적 인간 입니다. 형이하학적 인간이 육체의 본능을 중요하게 여기는 반면, 형이상학적 인간은 인간의 정신을 중요시합니다. 그래서 도덕과 윤리를 앞세웁니다. 겉으로 보기에는 형이상학적 인간이 형이하학적 인간보다 훨씬 고매하게 여겨질 수 있습니다. 그런데 인간이 형이 상학적 차원에만 머물면 두 가지 문제점이 파생됩니다.

하나는, 자기 스스로 도덕과 윤리를 판단하며 자기 의를 과신하게 됩니다. 그래서 하나님과의 접촉점이 사라집니다. 하나님을 믿어야 할 필요성을 못 느끼게 되는 것입니다. 지난 시간에 우리 모두가 죄인이라는 사실을 살펴보았습니다. 우리는 다 죄인입니다. 차이가 있다면 도덕적인 죄인과 비도덕적인 죄인일 뿐이라고 했습니다. 형이상학적 인간은 아무리 도덕적인 삶을 살아도 자신이 죄인이라는 것을 알지 못하므로 하나님과의 접촉점이 없습니다.

다른 하나는, 세상의 영향으로부터 자유로울 수 없게 됩니다. 도덕과 윤리는 세상에 영향을 미치기는 하지만 세상을 변화시키는 생명이 되지 못합니다. 그래서 시간이 흘러가면 반드시 세상의 영향을 다시 받게 됩니다. 이것이 도덕주의자들이 지닌 한계입니다. 쉽게 예를 들면, 제가 어릴 때는 아버님께서 말씀하시면 무릎을 꿇고 들어야 했습니다. 요즘 아이들은 그렇지 않습니다. 그렇다고 요즘 아이들을 비도덕적이라고 비난하는 사람은 아무도 없습니다. 왜냐하면 도덕은 시대의 가치를 반영하며 상대적인 것이기 때문입니다.

이렇듯 형이상학적인 것만을 최고의 가치로 여기며 살아가는 사람은 도덕과 윤리로 모든 것을 해결할 수 있다고 생각하지만, 결국은 세상에 의해 오염되고 맙니다. 성경에서 예를 들면, 앞서 언급한 소돔에 사는 롯이 해당됩니다. 소돔 사람들이 롯의 집에 와서 손님들을 상관하기 위해 내놓으라고 할 때, 롯은 어떻게 이럴 수 있느냐면서 그들을 꾸짖었습니다. 그다음 롯이 제시한 대안이 무엇입니까? 자기에게 처녀 딸 둘이 있는데, 이 딸들을 줄 테니 그들 마음대로 하라는 것이었습니다. 롯이 소돔에서 살다 보니 소돔식 도덕주의자가 되고 말았기 때문입니다. 소돔식 도덕은 남자끼리 성관계를 갖는 것은 죄이고, 남자와 여자가 불의하게 관계를 갖는 것은 죄로 생각지 않는 것이었습니다.

셋째, '영적인 인간'입니다. 다른 말로 표현하면, 신앙적 인간입니다. 무엇을 하든 모든 것을 하나님 말씀이라는 토대 위에서 생각하고 결정하고 따르는 사람입니다. 예를 들면, 창세기에 나오는 아브라함이 해당됩니다. 아브라함은 모든 것을 말씀에 근거하여 생각했습니다. 하나님께서 아브라함의 사랑하는 독자 이삭을 번제로 바치라고 하시자, 아브라함은 하나님께서 이삭을 반드시 죽은 자가운데서 다시 살려 주실 것을 믿고 바쳤습니다. 만일 그때 아브라함이 형이하학적이거나 형이상학적인 수준에 머물러 있었다면 모리아산에서의 아브라함은 있을 수 없었고, 믿음의 조상이 되지 못했을 것입니다.

우리는 어떤 존재들입니까? 형이하학적 인간, 형이상학적 인간,

영적인 인간, 이 세 범주를 왔다갔다 하는 사람들입니다. 어떤 때는 대단히 영적인 것 같은데, 어떤 때는 지극히 본능적이고, 또 어떤 때는 철학적인 면도 있습니다. 그러나 우리가 이신칭의, 즉 믿음으로 말미암아 의로운 사람이 되었다는 사실을 바로 인식한다면, 우리는 영적인 수준에 머무르는 사람이 되어야 합니다. 이것을 깨우쳐 주기 위해 로마서 1장 18-32절은 본능적으로 자기 욕망만을 위해 사는 사람의 결과가 어떻게 되는지 우리에게 알려 줍니다. 그리고 로마서 2장은 도덕적 인간의 말로가 어떻게 되는지 보여 줍니다.

오늘 본문은 본능적으로 살아가는 형이하학적 인간에 대한 하나님의 진노가 어떠한지 전해 주고 있습니다.

하나님의 진노가 불의로 진리를 막는 사람들의 모든 경건하지 않음과 불의에 대하여 하늘로부터 나타나나니(18절)

여기에서 "불의로 진리를 막는 사람들"이 바로 본능적인 삶을 살아가는 사람들입니다. 그들에게 하나님의 진노가 임한다는 것입니다. 우리가 알다시피 로마서는 구원의 책입니다. 하나님의 사랑을 강조하는 책입니다. 그런데 하나님의 사랑을 강조하는 로마서의 1장에서 하나님의 진노를 역설하고 있습니다. 신약은 하나님의 사랑을 강조합니다. 당신의 독생자를 죽이시면서까지 우리를 사랑하신 그 사랑을 말하고 있습니다. 그런데 구약은 진노하시는 하나님, 진멸하시는 하나님, 심판하시는 하나님을 강조합니다. 그렇다면 구약에서 진노하시는 하나님과 신약에서 사랑하시는 하나님은 다른 하나님이십니까? 아니면 하나님께서 변하신 것입니까?

초대교회 시기에 마르시온이라는 이단이 있었습니다. 이 이단은 하나님의 사랑을 강조하면서, 진노하시는 하나님은 있을 수 없다고 주장했습니다. 구약에 나타나는 하나님과 신약에 나타나는 하나님은 다른 하나님이라고 이야기했습니다. 그러면서 성경의 구약을 인정하지 않았습니다. 신약 중에서도 사복음서와 바울이 쓴 바울서신만 인정했습니다. 이 이단 때문에 교회가 모여 성경 66권을 정경화하기 시작했습니다.

하나님께서는 절대 다른 분이 아닙니다. 그렇다면 성경은 왜 진노하시는 하나님과 사랑하시는 하나님을 대조적으로 보여 주고 있습니까? 하나님의 진노를 알지 못하면, 바꾸어 말해 진노하시는 하나님에 대한 바른 이해가 없으면, 하나님의 사랑을 절대로 이해할 수 없기 때문입니다. 하나님께서는 죄에 대해 단호하신 분입니다. 하나님께서는 죄와 함께하시는 분이 절대 아닙니다. 그래서 죄에 대해서는 언제든지 진노하십니다. 구약은 그런 하나님의 속성을 보여 줍니다. 그런데 그런 하나님께서, 그럼에도 불구하고 우리 같은 죄인을 선택하시면서 대신 당신의 아들을 진노의 대상으로 삼아 제물로 죽이셨습니다. 따라서 우리가 이 하나님의 진노를 바로 깨달을 때, 하나님의 사랑이 비로소 감격적인 사랑이 됩니다. 하나님의 진노를 바로 깨달을 때, 하나님의 사랑이 보배로운 사랑이 됩니다. 하나님의 진노를 바로 깨달을 때 사랑으로 나를 감싸 주시는 그분을 위해 우리의 생명을 내놓을 수 있게 됩니다. 하나님의 진노를 모르면, 하나님의 사랑은 가치가 퇴색되고 무의미해질 뿐입니다.

한번 가정해 보십시다. 지금 내 자식이 악의 길을 걸어가고 있습니다. 방탕하고 패역한 삶을 살아가는 자식을 보고, 아이를 사랑하는 아버지라면 진노하는 것이 당연합니다. 그렇지 않으면 나는 내 자식을 사랑하지 않는 부모입니다. 사랑하는데 정당하고 정직한 진노가 없다는 것은, 그 아이를 타락시키는 지름길입니다.

마찬가지로 하나님께서 우리를 책임 있게 사랑하시기 때문에 진노하시는 것입니다. 따라서 어떤 종파, 어떤 교파든지 하나님의 사랑을 강조하기 위해 하나님의 진노와 심판을 말하지 않고 가르치지 않고 인정하지 않는다면, 절대로 성경적일 수 없습니다.

그렇다면 하나님의 진노는 언제 나타납니까? 세 가지 경우에 나타납니다.

첫째, 경건하지 않고 불의할 때입니다. 본문 18절을 다시 보시겠습니다.

하나님의 진노가 불의로 진리를 막는 사람들의 모든 경건하지 않음과 불의에 대하여 하늘로부터 나타나나니

여기에서 쓰인 "경건"은 하나님과의 관계에서 사용되는 단어입니다. 그리고 "불의"는 사람과의 관계에서 사용되는 단어입니다. 하나님 아버지 앞에서 경건하지 않고, 사람과의 관계에서 의롭지 않은 것이 본능적 인간의 특징입니다. 하나님에 대한 경건과 사람에 대한 의로움은 떼려야 뗄 수 없는 관계입니다. 하나님 앞에서 불경건한 사람이 사람 앞에서 절대로 의로울 수 없고, 사람 앞에서 불의한 사람이 하나님 앞에서 경건할 수 없습니다. 마치 가정에 불충실한 사람이 아내를 진정으로 사랑할 수 없고, 아내를 진정으로 사랑하지 않는 사람이 가정에 충실할 수 없는 것과 같은 이치입니다.

우리가 정말 하나님을 사랑한다면, 사람과의 관계에서 반드시 우리의 의로움이 드러나야 합니다. 사람과의 관계에서 의로움이라는

것은 사랑으로 드러납니다. 따라서 내가 하나님을 사랑한다면서 사람과의 관계에서 의로움이 드러나지 않는다면, 아직도 내가 하나님을 제대로 사랑하지 않거나 하나님에 대한 사랑을 잘못 이해하고 있는 것입니다.

기독교 단체들이 내부적으로 잘못 운영되면 기독교의 본질을 퇴색시키는 단체로 전락할 수 있습니다. 조직의 집행부에 있는 사람들이 하나님의 의로움으로 행동하지 않으면 아랫사람들이 시험에 들기 때문입니다. 아랫사람들이 보기에, 윗사람들이 하나님을 믿는다고 하면서도 정작 보여 주는 행태는 하나도 의롭지 않기 때문입니다.

제가 예전에 사업을 할 때, 사장으로 회사를 운영하며 직원을 많게는 120여 명 두었습니다. 그때 매주 사무실에서 예배를 드렸습니다. 지금의 온누리교회 하용조 목사님(*2011년 8월 2일 소천)께서 당시 전도사님이셨는데 매주 예배를 인도해 주셨고, 특별한 절기에는 유명한 목사님들이 오셔서 예배를 인도해 주셨습니다. 그러나 당시 120여 명의 직원 중 예배를 통해 예수님을 영접한 경우는 손에 꼽을 정도였습니다. 오히려 예수 믿던 분들이 상처를 받기까지 했습니다. 왜냐하면 사장이 하라고 하니 예배는 드리지만, 직원들 보기에 사장이 의로운 삶을 살지 않았기 때문입니다. 일주일에 한 시간 예배를 드려도, 그 시간을 뺀 나머지 6일하고 23시간 동안 그리스도를 저버리고 있는 사장을 보면서, 직원들이 예수님을 믿을 까닭이 없었습니다.

어떤 분은 이렇게 말할 수 있습니다. "나는 하나님 앞에서 경건하게 살아야 한다는 것과 사람과의 관계에서 의로운 삶을 살아야 한다는 것을 몰랐습니다. 나는 하나님이 계시다는 것 자체도 몰랐습니다." 이에 대해 본문 19-20절은 이렇게 말씀합니다.

이는 하나님을 알 만한 것이 그들 속에 보임이라 하나님께서 이를 그들에게 보이셨느니라 창세로부터 그의 보이지 아니하는 것들 곧 그의 영원하신 능력과 신성이 그가 만드신 만물에 분명히 보여 알려졌나니 그러므로 그들이 핑계하지 못할지니라

　과거에 저는 예술 작품을 감상할 줄 몰랐습니다. 그림을 보고도 이 그림이 왜 좋은지 몰랐습니다. 또 음악을 들으면 이 음악을 왜 사람들이 명곡이라고 하는지 이해하지 못했습니다. 그래서 음악회에 가면 졸곤 했습니다. 그런 제가 예술을 감상할 줄 알게 된 것은, 작품 속에서 작가의 인격을 만나고부터입니다. 그림을 보면서 그 그림을 그린 작가의 아픔, 고뇌, 고통이 그림에 스며 있음을 알게 되었습니다. 따라서 예술을 한마디로 정의한다면, 예술가의 보이지 않는 인격을 드러내는 실체입니다. 예술 자체가 예술가의 인격인 것입니다.
　마찬가지입니다. 하나님께서 이 세상을 창조하셨는데, 이 피조 세계라는 것이 도대체 무엇입니까? 하나님의 인격(실제로는 신격)과 속성의 표현입니다. 그래서 우리는 어디에서든지 하나님을 알고 느낄 수 있습니다. 때가 되면 나뭇잎은 떨어집니다. 때가 되면 떠나야 하는 것을 하나님께서 자연을 통해 일깨워 주십니다. 세상의 모든 피조물은 하나의 법칙 속에서 평화롭게 공존하는 법을 알고 있습니다. 서로 이타적으로 살아갑니다. 물은 더러운 것을 씻어 주고, 공기는 생명을 불어넣어 주고, 나뭇잎은 공기를 정화시켜 줍니다. 이런 법칙 앞에서 인간이 어떻게 살아야 합니까? 본능적으로

자기 욕심만 챙겨야 합니까? 아니면 남을 위하며 살아가야 합니까?

인간의 역사를 보면 아무리 큰 권력, 힘, 군대를 가지고 있어도 끝내는 정의가 이깁니다. 이런 역사 속에 살면서도 인간은 본능적으로 권력을 탐합니다. 한번 잡으면 놓지 않고 권력의 노예가 됩니다. 그 끝이 참혹함을 분명히 아는데도, 본능 앞에서 진실의 눈을 감아버리는 것입니다. 이처럼 세상 모든 것을 통해 하나님께서 우리에게 요구하시는 것이 무엇인지 알 수 있는데도, 왜 그것을 보려 하지 않습니까? 이유는 한 가지입니다. 자기 안의 본능과 욕망이 더 크게 보이기 때문입니다. 자기 밖의 것을 보려 하지 않으니 보이지 않습니다. 이런 사람에게 하나님이 내리실 것은 진노밖에 없습니다.

둘째, 자신이 죄인인 줄 알면서도 하나님께 나아가지 못할 때입니다. 본문 21절을 보시겠습니다.

하나님을 알되 하나님을 영화롭게도 아니하며 감사하지도 아니하고 오히려 그 생각이 허망하여지며 미련한 마음이 어두워졌나니

자기 욕망, 자기 욕심 때문에 하나님을 의식하지 않는 부류와 달리, 자연현상이나 말씀을 통해 하나님의 존재를 알고 있으면서도 하나님께 한 발자국도 나아가지는 않는 부류에 속한 사람들은 예수 믿으라는 말에 "나는 지은 죄가 너무 많아서……"라고 대답합니다. 자신이 죄인이라는 사실을 안다는 것은 절대자를 인식하고 있다는 말입니다. 일반적으로 사람들은 "당신은 죄인입니다"라는 말을 들으면 화를 냅니다. 자기가 죄인이라고 생각하지 않기 때문입니다. 방탕하고 타락한 삶을 살면서도 멋지다고 여길지언정 잘못되었다

고 생각하지 않습니다. 자신이 죄인임을 알면서도 하나님께 나아가지 않는 사람은 마치 마약중독자와 같습니다. 세상에서 가장 미련한 사람이 바로 마약중독자입니다. 마약을 하면 자기 인생이 어떻게 된다는 것을 알면서도 마약을 자기 몸에 투여하는 이유가 무엇입니까? 그 찰나적인 쾌락을 못 이기기 때문입니다. 그래서 스스로 자기 몸에 마약을 주사합니다.

내가 죄인인 줄 알고 절대자가 있는 줄도 알면서, 육적으로 얽히고설켜 있는 미련 때문에 하나님 앞으로 나아가지 못한다면, 이것은 자기 몸에 마약을 투여하는 것과 같습니다. 본문에 "허망"이라는 단어를 사용하고 있는데, 마약중독자가 자기 몸에 마약을 투여하는 것이 얼마나 허망한 일입니까? 이런 사람에 대해 하나님께서 진노하신다는 것입니다.

셋째, 우상을 섬길 때입니다. 본문 22-23절을 보십시다.

스스로 지혜 있다 하나 어리석게 되어 썩어지지 아니하는 하나님의 영광을 썩어질 사람과 새와 짐승과 기어 다니는 동물 모양의 우상으로 바꾸었느니라

하나님을 인정하지 않고 하나님 앞에 나아가지 않는 것은 물론이려니와, 아예 우상을 섬기는 사람이 있습니다. 우상을 섬기는 것은 결국 자기를 섬기는 것입니다. 예를 들어, 돌로 멋진 像을 만들어 그 상에 아침저녁으로 절을 하면서 '이 상이 나에게 복을 주겠지'라고 생각한다면 큰 오산입니다. 자기 생각으로 돌을 조각하여 그것에 절을 한다면, 결국 누구에게 절하는 것입니까? 그 돌을 조각한 자신에게 절하는 것입니다. 성경에서 우상을 섬기지 말라고 하

는 말씀을, 장승을 없애고 눈에 보이는 특정 물건을 없애라는 것으로 흔히들 생각하는데, 그것이 아닙니다. 나 자신을 믿는 것이 바로 우상숭배입니다.

지난 새벽기도 때 우리는 자기부인否認이 무엇인지 배웠습니다. '자기부인은 부인하지 않는 것이다'라고 했습니다. 그러면 무엇을 부인하지 않는 것이 자기를 부인하는 것입니까? 하나님을 부인하지 않는 것이 자기를 부인하는 것이라고 했습니다. 사람은 언제나 둘 중에 하나를 부인합니다. 자기 자신을 부인하든지, 하나님을 부인하든지, 늘 이렇게 살아갑니다. 따라서 하나님을 부인하면, 나 자신을 부인하지 않게 됩니다. 나를 높이고 섬기게 됩니다. 이것이 바로 우상숭배입니다.

본문에 "새와 짐승과 기어 다니는 동물 모양"이라고 했는데, 우리가 이러한 동물들 모양의 우상을 섬기지는 않는다고 생각할 것입니다. 그러나 그것이 사실입니까? 그리스도인들도 종종 '띠'라는 것을 따집니다. 하나님의 형상으로 창조된 우리가, 하나님을 믿는다는 사람들이, 자신이 태어난 해를 열두 지지地支 동물에 맞추고는 무슨 띠, 무슨 띠 하면서 동물과 동일시합니다. 이를테면 "봄에 태어난 소띠는 일이 많다"라고 하는 식입니다. 그리스도인들은 이런 모든 것에 매이지 말아야 합니다.

하나님의 진노에 대해 좀더 구체적으로 알아보십시다. 우선, 본문에서 하나님의 진노가 어떻게 임했습니까? 하늘에서부터 하나님의 진노가 나타났습니다(18절). 소돔에 불이 쏟아져 내리기 전 아브라함이 하나님께 심판을 재고해 주실 것을 요청했습니다. 이에 하나님께서 의인 열 명만 있어도 성을 멸하지 않겠다고 하셨지만, 결국 소돔은 하나님의 진노를 피할 수 없었습니다. 불이 쏟아져 내린 후 아브라함은 멀리서 연기가 치솟는 모습을 안타깝게 바라볼 뿐이었습니다(창 18:20-19:28). 이처럼 하나님께서 진노하시면, 인간의 힘으로는 결코 막을 수 없습니다. 그래서 지혜로운 사람은 하나님의 진노가 시작되기 전에 하나님의 사람, 즉 영적인 사람이 되어야 합니다.

진노의 내용은 무엇입니까? 즉 하나님께서 어떤 형태로 진노를 이루십니까? 첫째, 멸절입니다. 노아의 홍수, 소돔과 고모라의 유황불에서 보듯 전부 쓸어버리시는 것입니다. 이스라엘 백성이 성전을 지어 놓고 그 성전을 우상으로 섬겼을 때 하나님께서는 그 성전도 쓸어버리셨습니다. 둘째, 전혀 하나님의 진노가 아닌 것처럼 임하는 경우입니다. 이것이 오히려 더욱 두렵습니다. 왜입니까? 사람들이 인식지 못할 뿐이지, 실은 하나님의 진노가 임한 것이기 때문입니다. 즉 철저하게 내버려 두시는 것입니다. 그냥 방치해 두신다는 말입니다.

하나님께서 그들을 마음의 정욕대로 더러움에 내버려 두사 그들의 몸을 서로 욕되게 하게 하셨으니(24절)
이 때문에 하나님께서 그들을 부끄러운 욕심에 내버려 두셨으니(26절)
또한 그들이 마음에 하나님 두기를 싫어하매 하나님께서 그들을 그 상실한 마음대로 내버려 두사(28절)

하나님의 진노 중에서 가장 무서운 진노가 바로 이것입니다. 정욕에 내버려 두고, 욕심에 내버려 두고, 상실한 마음 곧 비인격적인 상태에 내버려 두시는 것입니다. 정욕대로 살면 멋지게 사는 것처럼 느껴질 수 있습니다. 좋은 차를 타고 고급 술집에 드나들고, 욕심대로 사니 의롭게 사는 사람들보다 돈을 더 벌 수 있습니다. 비인격적인 모습으로 온갖 술수를 다 부리니 출세가 빠를 수 있습니다. 항상 남보다 앞서갈 수 있습니다. 그러면서도 하나님의 진노가 전혀 임한 것 같지 않게 느껴집니다. 그러나 이들은 이미 심판받은 것입니다. 왜냐하면 하나님께서 그들을 버려 같은 삶 속에 내버려 두신 것이기 때문입니다.

우리는 여기에서 두 가지 귀중한 사실을 깨달을 수 있습니다. 대개 그리스도인들의 마음속에 불만이 하나 있는데, 왜 안 믿는 사람들이 세상에서 더 잘되느냐는 것입니다. 그러면서 그들을 늘 부러워합니다. 그러나 전혀 부러워할 필요가 없습니다. 왜냐하면 그들은 가장 무서운 심판을 받았기 때문입니다. 아무리 그들이 화려함과 아름다움으로 치장하고 엄청난 부를 이룬다 해도, 그것은 하나님 앞에서는 사상누각, 모래 위에 지은 집일 뿐입니다.

우리가 깨달을 수 있는 또 다른 사실은, 우리가 전적으로 영적인 삶을 살면 하나님께서 그런 우리를 반드시 지켜 주신다는 것입니다. 하나님께서 인간을 정욕과 욕심과 비인격적 상태에 내버려 두심으로써 심판하시는 한, 이 세상의 악은 근절되지 않습니다. 우리가 살아가는 동안 우리 주위에는 계속해서 악이 있을 것입니다. 왜입니까? 하나님께서 죄악된 인간들을 그 상태에 내버려 두시기 때문입니다. 물론 그들이 우리의 삶을 위협할 수 있습니다. 요즘 많은 부모들이 세상이 자꾸 험해지니까 자식들을 학교에 보내기 두려워하며 걱정이 이만저만이 아닙니다. 그러나 중요한 것은 그 악을 어떻게 피하느냐 하는 것이 아니라, 내가 얼마나 하나님 앞에 바로 서 있느냐 하는 것입니다. 하나님께서 하나님의 뜻에 따라 죄악된 인간들을 방치해 두셨다면, 우리가 하나님을 위해 영적인 삶을 살 때는 하나님께서 반드시 우리를 지켜 주실 것입니다. 이 악한 세상에서 사랑하는 우리 자녀들이 부당하게 고통받을 수 있습니다. 그러나 예수님께서 친히 광야에서 사탄에게 시험받으신 것처럼, 이 세상 가운데서 우리 자녀들도 훈련받는 것이며 주님을 힘입어 승리할 것임을 믿어야 합니다.

우리 교회에 출석하는 집사님이 국민일보에 한 달 넘게 사탄에 대해 글을 쓰셨습니다. 얼마 전 집사님이 제게 그 글의 결론이 어떻게 되었으면 좋겠는지 의견을 물으셨습니다. 그래서 이렇게 답변 드렸습니다.

"이런 특집은 꼭 필요한데, 그것이 자칫 아이들로 하여금 사탄의 능력을 하나님의 능력보다 더 크게 믿게 하면 오히려 해를 끼칠 수 있습니다. 결론은 우리가 성령님의 능력 안에 있으면 절대로 사탄은 우리를 이기지 못한다는 사실로 맺어야 합니다."

우리도 이 사실을 명심하고 언제나 성령님의 능력 안에서 깨어 있도록 힘써야 할 것입니다.

지금까지 우리는 하나님께서 어떤 경우에 어떤 방식으로 진노하시는지 살펴보았습니다. 그런데 25절이 다음과 같이 전하고 있습니다.

이는 그들이 하나님의 진리를 거짓 것으로 바꾸어 피조물을 조물주보다 더 경배하고 섬김이라 주는 곧 영원히 찬송할 이시로다 아멘

지금까지의 분위기와 전혀 다르게 끝을 맺고 있는데, 그 분명한 이유가 있습니다. 우리가 지난주 이신칭의에 대해 상고하면서 믿

음으로 말미암아 의롭다 칭함 받고 구원받는다는 것을 알았습니다. 왜 우리가 주님을 영원히 찬송해야 합니까? 두 가지 이유 때문입니다. 첫째, 우리가 어떤 존재인지 비로소 인식했기 때문입니다. 우리는 짐승 같고 버러지 같은 삶을 살던 사람이었습니다. 그런데 주님께서 그런 우리를 부르시고 우리의 모든 죄를 도말塗抹하여 양털같이 희게 해주시고 우리를 의롭다 해주셨습니다. 둘째, 우리의 잘못을 주님께서는 사랑으로 징계해 주심을 확실히 알았기 때문입니다. 주님께서는 우리는 버려두시지 않습니다. 하나님께서 우리를 선택하셔서 영원한 생명으로 인印치시고 하나님의 자녀로 삼으신 이상, 그런 우리가 다시 짐승의 삶으로 되돌아가는 것을 가만히 두시지 않는 것입니다. 내가 다시 옛날의 죄 된 삶으로 돌아가면 하나님께서는 어떤 방법으로든지 나를 야단치십니다. 나를 깨우십니다. 주님을 향해 돌아설 수밖에 없도록 만드십니다. 왜입니까? 사랑하시기 때문입니다. 하나님 아버지께서는 사랑으로 징계하시는 분이기 때문입니다.

내가 잘못된 길을 가는데도 주님께서 나를 징계하시지 않으면, 나는 주님의 자녀가 아니라 사생자입니다(히 12:8). 하나님을 믿고 하나님께로부터 구원받았음을 확신하는 사람이 자기 양심에 어긋나는 형이하학적인 삶을 살아가는데도 그 삶에 아무런 하나님의 징계가 내리지 않는다면, 오히려 그것이 커다란 문제이며 축복에서 벗어난 것입니다.

사무엘하 7장을 보면, 다윗이 하나님께 성전을 짓겠다고 하자 하나님께서 사양하셨습니다. 그러나 다윗의 중심을 기뻐하신 하나님께서 그에게 복을 주셨습니다. 다윗의 이름을 위대하게 해주고 그의 나라를 견고하게 해주겠다고 하셨습니다. 그러면서 다윗의 자식을 사람의 매와 인생의 채찍으로 징계하겠다고 하셨습니다(삼하 7:14). 때려서 바르게 키워 주시겠다는 것입니다. 그 자녀가 바로 솔로몬입니다. 솔로몬이 만약 하나님께 매 맞지 않았다면 솔로몬은 벌써 죽은 목숨이었습니다. 처첩을 1천 명이나 거느린 사람이니 그 인생이 참혹하게 끝났을 것입니다. 그러나 하나님께서는 짐승 같은 삶을 사는 솔로몬을 내버려 두시지 않았습니다. 사방에서 대적들이 일어나게 하셨습니다. 솔로몬으로 하여금 많은 곤고함 속에 빠지게 하셨습니다. 그 곤고함 속에서 솔로몬이 할 수 있었던 것은 자신의 잘못된 삶을 청산하고 하나님 앞으로 돌아가는 것이었습니다.

제3공화국 이래 우리도 잘살 수 있다고 외치며 5천 년 동안 내려온 가난을 근절시켰습니다. 그러나 그 과정에서 큰 우를 범했습니다. 이 땅 국민의 25퍼센트를 차지하는 교인들과 교회들마저도 하나님보다 돈을 더 섬기게 되었습니다. 요즘 나라가 참 어려운데, 이는 하나님께서 우리를 사랑하신다는 증거입니다. 만약 이 나라가 1988년 올림픽 이후 경제 부흥이 지속되었다면, 이 백성은 지금보다 더 타락했을 것입니다. 이 땅에 수많은 교회와 하나님의 백성이 있기에, 그들이 하나님을 바로 섬기게끔 해주시려고 주님께서 어려움을 주시는 것이며, 이것은 참으로 감사한 일입니다.

하나님께서는 우리를 위해 당신의 독생자를 죽이셨습니다. 그 사랑의 하나님께서는 우리가 잘못된 길을 갈 때 회초리를 들고 매를 치시면서 우리를 바른길로 인도하시고, 불꽃같은 눈으로 우리와 함께하시는 분입니다. 우리가 그분 앞에서 늘 깨어 영적인 삶을 살아간다면, 독생자를 희생시키신 하나님께서 더욱 복된 길로 우리를 이끌어 주실 것입니다.

6
그릇됨에 상당한 보응을

로마서 1장 26-27절

이 때문에 하나님께서 그들을 부끄러운 욕심에 내버려 두셨으니 곧 그들의 여자들도 순리대로 쓸 것을 바꾸어 역리로 쓰며 그와 같이 남자들도 순리대로 여자 쓰기를 버리고 서로 향하여 음욕이 불 일듯 하매 남자가 남자와 더불어 부끄러운 일을 행하여 그들의 **그릇됨**에 **상당한 보응**을 그들 자신이 받았느니라

하나님께서 본능적으로 살아가는 사람들을 방치하실 때 드러나는 현상에 대해 지난 시간 상고했습니다. 그것은 바로 우상을 섬기는 삶으로 드러난다고 했습니다. 오늘 본문은 하나님께서 형이하학적 인간을 그대로 방치해 두실 때 나타나는 두 번째 현상이 무엇인지 전하고 있습니다.

이 때문에 하나님께서 그들을 부끄러운 욕심에 내버려 두셨으니(26절 상)

"욕심"의 헬라어 '파도스παθος'는 '욕정'이라는 뜻입니다. 그런데 이 욕심이라는 단어 앞에 "부끄러운"이라는 수식어가 붙어 있습니다. 부끄러운 욕정에 그들을 내버려 두면 어떤 결과가 나타나는지 하반절을 보시겠습니다.

곧 그들의 여자들도 순리대로 쓸 것을 바꾸어 역리로 쓰며(26절 하)

여기서 "순리대로"라는 말은 '하나님의 명령대로'라는 뜻입니다. 그리고 "쓸 것"이라는 말은 무엇을 사용한다는 뜻이 아니라 남녀의 생활을 의미합니다. 다시 말해, 일상의 삶 가운데서 남녀가 하나님의 명령대로 따라야 하는 것을 자기들 마음대로 바꾸어 살아가고 있다는 뜻입니다. 한 남자와 한 여자가 그리스도 안에서 거룩하게 사랑하는 것이 아니라, 여자끼리 서로 사랑한 것입니다. 쉽게 말해서 동성애입니다. 여자들만 그랬습니까?

그와 같이 남자들도 순리대로 여자 쓰기를 버리고 서로 향하여 음욕이 불 일 듯 하매 남자가 남자와 더불어 부끄러운 일을 행하여 그들의 그릇됨에 상당한 보응을 그들 자신이 받았느니라(27절)

하나님께서 본능적으로 사는 인간을 방치해 두시면 이처럼 동성애에 빠진 사람들이 창궐하게 된다는 것입니다. 어느 시대, 어느 지역을 막론하고 동성애자들이 하루아침에 불 일듯 일어나는 법은 없습니다. 한 사회가 성적으로 타락할 대로 타락해서 막다른 골목에 다다른 형태가 동성애와 마약입니다.

오늘날 온 세계가 소돔과 고모라처럼 바뀌어 가고 있습니다. 공산주의의 몰락과 함께 동구권들이 개방되고 있습니다. 그런데 동구권 개방의 첫 신호탄이 무엇으로 나타납니까? 성 개방입니다. 성 개방이 그 사회가 개방되는 첫 신호인 것처럼 되어 버렸습니다. 퇴폐 술집과 포르노 영상이 범람하는데도 그런 세태를 탓하거나 꾸짖기보다 오히려 화젯거리가 되고 문화가 개방된 것처럼 받아들여집니다.

얼마 전 스웨덴 의회는 14세부터 성행위를 자유화하는 법안을 통과시켰습니다. 그 이전에는 16세로 정해져 있었습니다. 미성년자와의 성행위가 법의 제재를 받는 사례가 증가하자 그 연령을 14세로 낮춘 것입니다. 오히려 법으로 인간의 성적 타락을 부추기고 있는 것입니다. 미국에서는 여론조사 결과, 가정주부 3천 명 중 80퍼센트가 혼외정사 경험이 있다고 응답했습니다. 가정주부가 이렇게 응답했으면 남자들은 그보다 훨씬 더 많을 것입니다. 미국 내 성인 가운데 동성애자 수는 최소 10퍼센트, 최대 15퍼센트라고 합니다. 놀라운 사실은 동성애자의 상당수가 백인들 가운데서도 엘리트 계층에 속한다는 것입니다. 이 동성애자들이 미국 여론을 조성하는 선두 주자들입니다. 그래서 대통령에 출마하는 사람들은 이들의 눈치를 안 볼 수가 없습니다.

그러면 우리나라는 예외입니까? 그렇지 않습니다. 1980년대 초 5공화국이 탄생했을 때 정권은 국민들을 비정치화하기 위해 '3S정책'을 시행했습니다. 3S란 스크린(영화), 스포츠, 섹스를 말합니다. 그때부터 각계각층에서 성적인 타락이 확산되었습니다. 현재 대한민국은 국제형사경찰기구가 발표한 바에 의하면, 세계에서 성폭력이 세 번째로 많이 일어나는 나라입니다. 국립서울정신병원 위생과장인 김경빈 박사가 서울시로부터 대중음식점 면허를 받은 업체

2,275군데를 대상으로 보고서를 작성했습니다. 이 보고서에 따르면, 29퍼센트에 해당하는 660여 개의 업소에서 성적인 접대가 제공되고 있었습니다. 이화여자대학교 사회학과 김동일 교수가 고등학생 3만 1천 명을 대상으로 설문 조사한 바에 따르면, 100퍼센트가 음란물을 보았다고 대답했습니다. YMCA 통계를 보면, 청소년들의 70퍼센트가 집에서 포르노 영상을 보았다고 응답했습니다. 우리가 잘 아는 〈십대들의 쪽지〉를 발행하는 김형모 전도사가 조사한 바에 의하면, 서울 시내 여중학생들의 5퍼센트가 성폭행을 당한 것으로 나타났습니다. 여고생들의 10퍼센트는 자의든 타의든 성적인 경험을 했습니다. 그런데 이 아이들의 99퍼센트가 대답하기를 부모가 그 사실을 모른다고 했습니다.

4월 17일 충남 서산에서 87세 노인이 같은 동네에 사는 72세 노인을 흉기로 살해하는 사건이 발생했습니다. 이유인즉, 87세 노인의 부인이 75세인데, 그 노파가 72세 노인과 불륜 관계를 맺었기 때문이었습니다. 이미 1980년대 초 일본에서 이와 비슷한 사건이 있었습니다. 90세 가까운 노인이 80세 가까운 노인을 도끼로 죽였는데, 그 이유가 자신의 아내와 불륜을 맺었기 때문이었습니다.

창세기 19장에 나오는 소돔 사람들은 동성애를 하겠다며 모여들었는데, '노소를 막론하고 원근에서 다' 모였습니다. 노인이나 소년이나 전부 벌떼처럼 왔다는 말입니다. 지금 서울이 바로 이렇습니다. 어느 날 신문에서 압구정동의 10대, 20대들이 몇십만 원씩 술을 마신다는 기사를 읽었는데, 마침 그날 밤 제가 심방을 하면서 논현동 골목을 차를 타고 지나가게 되었습니다. 그러다 이상한 머리 스타일의 아이들이 업소들을 찾아 들어가는 것을 보았습니다. 그런데 아무도 그들을 탓하지 않았습니다. 정치인들은 어떻게 하면 한

표를 더 받을까에 골몰하지, 자기 표가 깎이더라도 어떻게 하면 이 사회를 바로 세울까에 대해서는 별 관심이 없어 보입니다. 사회 일각에서는 간통죄 처벌 법안을 폐지하려는 움직임이 있습니다. 도대체 누가 그 움직임을 주도하겠습니까? 그 법으로 불편해하는 사람들입니다. (＊2015년 2월 26일 헌법재판소는 간통 및 상간행위에 대하여 2년 이하의 징역에 처하도록 규정한 형법 제241조가 헌법에 위반된다며 간통죄에 대해 위헌결정을 내림.)

 '성'은 신성한 것입니다. '신성'은 어떤 의미입니까? '신적인 거룩'입니다. 왜 성이 신적인 거룩을 가지고 있습니까? 생명과 관련 있기 때문입니다. 그런데 이러한 성을 사람들이 쾌락만을 위한 도구로 전락시키면, 성은 자기와 상대를 동시에 오염시키는 독약이 되고 맙니다. 왜 사람들이 이처럼 짐승만도 못하게 자기와 상대를 스스로 오염시키는 삶을 살아가고 있습니까? 이유는 간단합니다. 하나님이 그들을 방치해 두셨기 때문입니다. 그들의 눈에는 자신들의 삶이 멋지게 보입니다. 쾌락과 욕망을 분출하며 거칠 것이 없기 때문입니다. 오히려 그들에게는 순결한 삶을 살기 위해 애쓰는 사람들이 한심하게 보일 뿐입니다. 그러나 그들이 모르는 것이 있습니다. 27절 하반절을 다시 보시겠습니다.

그들의 그릇됨에 상당한 보응을 그들 자신이 받았느니라

 여기에서 "상당한"이라는 말은 '마땅한'이라는 의미입니다. 그들이 지금까지 동물적인 삶을 산 것은, 하나님께서 그들의 삶에 마땅한 보응을 주신 결과입니다. 바꾸어 말하면, 그들은 이미 이 땅에서 심판받아 죽은 생명이라는 것입니다. 이미 소망이 없는 사람들입니다.

이처럼 세상이 하나님께 버림받은 사람들로 가득 차 타락해 가는데, 교회는 예외입니까? 교회에 다니는 사람들은 깨끗합니까? 그렇지 않습니다. 1991년 미국을 떠들썩하게 만든 사건이 있습니다. 미국에서 최고의 전통을 자랑하는 장로교회가 총회를 열었는데 어떤 문제가 상정되었냐면, 교회법에 의해 동성애 금지법을 폐지해 달라는 청원이었습니다. 동성애를 금하는 것은 교회가 법으로 정해서가 아니라 하나님께서 성경을 통해 금하시기 때문입니다. 하나님의 순리에 어긋나기 때문인 것입니다. 그런데 총회에서 그 법을 폐지해 달라고 상정한 것입니다. 감리교도 상정했습니다. 성결교도 상정했습니다. 이유는 자꾸 교인이 빠져나간다는 것이었습니다. 교회가 동성애자들을 도우며 바로잡아 줄 생각은 안 하고 그저 한 사람이라도 더 예배당에 앉혀 놓으려 한 것입니다. 물론 다 부결되었습니다. 그러나 몇십 년 후 통과되지 않는다는 보장이 없습니다. (*미국장로교는 2011년 5월 10일 제219차 총회에서 목사, 장로, 집사가 되려면 '남자와 여자 간 결합인 결혼을 했거나 독신일 경우 순결을 지켜야 한다'는 교단헌법 규정을 삭제했다.)

미국 성공회는 동성애자 신부를 파송하여 파문을 일으키고 있습니다. 미국의 유명한 짐 베커 목사는 여비서와 불륜 관계를 맺어 사임했습니다. 그뿐만 아니라 공금도 횡령하여 법원의 선고를 받고 복역 중에 있습니다. 1990년 7월에는 개혁교회세계연맹WARC의 회장인 알란 보삭 목사가 성추문으로 사임했습니다. 개혁교회세계연맹은 세계 개신교에서 세계교회협의회WCC에 필적하는 개신교 연합체 중 하나입니다. 1988년 2월에는 미국의 유명 텔레비전 부흥사 지미 스웨거트가 창녀와의 스캔들로 도중하차했습니다. 1990년 7월에는 미국 가톨릭교회에서 흑인 최초로 대주교로 승품되어 마틴 루터 킹 목사님 다음으로 존경의 상징이 되었던 유진 마리노 신부가 부적절한 성관계로 사임했습니다. 얼마 전에는 아일랜드의 케이시 주교가 친구와의 딸 사이에서 아들까지 낳고 교회 공금을 양육비로 사용했다가 발각되어 사임했습니다. 모두 유명하고 쟁쟁한 사람들이었습니다. 평신도들에게는 두말할 것도 없이 이런 성적 타락 문제가 더욱 비일비재합니다.

여기에서 우리가 한 가지 생각할 것이 있습니다. 하나님을 믿지 않는 사람들이 성적 타락에 빠지는 것과, 하나님을 믿는 사람들이 거듭난 이후에도 성적 타락에 빠지는 것 모두 동기는 똑같습니다. 헛된 정욕 때문입니다. 과정도 똑같습니다. 하나님께서 살아 계시다는 것을 믿지 않음으로 정욕이 우상이 된 것입니다. 그런데 결론이 다릅니다. 불신자들은 하나님이 방치해 두셨기 때문에, 그들은 죽을 때까지 썩어 없어질 육체의 쾌락을 탐닉합니다. 반면에 하나님께서 택한 백성, 하나님의 자녀 된 백성이 성적으로 타락해 가면, 하나님께서 절대로 가만두지 않고 야단치십니다.

생각해 보십시다. 케이시 주교가 18년 동안 죄를 짓다가 발각되었으니 얼마나 창피했겠습니까? 그러나 하나님께서 그렇게 꺾지 않으셨다면, 그는 멈추지 않았을 것입니다. 아무도 모른다고 생각하고 겉으로는 거룩한 척하면서 지냈을 것입니다. 다른 사람들도 마찬가지입니다. 하나님께서 만천하에 그들의 치부를 공개시키지 않았다면 그들은 지금까지도 절대 회개하지 않았을 것입니다. 세상에 성적 타락에 빠진 사람들이 얼마나 많습니까? 일평생 자기 아내도 모르게, 친구도 모르게 그런 짓을 일삼는 사람들이 부지기수입니다. 하나님께서 방치해 둔 사람은 끝까지 그렇게 살아갑니다. 그러나 하나님께 선택받은 사람은, 하나님께서 어떤 식으로든 그로 하여금 수치와 부끄러움을 당하게 하여 그 죄악을 끊지 않을 수 없도록 하십니다.

제가 신학교에 들어가기 전에 15년 정도 사업을 하면서 많은 사람을 만났지만, 제 입으로 "당신, 이 회사를 그만두십시오"라고 말한 사람은 한 사람뿐이었습니다. 그때는 옛날이고 제 생각이 짧았기 때문에 그렇게 말했는데, 조금만 더 성숙했다면 그렇게 하지 않았을 것입니다. 이후 저는 목사가 되고 홍성사가 저희 집 2층에 자리하고 있지만, 업무적으로 아무런 관계를 가지고 있지 않습니다. 그런데 몇 달 전 홍성사에서 일하는 어떤 분을 불러놓고 "형제는 홍성사를 그만두라"고 말한 적이 있습니다. 이유는 이렇습니다. 그분은 전도사인데 주일에는 교회에서 봉사하고 주중에는 홍성사에서 일했습니다. 그러던 중 사내에 있는 한 여직원과 불륜에 빠졌습니다. 그리고 이것이 알려질까 봐 그 여직원에게 회사를 그만두게 한 뒤 불륜 관계를 계속 이어갔습니다. 그는 유부남이고, 자식이 있습니다.

제가 이 사실을 알고 고민을 참 많이 했습니다. 내가 목사로서, 목사가 되겠다고 하는 저 젊은 전도사에게 어떻게 하는 것이 하나님께서 기뻐하시는 일일까? 저들의 불륜 관계만 해결하는 것이 나을까? 나는 모르는 것처럼 덮어 두는 것이 나을까? 생각의 결론은, 하나님께서 그의 불륜을 알고 계시고 반드시 징계하신다는 것을 그 스스로 알아야 한다는 것이었습니다. 그 전도사가 불륜의 순간 하나님께서 보고 계시다는 것을 알았다면, 그런 짓을 할 수 없었을 것입니다. 저는 그 전도사에게 이제는 사회생활은 그만두고 교회 봉사만 하라고 말했습니다. 그리고 다시는 이런 짓을 하지 말 것을 당부했습니다. 만약 또 이런 짓을 저지르면, 형제가 소속된 노회에 고하고 목사 안수를 받지 못하게 하겠다고 엄중히 경고했습니다. 이런 수치스러운 짓을 계속한다면, 목사가 되지 않는 것이 그 자신과 교인들을 위해 낫기 때문입니다.

그는 올 9월에 안수받을 예정이었습니다. 그런데 지난달에 한 목사님으로부터 전화가 왔습니다. 그 전도사가 그곳 교회의 청년과 불륜을 저질렀다는 것이었습니다. 그 목사님은 아직도 그 전도사가 홍성사에 있는 줄 알고, 조치를 취하라고 제게 전화한 것이었습니다. 그러면서 제게 당부하기를, 전도사를 사랑한다면 노회에 알려 그가 안수받지 못하게 하라고 하였습니다. 그가 처절하게 울고 깨어져 거듭난 뒤에야 안수받을 수 있게 하라고 말했습니다. 저는 이것이 하나님의 마음이라고 생각합니다.

하나님은 우리를 사랑하십니다. 우리를 사랑하시기 때문에 선택하셨습니다. 그러므로 우리가 걸어야 할 길을 걷지 않는다면, 하나님께서는 우리를 사랑하심으로 가차 없이 꺾으십니다. 우리가 지금 여기까지 와 있는 것도 우리가 잘못된 길을 갈 때마다 하나님께서 꾸짖으시고 깨우쳐 주시고 격려해 주셨기 때문입니다. 따라서 우리는 이제부터 정말 순결한 삶을 살아야 합니다.

세상을 살아가면서 돈에 욕심 가질 수 있습니다. 돈을 좇으며 탐욕스럽게 살다가 부도도 날 수 있습니다. 그러했기에 바로 세워질 수 있습니다. 우리는 어디 가서도 떳떳하게 말할 수 있습니다. 예전에는 돈 때문에 허황되게 살았으나 하나님께서 바로 세워 주셨다고 말입니다. 또 세상을 살아가면서 명예의 노예가 될 수도 있습니다. 그런데 하나님께서 그런 나를 꺾으셔서 이렇게 바로 세워 주셨다고 떳떳하게 이야기할 수 있습니다. 하지만 하나님께서 나를 꺾으시고 바른길로 인도해 주셨어도 여전히 수치로 남는 것이 있습니다. 그것이 무엇입니까? 정도正道를 걸어가야 할 하나님의 사람으로서 성적으로 타락하면, 하나님께서 바로 세워 주셔도 그 전과는 계속 수치로 남습니다.

케이시 주교의 경우만 해도 하나님의 꺾으심으로 죄 된 삶이 청산되었으나 그 가족들에게는 여전히 수치로 남습니다. 내 남편이 부도를 당했는데 하나님께서 다시 세워 주셨다는 것과, 내 남편이 창녀와 동거 생활을 하다가 하나님께서 다시 세워 주셨다는 것은 경우가 다릅니다. 사람이 지켜야 할 선을 지키지 못하여 성적으로 타락하는 것은 그 순간 짐승과 가장 가까운 모습이 되는 것일 뿐만 아니라, 살인을 저지르는 것과 같습니다. 유부남이 자기 아내와 자식을 두고 다른 여자와 불륜을 저지른다는 것은, 그 순간 자기 아내와 자식을 죽이는 것입니다. 그렇기 때문에 이것이 수치로 남는 것입니다. 우리가 하나님께 매를 맞고서 순결의 길을 갈 수도 있고, 자진해서 주님의 손을 잡고 순결의 길을 갈 수도 있음을 기억해야 합니다.

예수님께서 "음욕을 품고 여자를 보는 자마다 마음에 이미 간음하였느니라"(마 5:28)고 말씀하셨습니다. 우리는 그리스도 안에서 우리의 몸과 마음이 똑같이 정결해질 수 있도록 주님을 붙잡고 나아가야 합니다. 그러기 위해서는 마음속에 음욕을 품지 않는 것으로 끝나면 안 됩니다. 마음속에 음욕을 품지 않는 것은 물론이려니와, 다른 사람이 나로 하여금 음욕을 품게 하지 않도록 해야 합니다. 이것이 성결한 삶을 사는 그리스도인의 의무입니다. 내가 입은 옷 모양이나 내 손을 거쳐 만들어진 상품이 다른 사람들로 하여금 성적인 타락을 가져오게 하면 안 됩니다.

순결이라는 것은 대단히 오염되기 쉽습니다. 그러나 오염된 것을 깨끗하게 만드는 것은 순결밖에 없습니다. 내가 나 자신의 순결에 의지하면 반드시 오염됩니다. 사람은 누구나 동물적인 속성이 있습니다. 그러나 내가 그리스도의 순결 곧 그리스도의 성결聖潔에 의지하면, 이 세상에 오염된 어떤 것이라도 정화시킬 수 있습니다. 그리스도의 성결은 오염된 것을 정화시키는 힘이요 능력이기 때문입니다.

사무엘하 5장을 보면, 다윗이 40년 동안 왕으로 다스렸던 곳 가운데 여부스가 나옵니다. 예루살렘의 본래 이름인 여부스는 오염된 땅이라는 뜻입니다. 그처럼 죄악으로 물들었던 여부스가 헤브론에서 7년간 하나님과 교제하며 하나님의 성결함을 입은 다윗 한 사람에 의해 하나님께서 통치하시는 예루살렘으로 바뀔 수 있었습니다.

사람들은 사랑하는 자녀들에게 무엇인가 더 많은 것을 남겨 주기 위해 애씁니다. 일반적으로 많은 사람들이 돈을 남겨 주려 합니다. 물론 귀한 일일 수 있습니다. 그러나 우리 자녀들이 살아가고 있는 이 세상이 이토록 오염되고 있는 판에, 돈만 물려줄 경우 자녀들은 그 돈으로 반드시 여부스의 이 땅에서 오염될 수밖에 없습니다. 그러면 무엇을 주어야 합니까? 그리스도 안에서 성결해진 우리의 삶을 남겨 주어야 합니다. 아무리 이 세상이 온통 여부스가 된다 해도, 우리가 남겨 준 성결의 삶은 사랑하는 우리 자녀를 지켜 줄 것입니다. 나아가 오염된 이 땅을 하나님께서 통치하시는 예루살렘으로 변화시킬 것입니다. 주님께서 이 목적을 위해 우리를 불러 주셨고,

우리의 지나온 세월 속에 허물이 있었음에도 우리를 세워 주시고 오늘까지 지켜 주시는 것입니다.

7
하나님께서 내버려 두사

로마서 1장 28-32절

또한 그들이 마음에 하나님 두기를 싫어하매 **하나님께서** 그들을 그 상실한 마음대로 **내버려 두사** 합당하지 못한 일을 하게 하셨으니 곧 모든 불의, 추악, 탐욕, 악의가 가득한 자요 시기, 살인, 분쟁, 사기, 악독이 가득한 자요 수군수군하는 자요 비방하는 자요 하나님께서 미워하시는 자요 능욕하는 자요 교만한 자요 자랑하는 자요 악을 도모하는 자요 부모를 거역하는 자요 우매한 자요 배약하는 자요 무정한 자요 무자비한 자라 그들이 이 같은 일을 행하는 자는 사형에 해당한다고 하나님께서 정하심을 알고도 자기들만 행할 뿐 아니라 또한 그런 일을 행하는 자들을 옳다 하느니라

지난 시간 우리는 본능적인 인간에 대해 계속해서 살펴봤습니다. 오늘이 그 마지막 시간이 되겠습니다. 하나님께서 본능적 인간을 방치해 두실 때, 그 결과로 나타나는 첫 번째 현상은 우상숭배이고 두 번째 현상은 성적 타락이라고 했습니다. 세 번째 결과는 어떻게 나타나는가? 궁극적으로 하나님께 버림받은 사람들이 어떤 사람들

인지 오늘 본문이 설명하고 있습니다.

또한 그들이 마음에 하나님 두기를 싫어하매(28절 상)

하나님께 버림받은 사람은 그 마음에 하나님 두기를 싫어하는 사람입니다. "마음"으로 번역된 헬라어 '에피그노시스ἐπίγνωσις'는 머리로 습득하는 지식이 아니라 마음속 깊은 곳으로 받아들이는 지식을 의미합니다. 즉 하나님께 버림받은 사람은 마음으로부터 하나님을 알고자 하지 않는 사람입니다. 하나님에 대한 지식을 마음으로 원치 않는 사람입니다.

과학자라고 하면 적어도 일반인보다 과학적인 지식이 더 많은 사람을 말합니다. 의학자는 일반인보다 의학적인 지식이 많은 사람입니다. 예술가는 일반인보다 예술적인 재능과 지식이 탁월한 사람입니다. 마찬가지로 우리가 진정 하나님께 선택받은 성도요 하나님의 자녀라면, 누구보다 하나님에 대한 지식을 더 많이 소유한 사람이어야 합니다.

그렇다면 어떻게 해야 하나님을 알 수 있습니까? 오직 성경 말씀과 기도뿐입니다. 그 이외에 하나님을 알 수 있는 방법은 없습니다. 말씀을 제외시키고 기도만 하면 하나님을 알 수 있습니까? 결코 아닙니다. 하나님께서는 말씀으로 우리에게 말씀하시기 때문입니다. 자신이 하나님을 믿음에도 불구하고 하나님 앞에 무릎 꿇고 말씀을 배우는 데 전혀 시간적인 드림이 없다면, 그러고도 이것을 당연하게 생각한다면 하나님을 믿지 않는 사람과 다를 바가 없습니다. 진정한 그리스도인이라면 말씀과 기도 어느 하나에 치우치지 않고 두 가지 모두를 가까이하는 데 자신의 시간을 내어야 합니다.

그런 의미에서 이 자리에 함께한 우리는 정말 복 받은 사람들입니다. 나로 하여금 하나님을 알게 하는, 하나님에 대한 지식을 더 갖게 하는 열정과 믿음이 있다는 것은 큰 복입니다. 우리가 살아가는 동안 이 땅에 하늘나라를 이루는 것이 그리스도인의 목적인데, 이것은 하나님에 대한 앎을 통해 가능합니다. 성경에서 '앎'이란 '동거'를 뜻합니다. 즉 하나님과의 동거를 통해 이 세상에서 하늘나라를 이룰 수 있습니다.

이와 달리 하나님을 알려 하지 않는 사람들은 어떻게 됩니까?

하나님께서 그들을 그 상실한 마음대로 내버려 두사(28절 중)

여기에서 "마음"에 해당하는 헬라어 '누스νοῦς'는 '이성'을 의미합니다. 인간과 동물을 구별하는 것 중 하나가 이성입니다. 인간을 가리켜 이성적 존재라고 하는데, 이 이성은 반드시 양심의 지배를 받아야 합니다. 이성이 양심을 떠나면 무섭게 타락합니다. 양심은 진리이신 하나님 말씀의 토대 위에 있어야 합니다. 그래야만 이성이 하나님께서 주신 은사로 작용합니다. 만약 양심이 하나님의 말씀을 떠나 타락하면 이성 역시 타락하고 맙니다. 타락한 이성은 동물과 같은 인간의 본성을 강화시키는 흉기에 지나지 않게 됩니다.

또한 28절에서 마음을 수식하는 "상실한"이라는 말은 '황폐한' 혹은 '타락한'이라는 뜻입니다. 즉 "상실한 마음"은 하나님을 떠나 황폐하고 타락한 이성을 뜻합니다. 그런데 문제는 그들은 절대로 자신을 타락했다고 생각하지 않는다는 것입니다. 오히려 지극히 이성적으로 살아간다고 생각합니다. 그러나 하나님께서 평가하실 때 그들은 황폐하고 타락한 이성의 소유자들입니다.

불과 200여 년 전까지만 해도 미국에서는 공공연하게 흑인을 노예로 부렸습니다. 미국 독립선언문은 하나님 앞에서 모든 인간은 평등하다고 말하고 있습니다. 백인들은 흑인을 하나님의 피조물이라고 인정은 하지만 인간으로서의 평등에서 제외시켰습니다. 기계로 썼으며, 짐승으로 보았습니다. 그들이 비이성적인 인간이라서 그랬던 것입니까? 아닙니다. 흑인을 노예로 사용하여 부를 축적했던 사람들은 당시 미국의 엘리트들이었습니다. 지극히 이성적인 사람들이었습니다. 다만 그들의 이성으로 흑인은 사람이 아니라고 판정한 것입니다. 그들은 껍데기만 엘리트인, 타락한 이성의 소유자였던 것입니다. 그러나 링컨이 하나님 말씀의 토대 위에서 이성을 통해 그것의 부당함을 고발하고, 전쟁이라는 참혹한 과정을 거쳐 노예제도가 폐지되었습니다.

그런데 법률적으로 노예제도가 폐지되었다고 해서 미국에서 흑백 문제가 없어졌습니까? 그렇지 않습니다. 지금도 여전히 존재하며 사회적 갈등을 낳고 있습니다. 그들은 이성적으로 행동한다고 하지만, 하나님을 떠났기 때문에 자신들이 타락한 줄 모르고 동일한 죄를 반복하고 있는 것입니다.

북한의 일인 체제가 잘못된 체제임이 이미 다 알려졌음에도 유지되고 있는 이유가, 그곳 사람들이 무식해서입니까? 북한에도 똑똑한 엘리트들이 있으며, 그들은 스스로 이성적인 판단을 한다고 생각하는 사람들입니다. 그러나 우리 입장에서 볼 때 반反이성적인 것입니다. 이성이 타락하면 이런 결과를 빚어내는데, 스스로 타락했음을 모른다는 것에 문제의 심각성이 있습니다.

타락한 이성을 가지면 어떻게 됩니까?

합당치 못한 일, 즉 그릇된 일을 하게 됩니다. 하나님께서 그렇게 하도록 내버려 두시는 것입니다. 이어지는 29-31절은 타락한 이성을 가진 사람들이 방치될 때 구체적으로 삶에서 어떤 모습으로 드러나는지, 스물한 가지를 들어 설명하고 있습니다.

곧 모든 불의, 추악, 탐욕, 악의가 가득한 자요 시기, 살인, 분쟁, 사기, 악독이 가득한 자요 수군수군하는 자요 비방하는 자요 하나님께서 미워하시는 자요 능욕하는 자요 교만한 자요 자랑하는 자요 악을 도모하는 자요 부모를 거역하는 자요 우매한 자요 배약하는 자요 무정한 자요 무자비한 자라

스물한 가지를 같은 범주대로 묶어서 생각해 보십시다.

첫째, "모든 불의", "추악", "사기"입니다. 우리말 '추악'에 해당하는 헬라어 '포네리아πονηρία'는, '부정不淨'이라는 뜻입니다. 인간의 이성이 타락하면 가장 두드러지게 나타나는 특징이 불의의 모습을 드러내는 것입니다. 우리는 불의를 말할 때 흔히 정치하는 사람들과 연관 지어 생각하는데, 성경에서 말하는 불의란 나의 유익과 안위를 위해 남에게 해를 끼치는 것입니다.

얼마 전 신문 보도를 보고 우리나라가 여러 면에서 의식혁명이 일어나야 한다는 생각이 들었습니다. 고속도로에서 우유나 햄, 닭 등을 운반하는 냉동차가 실은 냉동차가 아니라 온동차라고 합니다. 냉동을 가동하면 차가 힘이 약해져 빨리 가지 못합니다. 그리고 소음이 생겨 운전에 방해가 될 뿐만 아니라 기름값도 더 든다고 합니다. 그래서 냉동을 끈 채 운행되는 차들이 "보건사회부(*현 보건복

지부)에서 짐작하기에는 전 대한민국 냉동차의 적게는 20퍼센트, 많게는 30퍼센트로 추산"되며, 냉동을 가동하지 않으면 차 안의 온도가 30~35도가 되어 음식물이 변질될 확률이 높다고 신문 기사는 전했습니다. 보사부에서 하루 저녁 고속도로에서 조사를 실시한 바, 차량 80대 중 12대 즉 15퍼센트가 냉동을 끈 차였다고 합니다. 냉동을 끄고 운행하면 시간 절약, 기름값 절약으로 운전자 입장에서는 자기 주머니에 돈 몇 푼이 더 들어올 수 있습니다. 그러나 변질된 음식을 먹는 사람들의 건강은 어떻게 되는 것입니까? 이것이 바로 불의요, 부정이요, 사기입니다.

불의는 우리 가정에도 있을 수 있습니다. 남편이 가정에서 마땅히 져야 할 책임과 의무가 있는데, 자신의 쾌락이나 본능 때문에 그것을 소홀히 해서 가족이 고통을 당한다면, 그 남편은 다름 아닌 사기꾼입니다. 마찬가지로 아내가 지켜야 할 자리를 지키지 않아 남편과 자식이 고통을 당한다면, 부정한 아내입니다. 다른 남자와 관계를 가져야만 부정한 것이 아닙니다.

우리는 불의와 관련해 두 가지 사실을 마음속에 새겨 두어야 합니다. 거리로 나가 상대를 향해 정의를 외치는 것보다 더 중요한 것은, 나 혼자만의 유익을 위해 불의해지려는 나 자신과 싸우는 것입니다. 이것이 먼저여야 합니다. 자신과 싸워 이기지 못하면 밖으로 향하는 모든 구호는 공허한 헛구호일 수밖에 없습니다. 거기에는 진실성이 결여되어 있기 때문입니다. 아무리 정의를 외친다 해도 한 사람의 인격도 변화시키지 못합니다.

그렇다면 의를 행한다는 것이 무엇입니까? 간단합니다. 나 혼자의 유익을 위해 남을 해치는 것이 불의라면, 의라는 것은 '공생'입니다. 이것이 불의와 관련해 우리가 기억해야 할 또 다른 하나입니다. 공생은, 내가 무엇을 만든다고 할 때 이것으로 나도 유익을 보고 이것을 소유하는 다른 사람도 유익을 보는 것입니다. 또 내가 남편으로서의 의무를 다하면 가족들이 유익을 얻고 그럼으로써 그것이 나의 유익도 되는 것입니다. 즉 의를 행하는 것은 더불어 잘사는 길입니다.

둘째, "탐욕", "분쟁"입니다. 하나님을 믿는 삶이란 어떤 삶을 의미합니까? 하나님의 말씀 앞에서 삶의 모습 가운데 부정적인 모습을 뜯어내는 것입니다. 그런데 하나님을 알려 하지 않으면 이 같은 자기 변화가 없습니다. 자기 변화가 없을 때 남는 것은 탐욕밖에 없습니다. 그러므로 말씀에 대한 묵상이 없고 주어진 말씀으로 자신의 삶에 적용함 없이 아무리 기도해 봐야 그것은 탐욕을 위한 기도밖에 안 됩니다. 욕심을 위한 기도일 뿐입니다. 평생을 기도하는데도 우리가 거룩한 모습보다 추한 욕심의 우리 자신을 마주하는 까닭은 대개 이 문제가 해결되지 않았기 때문입니다.

1990년 1월, 3당 합당으로 창당된 민주자유당은 '애국'과 '구국' 같은 거창한 명분을 내세우며 그동안 국민에게 여러 모습을 보여 주었으나, 날이 갈수록 국민의 실망이 커지고 있습니다. 그렇다고 이것을 우리가 정치인들의 본모습이라 치부할 것이 아니라, 그들이 우리의 모습을 그대로 보여 주고 있다고 해야 할 것입니다. 일본 자민당도 그렇고, 미국의 정당들도 마찬가지입니다. 욕심이 있으면 반드시 분쟁이 일어나고, 분쟁이 있는 곳에는 필연적으로 분열이 일어납니다. 내가 어느 곳에 가든지 나 한 사람 때문에 분쟁이 일어난다면, 내 욕심의 문제를 해결하지 못했기 때문입니다.

셋째, "악의가 가득한 자", "악독이 가득한 자", "악을 도모하는 자"입니다. 사람의 마음은 금형과 똑같습니다. 금형이란 그 안에 무엇을 집어넣든지 그 형태대로 만드는 데 사용하는 도구입니다. 예를 들어, 국화빵을 만드는 틀에 고급 밀가루 반죽을 넣어도 국화빵이 되고, 최하급 밀가루 반죽을 넣어도 국화빵이 됩니다. 하지만 국화빵 만드는 틀에서 절대로 붕어빵이 나올 수는 없습니다. 자신이 어떤 사람인지 알기 위한 간단한 방법이 있습니다. 귀로, 눈으로, 어디를 통해서든 자신에게 인풋input되는 것이 자신에게서 어떻게 아웃풋output되어 나오는지 보면 됩니다. 왜입니까? 나 자신이 금형, 즉 틀mold이기 때문입니다. 나에게 악이 차 있으면, 나오는 것은 다 악한 것들입니다. 그것은 먼저 행동으로 드러납니다. 그다음 말로 드러납니다. 나 자신이 악하면 아무리 남이 선한 이야기를 해도, 내가 아무리 선한 것을 보아도 그 선한 것은 악한 것으로 나오게 됩니다.

넷째, "수군수군하는 자", "비방하는 자"입니다. 일반적으로 수군수군하는 사람이 어떤 사람입니까? 남을 살리기 위해 수군수군하는 사람들을 보셨습니까? 떳떳하지 못하고 남을 험담하고 비방할 때 수군수군합니다. 당당하게 이야기하지 못하고 소곤소곤 속삭입니다. 자기 속에 그런 것이 차 있으니 그런 말이 나올 수밖에 없습니다.

솔로몬이 일평생 살면서 조심해야 할 것들을 잠언을 통해 가르쳐 주었습니다. 그중 거듭 강조하는 것이 '말'입니다. 만일 수군수군하는 것을 낙으로 삼는 사람이 있다면, 그는 버려진 이성의 노예가 된 것입니다. 또 한 가지 기억해야 할 사실은, 누가 와서 다른 사람에 대해 수군수군할 때 대개 서로가 죽이 맞게 된다는 것입니다. 남의 험담을 나에게 이야기하는 사람은 반드시 나에 대한 험담도 다른 누군가에게 하기 마련임을 잊지 말아야 합니다.

다섯째, "시기", "교만한 자", "자랑하는 자"입니다. '시기'라는 단어는 '열심'에서 파생되었습니다. 열심은 좋은 것이지만, 우리가 잘못된 열심을 가지면 그 열심 때문에 실족하게 됩니다. 잘못된 열심이 잘못된 '경쟁'을 낳습니다. 잘못된 경쟁을 하면 모든 사람이 시기의 대상이 됩니다. 모든 사람이 나보다 앞서는 것을 용납할 수 없는 것입니다. 부모는 자식을 시기하지 않습니다. 부모는 자식을 경쟁자로 보지 않기 때문입니다. 자식이 잘되면 잘되는 만큼 기쁜 것이 부모의 마음입니다. 그런데 형제지간에 소송이 벌어지면, 피를 나눈 형제가 서로 경쟁 상대가 되었기 때문입니다. 시어머니와 며느리 역시 서로 경쟁 상대가 되면 편할 수 없습니다. 잘못된 경쟁이 시기를 낳으면 심지어 살인으로 치달으며, 세상에서 저질러지는 많은 살인 사건이 시기로 인함임을 뉴스를 통해 목격할 수 있습니다.

여섯째, "살인"입니다. 상대를 시기하면 상대를 부정하게 됩니다. 칼로 찔러 죽이지는 않더라도 모든 사람 앞에서 그를 끌어내려야 직성이 풀립니다. 상대를 깎아내려야 자신이 살아나는 것처럼 느껴집니다. 하지만 결코 잊어서는 안 될 것이 있습니다. 자기가 생각하기에 만일 어떤 면에서 남보다 더 앞서는 부분이 있다면, 그럴수록 겸손해야 한다는 점입니다. 그렇지 않으면, 그로 인해 수많은 사람을 마음으로 살인하는 시기꾼이 될 수 있기 때문입니다. 소설가는 소설가와 친한 법이 거의 없습니다. 서로 경쟁하는 마음이 크기 때문입니다. 돈 많은 사람은 돈 많은 다른 사람과 친해지지 못합니다. 자기보다 돈이 훨씬 많은 재벌과는 득이 될 것을 계산하며 가까이 할 수 있지만, 재산이 비슷한 사람과는 경쟁 상대가 되기 때문입니다.

열왕기하 19장 31절은 "여호와의 열심이 이 일을 이루리라"고 전하고 있습니다. 우리는 교회에서, 사회에서 봉사의 삶을 살아가야 합니다. 하나님을 위해 일해야 합니다. 그런데 어떤 열심으로 해야 합니까? 바로 하나님의 열심입니다. 그때에만 우리 마음에 시기가 사라집니다.

일곱째, "하나님께서 미워하시는 자", "우매한 자"입니다. '하나님께서 미워하시는 자'에 대한 성경의 각주를 보면 "또는 하나님을 미워하는 자"라고 되어 있습니다. 타락한 이성을 가지면 진리를 미워하게 되고, 그래서 진리에 우둔하고 우매해집니다. 예레미야 4장 22절은 "악을 행하기에는 지각이 있으나 선을 행하기에는 무지하도다"라고 말씀합니다. 우리가 차를 타고 어디를 가려 하면, 그 목적지를 향해 가는 길을 머리에 그려야 합니다. 마찬가지로 세상을 살아가면서 어떤 일을 추진하려면 그 일에 대한 구체적인 계획과 방법을 세워야 합니다. 이때 선하고 진실된 방법이 아닌 악한 방법만 생각하는 사람이 있습니다. 그가 진리에 우둔하기 때문입니다. 그러므로 자기 점검이 필요합니다. 자신이 지금 사용하고 있는 방법이 정직하고 선한지, 아니면 이와는 거리가 먼 것인지에 따라 이성의 타락 여부와 타락 정도를 알 수 있습니다.

여덟째, "능욕하는 자"입니다. 여기에 해당하는 헬라어 '휘브리스테스ύβριστής'의 원뜻은 '난폭한 사람'입니다. 어떤 사람이 난폭한 사람입니까? 감정의 지배를 받는 사람입니다. 하나님을 알지 못하고 감정의 지배를 받는 사람은 짐승과 다를 바 없습니다. 자식에게 폭력을 행사하는 부모, 아내에게 폭력을 쓰는 남편이 이에 해당합니다. 매와 폭력은 다릅니다. 하나님을 믿는 사람은 어떤 경우에도 난폭할 수 없습니다.

'난폭하다'와 반대되는 단어는 '온유'를 뜻하는 '프라우테스πραΰτης'

입니다. 벌판에서 뛰어다니는 야생마를 잡아오면 조련사가 때로는 때리기도 하고 굶기기도 하면서 훈련을 시킵니다. 그렇다고 야생마의 힘이 사라집니까? 그렇지 않습니다. 힘은 그대로 있습니다. 야생적인 성질이 없어집니까? 그대로 있습니다. 그런데 무엇이 달라집니까? 야생마일 때는 힘과 성질을 자기 감정을 위해 쓰는데, 훈련된 이후에는 그것을 주인을 위해 쓰게 됩니다. 우리도 모두 감정을 지니고 있습니다. 안 좋은 소리를 들으면 기분 나쁘기 마련입니다. 또 우리에게도 힘이 있고, 정열이 있습니다. 그런데 이것을 하나님을 위해 쓰는 사람은 프라우테스이고, 자신을 위해 쓰는 사람은 휘브리스테스인 것입니다. 그러므로 자신의 감정과 힘을 무엇을 위해 쓰는지 잘 성찰해야 합니다.

아홉째, "부모를 거역하는 자"입니다. 주변을 살펴보면 부모와 자식 간에 갈등을 겪는 가정이 많습니다. 고부간에 갈등이 있는 가정도 많습니다. 이처럼 많은 가정들에 문제가 있다는 말은 머지않은 장래에 나와 내 자식 사이에도 갈등이 있을 수 있다는 것임을 알아야 합니다. 자신의 부모와는 갈등이 있는데 자기 자식과는 평생 문제없을 것이라고 생각하는 사람은 미련한 사람입니다. 우리가 꼭 깨달아야 할 사실은, 내 앞에 부모님이 계신 것이야말로 자녀들에게 효도에 대해 가르칠 수 있도록 하나님께서 베풀어 주신 은총이라는 것입니다. 내게 부모님이 계시지 않으면 요즘같이 핵가족화되어 가는 사회 속에서 어떻게 자녀에게 효를 가르치겠습니까? 그러기에 부모님이 살아 계실 때 정성을 다해 섬기는 것이 바로 내 아이에게 효도 교육이 됩니다. 아이들은 본 대로 행하기 때문입니다.

열째, "배약背約하는 자"입니다. 이는 약속을 어기는 사람을 말합니다. 누군가와 약속을 한다는 것은 무엇을 의미합니까? 약속은 말 속에 자신의 인격을 담는 것입니다. 그렇기 때문에 약속이 가치 있는 것이지, 인격이 배제될 때는 약속이 의미가 없습니다. 그런데 나의 인격을 걸고서 한 약속을 내가 파기한다면, 스스로 자기 인격을 무너뜨리는 것입니다.

자신에게 손해되는 약속이라도 지킬 수 있어야 하고, 지키지 못할 때는 상대를 인격적으로 납득시키고 양해를 구해야 합니다. 부모도 자녀 앞에서 사소한 약속이라 할지라도 지킬 수 있어야 합니다. 아이가 우니까 "조금 있다가 사탕 사줄게" 하고는, 아이가 울음을 그쳐도 사탕을 사주지 않는 것은 자기 인격을 짓밟는 행위입니다. 이런 부모 밑의 아이는 두말할 것도 없이 사회에서 신의를 지키는 사람으로 성장할 수 없습니다.

마지막 열한째, "무정한 자", "무자비한 자"입니다. 정이 없고 자비로움이 없는 사람, 바꾸어 말하면 사랑이 없는 사람을 말합니다. 하나님을 알려 하지 않는 사람에게 사랑이 있을 턱이 없습니다. 물론 그 자신은 스스로 사랑이 있다고 할지 모르나, 그것은 사랑이 아니라 병든 이기심일 뿐입니다. 집에 있는 수도에서 물이 나오려면 수원지와 파이프로 연결되어 있어야 합니다. 사랑은 하나님께로부터만 주어지는 것입니다. 삶의 파이프가 하나님께 연결되어 있지 않으면, 우리는 사랑의 흉내만 내게 될 뿐입니다. 그 흉내는 오히려 사람을 해칩니다. 왜냐하면 결국 그것은 다른 사람이 아닌 자신을 위한 것이기 때문입니다.

작년에 외국에서 신앙생활을 하는 젊은 부부가 한국에 왔다가 저에게 전화를 했습니다. 그때가 어린이날 즈음이었습니다. 고아원에 가서 그곳 아이들을 위로하고 싶으니 고아원을 소개해 달라는 것이었습니다. 고아원에 가는 일행이 누구냐고 물었더니 그들 부부와 자기 아이들이라고 했습니다. 아이를 왜 데리고 가느냐고 했더니 교육적인 의미로 데려간다고 했습니다. 그래서 제가 그런 목적이라면 고아원을 가지 말고 양로원을 가라고 했습니다. 그들은 과자나 돈 몇 푼을 가지고 고아들을 찾아가는 것을 사랑이라고 생각했지만 실제 목적이 무엇이었습니까? 자기 아이를 교육시키기 위함이었습니다.

고아원의 아이들은 언제 가장 상처를 받습니까? 엄마가 있는 아이를 볼 때입니다. 그들 부부가 아이들을 데리고 고아원에 간다면, 고아원 아이들에게 엄마 아빠가 없다는 사실을 다시 확인시켜 주게 되지 않겠습니까? 위로를 주는 것이 아니라 자신들의 행복한 모습을 보여 주면서 아이들의 마음을 찢게 되지 않겠습니까? 우리가 하나님께 연결되어 있지 않으면, 우리의 사랑은 다 이렇게 될 수 있습니다. 그럴 듯하게 모습을 갖춘 채 흉내는 내지만 실상은 전부 남에게 상처 주는 일이 될 수 있습니다.

32절이 어떻게 결론 맺고 있는지 보십시다.

그들이 이 같은 일을 행하는 자는 사형에 해당한다고 하나님께서 정하심을 알고도 자기들만 행할 뿐 아니라 또한 그런 일을 행하는 자들을 옳다 하느니라

타락한 이성을 가진 채 스물한 가지 모습을 드러내고 사는 사람들은 그것이 죄인 줄을 알고 있습니다. 우리가 전도를 해보면 "나는 죄인이라 예수를 믿을 수 없다"고 하는 사람이 많은데, 그런 그들이 자기들만 타락한 삶을 살아가는 것이 아니라, 타락한 이성을 가진 다른 사람들을 옹호하고 그런 삶을 조장하는 데 문제가 있습니다.

우리가 그리스도인으로서 세상을 좇지 말아야 할 이유가 여기에 있습니다. 예수님을 믿는다고 하는 사람들조차 정직하기만 해서 어떻게 밥 먹고 사느냐고 이야기합니다. 세상과 적당히 타협해야 한다는 것입니다. 정말 예수님의 말씀대로 정직하게 살면 굶어 죽습니까? 아닙니다. 만약 죽게 된다면, 그것은 순교입니다. 출마자가 선거법을 지키면 국회에 들어갈 수 없다고들 합니다. 정말 양심적인 그리스도인이라면, 떨어질지언정 선거법을 지켜야 하며, 선거법을 지키지 못할 것 같으면 출마를 하지 말아야 합니다. 다른 사람들이 다 부정을 저지르니 나도 부정한 방법을 쓸 수밖에 없다는 것은 명백한 잘못에 대한 변명밖에 되지 않습니다.

하나님께서는 타락한 이성으로 살아가는 세상 사람들을 방치해 두십니다. 결국 그들이 맞이할 것은 죽음입니다. 그런데 우리에게는 고민과 아픔, 갈등을 주시고 어찌할 수 없는 구석으로 우리를 몰아넣어, 결국 회개하고 주님께 돌아오도록 만드십니다. 우리가 하나님을 믿으면서도 부정직하게 목적을 이루었다고 하십시다. 그러면 마음이 편치 않고 속이 괴롭습니다. 내적인 갈등뿐만 아니라 건강이나 경제적으로도 고통 가운데 처하게 됩니다. 결국에는 삶의 잘못된 부분을 성찰하고 하나둘씩 청산해 갑니다. 그러므로 우리는 징계하고 견책하시는 주님을 찬양할 수밖에 없습니다.

로마서 1장의 결론은 이것입니다. 우리는 믿음으로 의롭다 함을 받았습니다. 그러므로 어떤 경우에도 하나님 아버지께서는 우리를 악에 내버려 두시지 않습니다. 어떤 방법으로든지 흔들고 깨우십니다. 이때 우리가 걸어가게 될 삶의 길은 두 가지입니다. 하나는, 한 다리는 예수 그리스도께 걸치고 다른 한 다리는 세상에 걸친 채 본능적인 삶을 살다가 시련을 겪으면 "하나님, 잘못했습니다"라고 말하고는 계속 같은 삶을 반복하는 것입니다. 다른 하나는, 믿음으로 의롭다 하신 주님을 위해 말씀을 붙들고 삶에 적용하는 것입니다. 삶에서 믿음과 관련되지 않은 모든 것을 제해 나아감으로써 하나님 아버지의 능력과 역사의 도구가 되는 것입니다.

시편 34편 10절은 "젊은 사자는 궁핍하여 주릴지라도 여호와를 찾는 자는 모든 좋은 것에 부족함이 없으리로다"라고 전합니다. 우리는 모든 좋은 것에 부족함이 없기를 바라면서도 여호와를 찾지는 않습니다. 다윗처럼 사지死地에 들어가서도 여호와를 찾아야, 모든 것을 부족함 없이 주시는 하나님을 체험할 수 있습니다. 우리가 우리를 의롭다 하시고 구원하신 주님을 위한 삶, 주님의 말씀대로 사는 삶, 주님의 의를 이루는 삶을 살아감으로, 모든 면에서 부족함이 없는 주님의 능력을 매일 경험해 나갈 수 있기를 주님의 이름으로 축원합니다.

로마서 2장

8
남을 판단하는 사람아

로마서 2장 1-5절

그러므로 **남을 판단하는 사람아**, 누구를 막론하고 네가 핑계하지 못할 것은 남을 판단하는 것으로 네가 너를 정죄함이니 판단하는 네가 같은 일을 행함이니라 이런 일을 행하는 자에게 하나님의 심판이 진리대로 되는 줄 우리가 아노라 이런 일을 행하는 자를 판단하고도 같은 일을 행하는 사람아, 네가 하나님의 심판을 피할 줄로 생각하느냐 혹 네가 하나님의 인자하심이 너를 인도하여 회개하게 하심을 알지 못하여 그의 인자하심과 용납하심과 길이 참으심이 풍성함을 멸시하느냐 다만 네 고집과 회개하지 아니한 마음을 따라 진노의 날 곧 하나님의 의로우신 심판이 나타나는 그날에 임할 진노를 네게 쌓는도다

인간에게는 세 부류의 사람이 있다고 했습니다. 첫째는 형이하학적 인간으로, 본능적인 삶을 살아가는 사람들에 대해 지난 시간 동안 상고했습니다. 오늘은 두 번째 부류인 형이상학적 인간에 대해 좀더 살펴보고자 합니다. 로마서 2장 전체가 이 두 번째 부류에 대

해 이야기하고 있습니다. 형이상학적 인간을 다른 말로 철학적 인간, 성경에서는 도덕적 인간이라 부릅니다. 그런데 도덕적 인간에도 세 부류가 있습니다.

본문 1-5절은 도덕적 인간 중에서도 첫 번째 부류에 속하는 인간에게 나타나는 특징 두 가지를 말씀하고 있습니다. 1절을 함께 보십시다.

그러므로 남을 판단하는 사람아, 누구를 막론하고 네가 핑계하지 못할 것은 남을 판단하는 것으로 네가 너를 정죄함이니 판단하는 네가 같은 일을 행함이니라

첫째, 그들은 "남을 판단하는 사람"입니다. '판단'은 헬라어로 '크리노κρίνω'인데, 간단한 판단이 아니라 정죄 혹은 심판을 의미합니다. 무언가를 잘 알지 못하는 사람은 남을 심판하거나 정죄하지 못합니다. 지식이 없는 사람은 도덕을 논하지 못합니다.

둘째, 그들은 남의 잘못을 판단하고 정죄하고 심판하면서 자기도 똑같이 그 잘못을 범하는 사람입니다. 예수님께서 "형제의 눈 속에 있는 티는 보고 네 눈 속에 있는 들보는 깨닫지 못하느냐"(마 7:3)고 말씀하셨습니다. 즉 자기가 한 일은 언제든지 덮어 두면서 남의 일만 심판하고 정죄하는 것이 첫 번째 부류의 특징입니다.

예수 그리스도를 믿는 사람이 정말 주님 안에서 깨어 있지 않으면, 이와 같이 타락한 도덕주의자가 되기 십상이라는 것을 잊어서는 안 됩니다. 성경적 지식으로만 무장하면, 그 말씀이 살아서 우리를 지배하지 못합니다. 오히려 지식의 말씀을 도덕적 잣대로 삼아 남에게만 들이대며 남을 정죄하고 심판하는 자리에 앉게 되기

쉽습니다.

1980년 말경 노사 간 팽팽한 대립이 있었을 때입니다. 그때 가톨릭교회는 약자, 곧 근로자의 편에 있었습니다. 그래서 근로자들이 고용자 측에 비도덕적 행동을 하더라도 그들의 잘못을 나무라기보다 고용자 측이 반성할 것을 촉구했습니다. 이러한 가톨릭교회의 입장은 이후에도 견지되었습니다. 그런데 가톨릭교회가 1988년 평화신문을 창간하고 이듬해 노사분규가 발생했습니다. 그 신문사에 근무하는 직원은 16명에 불과했습니다. 그때 평화신문사 사장인 신부님은 네 명의 직원을 일방적으로 해고하고 경찰을 동원해 물리적으로 그들을 쫓아냈습니다. 그동안 일관되게 근로자의 편에 서왔는데, 직접 기업을 해보니 주장하던 바가 실제로 적용되지 않았던 것입니다.

가톨릭이 운영하는 병원인 대구파티마병원에서도 노사분규가 발생한 일이 있습니다. 근로자 측이 발표한 이유를 보면, 50여 명의 수녀들이 병원의 요직을 독차지하는 것은 또 다른 의미에서 족벌체제이며, 상식적으로 있을 수 없는 감시 감독 때문이었습니다. 그런데 서로 밀고 당기는 과정에서 한 수녀의 머릿수건이 벗겨지게 되었습니다. 이에 대구 지역에 있던 사제들이 사제의 명의로, 수녀의 머릿수건을 벗긴 근로자 측이야말로 반가톨릭적이요 반교회적 야만이라고 매도했습니다. 평화신문 사장님이 발표한 성명서나 파티마병원 원장님이 발표한 성명을 보면, 일반 기업의 고용자 성명서와 동일합니다. 성명서에 사용한 단어까지 똑같습니다. 항상 근로자 편이 되어 고용자를 비판하고 정죄했는데, 막상 그들이 고용자 입장에서 근로자들과 분쟁이 생기자 여타 고용자들과 똑같이 대처한 것입니다. 더욱 아이러니한 것은, 평화신문사 사장으로 근로자들을 경찰력을 동원해 끌어낸 분이 7, 80년대 인권운동을 펼친 신부님이라는 점입니다.

우리는 이 모습이 바로 우리의 모습이라는 것을 깨달아야 합니다. 누구도 아닌 가장 가까이 있는 사람을 하나님의 말씀으로 끊임없이 정죄하고 비판하면서도, 우리 자신이 똑같은 잘못을 반복하는 것에 대해서는 아예 생각조차 안 하고 있지는 않습니까? 잘못 운운하며 남을 비판하는 사람이 왜 자신도 똑같은 짓을 행하고 있는 것입니까? 그 이유는 실은, 자신이 먼저 그런 짓을 저지르고 있기 때문입니다. 자신이 그런 짓을 하지 않으면, 동일한 잘못을 범하는 사람에게 관심조차 없을 것입니다. 자신이 그 바닥에서 그런 짓을 하고 있기 때문에, 비난의 화살을 자신과 같은 사람에게 돌리는 것입니다.

만약 누군가가 권력에 대해 신랄하게 비판한다면, 그는 권력가 못지않게 권력에 대한 관심이 높고 탐욕이 강한 사람입니다. 그렇지 않다면 권력가에게 조금의 긍휼한 마음도 없이 맹목적인 비판만을 가할 수 없습니다. 이런 사람은 대개 두 부류에 속합니다. 하나는, 권력에 대해 신랄히 비판하다가 권력에서 프러포즈해 오면 하루아침에 그 품에 안기는 언론인, 군인 혹은 학자입니다. 그들이 과거에 권력을 비판하던 글들이 모두 기록으로 남아 있음에도 언제 그랬냐는듯 권력의 시녀로 전락해 버린 경우입니다. 두 번째는, 다른 형태의 권력을 부리는 경우입니다. 권력을 가진 사람을 신랄하게 비판하면서 자기 스스로를 우상으로 만들어 가는 사람입니다. 이런 사람은 다른 세력으로 하여금 자신을 영웅으로 보게 하는 법을 잘 알고 있습니다. 따라서 이들도 다른 의미의 권력을 누리고 있는 것과 다를 바 없는 것입니다. 권력에 관심이 없는 사람은 권력을 심판하지 않기 때문입니다.

자신이 재벌을 향해 무지막지할 정도로 심판을 가하고 있다면, 둘 중 하나입니다. 마음속에 누구보다도 재벌이 되고 싶은 욕망이 있거나, 혹은 그 과정에서 실패를 경험함으로써 받은 소외감 때문입니다. 권력을 가진 사람, 돈을 소유한 사람은 그것을 더 좋아해 계속해서 수단과 방법을 가리지 않고 취하게 됩니다. 그러므로 그들을 비판한다고 문제가 해결되지 않습니다. 중요한 것은 내가 정말 타락한 도덕주의자가 아니라 깨어 있는 그리스도인이라면, 권력을 가진 사람과 재벌을 무자비하게 심판할 것이 아니라 그들을 긍휼히 여기고 사랑으로 권면해야 한다는 사실입니다.

그러면 우리가 제삼자에 대해 이야기할 때 그것이 남을 심판하는 것인지, 아니면 사랑으로 권면하는 것인지 어떻게 구별할 수 있습니까? 첫째, 증오심이 있다면 그것은 심판하는 것입니다. 아무리 그럴듯한 말과 사랑이라는 이름으로 포장할지라도 그 안에 증오가 있으면, 결국 그 증오가 드러나며 심판하는 것이 됩니다. 아무리 미사여구를 동원해도 사람들은 정죄하는 말을 알아차립니다. 왜냐하면 사랑이 없는 말은 진실성도 결여되어 있기 때문입니다.

둘째, 사람을 살리기 위한 마음이 있다면, 권면하는 것입니다. 사랑으로 권면하는 사람은 남이 나보다 잘되는 것을 기뻐합니다. 그러나 남을 심판하는 사람은 어떻게든 남을 끌어내리려 하기 때문에, 어떤 경우에도 남이 나보다 잘되는 것을 용납하지 못합니다.

셋째, 자신이 언급하고 있는 상대의 잘못을 자신이 범치 않는다면, 권면하는 것입니다. 사무엘하 12장 1-15절을 보면, 부하의 아내를 취한 다윗을 나단 선지자가 사랑으로 권면하는 장면이 나옵니다. 만일 나단이 다윗을 정죄했다면, 다윗은 그에게 반발했을 것입니다. 더욱이 나단 선지자는 남의 유부녀를 데려다가 간음하는 사람이 아니기 때문에 그 이야기를 할 수 있었습니다. 우리가 남을 권면하려 한다면, 적어도 권면하는 그 부분에서만큼은 깨끗해야 합니다. 타락한 도덕주의자가 되면 남에게 권면은 하면서 자신도 똑같은 짓을 일삼습니다. 또한 자신이 똑같은 짓을 하고 있다는 사실 자체도 모릅니다. 나단 선지자는 다윗에게 예화를 들어 말했습니다. 어느 마을에 부자와 가난한 사람이 있는데, 부자는 양과 소가 많은 사람이라고 했습니다. 가난한 사람은 암양 한 마리밖에 없었지만 밥도 같이 먹고 잠도 함께하며 귀하게 여겼습니다. 어느 날 부잣집에 손님이 오자 그 부자는 자신의 소와 양을 아끼기 위해 가난한 사람의 양을 뺏어다가 요리를 해서 손님에게 대접했습니다. 나단의 이야기를 듣고 다윗이 노하여 이르되 "그 사람은 마땅히 죽을 자"라고 했습니다.

지금 다윗은 남의 아내를 빼앗았습니다. 그리고 그 남편을 무참하게 죽였습니다. 그럼에도 불구하고 부자의 이야기를 듣고는 분개하면서, 마땅히 죽을 자라고 심판하며 정죄했습니다. 다윗처럼 믿음 좋은 사람도 한순간 믿음을 잃어버리고 타락한 도덕주의자가 되자, 이중 잣대를 들이대는 어리석음을 범하고 있는 것입니다.

넷째, 회개의 열매가 맺힌다면, 권면하는 것입니다. 우리가 사랑으로 권면함에도 한순간 오해받을 수 있습니다. 그러나 사랑으로 권면하는 한 성령님께서 역사하시므로, 반드시 언젠가는 회개의 열매가 맺힙니다. 반대로, 아무리 그럴듯한 말로 남을 권면해도 그 실체가 정죄라면, 남는 것은 적개심밖에 없습니다.

만약 그리스도인들이 이중적인 잣대를 가진 타락한 도덕주의자가 된다면 어떤 결과가 주어집니까? 1절을 다시 보시겠습니다.

그러므로 남을 판단하는 사람아, 누구를 막론하고 네가 핑계하지 못할 것은 남을 판단하는 것으로 네가 너를 정죄함이니 판단하는 네가 같은 일을 행함이니라

자신이 지금 나쁜 짓을 행하면서 자신은 접어 두고 남만 정죄하고 판단한다면, 그것은 다름 아닌 자신을 정죄하는 것이라는 의미입니다. "남을 판단하는 사람아"에서 '판단'은 크리노입니다. 그리고 "남을 판단하는 것으로 네가 너를 정죄함이니"에서 '정죄'는 헬라어 '카타크리노κατακρίνω'로, 크리노 앞에 '…에 따라서'라는 뜻의 전치사인 '카타κατά'가 붙습니다. 내가 남을 판단하고 정죄하는 것은 피할 수 있습니다. 그런데 내가 같은 죄를 지으면서 남을 정죄할 때, 내게 되돌아오는 정죄인 카타크리노는 절대 피할 수 없습니다. 이것이 크리노와 카타크리노의 차이입니다. '네가 너를 정죄함이니'라는 것은 너에 대한 남의 정죄를 너 자신이 초래했다는 의미입니다.

이런 일을 행하는 자에게 하나님의 심판이 진리대로 되는 줄 우리가 아노라 (2절)

여기에서 "심판"에 해당하는 헬라어 '크리마κρίμα'는 '취소 불가능한 판단'을 뜻합니다. 내가 남을 험담하고 판단하는 것은 언제든지 취소할 수 있습니다. 그러나 하나님께서 나를 판단하고 심판하시는 것은 취소 불능입니다. 하나님의 심판에는 이러한 속성이 있음

을 기억해야 합니다. 또 "진리대로"라는 말은 하나님의 심판이 '마 땅히' 임한다는 의미입니다. 그러므로 3절은 이러한 하나님의 심판 을 절대로 피하지 못한다고 말씀하고 있습니다.

이런 일을 행하는 자를 판단하고도 같은 일을 행하는 사람아, 네가 하나님의 심판을 피할 줄로 생각하느냐

즉 무고하게 판단하고 정죄하는 사람에게는 피할 수 없는 판단과 정죄가 되돌아가는 것입니다. 어디를 가도 그는 그 심판을 모면할 수 없습니다. 하나님께서 왜 이처럼 남을 판단하고 정죄하는 사람 에게 피할 수 없는 심판으로 대하십니까? 이유는 간단합니다. 가령 신하가 임금이 살아 있는데도 자신이 임금의 고유 업무를 하겠다 고 한다면, 이것은 역모이며 쿠데타입니다. 심판이라는 것은 창조 주 하나님의 고유한 일입니다. 하나님만 심판하실 수 있습니다. 하 나님만 심판자이십니다. 성경 어디에도 사람을 가리켜 심판자라고 기록된 곳은 없습니다. 따라서 내가 남을 심판하고 정죄하는 것은 하나님의 고유한 역할을 빼앗는 것입니다. 바꾸어 말하면, 내가 하 나님이 되는 것입니다. 피조물인 인간이 하나님이 되고자 하는 데 에는 피할 수 없는 심판이 따를 수밖에 없습니다.

혹 네가 하나님의 인자하심이 너를 인도하여 회개하게 하심을 알지 못하여 그의 인자하심과 용납하심과 길이 참으심이 풍성함을 멸시하느냐(4절)

남을 험담하고 정죄하는 것은 하나님을 멸시하는 것과 같습니다. 인자하시고 용납해 주시고 참아 주시는 하나님을 멸시하는 것입니

다. "인자"라는 말은 그 어원이 '여자의 자궁'입니다. 여자의 자궁에 태아가 생기면 자궁은 태아를 최대한 보호합니다. 설령 그 태아가 기형아라 하더라도, 자궁은 자기 생명을 나누며 최적의 조건으로 태아를 보호합니다. 하나님께서는 이 같은 인자하심으로 우리를 대해 주십니다. "용납하심"에 해당하는 헬라어 '아노케ἀνοχή'는 '참다'라는 뜻입니다. 우리의 하나님께서는 끊임없이 참아 주시는 분이십니다. 만약 하나님께서 순간순간 참아 주시지 않는다면, 우리 모두의 인생은 이미 끝을 맞이했을 것입니다. "길이 참으심"은 영어로 'long suffering'입니다. 즉 오래도록 고통스러워하는 것입니다. 참는 것 자체가 고통입니다. 상대가 크나큰 잘못을 저질렀을 경우에는 부부지간에도, 부자지간에도, 형제지간에도 참는 것이 고통일 수 있습니다. 우리가 온갖 죄를 지음에도 하나님께서 참고 계시다는 것은, 하나님께서 고통을 감수하고 계시다는 것을 의미합니다. 하나님께서 왜 참으십니까? 우리에게 회개할 기회를 주시기 위해서입니다. 그런데도 회개할 생각은 하지 않고 계속 하나님의 뜻에 합당하지 않은 삶을 살면서 남을 비방하고 정죄하고 심판한다면, 곧 인자하시고 용납하시고 길이 참으시는 하나님을 멸시하는 행위와 다를 바 없는 것입니다.

사무엘서의 주제 요절이 "나를 존중히 여기는 자를 내가 존중히 여기고 나를 멸시하는 자를 내가 경멸하리라"(삼상 2:30)입니다. 멸시한다는 것이 무엇입니까? 우리는 열심히 예배당을 다니고 집회에도 빠짐없이 참석할 수 있습니다. 그러나 어디를 가든 남을 정죄하고 비방하고 심판한다면, 그것이 바로 하나님을 멸시하는 것입니다. 자기가 하나님의 자리에 앉으려 하기 때문에 하나님을 멸시하는 것입니다.

요한복음 8장을 보면 간음한 여인에 대한 이야기가 나옵니다. 서기관과 바리새인들이 이 여인을 어떻게 할 것인지 추궁하자, 예수님께서 말씀하시기를 "너희 중에 죄 없는 자가 먼저 돌로 치라"고 하셨습니다. 그랬더니 그들이 돌을 놓고 다 돌아갔습니다. 그리고 예수님께서 간음한 여자를 용서해 주셨습니다. 이 여자는 감격하여 주님을 주인으로 모셨을 것입니다. 그리고 말씀대로 열심히 봉사했을 것입니다. 그런데 열심히 봉사하면서 과거의 자신과 같이 타락한 생활을 하는 여인들을 권면하기는커녕 정죄하고, 자기 역시도 때때로 예전의 타락한 생활을 반복한다면, 이 여자는 하나님을 멸시하는 것입니다. 우리도 예배에 열심히 참석할 수 있습니다. 그런데 세상에 나가서는 남을 정죄하면서 자신이 아쉬울 때는 정죄한 그 방법으로 돈을 벌기도 한다면, 이것이 바로 하나님을 멸시하는 것입니다.

다만 네 고집과 회개하지 아니한 마음을 따라 진노의 날 곧 하나님의 의로우신 심판이 나타나는 그날에 임할 진노를 네게 쌓는도다(5절)

고집스러운 마음과 회개하지 않는 마음은 같은 마음입니다. "고집"이라는 단어의 본래 뜻은 굳은 것, 강한 것입니다. 강퍅한 마음에 지식이 더해지면, 그것은 자기와 남을 동시에 죽이는 독약이 됩니다. 알면 아는 만큼 남을 더 심판하게 됩니다. 고집스러운 마음과 회개치 않는 마음을 가지고 있으면 결국 진노를 쌓는 것이라고 하였습니다. "쌓는도다"에 해당하는 헬라어 동사 '데사우리조 θησαυρίζω'는 보물을 뜻하는 명사 '데사우로스θησαυρός'에서 왔습니다. 사람들이 보물을 쌓으려고 얼마나 애를 씁니까? 새벽부터 밤

늦은 시간까지 쉴 틈도 없이 애씁니다. 보물을 저장하기 위해서는 또 얼마나 애씁니까? 이렇게 정성 들여 매일 모아두었는데, 마지막 날 뚜껑을 열어 보니 전부 하나님의 진노거리가 되어 있다는 것입니다. 아무리 열심히 살고 많은 것을 쌓았어도, 그 쌓은 것은 결국 자기 멸망입니다.

어린아이 둘이 해변가에서 모래로 성을 쌓습니다. 열심히 쌓습니다. 그런데 한 아이가 성을 쌓으면서 다른 아이의 성을 건드렸습니다. 그랬더니 자기 성을 무너뜨렸다고 멱살을 잡고 싸웁니다. 그리고 정성스럽게 또 성을 쌓습니다. 해가 저물어 가니 엄마가 와서 집으로 가자고 합니다. 아이들은 하루 종일 정성스럽게 성을 쌓았는데 그 성을 들고 가지 못합니다. 언제 성을 쌓았느냐는 듯 그냥 두고 갑니다. 그리고 밤에 밀물이 들어오면 그 성은 온데간데없이 사라집니다.

그래도 모래성을 쌓은 아이는 괜찮습니다. 모래성만 없어진 것이며, 그저 시간만 낭비했을 뿐입니다. 그러나 마지막 날 하나님의 심판을 받는 사람은 이와 다릅니다. 하나님의 진노의 밀물이 올 때는 그가 쌓은 소유만 없어지는 것이 아니라, 그의 삶 자체가 하나님 앞에서 멸절됩니다. 그러니 우리의 매일의 삶이 진리를 쌓고 생명을 쌓는 나날이 되지 않으면, 마지막 날에 땅을 치고 통곡해도 소용없습니다. 예수님께서 "바깥 어두운 데 쫓겨나 거기서 울며 이를 갈게 되리라"(마 8:12)고 말씀하셨습니다. 이를 가는 것은 잠을 자면서 자신도 모르는 상태에서 가는 것이 일반적입니다. 그런데 얼마나 억울하면, 깨어 있는 상태에서 이를 갈겠습니까? 우리는 이 시간부터 밖을 향한 눈을 우리 자신에게 돌려야 합니다. 우리 마음을 먼저 들여다보고 굳고 강퍅한 그 마음을 갈아엎어야 합니다.

우리 역시 주님을 믿는다고 하면서 끊임없이 남을 정죄하고 자신도 동일한 잘못을 되풀이하는 패역한 도덕주의자일 수 있습니다. 그럼에도 우리는 하나님께 감사드리지 않을 수 없습니다. 그 이유는 첫째, 하나님의 말씀을 들을 때 우리의 죄를 깨달을 수 있기 때문입니다. 마르틴 루터는 성도의 믿음이 커지면 커질수록, 그리고 하나님의 은혜가 커지면 커질수록 그 사람은 자신이 큰 죄인임을 더욱 자각한다고 말했습니다. 그리고 자신이 큰 죄인임을 더 깊이 자각하는 사람일수록 그는 더 큰 의인이라고 했습니다. 대단히 모순되는 이야기 같지만 그렇지 않습니다. 하나님의 은혜가 임하면 임할수록 예전에는 전혀 문제되지 않던 것이 죄가 된다는 것을 깨닫게 되고, 그럴수록 주님 앞에 더 겸손한 모습으로 나아가 말씀대로 살아가려 애쓸 수밖에 없기 때문입니다. 우리가 주님께서 부르시는 그날까지 '나는 죄인입니다'라고 통회하는 심령으로 살아간다면, 우리의 삶은 참다운 의인의 삶으로 마무리될 것입니다.

둘째, 우리가 설령 말씀을 듣고도 깨닫지 못하거나, 자신이 죄인임을 깨달았음에도 삶이 개선되지 않거나, 계속해서 이중적인 삶을 살아가고 있을지라도, 하나님 아버지께서 우리를 흔들어 깨우시기 때문입니다. 하나님께서는 우리가 이런 삶을 탈피하고 청산해 가지 않을 수 없도록 하나님의 방법으로 우리를 꺾고 찢으십니다. 우리의 선택은 두 가지 중 하나입니다. 하나님께서 죄인 된 우리를 당신의 자녀로 불러 주신 은혜에 감사하며 자발적으로 하나님께서 원하시는 모습으로 걸어가느냐, 아니면 매일 찢어지고 꺾이면서 바로 세워지느냐입니다.

오늘 이 시간 하나님께서 비바람을 보내 우리의 삶을 흔들고 계시다면, 우리는 주님 앞에서 깊이 성찰해 보아야 합니다. 나 역시 잘못을 범하고 있음에도 나와 똑같은 잘못을 행하는 사람을 정죄하고 심판하고 있지는 않습니까? 이 시간, 내 눈 속에 있는 들보를 뽑아야 합니다. 내가 주님 앞에서 고쳐져야 합니다. 나의 들보를 뺀 다음에는 티끌이 있는 형제를 긍휼히 여기며 사랑으로 권면해야 합니다. 그럴 때 비로소 내가 있는 곳이 에덴동산이 됩니다. 정죄는 남을 죽이는 것이지만, 사랑의 권면은 남을 살리는 것이기 때문입니다. 내가 사람을 살리는 권면의 사람이 될 때, 바로 그곳에 사랑이시요 생명이신 예수 그리스도께서 함께하시기 때문입니다.

9
그 행한 대로

로마서 2장 6-11절

하나님께서 각 사람에게 **그 행한 대로** 보응하시되 참고 선을 행하여 영광과 존귀와 썩지 아니함을 구하는 자에게는 영생으로 하시고 오직 당을 지어 진리를 따르지 아니하고 불의를 따르는 자에게는 진노와 분노로 하시리라 악을 행하는 각 사람의 영에는 환난과 곤고가 있으리니 먼저는 유대인에게요 그리고 헬라인에게며 선을 행하는 각 사람에게는 영광과 존귀와 평강이 있으리니 먼저는 유대인에게요 그리고 헬라인에게라 이는 하나님께서 외모로 사람을 취하지 아니하심이라

지난 시간에 도덕적 인간의 첫 번째 부류는 자기도 똑같은 죄를 지으면서 남을 정죄하고 심판하는 사람임을 상고했습니다. 이런 사람에게는 마지막 날 하나님의 진노가 반드시 임한다고 했습니다. 하나님의 진노는 심판입니다. 오늘 본문은 하나님께서 행하시는 심판에 대해 좀더 구체적으로 설명해 주고 있습니다.

하나님께서 각 사람에게 그 행한 대로 보응하시되(6절)

이것이 한마디로, 하나님께서 사람들을 심판하시는 대원칙입니다. 여기에서 첫 단어인 "하나님께서"가 중요합니다. 기업에서는 상사들이 직원들에 대한 고과 점수를 매깁니다. 그리고 연말이면 그 고과표에 따라 인사를 결정합니다. 그런데 사람이 쓰는 고과표는 한계가 있습니다. 사람은 감정의 지배를 받고 다른 사람에 대해 모든 것을 속속들이 알 수 없기 때문입니다. 그러나 하나님께서 쓰시는 고과표에는 아무도 이의를 제기할 수 없습니다. 왜입니까? 하나님께서 전지전능하신 분이기 때문입니다.

창세기 4장을 보면, 가인이 동생 아벨을 죽입니다. 그런데 어디에서 죽였습니까? 아무도 없는 곳에서 죽였습니다. 하나님께서 가인에게 아벨이 어디 있는지 물으시자 가인은 모른다고 하면서 자신이 동생을 지키는 자냐고 반문했습니다. 이에 하나님께서 가인에게 말씀하시기를, 네 동생의 핏소리를 땅에서부터 들었다고 하셨습니다. 하나님께서 가인에 대한 고과표에 "너는 살인자"라고 쓰신 것입니다.

성경에는 사도 바울이 위대한 인물로 나옵니다. 사실 지금으로부터 2천 년 전 바울이라는 사람이 로마 감옥에 수감되어 결박당하고 그 안에서 편지를 쓴 일이 뭐 그리 대단한 일이었겠습니까? 그런데 하나님께서 한 사람의 인생을 높이 들어 그 삶을 통해 세계를 바꾸셨습니다. 왜입니까? 하나님의 고과표는 정확하기 때문입니다. 겉으로 보기에 바울은 화려한 삶을 살지 않았으나 하나님께서 그 중심과 진실됨을 평가하시어, 시공을 초월해 지금도 우리 앞에 바울이 우뚝 서도록 만들어 주신 것입니다.

사람에게는 잘 보이려고 노력하면서 하나님께서 쓰시는 고과표에는 전혀 신경을 쓰지 않는다면, 그보다 더 어리석은 사람은 없습니다. 만일 이 회사에서 좋은 고과를 못 받으면, 다른 회사로 옮겨잘 받으면 그만입니다. 그러나 하나님께서 쓰시는 고과표는 영원불변입니다. 그런데 여기에서 우리가 주목해야 할 점은, 영원불변의 고과표를 쓰시는 분은 하나님이시지만 그 고과표의 공란을 채우는 것은 우리 자신이라는 것입니다. 우리가 언제 이 고과표를 채우고 있습니까? 지금 이 순간에 그렇습니다. 우리가 날마다 깨어 바른길을 걸어가야 할 이유가 바로 여기에 있습니다.

6절에서 "하나님께서" 다음으로 나오는 말은 "각 사람에게"입니다. 하나님께서는 고과 점수를 단체로 매기지 않고 개별적으로 매기십니다. 우리가 이 시간 함께하고 있지만, 하나님께서 부르셔서 천국에 간다고 할 때 우리의 고과 점수가 같겠습니까? 그렇지 않습니다. 하나님께서는 각 사람에게 물으십니다. 즉 자기 삶에 대한 책임은 궁극적으로 자기 자신이 지는 것입니다. 다른 사람이 대신 져주지 않습니다.

그렇기 때문에 그리스도인에게 두 가지가 중요합니다. 첫째, 어디에 있느냐입니다. 그리스도인은 늘 자신이 서 있는 자리를 구별할 수 있어야 합니다. 둘째, 누구와 있느냐입니다. 믿는 사람들과의 교제가 삶에서 끊어져서는 안 되며 더욱 풍성해져야 합니다. 그래서 서로에게 긍정적인 자극을 줄 수 있어야 합니다. 진실로 예수 그리스도를 믿게 되면, 그릇된 장소, 그릇된 만남이 반드시 바뀝니다. 만일 바뀌지 않는다면, 그 사람은 거듭난 것이 아닙니다. 바뀐 사람은 그릇된 상황에 처해 있는 다른 사람들에게 주님을 증거하며 살아갑니다.

6절에서 "각 사람에게" 다음으로 나오는 말은 "그 행한 대로 보응하시되"입니다. '보응하다'에 해당하는 헬라어 '아포디도미$\alpha\pi o\delta i\delta\omega\mu\iota$'의 뜻은 '값을 치르다'입니다. 하나님께서는 선한 값이든 악한 값이든, 반드시 그 값을 치르시는 분입니다. 여기에서 이런 질문이 제기될 수 있습니다. 내가 내 인생을 사는데 왜 하나님께서 값을 치르시는가? 이에 대한 답은 질문을 바꿔 보면 쉽게 얻을 수 있습니다. 내가 내 인생을 사는데, 내가 다니는 회사에서 왜 상사가 내 고과표를 쓰는가? 그 이유는 내가 회사에 출근해서 퇴근할 때까지의 근무 시간은 나 개인의 시간이 아니기 때문입니다. 그 시간은 회사의 시간입니다. 그래서 고과표에 의해 내가 행한 대로 보응받는 것입니다.

미국의 회사들은 상사나 부하 직원의 업무 공간이 모두 보이게 되어 있어, 서로 얼마나 일에 집중하는지 알 수 있습니다. 일본의 회사들은 상사와 부하 직원의 사무 공간 사이에 아예 벽이 없는 경우가 많습니다. 한국의 회사들은 어떻습니까? 직급이 높아질수록 상사의 사무실은 벽으로 더욱 차단됩니다. 또 화장실에 신문을 들고 가서는 30분은 기본으로 있다 오거나, 커피를 마시며 이럭저럭 시간을 보내는 경우가 많습니다. 회사에서의 시간이 자기 것이 아님을 망각한 것입니다.

하나님께서 왜 내 삶에 보응하십니까? 내 삶이 내 것만이 아니기 때문입니다. 내 생명이 나만을 위한 생명이 아니기 때문입니다. 하나님께서 하나님의 선하신 뜻을 이루시기 위해 우리에게 생명을 주시고, 하나님의 피조 세계를 우리에게 맡겨 주셨습니다. 그러므로 하나님 아버지께서 우리의 삶을 감독하시고 우리의 삶에 보응하시는 것은 당연한 귀결입니다. 우리가 이것을 인식하지 못하면, 우리 스스로 그리스도인이라 고백하면서도 실상은 하나님과 무관한 삶을 살기 쉽습니다. 그리고 자기가 필요할 때만 주님을 부르게 됩니다.

여기에서 또다시 질문이 제기될 수 있습니다. 하나님께서 그 행한 대로만 보응하신다면, 과연 하나님의 보응을 피할 사람이 있겠는가 하는 것입니다. 하나님의 보응을 피할 사람은 한 사람도 없습니다. 중요한 것은 나의 중심이 어느 쪽으로 향해 있느냐입니다. 쉽게 예를 들면, 어떤 사람이 살인을 해서 전과자가 되었다고 하십시다. 그런데 대통령이 특별 사면해 주어 가석방되었습니다. 이후 이 사람이 삶의 방향을 어디로 두고 있느냐에 따라 그에 대한 평가가 달라지는 것입니다. 입으로는 "이제부터 새사람으로 살아야겠다"고 하면서 실제로는 예전에 몸담았던 환락가와 범죄 소굴에 다시 발을 담그고 있다면, 그의 인생은 끝난 것입니다. 입으로 아무리 새 삶을 다짐해도 그런 곳과의 접촉점을 끊지 못하면 다시 죄를 지을 수밖에 없습니다. 이와 달리 그가 새로운 자리, 새로운 사람들을 향해 걸어간다면, 비록 실수하며 넘어지고 흔들릴지언정 시간이 지나면 결국 그의 삶은 승리의 열매를 맺어 많은 이들에게 귀감이 되고 도전을 줄 것입니다.

여러분의 삶의 방향은 주님을 향하고 있습니까? 아니면 자기 자신을 위한 방향으로 맞추어져 있습니까? 분명한 사실은 우리의 삶이 주님을 향해 있는 한, 실수하고 넘어지더라도 주님께서 이런 것을 문제 삼지 않으신다는 것입니다. 주님을 향해 걸어가는 한, 그 삶은 반드시 변화됩니다. 주님께서 함께하시기 때문입니다.

이 두 가지 삶의 방향에 대해 구체적으로 살펴보십시다. 먼저 주님을 위한 삶의 방향을 보시겠습니다.

첫째, 주님을 위한 삶의 방향은 예수님의 표현을 빌리자면 "좁은 길", "좁은 문"을 향해 걸어가는 것입니다. 이 길이 본문 7절에 나타나 있습니다.

참고 선을 행하여 영광과 존귀와 썩지 아니함을 구하는 자에게는 영생으로 하시고

그런데 한글 성경과 헬라어 원문의 순서가 다릅니다. 헬라어 원문에는 "영광"을 구하는 사람이 먼저 나옵니다. 여기에서 영광을 나타내는 헬라어 '독사δόξα'는 '하나님의 영광'을 의미합니다. 사람에게는 이 단어가 해당되지 않습니다. 즉, 자신이 진리를 향해 서 있다면, 무엇을 하든지 하나님의 영광을 위해 행해야 한다는 뜻입니다.

만일 기업을 경영하는 사람이 자기 주머니만 챙기기 위해 수단과 방법을 가리지 않는다면, 그런 사람을 가리켜 모리배라고 합니다. 권력을 가진 사람이 나라의 존영과 국민을 생각지 않고 그 권력으로 자기의 부귀만 추구한다면, 그런 사람을 일컬어 정상배라고 합니다. 하나님을 믿는다고 하면서 하나님을 이용해 자기의 유익과 영광을 구하는 사람은 그릇된 신앙의 모리배요 정상배입니다. 하나님의 영광을 구하는 것은 그리스도인에게 삶의 습관으로 굳어져야 합니다. 이것이 습관 되지 않으면 언제든지 자신의 유익을 따라가게 됩니다. 그리고 아쉬울 때만 주님을 찾게 됩니다.

둘째, "존귀"를 구하는 것입니다. 존귀는 헬라어로 '티메τιμή'인데 그 본뜻은 '가치'입니다. 예수님께서 "너희 진주를 돼지 앞에 던지지 말라"(마 7:6)고 말씀하셨습니다. 사람이 돼지에게 진주를 주는

경우는 없습니다. 왜입니까? 돼지는 가치를 모르기 때문입니다. 돼지는 배를 채우기 위해서라면 썩은 것이든 상한 것이든, 영양가가 있는지 없는지 따지지 않고 먹습니다. 배만 부르면 됩니다. 얼마나 많은 사람들이 이런 삶을 살아가고 있습니까? '정말 이것이 가치 있는 것인가' 하고 따지기 전에 자기 욕망과 이권에 맞아떨어지고 자기 배만 부르면 먼저 취하고 봅니다. 우리가 주님을 향해 삶을 결정짓는다는 것은, 모든 욕망과 야망을 뛰어넘어 영원한 가치를 추구하는 것을 의미합니다.

셋째, "썩지 아니함"을 구하는 것입니다. 진정한 가치는 썩지 않는 데 있습니다. 그렇다면 썩지 않는 것이란 무엇입니까? 진리입니다. 주님을 향해 삶을 결정짓는다는 것, 주님의 영광만을 드러낸다는 것, 영원한 가치를 따진다는 것은 진리만을 위해 살아가는 것을 의미합니다. 요한복음 3장 6절은 "육으로 난 것은 육이요 영으로 난 것은 영이니"라고 말씀합니다. 육에 관심 있는 사람은 썩어질 것밖에 보지 않습니다. 그러나 영에 속해 있는 사람, 영적인 삶을 사는 사람은 썩지 않는 진리를 주목합니다.

성인 남자들은 거의 매일 면도를 하는데, 면도하는 데 걸리는 시간을 하루 10분으로 잡고 평생을 계산해 보면 결코 짧지 않은 시간이 될 것입니다. 남성분들은 면도하기 위해 10분을 사용하는 만큼, 영적인 삶을 위해서도 투자하고 있습니까? 우리가 영적인 것을 추구하지 않으면, 진리를 안다 해도 진리를 실천하는 사람은 될 수 없습니다. 진정으로 영에 속해 있어야 진리를 실천하는 힘을 갖게 되고, 진리를 실천해야 진리가 주는 기쁨을 알 수 있습니다. 한 번이라도 진리를 실천해 보지 않으면 진리가 주는 참된 기쁨을 알지 못하기 때문에, 진리와 하나 되지 못하고 늘 평행선을 긋는 삶을 살게 됩니다.

이상에서 살펴본 바와 같이, 주님을 향해 방향을 결정한 사람은 하나님의 영광을 구하고, 존귀를 구하고, 썩지 않는 것을 구합니다. 그런데 사실 우리는 평소에 신앙생활을 하면서 하나님의 영광을 위해 살게 해주시고, 존귀케 해주시고, 진리를 위해 살게 해달라는 말들을 흔히 듣고 또 이야기합니다. 그런데 7절은 이것만 언급하고 있는 것이 아닙니다. 본문에 있는 "참고 선을 행하여"라는 구절은, 정확하게 말하면 '참고 선을 행하면서'입니다. 주님의 영광을 구하고 존귀를 구하고 썩지 않는 것을 구하는 것만으로는 안 된다는 것입니다. 왜입니까? 그 구함이 진짜가 되기 위해서는 참고 또 선을 행하는 구체적인 삶이 가시적으로 드러나야 하기 때문입니다. 행하지 않고 내뱉는 모든 소리는 공허한 메아리일 뿐입니다.

'참는다'고 할 때, 무엇을 참는다는 말입니까? 외적인 것에 대한 참음과 내적인 것에 대한 참음 모두를 의미합니다. 내가 상상조차 못한 상황에 처하게 되어도 참을 수 있어야 하고, 내 속에서 말할 수 없는 증오심이 일어도 참아야 합니다. 그렇다면 어떻게 참을 수 있습니까? 그리고 참는 것이 정말 주님을 위한 길입니까?

'참다'에 해당하는 헬라어는 '휘포메노υπομένω'인데, '휘포υπό'는 '…의 밑에'라는 뜻이고 '메노μένω'는 '거하다'라는 뜻입니다. 그러므로 참는다는 것은 '다른 사람의 밑에 거하는 것'을 말합니다. 우리가 못 참는 이유가 무엇입니까? 다른 사람 위에 올라가 있기 때문입니다. 이겨야 하니까 못 참습니다. 그러나 다른 사람 밑에 있으면, 못 참을 일이 없습니다. 자존심도, 감정도 문제 되지 않습니다. 아내가 남편 밑에만 있겠다고 생각하면 못 참을 일이 없습니다. 남편이 아내 밑에 있겠다고 하면 못 참을 일이 어디 있습니까?

그런데 다른 사람의 밑에 거하는 것이 주님을 위한 삶의 방향이 맞습니까? 그렇습니다. 다른 사람의 밑에 거할 때, 비로소 제자들의 발밑, 가장 낮은 곳에서 인간을 섬기신 예수 그리스도를 만나게 됩니다. 내가 다른 사람의 밑에 거하면 거할수록 주님께서는 그런 나를 자꾸 높여 주십니다. 내가 나를 높이려 하면 반드시 사람들의 경멸을 받게 됩니다. 가령 누가 여러분 앞에서 저에게 부당하게 욕을 한다고 하십시다. 그러면 제가 넥타이를 풀어 헤치고 여러분 앞에서 그와 한바탕 싸울 수 있습니다. 왜입니까? 제가 잘못한 것이 하나도 없기 때문입니다. 그리고 제가 이겼다고 하십시다. 제 속은 시원할지 모르지만 여러분은 속으로 '저 사람이 목사인가?' 싶으실 것입니다. 그러나 반대로 제가 수모를 용납하며 지혜롭게 넘긴다면, 잠시 잠깐 제 속은 괴로울지 몰라도 여러분은 저에 대해 존경하는 마음이 생길 것입니다. 왜냐하면 성령님께서 여러분의 마음을 감동시키실 것이기 때문입니다.

누구든지 자기를 높이는 자는 낮아지고 누구든지 자기를 낮추는 자는 높아지리라(마 23:12)

예수님의 말씀입니다. 예수님께서 하늘 위에서 추상적으로 전하신 것이 아니라, 하나님의 독생자로 인간의 몸을 입고 이 낮은 땅에 오셔서 전하신 말씀입니다. 우리가 그분을 믿는다면, 이 말씀을 받들어 다른 사람의 밑에 거해야 합니다.

"참고 선을 행하여"라는 구절에서 이제 '선을 행한다'는 것의 의미를 살펴보십시다. 성경에서 말하는 모든 선은 사랑으로 귀결됩니다. 사랑이 빠진 그 어떤 것도 선이라고 말하지 않습니다. 고린도전서 13장 3절은 "내가 내게 있는 모든 것으로 구제하고 또 내 몸을 불사르게 내줄지라도 사랑이 없으면 내게 아무 유익이 없느니라"고 말씀합니다. 남의 눈에서 티끌을 찾아내 정죄하는 것이 아니라 하나님을 사랑하는 것처럼 마땅히 그 사람을 사랑할 때, 우리가 구하는 것이 삶에서 구체적으로 열매 맺을 수 있습니다.

7절 하반절은 이런 사람에게 "영생"이 주어진다고 전하고 있습니다. 요즘은 영생이라는 말이 우리 마음에 잘 와닿지 않는 것 같습니다. 영생은 영어로 'eternal life'입니다. 주님을 향해 삶의 방향을 바꾸는 사람에게 주님께서는 '영원한 생명'을 주십니다. 참고 선을 행하면서 하나님의 영광과 존귀와 썩지 않는 것을 구하는 사람의 삶은 이미 영생에 맞닿아 있는 것입니다. 그에게 죽음이란 마치 옷을 갈아입는 것과 같을 뿐입니다.

만일 땅에 있는 우리의 장막 집이 무너지면 하나님께서 지으신 집 곧 손으로 지은 것이 아니요 하늘에 있는 영원한 집이 우리에게 있는 줄 아느니라 (고후 5:1)

바울이 말하고 있는 것은 이 땅의 장막이 무너지면 하늘 위의 새로운 장막이 우리에게 펼쳐진다는 것입니다. 마치 번데기가 허물을 벗고 나비가 되어 새로운 세상을 맞이하듯 말입니다. 삶의 방향을 주님께로 향한다는 것은 좁은 문, 좁은 길처럼 보이는데, 실상은 형통한 길이자 영원한 길입니다. 또한 전혀 어렵지 않은 길이기도 합니다. 삶의 방향만 틀면, 그 속에 하나님의 능력이 있고 영원한 삶이 있습니다. 따라서 주님께서 좁은 문으로 들어가라고 하시는 것은 달리 말하면, 우리의 가치관으로 판단하지 말라는 것입니다. 우리가 하나님을 믿으면서 하나님의 가치관을 갖지 않으면, 우리는 늘 속게 될 것입니다.

두 가지 삶의 방향 중 나머지 하나는, 주님이 아닌 자기 자신을 위한 방향입니다. 자신을 위한 삶의 방향은 '넓은 길'을 향해 가는 것입니다. 이에 대해 8절이 다음과 같이 전합니다.

오직 당을 지어 진리를 따르지 아니하고 불의를 따르는 자에게는 진노와 분노로 하시리라

여기에서 "당"에 해당하는 헬라어 '에리데이아ἐριθεία'는 서로가 서로를 비방하기 위해 짝을 짓는 것을 말합니다. 오늘은 이 사람과 짝하여 저 사람을 욕하다가, 내일은 저 사람과 짝하여 이 사람을 욕하는 것입니다. 이런 일화가 있습니다. 한번은 소설가 몇 분과 평론가 몇 분이 술을 마셨습니다. 그런데 한 사람이 화장실에 가자 나머지 사람들이 그를 욕했습니다. 또 다른 사람이 화장실에 가자 나머지 사람들이 그를 욕했습니다. 서로가 이 사실을 알게 되자, 아무도 화장실을 못 갔습니다. 자기가 없는 자리에서 자기에 대해 무슨 욕이 있을지 모르기 때문이었습니다. 에리데이아의 본래의 뜻은 '경쟁'입니다. 로마서 1장 29절에 나오는 '시기'의 뜻도 경쟁이라고 했습니다. 남을 정죄하고 비방하며 당을 짓는 일을 누가 합니까? 헛된 경쟁심을 가진 사람들입니다. 예수님께서 서기관들과 바리새인들에게 말씀하셨습니다.

화 있을진저 외식하는 서기관들과 바리새인들이여 너희는 천국 문을 사람들

앞에서 닫고 너희도 들어가지 않고 들어가려 하는 자도 들어가지 못하게 하는도다 화 있을진저 외식하는 서기관들과 바리새인들이여 너희는 교인 한 사람을 얻기 위하여 바다와 육지를 두루 다니다가 생기면 너희보다 배나 더 지옥 자식이 되게 하는도다(마 23:13-15)

많은 교인들이 전도에 열심을 냅니다. 그런데 자기가 전도한 사람이 자기보다 더 열심히 봉사하게 되면 그 모습을 배 아파합니다. 왜입니까? 에리데이아 때문입니다.

8절에서 "진리를 따르지 아니하고"라는 구절은, 우리가 아무리 교회생활을 열심히 하고 헌금을 많이 낸다 해도 헛된 경쟁심으로 남을 정죄하고 중상모략한다면 진리를 따르는 것이 아니라는 의미입니다. 그러면 진리를 따르지 않고 무엇을 따른다는 것입니까? "불의를 따르는 자"라고 했습니다. '불의'란 헬라어로 '아디키아ἀδικία'인데, '부정'이라는 뜻도 있고 좀더 풀어서 말하면 '공평치 않은 것을 행함'입니다. 나 하나 잘되기 위해 수많은 사람에게 해를 끼치는 것이 불의입니다.

8절에 나오는 또 다른 중요한 단어가 '따르다'인데, 이에 해당하는 헬라어 '페이도πείθω'는 두 가지 의미를 지닙니다. '믿다'라는 뜻과 '설득하다'라는 뜻입니다. 예수님을 믿는다고 하면서도 세상을 양심대로 살아서는 절대로 안 된다고 하는 사람들이 있습니다. 교회에서 듣는 성경 말씀과 목사님의 설교 말씀 모두 너무도 좋다고 말은 하면서도, 그 말씀대로 살아서는 안 된다고 철석같이 믿는 사람들입니다. 세상을 살아가려면 적당하게 부정하고 불의해야 한다고 믿는 사람들이 바로 불의를 따르는 사람입니다. 또한 이런 사람들은 "예수 믿는 것은 좋은데 그렇게 고지식하게 살면 안 돼"라며 다른 사람들을 설득하고 불의를 조장합니다. 이미 살펴본 로마서 1장 32절의 내용도 페이도입니다.

그들이 이 같은 일을 행하는 자는 사형에 해당한다고 하나님께서 정하심을 알고도 자기들만 행할 뿐 아니라 또한 그런 일을 행하는 자들을 옳다 하느니라

자기 혼자만 불의를 행하는 것이 아니라 다른 사람도 불의를 행하도록 격려해 가며 공범을 만드는 것입니다. 이런 사람들에게 주님께서 어떻게 하십니까? 8절 하반절을 보면 "진노와 분노로 하시리라"고 말씀하셨습니다. '분노'란 헬라어로 '뒤모스θυμός'인데 '격노'라는 뜻입니다. 이 단어는 '뒤오θύω'라는 동사에서 왔는데, 그 뜻이 '잡다', '죽이다'입니다. 하나님을 믿는다고 하면서 하나님을 믿는 것이 아니라 끊임없이 당을 지어 사람을 정죄하고, 진리를 따르는 것이 아니라 불의를 따르고 불의를 확산시키는 사람들을 하나님께서 심판의 대상으로 멸절하신다는 것입니다.

본문 7-8절이 우리 인생이 끝나는 날에 주어지는 심판에 관한 내용이라면, 9-10절은 살아 있는 동안 주어지는 심판을 말합니다.

악을 행하는 각 사람의 영에는 환난과 곤고가 있으리니 먼저는 유대인에게요 그리고 헬라인에게며(9절)

하나님을 향해 삶의 방향을 돌린 사람이 이 세상을 살아가는 동안 설령 그에게 환난과 곤고가 주어진다고 해도 반드시 그는 일어서게 됩니다. 고난 속에 하나님의 은혜가 숨어 있기 때문입니다. 그

러나 자신을 위해 삶의 방향을 튼 사람에게는 환난 자체가 죽음이자 저주요, 그것이 영원히 지속됩니다. 남을 비방하고 중상하면 마음이 편한 것처럼 느껴질 수 있지만, 이것은 도처에 자기 적을 만드는 행위입니다. 그 사람은 겉으로는 편해 보일지 모르지만, 속으로는 절대 편할 수 없습니다. 불법으로 권세를 잡은 사람도 마찬가지입니다. 언제 누가 자신을 해칠지 몰라 늘 불안해합니다. 즉 자신을 위한 삶을 사는 사람에게 진정한 평강이란 있을 수 없습니다.

선을 행하는 각 사람에게는 영광과 존귀와 평강이 있으리니 먼저는 유대인에게요 그리고 헬라인에게라(10절)

주님을 향해 삶의 방향을 돌리고 하나님과 다른 사람을 사랑하는 삶을 살면, 이 땅에서도 "영광과 존귀와 평강"이 주어진다는 것입니다. 하나님께서는 이 모든 일을 행하실 때 사람을 차별함 없이 공평하게 하십니다(11절). 주님께 어떤 심판을 받을지는 이제부터 우리 삶의 방향에 달려 있습니다. 지금 하나님을 향한 좁은 길을 걸어가고 계십니까? 하나님의 깊고 오묘한 은혜가 여러분의 삶에 가득하기를 바랍니다.

10
그 양심이 증거가 되어

로마서 2장 12-16절

무릇 율법 없이 범죄한 자는 또한 율법 없이 망하고 무릇 율법이 있고 범죄한 자는 율법으로 말미암아 심판을 받으리라 하나님 앞에서는 율법을 듣는 자가 의인이 아니요 오직 율법을 행하는 자라야 의롭다 하심을 얻으리니 (율법 없는 이방인이 본성으로 율법의 일을 행할 때에는 이 사람은 율법이 없어도 자기가 자기에게 율법이 되나니 이런 이들은 **그 양심이 증거가 되어** 그 생각들이 서로 혹은 고발하며 혹은 변명하여 그 마음에 새긴 율법의 행위를 나타내느니라) 곧 나의 복음에 이른 바와 같이 하나님이 예수 그리스도로 말미암아 사람들의 은밀한 것을 심판하시는 그날이라

흔히 박정희 대통령의 정치 유형을 가리켜 '개발독재형'이라고 합니다. '독재' 앞에 '개발'이라는 단어가 붙은 것은 긍정적인 면이 있었음을 뜻합니다. 재임 기간에 경제가 부흥한 것입니다. 그러나 제3공화국의 유신維新을 거치면서 가장 부정적인 결과로 나타난 것이 있다면, 그 기간에 국민 대다수가 비도덕적 인간이 되었다는 사실

일 것입니다. 여기에서 말하는 '비도덕적'의 의미는, 사치하고 타락했다는 식의 표면적인 것이 아니라 보다 근원적인 것을 말합니다. 사회에 부조리가 만연하고 부정과 부패가 심화될수록 많은 사람들이 그 이유를 어디서 찾았습니까? 박정희 대통령 한 사람에게서 찾았습니다. 저 한 사람만 없어지면 모든 것이 제대로 될 것이라고 생각했습니다. 그러다 보니 사람들이 자기를 바로 세우는 데는 소홀히 했습니다. 결과적으로 그들은 자신들이 비도덕적이라고 비판했던 그와 똑같은 사람이 되었습니다.

현재 야당의 김대중 총재는 민주화를 위해 많은 애를 쓰신 지도자입니다. 그런데 그런 그에게 항상 따라다니는 말이, 당내 민주화를 먼저 이루어야 한다는 것입니다. 독재 정권에 맞서 끊임없이 민주화를 부르짖어 왔지만, 정작 당내 민주화를 실현하는 데는 소홀히 했다는 것입니다. 그분과 쌍벽을 이루는 분이 현재 집권당(민자당)의 김영삼 대표입니다. 그분도 끊임없이 집권자의 도덕성을 부르짖어 왔습니다. 그런데 집권당의 대표로서 한 일을 보면, 함께 모여 3당 합당시 내세웠던 내각제를 하루아침에 파기하고 말았습니다. 이런 모습들이 왜 보이는 것입니까? 자신을 세우는 일에 소홀했기 때문입니다.

정말 깨어 있는 그리스도인이라면 남들이 잘못할 때 그들을 비판하기 전에, 그들의 삶을 자신을 비추는 거울로 삼아야 합니다. 다른 사람의 독재를 비판하기 전에, 자신이 한 가정의 가장으로서 집에서 독재자처럼 군림하고 있지는 않은지 살펴야 합니다. 한 나라의 독재자는 필경 집안에서도 독재자 노릇을 합니다. 어떤 공직자가 부정부패를 저지르면 그를 비판하기에 앞서, 자신이 구멍가게를 운영하고 있을지언정 가게에 부정부패가 없는지 살펴야 합니다.

자신을 바로 세우지 않고는 참다운 그리스도인이 될 수 없습니다.

얼마 전 저녁 찬양예배 때 사무엘하 12장을 함께 보면서, 가톨릭교회가 벌였던 '내 탓이오' 운동에 대해 잠시 설명드렸습니다. 그 운동이 왜 일어났고, 왜 실패했습니까? 가톨릭교회에 하나의 합의점이 있었습니다. 민주화만 되면, 독재 정부만 무너지면, 성경에서 말하는 의가 이 땅에 세워진다는 굳은 믿음이었습니다. 그렇기에 1970년대부터 가톨릭은 현실에 참여하며 많은 고난을 당하면서도 꿋꿋하게 소신을 펼쳐 나갔습니다. 그런데 1987년 6·29민주화선언 이후 사회 일각에서 이기심이 폭발하며 일어나는 사태를 보니, 집권자만 부도덕한 것이 아니었습니다. 세상의 이러저러한 소요가 전부 부도덕하고 비윤리적이었습니다. 이 사실에 가톨릭 지도자들이 충격을 받았습니다. 그래서 그들은 성경으로 되돌아가 무엇을 해야 할 것인지 생각했습니다. 그리고 우선적으로 우리 자신이 바로 서야겠다고 생각해 '내 탓이오' 운동을 벌였는데, 결과는 실패였습니다. 그 이유는, 20여 년 동안 줄기차게 상대방의 잘못만을 비난해 오다 보니 하루아침에 체질 개선이 안 되었기 때문입니다.

그렇다고 이 같은 운동이 중단되어서는 안 됩니다. 가톨릭뿐만 아니라 모든 교회와 그리스도인은 세상의 잘못을 보고서 그것을 거울삼아 자신의 삶을 바로 세울 수 있어야 합니다. 그래야만 개인은 물론이고 나라에도 소망이 있습니다. 이유는 세 가지입니다. 첫째, 큰 악이 없어진다고 해서 작은 악이 저절로 없어지는 것이 아니기 때문입니다. 큰 악이 없어지면 모든 악이 사라진 듯 보여도, 실은 작은 악들이 잠복해 있는 것입니다. 그리고 시간이 지나면 작은 악이 큰 악을 대신하게 됩니다. 둘째, 악한 방법으로는 악이 제거되지 않기 때문입니다. 악을 제거하기 위해 악한 방법에 의지하는 것은 잘못입니다. 악한 방법으로 악을 이기는 순간, 우리 자신이 악한 자의 자리에 앉게 되는 것입니다. 셋째, 악은 선으로만 이길 수 있기 때문입니다. 선으로 살아 있는 진리를 확산시켜 나갈 때 비로소 악이 소멸됩니다. 참된 그리스도인은 도덕을 부르짖는 비도덕적 인간이 아니라, 살아 있는 진리와 복음의 사람이 되기 위해 자기 눈에 있는 들보를 먼저 빼내는 사람입니다. 눈의 들보를 빼고 나면 티끌 있는 사람을 긍휼의 눈으로 보게 됩니다. 그리고 그들을 피하거나 심판하지 않고 포용할 수 있게 됩니다.

오늘 본문은 도덕적 인간 중 두 번째 부류에 대해 이야기하고 있습니다. 바로 양심주의자입니다. 인간의 양심으로 모든 의와 선을 완벽하게 이룰 수 있다고 믿는 사람입니다. 양심주의자에 대해 생각하기 전에, 우선 성경이 인간의 양심을 어떻게 보는지 살펴보십시다.

이 교훈의 목적은 청결한 마음과 선한 양심과 거짓이 없는 믿음에서 나오는 사랑이거늘(딤전 1:5)
믿음과 착한 양심을 가지라 어떤 이들은 이 양심을 버렸고 그 믿음에 관하여는 파선하였느니라(딤전 1:19)
깨끗한 양심에 믿음의 비밀을 가진 자라야 할지니(딤전 3:9)

디모데전서에서 사도 바울은 "선한 양심", "착한 양심", "깨끗한 양심"을 계속 강조하고 있습니다. 이것이 어떤 의미입니까? 인간의 양심 자체는 본래 더럽고 추하다는 것입니다. 인간이 죄를 지은 이후, 인간의 양심 자체가 오염되었기 때문입니다. 하나님의 도우심

없이 인간 스스로 양심을 정화하고 회복시키기는 불가능하다는 것이 성경의 시각입니다. 웅덩이에 썩은 물이 가득 차 있을 때, 이 썩은 물은 스스로는 정화되지 못합니다. 누군가가 정화제를 넣거나 살아 있는 생수를 계속 공급해야 정화될 수 있습니다. 죄에 의해 타락한 인간의 양심도 이와 같습니다. 스스로 완전하게 회복될 수 없기에 하나님의 도우심이 필요한 것입니다.

양심을 헬라어로 '쉬네이데시스συνείδησις'라고 하는데, 이 단어는 '더불어', '함께'라는 의미의 '쉰σύν'과 '보다'라는 의미의 '에이도εἴδω'가 합쳐진 것입니다. 즉 양심이란 '더불어 본다'는 뜻입니다. 그렇다면 더불어 무엇을 봅니까? 또 누구와 더불어 봅니까? 세상을 보는데, 세상과 더불어 세상을 본다는 것입니다. 쉽게 말하면, 우리가 '더러운 양심', '깨끗한 양심'이라고 이야기할 때 이것을 나누는 기준이 세상에 속해 있다는 것입니다. 그러므로 세상적 기준에 따라 늘 상대적으로 변할 수밖에 없습니다.

그러나 하나님 앞에서 모든 양심은 똑같습니다. 예를 들어, 대한민국에 있는 모든 사람이 10원을 도둑질했다고 하십시다. 그런데 그중 한 사람이 100원을 훔칠 능력을 가지고 있는데도 1원밖에 훔치지 않았다고 하십시다. 이때 세상 사람들은 누구를 더 양심적이라고 하겠습니까? 1원을 훔친 사람입니다. 왜냐하면 10원을 훔친 사람보다 깨끗하게 보이기 때문입니다. 그러나 하나님께서 보시기에는 10원을 훔친 사람이나 1원을 훔친 사람이나 도토리 키 재기입니다. 타락한 양심을 가지고 서로 '저 사람은 양심적이다', '저 사람은 양심이 올곧다'고 할 수 있지만, 하나님 앞에서는 양심적이라는 말 자체가 통할 수 없습니다. 이것이 양심에 대한 성경의 인식입니다. 이 인식을 바탕으로 양심주의자를 살펴보면 두 부류로 나뉩니다. 첫째, 하나님의 법을 모르거나 무시하는 양심주의자입니다.

무릇 율법 없이 범죄한 자는 또한 율법 없이 망하고(12절 상)

　　하나님의 법이 전해지지 않았기 때문에 모르든지, 아니면 고의로 하나님의 법을 무시했든지 간에, 하나님의 법 없이 자기 양심만으로 의를 이루며 살아갈 수 있다고 생각하는 사람입니다. 법이 없으면 죄가 없습니다. 정확하게 말하면, 법이 없는 곳에 죄가 없는 것이 아니라, 죄에 대한 인식이 없을 뿐입니다. 즉 죄에 대해 인식하지 못한다 뿐이지, 죄는 죄로 그대로 남아 있는 것입니다.

　　가인이 아벨을 죽일 당시에는 살인하지 말라는 법이 없었습니다. 하나님께서 그런 법을 말씀하시지 않았을 때입니다. 그런데 가인이 아벨을 죽였습니다. 하나님께서 그런 가인에게 아벨이 어디 있느냐고 물으시자 가인은 시치미를 뗐습니다. 죄가 죄인지 몰랐다고 죄가 안 되는 것입니까? 아닙니다. 애당초 하나님께서는 하나님의 말씀대로 살아가도록 인간을 하나님의 형상대로 지으셨습니다. 그러나 인간이 자기 욕망으로 그 형상, 그 양심을 오염시킨 것입니다.

　　타락한 양심을 가지고 완전한 의를 내세우며 살 수 있다는 것은 두 가지 의미에서 불가능합니다. 첫째, 하나님의 법을 모를 때, 하나님의 잣대를 가지고 있지 못할 때는 어쩔 수 없이 인간의 보편적 관습을 따르게 되기 때문입니다. 중동에서는 남편이 아내를 넷이나 두어도 아무런 고민이 없고 양심의 가책도 느끼지 않습니다. 왜냐하면 일부다처제가 그 사회의 관습이기 때문입니다. 중세 암흑시대에는 기사들 사이에서 결투가 유행했습니다. 누가 자기를 모독했다고 생각하면 결투를 신청했습니다. 결투를 벌이다가 상대방을 죽여도 합법이었습니다. 오히려 양심의 가책을 받기보다 영광스럽게 여겼습니다. 왜입니까? 그 사회의 관습이었기 때문입니다. 그런데 이렇게 관습에 따라 결투를 하여 살인을 저지르면, 하나님 앞에서 죄가 안 됩니까? 그렇지 않습니다. 증오로 죽인 것이기 때문입니다. 시대적 관습이라고 핑계 댈 수 없는 것입니다.

둘째, 타락한 양심을 따르면 진리의 도구가 아닌, 자기 자신의 도구로 전락하기 때문입니다. 즉 자기 감정, 자기 이기심, 자기 판단의 도구가 되는 것입니다. 도스토옙스키의 《죄와 벌》에는 라스콜니코프라는 주인공 청년이 나옵니다. 이 청년은 젊고 의협심이 강한 사람이었습니다. 그런데 그 의협심이 너무 강했던 나머지, 고리대금업자인 전당포 노파를 백해무익한 사람으로 여기고 세상에서 없어져야 한다고 생각했습니다. 결국 청년은 노파를 죽이는데, 자기 양심의 명령에 따른 결과였습니다. 자기 딴에는 악을 제거하는 것이라고 생각했습니다. 그래서 노파를 죽이고도 조금도 양심의 가책을 느끼지 않았습니다. 그러나 나중에 라스콜니코프는 그것이 죄라는 것을 인식했습니다. 소냐라는 창녀를 통해 하나님을 만난 뒤 하나님 말씀의 잣대 앞에서 깨닫게 된 것입니다.

오늘 우리의 인생에서 하나님의 법 없이 양심을 지키는 것이 과연 가능합니까? 불가능합니다. 본문 12절에 나오는 "망하고"라는 단어는 물질적인 도산을 의미하는 말이 아닙니다. 여기에 해당하는 헬라어 '아폴뤼미απόλλυμι'는 '죽다'라는 뜻입니다. 즉 하나님의 법, 하나님의 잣대 없이 우리의 양심대로 살면 반드시 망한다는 것이 성경의 원칙입니다.

양심주의자의 두 번째 부류는 어떤 사람인지 보십시다.

무릇 율법이 있고 범죄한 자는 율법으로 말미암아 심판을 받으리라(12절 하)

이 사람은 하나님의 법을 가지고 있습니다. 그런데 하나님의 은혜 없이 자기 양심만으로 하나님의 법을 구현할 수 있다고 믿습니다. 즉 자기 힘, 자기 공로로 성경에 있는 하나님의 명령을 이룰 수 있다고 믿는 것입니다. 과연 그렇습니까? 그럴 수 없습니다. 하나님의 도우심 없이는 하나님의 법을 '상대적으로' 지킬 수밖에 없기 때문입니다. 저 사람은 하나님의 명령을 10퍼센트밖에 못 지키는데 나는 20퍼센트를 지킨다고 생각하면서 자기 만족, 자기 착각에 빠지는 것입니다. 자신이 드러내는 것은 상대적인 의인데도 그것이 곧 절대적인 의라고 착각합니다. 그리고 스스로를 의인이라 착각하면서 결국 심판을 당하고 맙니다. 우리는 하나님께서 요구하시는 행함이 상대적인 것이 아니라 절대적인 것임을 기억해야 합니다.

한번은 어떤 의학도와 이야기를 나누다가 그가 보는 책을 보고 놀란 적이 있습니다. 책 속에 융기가 도톨도톨하게 나 있는 징그러운 사진이 보여서 도대체 무슨 사진이냐고 물었더니, 사람의 얼굴 피부를 확대해 놓은 것이라고 했습니다. 융기는 높낮이가 제각각이었습니다. 그런데 우리의 피부를 확대하지 않고 보면 융기가 있는지조차 확인할 수 없습니다. 인간이 서로 자기가 더 의롭다며 따지고 뽐내지만, 하나님께서 보시기에 타락한 양심을 가진 사람들은 다 똑같은 것입니다.

예전에 사업을 할 때 법무부에서 요청이 있어 성동구치소를 방문한 적이 있습니다. 구치소 소장이 저를 감방 안으로 데리고 들어가 주었는데, 감방까지 들어가는 동안 철문이 네 개가 있었습니다. 복도를 걸어가는데 죄수들이 보였습니다. 저의 일행 중 한 분이 저들이 무슨 죄를 지었냐고 묻자, 교도관이 '저분은 무슨 죄고, 저분은 무슨 죄'라고 대답해 주었습니다. 그런데 그날 제 심정이 참 곤혹스러웠습니다. 엄격히 봤을 때 교도관이 말한 죄목들에서 저 역시 하나도 자유롭지 못했기 때문입니다. 사실은 저도 그 자리에 들어가야 할 사람이었습니다. 단지 그 사람들은 세상적인 표현으로 '붙잡혔기' 때문에 그곳에 있는 것이고, 저는 운이 좋아서 밖에 있는 것이었습니다.

사람들은 창녀를 천하게 생각하는데, 우리 자신이 하나님 앞에 설 때 창녀보다 나은 점이 있습니까? 자신이 창녀보다 거룩하다고 할 만한 것을 주님께 보여 드릴 수 있습니까? 우리는 사기꾼이나 온갖 죄 지은 사람들을 쉽게 비난하곤 하는데, 지금 하나님께서 이 자리에 계시다면 '매일 신문 사회면을 장식하는 잡범들보다 네가 더 나은 바가 있느냐'고 되물으실 것입니다. 우리도 그들과 똑같은 죄인이기 때문입니다. 이것을 토대로 생각해 볼 때 하나님의 법 없이 양심대로 살겠다는 사람이나, 하나님의 법을 알지만 하나님의 은혜 없이 양심만으로 살아가는 사람이나 의를 이루는 것은 불가능합니다. 그렇다면 우리가 해야 할 바는 무엇이겠습니까?

하나님 앞에서는 율법을 듣는 자가 의인이 아니요 오직 율법을 행하는 자라야 의롭다 하심을 얻으리니 (13절)

여기에서 가장 중요한 단어는 "오직"이며, '행하다'에 해당하는 헬라어 '포이에테스ποιητής'는 흉내 내는 것이 아니라 절대적으로 이루는 것을 의미합니다.

(율법 없는 이방인이 본성으로 율법의 일을 행할 때에는 이 사람은 율법이 없어도 자기가 자기에게 율법이 되나니 이런 이들은 그 양심이 증거가 되어 그 생각들이 서로 혹은 고발하며 혹은 변명하여 그 마음에 새긴 율법의 행위를 나타내느니라) 곧 나의 복음에 이른 바와 같이 하나님이 예수 그리스도로 말미암아 사람들의 은밀한 것을 심판하시는 그날이라(14-16절)

하나님의 법을 몰라도 자기 양심대로만 살면 구원받을 수 있다고 하는 사람들이 있습니다. 그런데 위의 본문을 보면, 하나님의 법을 모르는 사람이 백 퍼센트 하나님의 말씀대로 살 수 있는 양심을 가지고 있다면, 그 양심이 곧 그에게 하나님의 법이 된다는 것입니다. 그리고 하나님께서 심판하시는 그날, 그 양심이 고발도 하고 변론도 할 것이라고 합니다. 그래서 어떤 사람들은 이 성경 구절을 인용하여 양심대로만 살아도 구원받는다고 이야기합니다. 그런데 우리가 꼭 알아야 할 사실은, 13절부터 16절까지 쓰인 문장 형태가 긍정이 아닌 부정을 강조하는 반어법이라는 점입니다. 즉, 이론적으로는 엄격한 양심으로 하나님의 영광을 드러내며 살아가면 구원받을 수 있지만, 그러나 그럴 수 있는 사람이 한 사람도 없음을 강조하는 것입니다. 이 점을 바울은 로마서 3장 20절에서 다시 설명합니다.

그러므로 율법의 행위로 그의 앞에 의롭다 하심을 얻을 육체가 없나니 율법으로는 죄를 깨달음이니라

로마서 3장 10절은 "기록된 바 의인은 없나니 하나도 없으며"라고 말씀합니다. 하나님의 은혜가 주어지지 않으면, 하나님께서 붙

들어 주시지 않으면, 하나님 앞에서 완전한 의를 이룰 수 있는 사람은 없습니다. 이 점은 창세기와 출애굽기에서 증명됩니다. 본문에서 말하는 율법은 작게는 십계명이고, 넓게는 모세오경입니다. 그리고 더 넓게는 성경 말씀 전체입니다. 이 계명이 인간에게 언제 처음 주어졌습니까? 출애굽기 20장을 보면, 이스라엘 백성들이 출애굽하고 홍해를 건너 시내산에 갔을 때입니다. 그 이전에는 율법이 없었습니다. 소위 '양심의 시대'였습니다. 그런데 그 양심의 시대에 스스로의 힘으로 구원받은 사람이 한 사람도 없음을 성경이 증거하고 있습니다. 노아 시대에 사람들이 전부 타락해서 심판을 받고 노아만 구원받았는데, 창세기 6장 8절은 "노아는 여호와께 은혜를 입었더라"고 증언합니다. 하나님의 은혜를 받은 양심만이 하나님을 향해 나아갈 수 있는 것입니다.

아브라함은 나중에 믿음의 조상이 되었는데, 하나님께서 아브라함을 불러 주시지 않았더라면 그는 하란에서 우상숭배자로 남았을 것입니다. 하나님께서 그를 부르시는 은혜를 베풀어 주심으로 그의 양심이 하나님을 향해 나아갈 수 있었습니다. 그런데 하나님께서 끊임없이 아브라함에게 은혜를 베풀어 주셨음에도 그가 한순간 은혜를 등진 적이 있습니다. 이집트에서 자기 목숨을 지키기 위해 아내를 누이라고 속인 것입니다(창 12:13). 그로 인해 이집트 왕이 그녀를 빼앗아 가려 했지만 아브라함은 아무것도 하지 않았습니다. 하나님께서는 그런 아브라함에게 끊임없이 은혜를 베풀어 주셨습니다. 이후 아브라함 역시 그 은혜에 바르게 응답하여 결국 모리아 산에서 이삭을 바칠 정도의 믿음의 아버지가 되었습니다. 이는 아브라함 자신의 양심으로 된 것이 아니라 하나님의 은혜로 된 것이었습니다.

모세는 어떻습니까? 타락한 자기 양심을 따르던 모세는 자기 이성과 자기 마음에 벗어난 사람을 자기 힘으로 죽였습니다(출 2:12). 그런 그에게 하나님께서 은혜를 베푸셨습니다. 그리고 모세가 그 은혜에 응답함으로, 비로소 하나님께 쓰임 받는 민족의 지도자가 되었습니다.

노아와 아브라함과 모세가 살던 당시, 자기 양심을 주장하는 사람이 얼마나 많았겠습니까? 정의를 이야기하는 사람이 왜 없었겠습니까? 스스로 선한 양심을 가지고 있다고 자부심을 느끼는 사람이 왜 없었겠습니까? 그러나 하나님께서 보실 때 그들은 다 죄인이었습니다. 하나님께 은혜를 구함 없이 자신의 타락한 양심을 신봉하고 자기 능력으로 하나님의 의를 이루어 갈 수 있다고 생각하는 사람들에게 주어지는 것은 심판밖에 없었습니다. 16절 하반절을 다시 보시겠습니다.

사람들의 은밀한 것을 심판하시는 그날이라

여기에서 '은밀하다'에 해당하는 헬라어 '크립토스κρυπτός'는 '감추어진 것'을 뜻합니다. 우리가 아무리 그럴듯한 변명을 해도 하나님 앞에서는 통하지 않습니다. 그런데 이런 모든 상황을 진실로 이해하고 깨닫고 나면 하나님 앞에 감사할 수밖에 없게 됩니다. 왜입니까? 첫째, 하나님께서 우리를 가만히 내버려 두셨으면 지금쯤, 도덕을 부르짖는 비도덕적 인간, 알량한 자기 양심을 믿고 천방지축 날뛰는 인간이 되었을 것이기 때문입니다. 그런데 하나님께서 당신의 은혜로 우리를 불러 주셨습니다. 하나님께서 왜 아브라함을 부르셨는지 우리가 그 이유를 모르듯이, 우리를 부르신 이유 또

한 모릅니다. 그런데 주님께서 은혜를 베풀어 불러 주신 것입니다.

둘째, 불러 주셨을 뿐만 아니라 주님의 보혈의 능력으로 우리의 모든 죄를 패스오버시켜 주시고 우리의 양심을 회복시켜 주셨기 때문입니다. 따라서 내가 주님을 바라보고 있는 한, 양심은 주님 앞에서 나를 깨우는 경보기가 됩니다. 내가 주님을 바라보지 않고 잘못된 생각을 하면 양심이 찔립니다. 그런 짓을 하지 말라고 양심이 소리를 지르는 것입니다. 예전에는 내 생각이 양심의 잣대였기에 문제가 안 되었는데, 지금은 하나님의 말씀이 잣대가 되었기 때문에 이 잣대에서 조금만 벗어나면 양심이 경고를 합니다. 인간을 타락시키는 데 앞장서던 양심이 인간을 바로 세워 주는 진리의 도구가 된 것입니다.

셋째, 더 감사할 수밖에 없는 이유는, 우리의 부족한 의를 예수 그리스도의 완전한 의로 채워 주시기 때문입니다. 하나님께서 인정하시는 의는 완전한 의입니다. 하나님께서는 어떤 경우에도 불완전한 의를 받아들이지 않으십니다. 왜냐하면 하나님께서 완전하신 분이기 때문입니다. 예수님께서 "하늘에 계신 너희 아버지의 온전하심과 같이 너희도 온전하라"(마 5:48)고 말씀하셨습니다. 그런데 우리가 율법을 온전히 다 지킬 수 있습니까? 우리가 의를 온전히 행할 수 있습니까? 없습니다. 그러나 하나님께서 우리를 불러 주신 은혜를 믿고 삶의 방향을 돌려 주님을 향해 나아가면, 그것이 가능합니다. 이에 대해 로마서 3장 28절은 다음과 같이 설명합니다.

그러므로 사람이 의롭다 하심을 얻는 것은 율법의 행위에 있지 않고 믿음으로 되는 줄 우리가 인정하노라 우리의 모든 부족한 의를 주님께서 채워 주신다는 사실을 정말 깨닫는다면, 우리의 삶의 태도가 어떻게 되겠습니까? 그런 주님께 감사하며 기쁨으로 순종할 수밖에 없습니다.

항상 기뻐하라 쉬지 말고 기도하라 범사에 감사하라 이것이 그리스도 예수 안에서 너희를 향하신 하나님의 뜻이니라(살전 5:16-18)

하나님께서 베풀어 주신 이상의 세 가지를 깨달아 늘 기뻐하고 범사에 감사하는 사람이 바로 거듭난 사람입니다. 예수님께서 "진실로 진실로 네게 이르노니 사람이 거듭나지 아니하면 하나님의 나라를 볼 수 없느니라"(요 3:3)고 말씀하셨습니다. 여러분 모두가 매일의 삶 속에서 하나님 나라를 볼 수 있기를 주님의 이름으로 축원합니다.

11
율법을 의지하며

로마서 2장 17-29절

유대인이라 불리는 네가 **율법을 의지하며** 하나님을 자랑하며 율법의 교훈을 받아 하나님의 뜻을 알고 지극히 선한 것을 분간하며 맹인의 길을 인도하는 자요 어둠에 있는 자의 빛이요 율법에 있는 지식과 진리의 모본을 가진 자로서 어리석은 자의 교사요 어린아이의 선생이라고 스스로 믿으니 그러면 다른 사람을 가르치는 네가 네 자신은 가르치지 아니하느냐 도둑질하지 말라 선포하는 네가 도둑질하느냐 간음하지 말라 말하는 네가 간음하느냐 우상을 가증히 여기는 네가 신전 물건을 도둑질하느냐 율법을 자랑하는 네가 율법을 범함으로 하나님을 욕되게 하느냐 기록된 바와 같이 하나님의 이름이 너희 때문에 이방인 중에서 모독을 받는도다 네가 율법을 행하면 할례가 유익하나 만일 율법을 범하면 네 할례는 무할례가 되느니라 그런즉 무할례자가 율법의 규례를 지키면 그 무할례를 할례와 같이 여길 것이 아니냐 또한 본래 무할례자가 율법을 온전히 지키면 율법 조문과 할례를 가지고 율법을 범하는 너를 정죄하지 아니하겠느냐 무릇 표면적 유대인이 유대인이 아니요 표면적 육신의 할례가 할례가 아니니라 오직 이면적 유대인이 유대인이며 할례는 마음에 할지니 영에 있고 율법 조문에 있지 아니한 것이라 그 칭찬이 사람에게서가 아니요 다만 하나님에게서니라 오늘은 도덕적 인간에 속하는 마지막 부류를 살펴보고자 합니다. 만물은 하나로 되어 있지 않습니다. 겉과 속이 따로 있기 때문입니다. '겉'이라는 말은 '형식' 혹은 '형태'라고도 부를 수 있고, 영어로는 'form'이라고 합니다. '속'은 '내용' 혹은 '의미'라는 말과 같으며, 영어로는 'meaning'입니다. 그런데 우리가 겉과 속 중 어디에 더 비중을 두느냐에 따라 삶의 결과가 달라집니다. 안타까운 것은, 많은 사람들이 내용, 의미, 속보다는 형식, 형태, 겉이 전부인 양 착각하며 여기에 모든 것을 걸고 살아가고 있다는 사실입니다.

1980년 초에 제가 사업을 할 당시, 사무실을 넓혀야 할 일이 있었습니다. 사무실 공사를 하면서, 벽을 만드는 것보다 책꽂이로 벽을 대신하는 것이 좋겠다고 하여 가구점에서 책꽂이 견적을 받아 보았습니다. 그날 마침 일이 있어 수유리에 갔다가 또 다른 가구점에서 제가 머리에 그리고 있던 책꽂이를 발견했습니다. 가격을 물어보고 사무실로 돌아와 먼저 알아본 가구점과 비교해 보니 수유리 가구점 제품이 절반 가격밖에 안 되었습니다. 그래서 그다음 날 수유리 가구점에서 책꽂이 30개를 구입해 벽 대신 책궤를 놓고 책들을 전부 꽂았습니다. 그런데 한 달 정도 지나자 선반이 책 무게를 견디지 못하고 다 뒤틀리는 것이었습니다. 결국 다 버릴 수밖에 없었습니다. 겉모습은 아주 멋졌는데 재질이 안 좋았기 때문입니다. 이와 비슷한 일은 우리의 삶에서 비일비재합니다. 그러나 이것이 인생을 망치는 문제가 되지는 않습니다. 금전적으로 손해 보고 다른 것을 구입하면 되기 때문입니다. 진짜 문제는 많은 사람들이 자신의 겉모습만 치장하면서 소중한 인생을 갉아먹고 있다는 것입니다.

우리는 예수 그리스도를 믿는 사람들입니다. 예를 들어, 두 사람이 우리 앞에 있다고 하십시다. 한 사람은 온갖 불의를 저지르는 사람입니다. 자기가 목표하는 바를 위해서는 무자비할 정도로 수단과 방법을 가리지 않습니다. 그래서 온갖 부귀를 누립니다. 또 한 사람은 부정과 타협하지 않고 선을 행하기 위해 힘써 살아가려는 사람입니다. 그러다 보니 가난하고 겉모습이 초라합니다. 전자의 사람은 비단옷을 입고 있고, 후자의 사람은 싸고 남루한 옷을 입고 있다고 하십시다. 많은 사람들이 누구를 더 높이겠습니까? 옷 잘 입은 사람, 돈 많은 사람입니다. 왜입니까? 속을 보지 않기 때문입니다. 그 사람의 겉모습이 아무리 그럴듯해도 그 속에 생명이 있는가, 진리가 있는가, 영생이 있는가를 판가름해 보면, 누구를 존중해야 하는지 자명해집니다. 하지만 주님을 믿는 사람들조차 겉모습에 치중하여 이 같은 잘못을 쉽게 범합니다.

청년들은 때가 되면 결혼 상대를 찾습니다. 그런데 상대의 속에 무엇이 들어 있는지 제대로 알려는 젊은이가 거의 없습니다. 대부분 겉모습만 봅니다. 이렇게 겉모습만 보고 결혼한 사람들은 두말할 필요도 없이 쓰라린 불행을 경험합니다. 결혼생활은 겉으로 하는 것이 아니라 속으로 하는 것이기 때문입니다.

창세기 19장에는 소돔에 사는 롯의 이야기가 나옵니다. 롯이 살고 있는 소돔은 타락할 대로 타락한 도시였습니다. 하나님의 사람들은 롯에게 하나님께서 성을 멸하실 것이니 가족들을 데리고 도망가라고 했습니다. 그러자 롯이 사윗감들에게 "여호와께서 이 성을 멸하실 터이니 너희는 일어나 이곳에서 떠나라"고 말했습니다. '떠나자'가 아니라 '떠나라'라고 말했다는 것은, 자신은 떠나지 않겠다는 것입니다. 그래서 하나님의 사람들이 롯의 손을 "잡아끌어"(창 19:16, 새번역) 성 밖으로 대피시켰습니다. 그런데 롯은 성을 나와서도 소알이라는 작은 성에 머물렀습니다. 소알은 소돔과 가장 가까운 곳이었습니다. 롯이 이같이 행한 이유는 소돔에 대한 미련이 남아 있었기 때문입니다. 타락한 도시 소돔에 왜 그토록 미련이 많았겠습니까? 이유는 하나입니다. 겉모습 때문입니다. 소돔은 화려했습니다. 모든 것이 번쩍번쩍했습니다.

반면, 헤브론은 소돔에 비해 겉모습이 형편없었습니다. 그런데 아브라함은 그런 헤브론에서 끝까지 자리를 지킵니다. 왜입니까? 속을 보았기 때문입니다. 하나님과 교제하는 그곳에 영원하신 하나님의 권능이 함께하는 줄 알았기 때문에 겉모습에 현혹되지 않았습니다. 믿음이 무엇입니까? 겉을 보지 않고 속을 보는 것입니다. 껍질이 아니라 알맹이를 보는 것입니다. 겉을 치장하는 것이 아니라 속을 단장하는 것입니다.

내가 보는 것은 사람과 같지 아니하니 사람은 외모를 보거니와 나 여호와는 중심을 보느니라(삼상 16:7)

하나님께서는 겉을 보시는 분이 아니라 속을 보시는 분입니다. 이처럼 하나님과 같은 시선을 가진 사람이 믿음의 사람입니다. 그렇다면 죄란 무엇입니까? 겉만 보는 것입니다. 진리와 진실은 절대로 겉에 담겨 있지 않습니다. 그러므로 겉만 보고 판단하고 행동하면, 죄악의 결과로 귀결될 수밖에 없습니다.

아담과 하와가 선악과를 따먹었습니다. 그런데 창세기 3장 6절은 선악과 나무에 대해 "먹음직도 하고 보암직도 하고 지혜롭게 할 만큼 탐스럽기도 한 나무"라고 전하고 있습니다. 겉은 이토록 탐스러웠지만, 그 속에는 죽음이 들어 있었습니다. 하나님께서는 "선악을 알게 하는 나무의 열매는 먹지 말라. 네가 먹는 날에는 반드시 죽으리라"(창 2:17)고 말씀하셨으나, 아담과 하와는 속을 보려 하지 않았습니다. 겉에 현혹되어 버렸기 때문입니다.

그리스도인은 자칫 잘못하면 겉에 치중하게 되는 덫에 빠질 수 있음을 잊어서는 안 됩니다. 왜 많은 사람들이 형식 논리에 빠지고 겉모습으로 자꾸 실족하게 됩니까? 자신의 겉이 변하면 속도 변할 것이라고 생각하기 때문입니다. 그러나 그것은 착각입니다. 우리가 겉만 치중하는 삶을 사는 한, 속은 절대로 변하지 않습니다. 이처럼 겉, 형식, 형태에만 관심을 갖고 그것을 위해 모든 것을 거는 사람을 가리켜 형식주의자라고 합니다. 신학적으로는 율법주의자라고 하며, 예수님께서는 이런 사람을 외식주의자라고 하셨습니다.

본문 17-20절은 율법주의자가 치중하는 다섯 가지를 알려 줍니다. 우선 해당 본문을 보시겠습니다.

유대인이라 불리는 네가 율법을 의지하며 하나님을 자랑하며 율법의 교훈을 받아 하나님의 뜻을 알고 지극히 선한 것을 분간하며 맹인의 길을 인도하는 자요 어둠에 있는 자의 빛이요 율법에 있는 지식과 진리의 모본을 가진 자로서 어리석은 자의 교사요 어린 아이의 선생이라고 스스로 믿으니

첫째, "율법을 의지하며"라고 했습니다. 이는 하나님의 법을 철저하게 따진다는 것입니다. 유대인들은 구약의 모든 율법을 613개로 나누었습니다. 그중 248개는 하나님께서 '하라'고 명령하신 것, 365개는 하나님께서 '하지 말라'고 금하신 것으로 분류해서 그 율법들을 전부 외우고 다녔습니다. 이렇게 하나님의 법을 철저하게 의지하는 사람들이었습니다.

둘째, "하나님을 자랑하며"라고 했습니다. 이는 매사에 하나님을 높인다는 것입니다. 옛날에는 성경을 인쇄할 수 없었기에 손으로 옮겨 적었습니다. 서기관들이 성경을 쓰다가 '여호와'라는 단어가 나오면, 쓰는 것을 멈추고 목욕을 하고 와 다시 썼습니다. 그들은 회당에서 성경을 읽다가 '여호와'라는 단어가 나오면, '아도나이' 즉 '나의 주님'이라고 바꾸어 읽거나 소리 없이 하늘을 쳐다보았습니다. 오랫동안 이렇게 하다 보니 나중에는 여호와의 이름을 잊어버리게 되었습니다. 글자는 남아 있는데 그것을 어떻게 읽어야 할지 모르게 되었습니다. 한글 성경의 여러 역본들 가운데 개역성경은 하나님의 이름을 '여호와'라고 번역하고 공동번역성경은 '야훼'라고 번역하는데, 둘 다 맞을 수도 있고 둘 다 틀릴 수도 있습니다.

셋째, "율법의 교훈을 받아 하나님의 뜻을 알고"라고 했습니다. 이는 무슨 일을 할 때마다 자신의 뜻대로 하는 것이 아니라 하나님의 뜻을 구한다는 것입니다. 그런데 여기에서 우리가 꼭 기억해야 할 점은, 내가 나를 부인하지 못하고 탐욕의 노예가 되어 있는 한, 말씀을 통해 하나님의 뜻을 구한다는 것은 실은 말씀으로 나의 욕심을 강화하는 것에 지나지 않는다는 사실입니다. 욕심이 있으면 자신에게 필요한 말만 선택하게 됩니다.

넷째, "지극히 선한 것을 분간하며"라고 했습니다. 선한 것을 분간한다는 것은 악한 것을 악한 것으로 알고, 선한 것과 악한 것을 구별할 줄 안다는 것입니다. 그뿐만 아니라 선을 행하는 사람을 장려하고 칭찬할 줄도 안다는 것입니다.

다섯째, "맹인의 길을 인도하는 자요 어둠에 있는 자의 빛이요 율법에 있는 지식과 진리의 모본을 가진 자로서 어리석은 자의 교사요 어린아이의 선생이라고 스스로 믿으니"라고 했습니다. 이는 하나님의 말씀을 가지고 있으면서, 그것을 사람들에게 가르쳐 주며 어둠에 있는 사람을 빛으로 인도해 내는 말씀의 선생이라고 스스로 믿는다는 것입니다.

이상에서 살펴본 바와 같이, 유대인들은 율법을 의지하고, 율법을 받았으며, 율법을 가진 사람들입니다. 말끝마다 하나님의 말씀이 나오는 사람들입니다. 그들은 절대 남을 정죄하지 않습니다. 자기 양심을 내세우지도 않습니다. 매사에 하나님의 말씀만 이야기합니다. 적어도 겉으로는 완벽한 신앙인처럼 보입니다. 아무런 흠이 없는 것처럼 보입니다.

그런데 그들의 겉모습을 한 꺼풀 벗겨 내면 그 속에 무엇이 들어 있습니까? 21-24절은 다음과 같이 고발합니다.

그러면 다른 사람을 가르치는 네가 네 자신은 가르치지 아니하느냐 도둑질하지 말라 선포하는 네가 도둑질하느냐 간음하지 말라 말하는 네가 간음하느냐 우상을 가증히 여기는 네가 신전 물건을 도둑질하느냐 율법을 자랑하는 네가 율법을 범함으로 하나님을 욕되게 하느냐 기록된 바와 같이 하나님의 이름이 너희 때문에 이방인 중에서 모독을 받는도다

첫째, "다른 사람을 가르치는 네가 네 자신은 가르치지 아니하느냐"라고 했습니다. 여기에서 "네 자신"이란 '속사람'을 뜻합니다. 다른 사람을 열심히 가르치고 있지만 정작 가르치는 사람의 속사람은 전혀 가꾸어지지 않았다는 것입니다. 속이 비어 있다면 오히려 괜찮습니다. 속을 개간하지 않았기 때문에 온갖 잡초로 가득 차 있는 것이 더 큰 문제입니다.

둘째, "도둑질하지 말라 선포하는 네가 도둑질하느냐"라고 했습니다. 율법주의자는 법률로 금하는 도둑질은 절대로 하지 않는데, 속은 도둑질을 일삼고 있는 사람입니다. 그렇다면 어떤 도둑질을 말하는 것입니까? 우리의 육체는 하나님께서 거하시는 성전입니다. 하나님께서 우리 속에 계시다는 이 기준에 위배되는 모든 행위는 도둑질입니다. 예를 들면, 하나님께서 안식일을 거룩하게 지키라고 하셨는데, 안식일을 자기 자신만을 위해 지키는 것은 하나님의 시간을 도둑질하는 것입니다. 안식일을 자신의 시간이라고 생각하는 사람은 안식일을 거룩하게 지키지 못합니다. 그 시간을 하나님의 시간이라고 믿는 사람만이 거룩하게 지킬 수 있습니다. 하나님께서 주신 몸으로 쾌락을 일삼고 있다면, 이 또한 도둑질하는 것입니다. 우리의 몸은 우리의 것이 아니라 하나님의 뜻을 위한 하나님의 도구이기 때문입니다. 하나님께서 하나님의 뜻을 이루기 위해 자녀를 주셨는데 그 자녀를 나의 욕심대로 키우고 있다면, 이 역시도 도둑질하는 것입니다.

사람에 대한 도둑질도 많습니다. 예를 들면, 자기 윗사람이나 아랫사람이 한 일을 자기가 가로채는 경우입니다. 이것은 남이 받아야 할 영광과 명예를 도둑질하는 것입니다. 제조업에 종사하는 사람이 제품의 함량을 속이는 것, 부당한 임금을 지불하는 것, 근무 시간에 태만한 것 모두 도둑질입니다. 이런 관점에서 보면 우리가 속사람을 바로 세우는 일에 정신을 가다듬지 않으면 깜박 하는 순간 도둑이 될 수 있음을 명심해야 합니다.

셋째, "간음하지 말라 말하는 네가 간음하느냐"라고 했습니다. 예수님께서는 "또 간음하지 말라 하였다는 것을 너희가 들었으나 나는 너희에게 이르노니, 음욕을 품고 여자를 보는 자마다 마음에 이미 간음하였느니라"(마 5:27-28)고 말씀하셨습니다. 율법주의자는 여자와 몸을 맞대지 않았다면 간음한 것이 아니라고 생각하지만, 예수님의 관점은 그와 분명하게 다릅니다.

넷째, "우상을 가증히 여기는 네가 신전 물건을 도둑질하느냐"라고 했습니다. 이 말씀은 도둑질에 초점이 맞춰진 것이 아닙니다. 이스라엘 백성은 유일신 여호와 하나님을 철저하게 믿었습니다. 그렇기 때문에 우상을 가증히 여겼습니다. 또한 우상을 섬기는 사람들을 가증히 여겼습니다. 우상 앞에 제물을 바치는 것도 어리석은 짓으로 보았습니다. 그런데 우상을 섬기는 사람들이 신전의 우상 앞에 물건이나 헌금을 바치면, 하나님을 믿는다는 사람들이 그 신전에 들어가서는 아무도 없을 때 아무런 양심의 가책도 없이 그 물건을 가지고 나왔습니다. 그러고는 자신의 행동을 도둑질이라고 생각지 않았던 것입니다. 왜입니까? 그들의 논리가 이러했기 때문입니다. '우상은 신이 아니다. 돌이나 나무이다. 그래서 사람들이 아무리 돈이나 물건을 바쳐도 우상은 이것들을 가질 수 없다. 즉 그 물건들은 주인이 없는 물건이므로, 먼저 발견한 사람이 그것들을 가질 수 있다'는 식입니다.

우상을 섬기는 것이나 우상 자체를 정말 가증히 여긴다면, 우상 앞에 바쳐진 제물 또한 가증하게 여겨야 맞습니다. 그럼에도 우상 앞에 놓인 제물을 거리낌 없이 취한다는 것은, 물질을 우상으로 섬기는 사람이 되었다는 것입니다. 예수님을 믿는 사람들은 돌이나 나무에 절하지 않습니다. 하지만 그들이 돈이나 명예, 권력을 우상으로 섬기는 일은 참 많습니다. 우리 자신은 어떻습니까? 과연 주님 앞에서 우상을 섬기지 않는다고 자신 있게 말할 수 있는지 고민해야 할 것입니다.

다섯째, "율법을 자랑하는 네가 율법을 범함으로 하나님을 욕되게 하느냐. 기록된 바와 같이 하나님의 이름이 너희 때문에 이방인 중에서 모독을 받는도다"라고 했습니다. 겉으로는 그토록 하나님의 사람처럼 행동하는데 실제로는 하나님의 영광을 가리고 심지어 하나님을 모독하고 있다는 말씀입니다. 부처를 욕되게 하는 사람은 누구입니까? 부처와 상관없는 사람이 그렇게 하는 것이 아닙니다. 부처를 믿는 불자들이 불자다운 삶을 살지 못하면 부처를 욕되게 하는 것입니다. 하나님을 욕되게 하는 사람은 누구입니까? 하나님을 믿는다는 사람들이 신앙인다운 속사람의 삶을 살지 못할 때 하나님의 영광을 가리게 됩니다.

앞서 율법주의자의 외적인 특성 다섯 가지를 보았고, 이어서 내적인 특성 다섯 가지를 보았는데, 외적인 특성만 볼 때는 완벽한 신앙인처럼 보입니다. 더 이상 완전해질 수 없을 정도입니다. 그런데 한 꺼풀을 벗겨 보니 추악하고 악취 나는 모습으로 가득 차 있음을 볼 수 있습니다. 판잣집의 허름한 내부는 그대로 두고 겉에만 페인트칠한 것과 똑같습니다. 또는 여름에 땀을 흘려 냄새가 나는데 땀을 닦지 않고 잔뜩 향수를 뿌린 것과 같습니다. 예수님께서는 이런 율법주의자를 가리켜 "회칠한 무덤"(마 23:27)이라고 하셨습니다.

본문 25-29절은 할례를 통해 율법주의자가 어떤 사람인지 좀더 구체적으로 보여 줍니다.

할례는 율법을 지키는 사람에게만 가치가 있고 율법을 지키지 않는 사람은 할례를 받았다 하더라도 받으나 마나 한 것입니다(25절, 공동번역)

이스라엘 남자들은 모두 할례를 받습니다. 할례를 받는다는 것은 자신의 생명을 바쳐 하나님 앞에 순종하고 충성을 다하겠다는 결단의 표시입니다. 그런데 이스라엘 백성과 율법주의자들은 자기 몸에 할례의 흔적을 지닌 것만으로 충분하다고 생각했습니다. 하나님께서는 이러한 생각이 틀렸다고 말씀하고 계십니다. 할례를 받았다면 실제로 경건한 삶을 살아야 하며, 그래야 할례가 가치 있다는 것입니다.

그러므로 할례를 받지 않은 사람이라도 율법이 명하는 것을 잘 지키기만 한다면 하느님께서는 그 사람도 할례받은 사람이나 다름없이 보아 주실 것이 아닙니까? (26절, 공동번역)

이 말씀은 외적인 할례의 흔적이 없을지라도 중심으로 하나님을 섬기고 말씀대로 사는 사람이라면, 그가 진짜 할례 받은 사람이라는 의미입니다.

실제로 할례를 받지 않고도 율법을 잘 지키는 사람은 오히려 할례를 받고 기록된 율법을 갖고 있으면서도 그 율법을 어기는 사람을 심판할 것입니다 (27절, 공동번역)

이 말씀은 속사람을 하나님 앞에 바로 세우는 사람을 주님께서 도구로 사용하셔서, 겉으로만 하나님을 섬기는 율법주의자들을 심판하실 것이라는 의미입니다.
마지막으로 28-29절이 이렇게 끝맺고 있습니다.

그러므로 유다인의 겉모양만 갖추었다 해서 참유다인이 되는 것도 아니고 몸에 할례의 흔적을 지녔다고 해서 참할례를 받았다고 할 수도 없습니다. 오히려 유다인의 속마음을 가져야 진정한 유다인이 되며 할례도 법조문을 따라서가 아니라 성령으로 말미암아 마음에 받는 할례가 참할례입니다. 이런 사람은 사람의 칭찬을 받는 것이 아니라 하느님의 칭찬을 받습니다.

(공동번역)

한마디로, 심령에 예수 그리스도의 진리를 채우는 사람이 진정으로 하나님을 섬기는 사람이라는 것입니다. 자기 속에 예수 그리스도가 계시지 않는 사람, 자기 속에 하나님의 영이 거하시지 않는 사람은 율법주의자가 될 수밖에 없습니다.

외식하는 사람의 특징은 다른 사람의 눈치를 잘 본다는 것입니다. 대개 사람들이 속을 보지 않고 겉만 보고서 그 사람의 가치를 판단하기 때문입니다. 우리 역시 이 부분에서 자유롭지 못합니다. 사람들이 뭐라고 하는 것에는 민감하게 반응하는데, '하나님께서 어떻게 생각하실까'는 세심하게 신경 쓰지 않습니다. 그러므로 다른 사람의 눈치를 보는 것을 10분의 1만이라도 줄이고 하나님을 더 의식하면, 우리의 삶이 변화될 수 있습니다.

얼마 전 감리교단은 감리교신학대학 홍정수 교수와 변선환 학장의 출교 처분을 내렸습니다. 그 이유는 홍정수 교수가 예수님의 몸의 부활을 부정했기 때문입니다. 우리가 죽어서 영이 주님의 품에 안겼으면 됐지 마지막 날 몸이 부활할 필요가 있느냐는 것이 그의 논문 요지입니다. 그가 주장한 부분은 분명히 잘못된 것입니다. 하나님께서 에덴동산에서 인간을 만드셨는데 죄로 말미암아 인간의 몸이 죽음을 맞게 되었습니다. 그러므로 영만 구원을 받는다면 온전한 구원이 못 됩니다. 하나님의 자녀는 죽은 뒤 영이 주님의 품에 안깁니다. 그리고 마지막 날이 되면 주님께서 죽었던 몸을 다시 일으키심으로, 에덴동산에서 타락하여 훼손되었던 몸이 온전히 회복됩니다. 따라서 몸의 부활은 반드시 있어야 합니다. 이 땅의 수많은 성도들도 사도신경을 통해 "죄를 사하여 주시는 것과 몸이 다시 사는 것과 영원히 사는 것을 믿습니다"라고 고백합니다.

그러나 이번 일에서 우리가 간과해서는 안 될 것이 있습니다. 하나님을 믿는 신학자가 그런 이야기를 하게 된 동기입니다. 그가 그런 이야기를 한 이유는 간단합니다. 사람들이 구원을 믿고 영생을 믿는다고 하면서 왜 이 세상에서 육체의 삶에만 모든 것을 집중하고 있는지를 고발하기 위해서였습니다. 정말 구원을 믿는다면 땅속에서 썩어 없어질 육체를 위해 살지 말고 예수 그리스도의 진리로 속을 채우라는 것입니다. 이 점을 강조하다 보니 그런 주장을 하게 된 것입니다. 그런데 사람들은 그가 몸의 부활을 부정했다는 말만 가지고 매섭게 몰아세웠습니다. 그렇게 한 번 찍히자 그가 하는 모든 말이 이단 사설이 되어 버렸습니다.

그가 말한 것 중 또 중요한 하나는 '기독교 안에 과연 무엇이 있느냐'라는 것입니다. 교회 안에 무엇이 있는지에 관한 그의 글의 요지는 명쾌합니다. 예배당만 크게 세워 그 속에서 자기들의 욕심을 위해 기도하고, 교인들끼리 사랑하지 못하고 다들 이기심의 노예가 되어 있고, 교회가 매일 분쟁을 거듭하고, 목사들은 교권 다툼을 하고, 교파 간 싸움이 끊이지 않는 기독교의 현 모습 속에 과연 예수 그리스도가 있는지를 질문하는 것입니다. 다시 말해, 교회가 제대로 주님을 모시고 주님 뜻대로 살아야 함을 강조하기 위해 지금처럼 가다가는 구원이 없지 않겠느냐는 식으로 글을 쓴 것인데, 마치

기독교 안에 구원이 없다는 주장처럼 되어 버려 매도를 당한 것입니다. 그의 글의 잘잘못을 떠나 그 질문 자체는 오늘날 우리가 스스로에게 꼭 던져야 할 중요한 질문입니다.

오늘날 우리 교회 안에는 무엇이 있습니까? 우리의 가정 안에는 무엇이 있습니까? 이 시간 우리 속에는 무엇이 들어 있습니까? 만약 우리 속에 예수 그리스도의 살아 있는 복음이 들어 있지 않다면, 아무리 열심히 봉사하고 헌신해도 예수님께서 질타하셨던 외식주의자가 바로 우리 자신일 수밖에 없음을 잊어서는 안 될 것입니다.

로마서 3장

12
우리는 나으냐

로마서 3장 9-20절

그러면 어떠하냐 **우리는 나으냐** 결코 아니라 유대인이나 헬라인이나 다 죄
아래에 있다고 우리가 이미 선언하였느니라 기록된 바 의인은 없나니 하나
도 없으며 깨닫는 자도 없고 하나님을 찾는 자도 없고 다 치우쳐 함께 무익
하게 되고 선을 행하는 자는 없나니 하나도 없도다 그들의 목구멍은 열린 무
덤이요 그 혀로는 속임을 일삼으며 그 입술에는 독사의 독이 있고 그 입에는
저주와 악독이 가득하고 그 발은 피 흘리는 데 빠른지라 파멸과 고생이 그
길에 있어 평강의 길을 알지 못하였고 그들의 눈앞에 하나님을 두려워함이
없느니라 함과 같으니라 우리가 알거니와 무릇 율법이 말하는 바는 율법 아
래에 있는 자들에게 말하는 것이니 이는 모든 입을 막고 온 세상으로 하나님
의 심판 아래에 있게 하려 함이라 그러므로 율법의 행위로 그의 앞에 의롭다
하심을 얻을 육체가 없나니 율법으로는 죄를 깨달음이니라

1970년대 초까지 《대망》이라는 소설이 선풍적 인기를 끌었습니다.
일본 역사에서 가장 위대한 영웅으로 꼽히는 도쿠가와 이에야스 일

대기를 그린 대하소설입니다. 대학교 1학년 때 밤을 새워 가면서 그 소설 32권을 전부 읽은 적이 있습니다. 그런데 세월이 한참 지난 지금도 그 책이 인기를 끌고 있습니다. 소설가 이문열 씨가 평역한 《삼국지》를 비롯해 여러 역사소설들도 계속 인기를 끌고 있습니다. 왜 사람들이 이런 류의 소설들을 좋아하는 것입니까? 그 속에 다양한 삶이 들어 있기 때문입니다. 그래서 자신이 체험하지 못한 삶을 책을 통해 간접적으로 경험하기 위함입니다.

그러면 그 책들이 우리에게 주는 교훈은 무엇입니까? 한 가지입니다. 자기 자신을 모르는 사람, 자기 자신을 바로 인식하지 못하는 사람의 최후가 얼마나 허무하고 비참한가를 깨닫게 해주는 것입니다. 이 세상에서 짧은 순간이나마 승리의 삶을 산 사람은 자기를 알고 대비했던 사람입니다. 그래서 자기의 부족한 부분을 끊임없이 채운 사람입니다. 자기의 연약한 부분을 알고서 끊임없이 강화시킨 사람이 결국 승리를 거두었습니다.

《대망》에도 자기 분수를 몰랐던 인물이 등장합니다. 근대 일본의 초석을 다진 사람으로 추앙받는 도쿠가와 이에야스는 모든 면에서 성공을 거두었지만 부부 사이가 좋지 못했습니다. 사랑 없이 정략결혼을 했으니 부인과 사이가 좋지 않아 별거를 했습니다. 이에야스는 부인을 위해 조그만 성을 짓고 거기에다 부인을 떼어 놓았습니다. 그 성에 쌀이나 부식을 관리하는 창고지기가 있었습니다. 그는 본래 머슴 출신이었으나 이에야스 눈에 띄어 창고지기가 된 것이었습니다. 당시 사회적 상황으로 볼 때 전혀 두각을 나타낼 수 없는 하층민이었습니다.

그런 그가 어느 날 뜻하지 않게 이에야스의 부인과 불륜 관계를 갖게 되었습니다. 주인의 아내와 불륜을 저질렀으니 처음에는 죽었다고 생각했습니다. 그런데 시간이 지날수록 그런 생각이 사그라졌습니다. 그리고 자신이 마치 이에야스와 똑같은 존재라는 생각이 들었습니다. 이에야스의 부인이 지금 자신의 부인 역할을 하니 자신이 이에야스보다 못할 것이 없다고 여겨졌기 때문입니다. 시간이 좀더 흐르자 착각이 더 커졌습니다. 자기가 이에야스보다 낫다고 생각하게 된 것입니다. 이에야스의 여자가 이에야스의 명령은 안 들어도 자신의 명령은 다 들었기 때문입니다. 그래서 그는 마침내 쿠데타를 일으켰습니다. 칼을 한 번도 잡아 보지 않은 창고지기가 그 성에 있는 병사들을 데리고 반란을 일으켰습니다. 결과가 어떠했겠습니까? 이에야스의 군대에 의해 몇 시간 만에 궤멸되었습니다. 자기 자신을 잊어버릴 때 이 같은 결과가 초래되는 것입니다.

"송충이는 솔잎을 먹어야 한다"는 말이 있습니다. 송충이가 착각해서 자신이 송충이라는 사실을 잊어버렸다고 하십시다. 그래서 소나무보다 장미꽃이 훨씬 예쁘니 앞으로 장미꽃에 붙어 살겠다고 한다면 송충이는 가시에 찔려 곧 죽게 될 것입니다. 인간에게 가장 중요한 당위명제는 자기 자신을 바로 인식해야 한다는 것입니다. 모든 과도함과 비극이 자신을 잘못 인식하는 데서 비롯되기 때문입니다. 이런 의미에서 2400여 년 전 소크라테스가 "너 자신을 알라"고 했던 말은 최고의 금언이 아닐 수 없는데, 실은 성경에서 이미 언급된 말입니다.

소크라테스가 태어나기 약 1천 년 전 이스라엘은 사사들이 나라를 다스리던 시대였습니다. 사사들의 기록을 담은 성경이 사사기인데, 사사기 9장에 이런 예화가 나옵니다. 어느 날 숲 속에서 나무들이 모여 왕을 뽑는 투표를 했습니다. 나무들이 제일 먼저 천거한 감람나무에게 "네가 우리의 왕이 되어 달라"고 하자, 감람나무가 대답하기를 "나는 열매를 맺어 그 열매의 기름으로 하나님과 사람을 섬겨야 하는데 내가 어떻게 나무 위에 군림하겠느냐. 나는 하지 않겠다"고 했습니다. 자기 자신을 정확히 인식하고 있었던 것입니다. 이번에는 나무들이 무화과나무에게 청하자 무화과나무도 똑같은 대답을 했습니다. "나는 달고 맛있는 열매를 맺어 하나님과 사람을 기쁘게 해야 하는데 내가 어떻게 내 의무를 저버리고 나무들 위에 군림하겠느냐"며 거절했습니다. 이번에는 포도나무에게 청했는데, 포도나무 역시 "나는 하나님과 사람에게 포도주를 바쳐야 하는데 내가 어떻게 나무들 위에 군림하겠느냐"며 거절했습니다. 그래서 마지막으로 가시나무에게 청했습니다. 가시나무는 "내가 임금이 될 테니 너희는 다 내 그늘에서 쉬어라" 하고 대답했습니다. 가시나무에 그늘이 생길 수 있습니까? 그런데 가시나무는 한술 더 뜨면서 말하기를 "너희는 다 내 명령을 들어라. 그렇지 않으면 내 가시에서 불을 내어 레바논의 백향목이라 할지라도 다 태워 버리겠다"고 했습니다. 레바논의 백향목은 당시 중동 지방에서 최고급 나무였습니다. 즉 가시나무는 자신이 백향목보다 우월하다고 착각하고 있는 것입니다.

이 예화가 사사기 9장에 나오는 이유는, 사사 기드온의 아들 아비멜렉이 자기 자신을 착각해 돌이킬 수 없는 잘못을 저질렀기 때문입니다. 스스로 민족의 지도자가 되겠다며 자기 형제들을 무참하게 살해하고 쿠데타를 일으켰습니다. 이에 구사일생으로 살아난 형제 요담이 아비멜렉에게 "너 자신을 알라. 너는 왕이 될 수 없다"면서 이 예화를 들어 공개적으로 비난한 것입니다. 그러나 아비멜렉은 그 말을 듣지 않고 자신의 길을 갔습니다. 그리고 결국 여인이 던진 맷돌 위짝에 두개골이 깨져서는 병사의 칼에 맞아 죽임을 당했습니다.

　인간이 자기 자신을 알아야 한다는 것은 성경의 일관된 명제입니다. 창세기 1장과 2장에서 하나님의 창조에 관한 내용이 끝납니다. 그리고 3장과 4장은 인간의 실상을 보여 줍니다. 탐욕으로 하나님의 말씀을 내던지는 아담과 하와의 모습, 이기심으로 동생 아벨을 때려죽이는 가인의 모습이 바로 그것입니다. 죽을 수밖에 없는 죄인의 모습, 이것이 곧 우리 인간이라는 것을 성경은 명백히 보여 주고 있습니다.

　성경에는 두 부류의 사람들이 일관되게 나타납니다. 한 부류는 자신이 어떤 존재라는 것을 선명하게 인식함으로 승리하는 사람이고, 또 한 부류는 끝까지 자신을 바로 인식하지 못해 멸망당하는 사람입니다. 《삼국지》나 《대망》에 나오는 주인공들이 세상 속에서 자신을 발견하고 가꾸어 세상 속에서 한때의 승리를 얻은 사람들이라면, 성경에 나오는 믿음의 사람들은 하나님 앞에서 자신을 발견하고 하나님에 의해 가꿈 받아 영원한 승리를 얻은 사람들입니다. 하나님을 믿는 우리가 자신의 모습을 바로 인식하지 못하면, 절대로 참다운 그리스도인이 될 수 없습니다. 왜입니까? 나 자신을 바로 인식하지 못하면 그리스도와 나의 접촉점이 내 삶에 있을 수 없기 때문입니다.

　지난 시간을 정리해 보면, 로마서 1장 후반부에서는 자기 욕망을 좇아 짐승처럼 사는 본능적 인간에 대해 이야기했습니다. 그리고 로마서 2장 전체에서는 도덕적 인간의 세 부류, 즉 도덕을 부르짖는 비도덕주의자, 타락한 자기 양심만을 믿는 양심주의자, 형식만 강조하는 형식주의자에 대해 살펴보았습니다. 오늘 본문 9절은 이렇게 시작되고 있습니다.

여기에서 말하는 "우리"는 누구를 말하는 것입니까? 멀리 보자면, 로마서를 쓰고 있는 사도 바울을 포함해 이 서신을 받아 볼 로마에 있는 그리스도인들입니다. 가깝게 보자면, 지구상에 현재 살아가고 있는 모든 그리스도인들입니다. 더 가깝게는, 지금 이 자리에 함께하고 있는 저와 성도분들입니다.

오늘 헌신예배를 드리는 제3남선교회 회원분들은 인생에서 가장 활동적인 30대의 나이로 이 사회의 근간을 이루는 세대입니다. 20대처럼 경솔하지도 않고, 그렇다고 40대나 50대처럼 노회하지도 않습니다. 지성과 이성과 양심과 행동을 겸비한 세대입니다. 그러므로 어떤 세대보다 의협심이 강하고 정의로운 세대라고 할 수 있습니다.

그렇다면 30대가 다른 세대보다 정말 나으냐고 주님께서 오늘 본문을 통해 반문하십니다. 지금 연기군 관권선거 때문에 전국이 태풍을 만난 듯 휘청거리고 있습니다. 많은 사람들이 이에 대해 비난하고 있고, 의협심이 강한 젊은 세대들은 더욱 비판적입니다. 그런데 비판하는 사람들 가운데 자기 목적을 위해 관官을 이용한 사람은 없습니까? 관에 있는 사람을 배경 삼아 자기 이득을 취한 사람은 한 사람도 없습니까?

우리는 정치인들이 대권을 놓고 서로 이전투구하는 모습을 흔히 볼 수 있습니다. 그들의 모습에서 양보나 타협은 찾아보기 힘듭니다. 그래서 많은 사람들이 그들을 비난합니다. 그런데 우리는 어떻냐고 주님께서 물으십니다. 아내, 남편, 자식 앞에서 내 이기심을 죽이고 있습니까? 일터에서 곁에 있는 동료를 나 자신보다 더 존중하고 우대해 주고 있습니까? 젊은 세대들은 비도덕적인 기성세대들을 쉽게 비판하고 매도합니다. 그런데 젊은이들이 삶의 목적으로 삼는 것이 혹시 기성세대들이 누리고 있는 부와 권력, 명예는 아닙니까? 젊다는 의미가 무엇입니까? 일부 타락한 기성세대보다 죄지은 횟수가 조금 덜하거나 죄에 더 깊이 들어가지 않았다는 것뿐입니다. 9-10절을 계속 보십시다.

그러면 어떠하냐 우리는 나으냐 결코 아니라 유대인이나 헬라인이나 다 죄 아래에 있다고 우리가 이미 선언하였느니라 기록된 바 의인은 없나니 하나도 없으며

이 말씀이 무슨 뜻입니까? 30대라고 해서 기성세대보다 나은 것이 아니라는 의미입니다. 이것을 우리에게 적용해 보면, 20대나 30대나 40대나 50대나, 남선교회나 여선교회나, 영아부나 장년부나 똑같다는 말입니다. 누군가는 이의를 제기할 수도 있겠으나, 창세기부터 요한계시록까지 성경을 한 번이라도 읽어 본다면 자신이 죄인이라는 것을 구구절절 확인할 수 있습니다. 예를 들어, "너희 아버지의 온전하심과 같이 너희도 온전하라"(마 5:48)는 말씀은 하나님의 명령입니다. 하나님을 믿는다면 하나님의 명령을 지켜야 합니다. 하나님께서 온전하신 만큼 우리도 온전하게 살라는 이 말씀 앞에서 자신은 죄인이 아니라고 손들 사람이 있습니까? "내가 너희를 사랑한 것같이 너희도 서로 사랑하라"(요 13:34)라시며 주님께서 우리를 위해 돌아가셨습니다. 그런데 우리가 사랑해야 할 사람을 위해 주님께서 겪으신 십자가 고난을 감당하고 있습니까? 이 말씀 앞에서 자신은 죄인이 아니라고 손들 사람이 있습니까? 또 주님께서

"네 이웃을 네 자신같이 사랑하라"(마 22:39)고 하셨습니다. 그런데 자신의 새끼손가락을 아끼는 만큼이라도 이웃을 사랑하고 있습니까? 이 말씀 앞에서 자신이 죄인이 아니라고 말할 사람이 있습니까? 한 사람도 있을 수 없습니다.

단 한 번이라도 성경을 제대로 읽었다면, 단 한 번이라도 진지하게 주님의 말씀 앞에 무릎을 꿇었다면, 오로지 확인할 수 있는 것은 자신이 죽을 수밖에 없는 죄인이요, 소망이 없는 죄인이요, 심판받을 수밖에 없는 죄인이라는 사실뿐입니다.

자신을 바로 인식하는 것이 왜 중요합니까? 두 가지 이유 때문입니다. 첫째, 자신을 바로 인식할 때에만 비로소 구원자로서의 그리스도를 만나게 되기 때문입니다. 톨스토이는 그리스도인으로서 당대의 많은 사람들에게 영향을 미치고 세계 사상사에 위대한 족적을 남긴 작가입니다. 그가 쓴 《참회록》에 실린 우화에는 인간의 모습을 이렇게 묘사하고 있습니다. 어떤 사람이 맹수를 피하려 우물 속으로 들어가 넝쿨에 매달려 있었습니다. 그런데 우물 밑바닥에 독사가 입을 벌리고 있었습니다. 독사는 고개를 들고 그 사람이 떨어지기를 기다렸습니다. 우물 위에서는 맹수가 기다리고 있는데, 더 기막힌 것은 그 넝쿨의 윗부분을 생쥐 두 마리가 갉아먹고 있다는 사실이었습니다. 넝쿨은 자꾸 약해져 갔습니다. 그 사람은 자신이 언제 떨어질지 몰랐습니다. 그런데 그 상황에서 그가 하고 있던 일은 자기가 붙잡고 있는 넝쿨 줄기에서 떨어지는 벌꿀을 빨아먹는 것이었습니다. 꿀의 단맛 때문에 밑에 독사가 있다는 것, 위에 맹수가 있다는 것, 지금 줄이 끊어지고 있다는 것을 새하얗게 잊어버린 것입니다. 만약 그 줄에 매달린 사람이 하나님께 기도를 했다면 무엇을 간구했겠습니까? 단물이 더 나오게 해달라는 것일 텐데, 바로 이것이 다름 아닌 우리의 모습입니다.

구원자로서의 예수 그리스도를 만나지 못하면 내 욕심, 내 소원, 내 뜻만 이루어지게 해달라고 기도하게 됩니다. 세상에서 탐욕으로 이전투구를 벌이는 모습은 자신이 매달린 줄에서 나오는 단물을 조금이라도 더 빨아먹겠다고 싸우는 것과 같습니다. 그러나 누구든지 자기 모습을 정확하게 인식한다면, 그 단물을 더 이상 빨아먹을 수 없을 것이며 하늘을 향해 구원을 부르짖게 될 것입니다. 일시적으로 주어지는 단물이 영원한 안식과 생명에 결코 비할 바 못 된다는 사실을 깨닫게 되기 때문입니다.

창세기 4장은 인간의 실상을 보여 주는 말씀으로 다음과 같이 끝맺습니다.

셋도 아들을 낳고 그의 이름을 에노스라 하였으며 그때에 사람들이 비로소 여호와의 이름을 불렀더라(창 4:26)

자기가 죽을 수밖에 없는 존재임을 인식한 사람만이 여호와의 이름을 불렀습니다. 이것을 인식하지 못한 사람들은 단물을 더 달라며 계속 기도하다가 노아의 홍수 때 모두 죽었습니다. 자신을 바로 인식할 때만 자신의 소원을 이루는 도구로서의 예수 그리스도가 아니라, 구원자요 생명 되시는 그리스도와 인격적으로 만나게 됩니다.

둘째, 자신을 바로 인식하는 순간부터 우리의 삶이 주님을 위한 삶이 될 수 있기 때문입니다. 저는 1984년 8월 2일 새벽 2시에 인격적으로 예수 그리스도를 만났습니다. 인격적으로 저에게 임하시는 그 사랑을 영으로 체험했습니다. 그런데 그 사랑이 구체적으로는 무엇인지 몰랐습니다. 성경을 제대로 읽어 본 적이 없었기 때문입니다. 그때 제 나이가 36세였는데, 모태에서부터 줄곧 교회를 다녔고 어디를 가더라도 성경에 대해 어느 정도 아는 것처럼 이야기했지만, 처음부터 끝까지 성경을 통독해 본 적이 없었습니다. 주님을 만난 이후 주님의 사랑에 눈물지으며 주님을 위해 살고자 신학교에 들어갈 때도 성경을 통독하지 않은 상태였습니다.

저는 신학교에 입학하자마자 마음을 가다듬고 성경을 읽기 시작했습니다. 구약을 완독하고서 느낀 것은 제가 신학교에 들어와서는 안 될 사람이라는 것이었습니다. 성경의 시작 부분인 창세기에서부터 '저는 떳떳합니다'라고 말할 수 있는 구절이 하나도 없었기 때문입니다. 저는 하나님께서 부르지 않으셨는데 제 뜻대로 신학교에 온 것이 아닌지 갈등했습니다. 그런데 구약을 다 읽고 신약에 들어가면서 예수 그리스도의 사랑이 무엇인지 생생하게 깨달았습니다. 1984년 8월 2일 인격적으로 만났던 그 주님의 사랑이, 끊어지려는 넝쿨에 매달려 단물을 빨아먹고 있던 나를 당신의 것이라고 선택해 주시고 나를 위해 당신 자신이 십자가에서 찢겨 돌아가신 사랑이라는 것을 깨달았습니다.

이것을 알고 나서 저는 생각을 바꾸었습니다. '나는 다른 사람보다 죄 많은 삶을 살았으니, 하나님께 더 많은 빚을 탕감받은 사람이다. 그러니 나 같은 죄인이 주님께 구원받고 할 일이 있다면, 주님을 위해 사는 것밖에 없다.' 이것이 제가 얻은 결론이었습니다.

그렇다면, 주님을 위해 산다는 것이 무엇입니까? 예배당에 나와서 열심히 찬송 부르고, 기도하고, 예배드리는 것이 주님을 위해 사는 것입니까? 그렇지 않습니다. 주님께서 누구십니까? 진리 되시는 분입니다. 우리가 주님을 위해 산다는 것은 진리를 위해 사는 것과 같습니다. 그러므로 진리를 위해 사는 사람은 불의와 벗하지 않습니다. 반드시 올바른 길을 걸어갑니다. 진리를 위해 사는 사람은 주님께서 앞서 걸어가신 길을 따라갑니다. 거짓을 꾀하지 않습니다. 신실하고 성실합니다. 나태하거나 방탕하지 않습니다. 이렇게 진리를 따라 사는 사람, 진리와 더불어 사는 사람은 모두를 유익하게 합니다. 모두에게 덕이 되게 합니다. 우물 안의 삶을 살아가는 이들을 우물 밖 새로운 생명의 삶으로 인도해 줍니다. 이럴 수 있는 이유는 '살아 있는 진리'를 따르기 때문입니다.

소련이 권력이나 군대가 없어서 해체된 것이 아닙니다. 왜입니까? 진리를 위해 사는 사람들이 부재했기 때문입니다. 사람이 진리를 떠나면 그때부터는 돈과 권력이 그의 우상이 됩니다. 우상이 되어 버린 돈과 권력은 사람을 살리는 것이 아니라 사람을 죽이는 독이 됩니다.

며칠 전 대우그룹 김우중 회장이 칼럼을 썼는데, 그 글의 결론은 '50대 희생론'이었습니다. 1960년대 말부터 1970년대에 이르기까지 '우리도 할 수 있다'며 가방 하나 들고 전 세계를 누비며 세일즈하고 다닌 주역들이 당시의 30대였는데 지금은 그들이 50대가 되었고, 오늘 이 나라가 누리고 있는 번영이 지금의 50대가 피눈물 나는 노력으로 이룬 결과라는 내용입니다. 그분의 결론은, 그러므로 우리가 노력해서 얻은 열매를 우리가 먹지 말자는 것입니다. 오늘날 미국과 유럽의 여러 나라가 국부國富를 이룬 까닭도 그들의 역사에 희생한 세대가 있었기 때문이며, 그 후손들이 열매를 누리고 있는 것입니다. 그러니 우리 역시 안주하지 말고 더욱 희생의 씨앗을 뿌리자고 하였습니다. 감동적인 칼럼입니다. 국부를 위해 희생하는 세대도 있어야 합니다. 그러나 그것만으로 모든 것이 해결되지 않습니다. 진리 없이 부만 이루면 인간이 예측하지 못한 또 다른 문제들이 야기되기 때문입니다.

예수님께서 우리의 구원자 되심을 우리가 진정 깨닫고 믿는다면, 무엇을 해야 합니까? 특별히 이 시간 헌신예배를 드리는 남선교회 회원분들은 무엇을 해야 합니까? 김우중 회장이 국가를 위해 50대가 희생하자고 한다면, 오늘의 30대는 진리를 위해 희생하는 세대가 되어야 합니다. 예수 그리스도께서 우리를 살리려 희생하셨던 때의 나이가 30대였습니다. 예수님께서 뿌리신 그 희생의 씨앗으로 인해 우리가 죽음의 우물에서 나와 새로운 생명의 열매를 누리고 있는 것입니다. 모든 세대가 예수 그리스도께서 보여 주신 사랑을 본받아야 하지만, 특별히 30대는 더욱 주님의 심장을 이어받을 수 있어야 합니다.

사도 바울 한 사람이 진리를 위해 희생하자 로마제국의 역사가 바뀌었습니다. 2천 년이 지난 지금까지도 전 세계가 그 복음의 열매를 누리고 있습니다. 오늘 이 땅을 살아가는 30대의 젊은이들이 예수 그리스도의 심장을 이어받아 진리를 위해 희생한다면, 앞으로 이 땅에 태어날 후손들은 대를 거듭하며 진리의 열매를 누리는 축복을 경험할 것입니다. 그뿐만 아니라, 우리를 위해 기꺼이 당신의 몸을 찢으며 희생하신 예수 그리스도께서 위로부터 새로운 생명, 새로운 권능, 새로운 힘을 내려 주심으로 우리를 영원한 승리자로 세워 주실 것입니다.

13
기록된 바

로마서 3장 9-20절

그러면 어떠하냐 우리는 나으냐 결코 아니라 유대인이나 헬라인이나 다 죄 아래에 있다고 우리가 이미 선언하였느니라 **기록된 바** 의인은 없나니 하나도 없으며 깨닫는 자도 없고 하나님을 찾는 자도 없고 다 치우쳐 함께 무익하게 되고 선을 행하는 자는 없나니 하나도 없도다 그들의 목구멍은 열린 무덤이요 그 혀로는 속임을 일삼으며 그 입술에는 독사의 독이 있고 그 입에는 저주와 악독이 가득하고 그 발은 피 흘리는 데 빠른지라 파멸과 고생이 그 길에 있어 평강의 길을 알지 못하였고 그들의 눈앞에 하나님을 두려워함이 없느니라 함과 같으니라 우리가 알거니와 무릇 율법이 말하는 바는 율법 아래에 있는 자들에게 말하는 것이니 이는 모든 입을 막고 온 세상으로 하나님의 심판 아래에 있게 하려 함이라 그러므로 율법의 행위로 그의 앞에 의롭다 하심을 얻을 육체가 없나니 율법으로는 죄를 깨달음이니라

성경은 인간을 크게 세 부류로 나눈다고 했습니다. 앞서 우리는 그 첫 번째인 형이하학적 인간, 두 번째인 형이상학적 인간에 대해 살

펴보았습니다. 이제 마지막으로 세 번째 부류인 '영적인 인간'에 대해 알아보겠습니다.

사도 바울은 본문을 다음과 같은 자문으로 시작하고 있습니다.

그러면 어떠하냐 우리는 나으냐(9절 상)

동물적 본능으로 살아가는 사람들과 타락한 양심으로 살아가는 사람들에 비해 우리가 나은 것이 있느냐는 것입니다. 이에 바울 스스로 대답하기를 '결코 아니라'고 하였습니다. 모두 죄인이라는 것입니다.

그런데 한 가지 주목해야 할 사실이 있습니다. 실제로 동물처럼 사는 사람들이나 비도덕적인 도덕주의자들은 자신이 죄인이라는 것을 깨닫지 못합니다. 이런 사람들은 로마서 3장 1-8절에서처럼 끊임없이 변명하고 심지어 하나님을 비판합니다. 반면에 사도 바울은 자신이 죄인이라는 것을 깨닫고 인정하고 있습니다. 이것이 중요합니다. 영적인 삶은 자신이 죄인이라는 것을 아는 것에서 시작됩니다. 왜냐하면 자기가 죄인이라는 것을 아는 사람, 자기 속에 자기를 구원할 능력이 없다는 것을 아는 사람만이 그리스도를 필요로 하고, 그리스도의 구원을 붙잡게 되며, 그럼으로써 그리스도를 위해 살아갈 수 있기 때문입니다.

본래 바울은 스스로 의인이라고 확신하던 사람이었습니다(빌 3:6). 그런데 어떻게 해서 그가 자신도 동물적 인간이나 비도덕적 인간과 마찬가지의 죄인이라고 인정할 수 있게 되었습니까? 오늘 본문에서 바울은 우리가 다 죄인이라고 말하면서 그 죄인 됨의 논거를 밝히고 있습니다.

기록된 바 의인은 없나니 하나도 없으며(10절)

"기록된 바"라는 것은 성경에 기록된 하나님의 말씀에 비추어 판단함을 의미합니다. 우리는 이하의 내용에서 두 가지 사실을 보게 됩니다. 첫째, 하나님의 말씀에 대한 바울의 진지한 태도입니다.

깨닫는 자도 없고 하나님을 찾는 자도 없고(11절)

바울은 가말리엘의 문하생이었습니다. 가말리엘은 당시 최고의 율법교사였습니다. 그의 밑에서 배우면서 하나님의 말씀을 다 깨달았다고 확신하는 사람들이 있었으나, 그들의 생각은 착각에 지나지 않는다는 것입니다.

다 치우쳐 함께 무익하게 되고 선을 행하는 자는 없나니 하나도 없도다(12절)

바울이 왜 예수 믿는 사람들을 죽이려고 돌아다녔었습니까? 그것이 선이라 생각했기 때문입니다. 바울이 볼 때 갈릴리 출신의 초라한 예수가 하나님의 아들이라는 것은 하나님을 모독하는 것이었습니다. 그래서 바울 자신이 선을 이루기 위해 기독교인들을 핍박한 것입니다. 그런데 실은 이것이 선을 위한 것이 아니라 곁길로 빠져 버린 행동에 지나지 않았다는 것입니다.

그들의 목구멍은 열린 무덤이요 그 혀로는 속임을 일삼으며 그 입술에는 독사의 독이 있고 그 입에는 저주와 악독이 가득하고(13-14절)

바리새인들은 입만 열면 율법을 이야기했습니다. 그러나 하나님께서 보시기에는 겉과 속이 다른 거짓과 죄악으로 가득 차 있을 뿐이라는 것입니다.

그 발은 피 흘리는 데 빠른지라 파멸과 고생이 그 길에 있어 평강의 길을 알지 못하였고 그들의 눈앞에 하나님을 두려워함이 없느니라(15-18절)

그런데 바울의 경우, 기독교인들을 핍박하러 다닐 때 하나님을 두려워하지 않았습니까? 그렇지 않습니다. 하나님을 사랑하는 마음으로, 하나님께 충성하는 마음으로 그렇게 한 것입니다. 바울은 이상의 모든 내용이 자기와는 상관없다고 부인할 수 있었습니다. '나는 하나님을 위해 선을 행했어. 나는 율법만을 이야기했지 남을 욕한 적이 없어. 누구보다 하나님을 경외했어'라고 얼마든지 생각할 수 있었습니다. 그러나 이 말씀들 앞에서 바울은 자신이 죄인임을 깨달았습니다. 그리고 이 말씀들을 근거로 우리는 나은 것이 하나도 없다고 고백했습니다. 이 같은 모습이 바로 하나님의 말씀에 대한 바울의 진지함을 보여 줍니다. 그는 하나님의 말씀이 자신을 향한 말씀임을 알았습니다.

둘째, 하나님의 말씀에 대한 바울의 해박한 지식입니다. 10절에서 18절까지는 구약의 어느 한 부분에서 인용한 것이 아닙니다. 시편 14편 1-3절, 예레미야 5장 16절, 잠언 1장 16절, 이사야 59장 7-8절 등 구약성경 가운데 열 군데에서 뽑아 인용한 말씀입니다. 바울이 활동하던 때에는 오늘날과 같은 성경이 없었습니다. 당시에는 양가죽에 하나님의 말씀을 필사하여 두루마리 형태로 보관하고 사용했습니다. 성경의 장절도 없었습니다. 1228년에 스티븐 랭

턴이 성경에 장을 붙였고, 1448년에는 R. 나탄이 구약에 절을 붙였으며, 1551년에 로버트 스테파누스가 신약에 절을 붙였습니다. 그리고 지금 우리가 보고 있는 성경처럼 장절이 명기된 성경이 처음 출판된 때가 1560년입니다. 그 이전에는 일반인들이 성경을 소유할 수 없었을뿐더러, 양가죽 성경을 가지고 있다 해도 특정 말씀이 어디에 있는지 잘 찾을 수 없었습니다. 그런데 바울이 구약성경에서 죄인에 대해 전하고 있는 말씀들을 적확하게 뽑아 논거로 사용한 것입니다. 더욱이 전승에 의하면, 바울은 안질로 인해 시력이 좋지 않았다고 합니다. 그가 처해 있던 숱한 악조건 속에서 이와 같은 작업을 해냈다는 것은 바울이 말씀에 얼마나 통달했는지 잘 보여 줍니다.

바울은 하나님의 말씀에 대한 진지함과 해박함으로, 스스로 의인이라고 확신하는 삶에서 자신은 죄인이라고 고백하는 영적인 삶으로 변화되었습니다.

과거에 예수 믿는 사람들을 핍박하러 다니던 때에도 그는 하나님의 말씀을 읽었을 뿐 아니라 달달 외우고 있었습니다. 그런데 그때는 자신이 죄인이라는 것을 왜 몰랐습니까? 예전에는 말씀을 보면서도 자신을 의인이라 생각했는데, 왜 지금은 동일한 말씀을 앞에 놓고 자신이 죄인이라 고백하게 된 것입니까?

첫째, 그가 처한 입장이 달라졌기 때문입니다. 읽는 사람의 입장에 따라 해석이 달라지므로, 어떤 입장에서 읽느냐가 중요합니다. 1980년대 초 소설가 유재용 씨가 《관계》라는 작품으로 이상문학상을 받았습니다. 시상식에서 상금과 상패가 전달된 뒤, 외국 유학을 마치고 갓 귀국한 어느 문학평론가가 수상작에 대한 평론을 발표했습니다. 아름다운 글귀와 문장을 사용하며 한 시간에 걸쳐 이어졌습니다. 시상식이 끝나고 작가를 위한 파티가 열렸습니다. 파티가 끝난 뒤 마침 작가분이 집으로 가는 방향이 저와 같아서 제 차로 모셔다 드렸습니다. 차 안에서 그분이 저에게 물었습니다. 자기 작품을 평한 평론이 어떠했느냐는 것이었습니다. 그래서 제가 느낀 대로 솔직하게 대답했습니다. 난해하여 이해가 안 되었다고 했습니다. 그리고 저 역시 궁금하여 작가분은 그 평론을 어떻게 들었는지 물었습니다. 그랬더니 하시는 말이, 처음에는 그 평론가가 자신의 작품을 평하는 것이 아닌 줄 알았다는 것이었습니다. 자신은 전혀 그런 의도로 글을 쓴 것이 아니었다고 했습니다. 즉, 소설 작품을 놓고 작가의 저작 의도와 전문 평론가의 평이 서로 달랐던 것입니다. 이유는 바로 서로의 입장 차이 때문입니다.

유재용 씨는 어릴 때 척추병을 앓았습니다. 그래서 학교 교육을 제대로 받지 못하고 고등학교를 중퇴해야 했습니다. 그저 병상에 누워 젊은 날을 계속 죽음과 싸웠습니다. 모두들 그를 두고 죽는다고 했으나 구사일생으로 살아났습니다. 학교를 제대로 다니지 못하였으니 소설가가 되기 위해 얼마나 노력해야 했겠습니까? 그야말로 밑바닥부터 한 단계 한 단계 올라가 마침내 정상에 선 것이었습니다. 반면에, 작가의 작품을 평한 문학평론가는 부유한 집안 환경 속에서 좋은 학교를 나오고 외국에서 박사 학위를 받고 한국으로 돌아와 평론 활동을 시작한 지 얼마 되지 않은 분이었습니다. 작품을 평하는 평론가가 작가의 입장을 이해하지 못하면, 절대로 작품을 제대로 이해할 수 없습니다. 작품을 제대로 이해하지 못하면 정확한 평론이 나올 수 없습니다. 그래서 좋은 평론가는 작품을 읽기 전에 그 작품을 쓴 작가의 생애와 삶을 연구합니다. 이 작가가 어떤 삶의 현장에 있었는지, 어떤 삶의 입장에 있었는지 살펴본 다음에 작품을 대합니다.

같은 성경을 놓고 왜 진보주의자와 보수주의자로 나뉩니까? 왜 서로 평행선을 긋고 싸웁니까? 왜 교파가 나뉘고 접점을 못 찾습니까? 이유는 하나입니다. 자기가 서 있는 입장에서 말씀을 보기 때문입니다. 사도 바울이 예전에는 어떤 입장에서 하나님의 말씀을 대했습니까? 우리가 잘 아는 바대로 바울은 철저한 율법주의자의 입장에서 성경을 보았습니다. 로마서 2장에서 살펴보았듯이 율법주의자는 철저하게 형식만을 강조하는 사람입니다. 그리고 그 형식에 어긋나면 가차 없이 'x'라고 판단합니다. 이런 사람은 답은 잘 알지만 본질에 대해서는 알지 못합니다.

율법주의자들에게 하나님을 믿는다는 것은 'ㅇ, x로 가릴 수 있어야 하는 것'입니다. 그러나 이것이 신앙생활의 전부가 아닙니다. 이 단계를 지나면 ㅇ, x를 가리는 것은 초보적 수준일 뿐이고, 어떻게 하면 삶을 더욱 주님의 뜻대로 완성시켜 나가느냐 하는 본질적 문제가 대두됩니다. 율법주의자의 입장에서 성경을 보면 이 본질적인 문제를 해결할 수 없습니다. 그러므로 율법주의자의 입장에서 아무리 성경을 읽는다 해도, 얼굴 표정은 바뀔 수 있을지언정 속마음은 변화되지 않습니다. 본질과의 만남이 없기 때문입니다. 우리는 '나의 입장'을 버리는 자세로 성경을 보아야 합니다. 내 입장에 서서 내 입장을 강화하기 위해서가 아니라, 하나님의 입장에서 하나님의 뜻을 세우기 위해 하나님의 말씀을 보아야 합니다. 그렇지 않으면 아무리 말씀을 읽는다 해도 그 말씀이 살아 역사하실 수 없습니다.

바울이 말씀 앞에서 자신이 죄인이라 고백하게 된 두 번째 이유는, 성령을 받았기 때문입니다. 프랑스어로 쓰인 소설을 읽기 위해서는 프랑스어를 알아야 합니다. 영어로 쓰인 기사를 읽기 위해서는 영어를 알아야 합니다. 하나님의 영감으로 기록된 성경을 이해하기 위해서는 반드시 성령 속에 거해야 합니다. 성령의 조명 아래서 말씀을 접해야 합니다. 그렇지 않으면 하나님의 말씀은 지식 이상이 되지 않습니다. 바울이 성령의 조명 아래 있지 않을 때는 하나님의 말씀에 관한 한 지식적으로 박사였으나, 그 말씀이 바울에게 생명의 말씀, 구원의 말씀일 수는 없었습니다. 그런데 다메섹 도상에서 주님의 영을 만나자, 그 말씀은 살아 역사하시는 하나님의 말씀이었습니다. 한 말씀 한 말씀이 바울 자신의 관절과 골수를 찔러 쪼개는 주님의 말씀이었습니다. 그토록 자신을 의인이라고 확신했던 바울이 그 말씀 앞에서 어떻게 고백했습니까? "죄인 중에 내가 괴수니라"(딤전 1:15)고 하였습니다. 이처럼 성령의 조명 아래서 자신이 죄인임을 깨닫는 순간부터 그리스도의 구원을 간구하게 되고, 그리스도를 위해 사는 삶으로 바뀌게 되는 것입니다.

성령과 말씀에 의해 하나님의 사람으로 거듭나는 것과 관련해 우리는 중요한 세 가지를 기억해야 합니다.

첫째, 우리가 예수 그리스도를 주님이라 고백하고 주님의 전殿에 나아와 예배드린다는 것 자체가 이미 우리에게 성령이 임했음을 의미한다는 것입니다. 사도 바울의 삶을 통해 여러 가지 성령의 은사가 나타났습니다. 죽은 사람이 살아나고 온갖 병자가 나았습니다. 그런데 바울은 자신이 쓴 많은 서신들에서 자기가 베풀었던 능력에 대해 자기 입으로 한마디도 하지 않았습니다. 바울을 수행했던 의사 누가가 기록한 사도행전에만 해당 내용이 나타나 있습니다. 바울은 '셋째 하늘'에 올라가는 신비스러운 영적 체험을 하였지만, 이에 대해 이야기하는 고린도후서 12장을 보면 그의 이름이 드러나 있지 않습니다. 또 바울은 누구보다 방언에 통달했음에도 고린도전서 14장에서 방언에 대해 이야기할 때 교회에 덕을 끼치지 않으면 방언을 자제할 것을 권했습니다. 이렇듯 그는 자신이 받은 성령의 은사를 과시하려 하지 않았습니다.

그런 바울이 성령의 능력으로 어떤 일에 집중했습니까? 하나님의 말씀을 수용하고 이해하는 일이었습니다. 그 이유는 성령의 은사는 하나님을 믿는 사람에게 부수적으로 주어지는 것이지만, 그리스도인의 삶의 목적은 성령의 열매 맺음으로 지속적으로 거듭난 삶을 사는 것이고, 지속적으로 거듭난 삶은 오직 말씀 속에서만 가능하기 때문입니다. 아무리 우리가 성령의 은사를 받아도 말씀 속에서 말씀을 이해하고 수용하는 데 성령의 능력을 쏟지 않으면 우리의 신앙은 흔들리고 넘어지게 됩니다.

1992년 10월 28일 세상에 종말이 온다고 믿는 사람들이 있습니다. 그런데 그들이 부처님을 믿는 사람들입니까? 아닙니다. 그들이 누구의 이름으로 기도합니까? 예수님의 이름으로 기도합니다. 누가 자기들을 휴거해 줄 거라고 믿는 것입니까? 예수님께서 해주시리라고 믿습니다. 그들은 우리보다 훨씬 많이 기도하는 사람들입니다. 산으로 들어가서 하루 종일 찬송하고 기도합니다. 하루 종일 찬송하고 기도하는 것이 자기 정신으로 가능하겠습니까? 그런데 뭐가 문제입니까? 그들이 말씀 밖에 있다는 것입니다. 그들이 따르는 말씀이라는 것은 하나님의 말씀이 아니라, 그들이 선지자로 모시는 젊은이들이 하나님께로부터 받았다고 하는 직통 계시입니다. 이래서 흔히들 잘못된 신앙으로 빠지는 것입니다. 자신에게 임한 성령의 능력을 하나님 아버지의 말씀을 수용하는 데 쏟았다면, 그런

어처구니없는 모습은 있을 수 없습니다.

마태복음 7장 22-23절에서 주님께서 말씀하셨습니다.

그날에 많은 사람이 나더러 이르되 주여 주여 우리가 주의 이름으로 선지자 노릇 하며 주의 이름으로 귀신을 쫓아내며 주의 이름으로 많은 권능을 행하지 아니하였나이까 하리니 그때에 내가 그들에게 밝히 말하되 내가 너희를 도무지 알지 못하니 불법을 행하는 자들아 내게서 떠나가라 하리라

누가 병자를 고칠 수 있습니까? 누가 귀신을 쫓아낼 수 있습니까? 능력 있는 사람이라야 합니다. 그런데 주님께서 말씀하시기를, '나는 너희를 모르니 떠나가라'는 것입니다. 왜입니까? 능력을 발휘하는 사람들이 아니라, 그리스도 안에서 성령의 열매 맺음으로 거듭난 삶을 살아가는 사람들이 하나님의 나라에 갈 수 있기 때문입니다. 요한복음 3장 3절에서 주님께서 말씀하시기를 "사람이 거듭나지 아니하면 하나님의 나라를 볼 수 없느니라"고 하셨습니다.

물론 성령의 은사는 참 좋은 것입니다. 우리로 하여금 더 큰 믿음을 갖게 해줍니다. 그러나 성령의 은사는 이 세상에서만 필요한 것임을 알아야 합니다. 천국에서는 성령의 은사가 필요 없습니다. 쫓아낼 귀신이 천국에 있습니까? 고쳐야 할 병이 천국에 있습니까? 방언이 천국에서 무슨 필요가 있겠습니까? 바울처럼 진정으로 영적인 삶을 살기 위해서는 우리에게 임한 성령의 능력으로 말씀을 수용하는 데 집중해야 합니다.

둘째, 하나님의 말씀 앞에 진지한 자세로 나아가야 한다는 것입니다. 말씀에 집중한다는 것은 곧 말씀 앞에서 진지한 태도를 갖는 것을 의미합니다. '믿음'은 헬라어로 '피스티스πίστις'인데, '신실'과

똑같은 의미입니다. '신실'에 해당하는 헬라어도 '피스티스'입니다. 성경에서는 믿음과 신실이 구별되지 않습니다. 그러면 하나님을 믿는다는 것은 어떤 의미입니까? 하나님의 말씀 앞에 신실해지는 것입니다. 다시 말해, 어떤 말씀이 주어지든지 그 말씀 앞에 온전히 나를 내려놓고, 그 말씀을 통해 주님을 바라보고, 그 말씀으로 나 자신을 볼 수 있어야 합니다.

이어령 교수님이 다음과 같은 이야기를 했습니다.

언어는 하나하나가 모두 눈동자를 가지고 있다. 시인이 하나의 말을 선택한다는 것은 하나의 시선을 선택한다는 의미다. 그것은 보이지 않는 것, 숨겨져 있는 것까지도 들추어내는 눈이다. 현미경이며 동시에 확대경이다.

시인들은 글을 쓸 때 쉽게 단어를 선택하지 않습니다. 어떤 사물을 묘사하고자 할 때, 그 사물을 바라보는 자신의 시선과 동일한 시선을 가진 말을 찾아내려 애씁니다. 그 한 단어를 찾아내기 위해 시인들은 며칠씩 끙끙 앓습니다. 그래서 우리는 그 단어를 통해 그 작가를 알 수 있게 됩니다. 그 단어는 그 작가를 바라볼 수 있는 현미경이자 확대경이기 때문입니다.

운동장에 사람들이 가득 차 있습니다. 세 사람이 연설을 했습니다. 한 사람은 '친애하는 국민 여러분'이라는 말로 연설을 시작했습니다. 또 한 사람은 '민중 여러분'이라고 했습니다. 그리고 마지막 사람은 '형제자매 여러분'이라고 했습니다. 이 세 사람이 사용한 단어를 통해 그들의 이데올로기가 무엇인지, 철학이 무엇인지, 어떤 삶을 살아왔는지, 앞으로 무엇을 하고자 하는지 짐작할 수 있습니다. 그들이 사용한 단어가 그들을 알 수 있는 현미경이자 확대경이기 때문입니다.

이렇듯 사람이 말을 할 때도 필요한 말을 분별해서 쓰는데, 하물며 하나님께서 우리에게 말씀을 주실 때 아무 말이나 쓰시겠습니까? 그러므로 우리에게 주어지는 한 말씀 한 말씀을 하나님을 바라보는 현미경이자 확대경으로 삼아야 합니다. 더욱이 여기에서 끝나는 것이 아니라, 그 말씀을 가지고 우리 자신을 바라보아야 합니다. 즉 말씀을 깊이 묵상하면서 그 말씀을 통해 주님께서 나에게 본질적으로 요구하시는 바, 내가 주님께 마땅히 해야 할 바가 무엇인지 끊임없이 묵상하는 훈련을 거듭해야 합니다.

셋째, 하나님의 말씀에 해박해져야 한다는 것입니다. 말씀에 대한 진지함이 말씀에 대한 '깊이'에 관한 것이라면, 말씀에 대한 해박함은 말씀에 대한 '넓이'에 해당합니다. 주어진 말씀을 잡고 깊이 있게 묵상하는 것은 대단히 중요합니다. 그러나 자칫 균형을 잃고 한쪽으로 치우칠 수 있음을 늘 염두에 두어야 합니다. 그러므로 깊이와 더불어 넓이를 챙길 때 비로소 신앙이 건강해질 수 있습니다.

올 초에 어떤 모임에 참석하여 이런저런 이야기를 하다가 계획에 없던 성경공부를 시작하게 되었습니다. 그 자리에는 초신자가 많았고, 교회에 관심이 있지만 다니지 않는 분들도 계셨습니다. 그래서 그분들이 평소 성경에 대해 궁금했던 것을 물으셨고 거기에 답변드리다 보니 자연스럽게 성경공부를 하게 된 것입니다. 그중 예수님을 알게 된 지 얼마 안 된, 직업이 의사인 분이 이런 질문을 하셨습니다.

"교회에 가도 그렇고 교우들 사이에서도 그렇고, 주님을 사랑하는 삶을 살자고들 하는데, 주님을 사랑하는 것이 무엇입니까? 너무 추상적이어서 구체적으로 알고 싶습니다."

그래서 제가 답해 드렸습니다.

"주님께서 마태복음 22장 37–39절에서 말씀하셨듯이, 하나님을 사랑한다는 것은 구체적으로 사람을 사랑하는 것입니다. 선생님이 어떤 위치에 있든지 선생님이 사랑해야 될 사람을 찾아서 사랑하면, 그것이 곧 하나님을 사랑하는 것입니다."

그랬더니 그분의 대답이 이러했습니다.

"그런 말씀이 성경에 있었습니까? 그렇다면 다음 주부터 주일에는 환자들을 위해 병원 문을 닫아서는 안 되겠습니다. 이제까지는 나 편하자고 문을 닫았는데, 병원이 있는 동네가 경제적으로 낙후된 곳이라 병원 문을 닫으면 하루 동안 앓는 사람들이 있게 되니까요."

저는 그분께 참 좋은 말씀이라며 덧붙였습니다.

"다만, 주일에 오는 환자에게는 돈을 받지 마십시오."

왜냐하면 이웃을 사랑하라는 말씀도 따라야 하지만, 안식일을 거룩하게 지키라는 말씀도 따라야 하기 때문입니다. 어떤 목적으로든지 주일에 문을 열고 치료해 준 뒤 돈을 받는다면, 그것은 상행위입니다. 그러나 돈을 받지 않고 사람을 살린다면, 그것 자체가 예배입니다. 그것 자체가 선교이자 봉사입니다. 이렇듯 말씀의 균형을 이루어 건강한 신앙생활을 유지하려면, 우리는 주어진 말씀에 진지해야 할 뿐만 아니라, 성경의 모든 말씀을 수용할 수 있도록 해박해야 합니다.

영적인 삶이란 무엇입니까? 그리스도께서 날마다 영적으로 함께하시는 삶을 의미합니다. 바꾸어 말하면, 이미 이 땅에서부터 우리가 영원한 생명에 동참한 삶, 이미 천국에 거하는 삶입니다. 이 같은 삶에는 범사에 감사와 기쁨이 충만하고, 하나님의 격려와 위로

하시는 손길을 삶의 현장에서 날마다 느낄 수 있습니다. 우리가 이 같은 삶을 살 때 비로소 우리가 어디에 있든 그곳을 변화시켜 가는 하나님의 도구가 됩니다. 우리를 둘러싼 하나님의 말씀은 천지를 창조하신 창조주의 말씀이기 때문입니다.

14
하나님의 한 의

로마서 3장 21-26절

이제는 율법 외에 **하나님의 한 의**가 나타났으니 율법과 선지자들에게 증거를 받은 것이라 곧 예수 그리스도를 믿음으로 말미암아 모든 믿는 자에게 미치는 하나님의 의니 차별이 없느니라 모든 사람이 죄를 범하였으매 하나님의 영광에 이르지 못하더니 그리스도 예수 안에 있는 속량으로 말미암아 하나님의 은혜로 값없이 의롭다 하심을 얻은 자 되었느니라 이 예수를 하나님이 그의 피로써 믿음으로 말미암는 화목제물로 세우셨으니 이는 하나님께서 길이 참으시는 중에 전에 지은 죄를 간과하심으로 자기의 의로우심을 나타내려 하심이니 곧 이때에 자기의 의로우심을 나타내사 자기도 의로우시며 또한 예수 믿는 자를 의롭다 하려 하심이라

로마서 3장 20절을 다시 보시겠습니다.

그러므로 율법의 행위로 그의 앞에 의롭다 하심을 얻을 육체가 없나니 율법으로는 죄를 깨달음이니라

하나님의 말씀으로는 우리의 죄를 인식할 뿐이라는 것입니다. 그러면 좀더 구체적으로 어떻게 인식하게 되는 것입니까? 그 답을 히브리서 4장 12-13절이 전해 줍니다.

하나님의 말씀은 살아 있고 활력이 있어 좌우에 날선 어떤 검보다도 예리하여 혼과 영과 및 관절과 골수를 찔러 쪼개기까지 하며 또 마음의 생각과 뜻을 판단하나니 지으신 것이 하나도 그 앞에 나타나지 않음이 없고 우리의 결산을 받으실 이의 눈앞에 만물이 벌거벗은 것같이 드러나느니라

하나님의 말씀은 우리를 환히 비추는 거울입니다. 따라서 하나님의 말씀 앞에 서면 우리 자신이 죄인이라는 사실을 깨닫지 않을 수 없습니다. 혼과 영과 관절과 골수의 특징이 무엇입니까? 지금 우리의 눈에는 보이지 않는다는 것입니다. 하지만 하나님의 말씀 앞에서는 그 보이지 않는 것들, 숨겨져 있는 것들이 적나라하게 드러납니다. 예수님을 믿는다고 하면서도 자신이 죄인이 아니라고 생각하는 사람은, 지금껏 하나님의 말씀 앞에 진실하게 서본 적이 없는 사람임을 의미합니다.

그리스도인이 영적인 삶을 살기 위해서는 자신을 바로 아는 것이 중요함을 이미 상고했습니다. 자신을 얼마만큼 아느냐에 따라 어떤 길을 택할지가 결정되기 때문입니다. 그런데 하나님의 말씀 앞에서 자신이 죄인인 것을 통감했다면, 그다음에는 무엇을 해야 합니까? 그런 사람을 하나님께서 어떻게 인도해 주시고 어떤 은총을 내려 주시는지 해답을 주기 위해, 오늘 본문이 "이제는"이라는 말로 시작하고 있습니다.

이제는 율법 외에 하나님의 한 의가 나타났으니(21절 상)

누구든지 하나님의 말씀 앞에서 스스로 죄인임을 깨달았다면 이제 주목해야 할 것이 바로 '하나님의 의'라는 것입니다. 이 하나님의 의가 구체적으로 무엇입니까?

곧 예수 그리스도를 믿음으로 말미암아 모든 믿는 자에게 미치는 하나님의 의니 차별이 없느니라(22절)

이 말씀은 로마서 1장 17절에서 배웠던 이신칭의를 의미합니다. 다시 말해, 예수 그리스도를 믿음으로 하나님께로부터 주어지는 의를 말합니다. '의'를 신학적 개념으로 정의하면 '바른 관계'입니다. 이 정의는 세상에서도 똑같이 통용됩니다. 세상에서 '저 사람은 의롭다'고 이야기할 때, 그 판단의 기준이 무엇입니까? 그가 어떤 관계를 맺느냐입니다. 이를테면 부부 사이의 관계를 생각해 보면, 남편이 밖에서 아무리 훌륭한 일을 한다고 해도 부부 사이가 어그러져 있다면, 그는 결코 의로운 사람이라 할 수 없습니다. 부모로서 자식에게 의무를 다하지 않아도 마찬가지입니다. 어떤 사람이 무척이나 가정적인데 사회생활은 형편없다면, 그 역시 의로운 사람이 아닙니다.

그런데 문제는 사람들이 판단하는 의의 기준이 상대적이라는 점입니다. 어떤 사람에게는 의인이지만, 어떤 사람에게는 불의한 사람이 될 수도 있습니다. 우리는 독립운동가 안중근을 의사義士라고 부르지만, 일본 사람들은 폭도라고 부릅니다. 이토 히로부미에 대해서도 우리는 우리나라의 자주권을 빼앗은 원흉으로 치부하지만, 일본 사람들은 근대 일본의 아버지이자 위대한 선각자로 평가합니다.

이와는 달리, 하나님께서 판단하시는 의의 기준은 변치 않으며 절대적입니다. 이러한 하나님의 기준으로 볼 때 하나님과 바른 관계를 가질 사람은 아무도 없습니다. 그런데 예수 그리스도 안에서, 예수 그리스도를 믿음으로, 예수 그리스도의 보혈의 능력으로 하나님과 우리의 관계를 회복시켜 주는 것이 하나님의 의입니다.

다시 22절 하반절을 주목해 보시겠습니다.

모든 믿는 자에게 미치는 하나님의 의니 차별이 없느니라

사람은 사람을 끊임없이 차별합니다. 그리고 늘 과거에 집착합니다. 그래서 저 사람이 과거에 어떤 사람이었는지, 과거의 잣대를 가지고 사람을 평가합니다. 또 편견을 가지고 그 사람의 현재 모습을 자꾸 왜곡시키고 제한하려 합니다. 그러나 하나님께서는 예수 그리스도를 믿는 사람에게 '차별 없이' 하나님의 의를 주시고 하나님과의 관계를 회복시키십니다. 사실 하나님의 의가 없다면 우리는 이 자리에 있을 수조차 없는데, 그 증거가 어디에 있습니까? 마태복음 1장에 나오는 예수님의 족보에 잘 나타나 있습니다.

아브라함과 다윗의 자손 예수 그리스도의 계보라 아브라함이 이삭을 낳고 이삭은 야곱을 낳고 야곱은 유다와 그의 형제들을 낳고 유다는 다말에게서 베레스와 세라를 낳고 베레스는 헤스론을 낳고 헤스론은 람을 낳고 람은 아미나답을 낳고 아미나답은 나손을 낳고 나손은 살몬을 낳고 살몬은 라합에게서 보아스를 낳고 보아스는 룻에게서 오벳을 낳고 오벳은 이새를 낳고

이새는 다윗 왕을 낳으니라 다윗은 우리야의 아내에게서 솔로몬을 낳고
(마 1:1-6)

위에서 네 명의 여자가 나오는데, 첫 번째는 "다말"입니다. 다말
은 시아버지와 동침한 부도덕한 여인이었습니다. 두 번째는 "라합"
으로 기생이었습니다. 세 번째는 룻인데, 이스라엘 사람들에게 개
로 여김 받은 이방의 모압 여인이었습니다. 네 번째는 "우리야의 아
내"인 밧세바입니다. 결혼한 여자라면 왕이 동침을 요구하더라도
죽을 각오로 거부해야 합니다. 그런데 밧세바는 다윗 왕의 청을 받
아들였습니다. 그리고 아이를 갖게 된 것을 남편에게 이야기하지
않고 다윗에게만 이야기했습니다. 남편이 죽은 뒤에는 다윗의 아내
가 되어 살았습니다.

이번에는 예수님의 족보에 나오는 남자들 가운데 대표적 인물로
네 명을 든다면, 첫 번째는 "아브라함"입니다. 그는 자기 목숨을 지
키기 위해 아내를 누이라고 두 번이나 속인 무책임한 사람이었습니
다. "야곱"은 형 에서에게서 장자의 권한을 가로챈 사기꾼이었습니
다. "다윗"은 자기 정욕을 위해 충신을 죽인 살인자였습니다. "솔로
몬"은 처첩을 1천 명이나 두었던 희대의 탕아였습니다.

율법으로 따지면 이상 여덟 명은 절대 구원받을 수 없습니다. 죽
어야 마땅합니다. 크나큰 죄를 지은 사람들인데 어떻게 구원받을
수 있습니까? 그러나 그들이 멸망당했습니까? 그들은 모두 하나님
의 은총으로 구원을 얻었습니다. 그뿐만 아니라 그 이름들이 그리
스도의 족보에 영광스럽게 올라가 있습니다. 이것이 무엇을 의미
합니까? 누구든지 예수 그리스도 안에 있으면, 기생이었든, 탕아
였든, 사기꾼이었든, 살인자였든 차별 없이 하나님께서 그에게 하

나님의 의를 주시고 하나님과의 관계를 회복시켜 주신다는 것입니다. 이 같은 하나님의 의로 인해 우리도 오늘 바로 이 자리에 나아올 수 있는 것입니다.

본문은 하나님의 의가 어떻게 우리에게 허락되는지 구체적으로 밝혀 줍니다. 첫째, 은혜로 주어집니다.

그리스도 예수 안에 있는 속량으로 말미암아 하나님의 은혜로 값없이 의롭다 하심을 얻은 자 되었느니라(24절)

여기에서 "하나님의 은혜"란 그야말로 하나님께서 값없이 주시는 선물입니다. 우리가 조금이라도 잘나서 하나님께서 은혜를 주셨습니까? 마르틴 루터가 성경을 읽고 나서 이렇게 말했다고 합니다. "내가 만약 하나님이라면 나를 포함해 세상 사람들을 다 멸하겠다." 무슨 뜻입니까? 하나님의 말씀을 읽어 보니 죽지 말아야 할 사람이 하나도 없다는 뜻입니다. 누구도 하나님께 은혜를 받을 만한 자격이 없습니다. 그런데 하나님께서 일방적으로 구속의 은혜를 베풀어 주심으로 하나님의 의를 우리에게 허락하셨습니다.

그렇다면 하나님의 은혜라는 것이 결국 무엇입니까? 하나님의 사랑입니다. 우리를 사랑하시기에 베풀어 주시는 은혜인 것입니다. 24절에 나오는 "속량"이라는 단어는 노예시장에서 노예를 산 뒤 노예증서를 찢고서 그 노예에게 자유를 주는 것을 뜻합니다. 그런데 이것을 누가 할 수 있습니까? 그 노예를 사랑하는 사람이 아니면 절대로 못 합니다. 하나님께서 우리에게 이러한 방법으로 속량의 은혜를 내려 주신 것은, 우리를 사랑하시기 때문입니다.

둘째, 하나님께서 예수님을 제물로 삼으심으로 하나님의 의가 주어집니다.

이 예수를 하나님이 그의 피로써 믿음으로 말미암는 화목제물로 세우셨으니 (25절 상)

제물이라는 단어는 제사의 혜택을 입는 사람에게는 고상한 단어지만, 제물로 바쳐지는 입장에서는 끔찍한 단어입니다. 이스라엘 백성이 하나님께 어떻게 제물을 드렸습니까? 제물이 동물일 경우, 목을 쳐서 마지막 피 한 방울까지 뿌렸습니다. 그리고 가죽을 벗기고는 각을 떴는데, 그 살을 찢을 수 있을 만큼 다 찢었습니다. 그 다음에는 완전히 불에 태웠습니다. 제물을 곡물로 드릴 때는, 곡물을 절구에 넣고 빻았습니다. 흔들어도 소리가 나지 않을 정도로 곱게 빻았습니다.

하나님께서 예수님을 이렇게 제물로 삼으신 것입니다. 더구나 "화목제물"로 삼으셨다고 했습니다. 화목제에는 감사제, 낙헌제, 서원제가 있습니다. 화목제의 특징은 다른 제사와 달리 하나님께 소의 기름과 콩팥을 불살라 드린 뒤, 가슴과 오른쪽 뒷다리는 제사장들이 취하고, 그 나머지는 제사를 올린 사람이 감사제인 경우는 하루 이내에, 낙헌제와 서원제인 경우는 이틀 이내에 이웃과 나누어 먹어야 하는 것이었습니다. 만약 정한 기일 내에 그 고기가 남아 있으면, 하나님께서 그 제사를 받지 않으실 뿐만 아니라 제사드린 사람이 오히려 화를 입는다고 하였습니다. 하나님께서 왜 이런 규정을 주셨겠습니까? 이런 규정이 없으면 내가 좋아하는 친구나 친한 이웃과만 나누어 먹을 것입니다. 그것도 내 배가 부를 때만 말입니다. 그런데 이런 규정이 있으면 내가 미워하는 사람과도 나누어 먹지 않을 수 없습니다. 그렇지 않고서야 소 한 마리를 언제 다 먹겠습니까? 이런 이유로, 하나님과 인간 그리고 인간과 인간의 관계에서 화목을 이룬다는 의미에서 화목제和睦祭인 것입니다.

예수님께서는 스스로 화목제물이 되심으로, 당신의 피를 뿌리고 당신의 몸을 찢으심으로 하나님과 인간 사이에 막혔던 담을 헐고 화목을 세워 주셨습니다. 예수님께서 누구십니까? 하나님의 독생자이십니다. 그런데 하나님께서 그 귀한 독생자를 어찌 이토록 무참하게 죽게 하신 것입니까? 그만큼 우리를 사랑하셨기 때문입니다. 그러므로 하나님 앞에 나아갈 수 있도록 우리에게 허락하신 하나님의 의는 우리에 대한 하나님의 위대한 사랑 고백이 아닐 수 없습니다.

셋째, 하나님께서 길이 참으심으로 하나님의 의가 주어집니다.

이는 하나님께서 길이 참으시는 중에(25절 중)

참는다는 것이 무엇입니까? 고통입니다. 인내와 고통은 같은 말입니다. 예를 들어, 아내가 바람난 남편을 인내하는 것, 부모가 탕자처럼 살아가는 자녀를 인내하는 것은 피를 말리는 고통입니다. 왜 우리가 끝까지 참지 못하고 종종 벌컥 화를 냅니까? 성격이 급한 것은 이차적인 문제입니다. 가장 큰 이유는 상대방을 사랑하지 않기 때문입니다. 자신이 사랑하지 않는 사람 때문에 고통받기 싫은 것입니다. 그런데 하나님께서는 어떻게 오래 참으실 수 있습니까? 우리를 지극히 사랑하시기 때문입니다. 우리가 죄를 지을 때 하나님께서 고통을 당하시면서도, 우리에 대한 그 사랑으로 참으시는 것입니다. 그럼으로써 하나님의 의를 허락하여 우리로 하여금 하나님을 바라보게 하십니다.

넷째, 하나님께서 우리의 지난 죄를 간과해 주심으로 하나님의 의가 주어집니다.

전에 지은 죄를 간과하심으로 자기의 의로우심을 나타내려 하심이니 (25절 하)

가령, 누군가가 예전에 살인죄를 저질렀다고 하십시다. 그때가 1988년 8월 8일이었다고 하십시다. 그리고 지금 그는 예수님 앞에 섰습니다. 그렇다고 해서 1988년 8월 8일이 그의 인생에서 없어집니까? 아닙니다. 그날은 여전히 과거로 남아 있습니다. 그는 살인을 저지른 전과자인 채로 남아 있습니다. 그런데 어떻게 하나님 앞에서 의로워질 수 있습니까? 하나님께서 그의 죄를 간과해 주심으로 가능한 것입니다. 사랑하지 않으면 상대의 허물을 기억하게 됩니다. 부부지간에도 입으로는 사랑한다고 하면서, 상대의 잘못을 평생 잊지 않고 기억하거나 더욱 과장해서 기억하는 경우가 허다합니다. "간과"는 앞에서 배운 '패스오버'와 같은 의미입니다. 왜 심판이 죄를 뛰어넘습니까? 우리가 예수 그리스도를 믿을 때, 우리의 허물에 덮여진 예수 그리스도의 보혈을 하나님께서 보시기 때문입니다.

이 대목에서 한 가지 질문이 생길 수 있습니다. 하나님 아버지께서는 창조주 하나님이시기에 "너는 지금부터 의인이다"라는 말씀 한마디면 하나님의 의를 세우실 수 있으신데 왜 구태여 당신의 독생자를 죽이셨을까 하는 것입니다. 이는 대단히 중요한 질문으로, 본문 26절이 그 해답을 전하고 있습니다.

곧 이때에 자기의 의로우심을 나타내사 자기도 의로우시며 또한 예수 믿는 자를 의롭다 하려 하심이라

　"곧 이때에"라는 말은 하나님께서 예수님을 화목제물로 삼으시고, 길이 참으시고, 인간의 죄를 간과하시는 모든 때를 일컫습니다. 그때에 하나님의 의로우심을 드러내실 뿐 아니라, 예수 그리스도를 믿는 이들에 대한 의롭다 하심을 드러내신다는 것입니다.

　예를 들어, 누군가가 살인을 저지르면 당연히 대한민국 법에 의해 체포되어, 법정에서 재판을 받고, 대한민국 법에 규정된 벌을 받아야 합니다. 그런데 그를 재판하는 판사가 까닭 없이 그를 좋아한다고 합시다. 그래서 형을 선고하는 날 판사가 "무죄"라고 한다면, 어떻게 되겠습니까? 우선, 그 판사는 불의한 판사가 됩니다. 범인이 죄를 저지른 명백한 증거가 있음에도 불의한 재판을 했기 때문입니다. 그뿐만 아니라, 범인이 무죄를 받고 풀려났다고 해서 그에게 영광이 되겠습니까? 아닙니다. 불의한 재판으로 목숨을 얻었다는 것이 평생 올무가 됩니다. 이에 대해 사람들에게 계속해서 지탄받을 바에야 차라리 교도소에서 무기징역을 받고 지내는 것이 편할 것입니다.

　하나님께서는 이러한 불의한 재판을 원하지 않으십니다. 왜입니까? 우리를 위해서입니다. 하나님께서는 공정한 재판을 통해 우리 대신 죄 없으신 예수님을 사형시키셨습니다. 그럼으로써 하나님께서 우리에게 베푸시는 의가 참된 의로 세워지고 유지될 수 있도록

하셨습니다. 우리를 진정으로 의인다운 의인으로 세우시기 위한 하나님의 뜻깊은 사랑이 아닐 수 없습니다.

하나님과 바른 관계를 회복한다는 것은 하나님과 사랑하는 관계를 회복하는 것을 말합니다. 죄를 더 사랑하고 육체를 더 사랑하고 세상을 더 사랑하는 삶을 청산하고, 하나님을 더 사랑하고 진리를 더 사랑하고 영원한 생명을 더 사랑하는 모습으로 주님 앞에 서는 것이 바로 하나님의 의입니다. 그러므로 우리가 해야 할 일이 무엇입니까? 하나님께서 독생자를 죽이기까지 우리에게 베푸신 사랑을 호흡하는 일입니다. 우리가 하나님의 사랑에 응답하지 않으면, 하나님의 사랑은 우리에게 하나님의 사랑일 수 없습니다. 이것은 마치, 저수지에서부터 우리 집 욕실 수도꼭지까지 파이프에 물이 꽉 차 있는데, 수도꼭지를 틀지 않으면 물이 쏟아지지 않는 것과 같습니다. 집 안의 전선에도 전기가 흐르고 있습니다. 그러나 스위치를 켜지 않으면 전등의 불빛도, 라디오의 소리도, 텔레비전의 영상도 절대 나타나지 않습니다.

누가복음 15장에는 탕자가 나옵니다. 탕자가 아버지의 사랑에 응답하지 않을 때는, 아버지의 사랑이 그에게 사랑이 되지 못했습니다. 탕자가 집을 나간 뒤 결국 거지가 되었을 때도 아버지에 대한 마음은 두려움밖에 없었습니다. 당연히 아버지가 노하실 것이라고 생각했기 때문입니다. 그런데 아버지 앞에 돌아와 품꾼 중 하나로 봐달라며 아버지에게 응답하려 하자, 그제야 비로소 아버지의 사랑이 어떤 것인지 구체적으로 체험했습니다. 그리고 그 사랑 안에서 옛 사고방식을 떨쳐 버리고 새롭게 거듭날 수 있었습니다. 우리가 어디에 있든지, 우리가 있는 곳에는 하나님의 사랑이 충만합니다. 문제는 그 하나님의 사랑에 얼마나 우리 자신을 드리고 응답하고 있느냐 하는 점입니다.

볼지어다 내가 문밖에 서서 두드리노니 누구든지 내 음성을 듣고 문을 열면 내가 그에게로 들어가 그와 더불어 먹고 그는 나와 더불어 먹으리라(계 3:20)

　　문을 여는 사람에게 주님께서 들어가 거하실 것이라고 하셨습니다. 그렇다면 충만하게 다가와 있는 하나님의 사랑에 어떻게 응답해야 하는 것입니까? 두말할 필요도 없이 '말씀'과 '기도'를 통해서입니다. 말씀을 읽으며 주님의 사랑과 실체를 확인할 수 있고, 기도하며 삶 속에서 역사하시는 하나님을 호흡할 수 있습니다.

　　우리 교회 성도분들 가운데 지방에서 출석하시는 분들은 집이 먼 관계로, 주일 낮 예배만 드리고 성경공부에는 참여하기가 어렵습니다. 그분들 가운데 한 젊은 부부가 있는데, 아내 되시는 분이 토요일에 전화를 주셨습니다. 혼자서 성경공부를 하다가 뜻밖의 기쁨을 누려 저와 나누고 싶다는 것이었습니다. 성도님은 전날인 금요일에 '새신자반' 테이프를 틀어 놓고 공부하고 있었는데, 테이프에 나오는 성경 말씀을 찾느라 잠시 공부를 멈추었습니다. 그런데 마침 언니에게서 전화가 왔습니다. 용한 점쟁이 집에 갔는데, 동자 귀신이 쓴 점쟁이라고 했습니다. 그런데 동자 귀신이 얼마나 족집게인지, 모르는 것이 없다고 했습니다. 그러면서 언니가 하는 말이 "너, 예수 믿지 마"라는 것이었습니다. 가족이 예수를 믿으면 동자 귀신 들린 점쟁이가 족집게처럼 못 집어낸다는 것이 이유였습니다. 그래서 성도님은 번민이 되어 잠까지 설치게 되었습니다.

　　그런데 토요일 아침, 전날에 이어 새신자반 테이프를 다시 듣는데, 하나님의 말씀은 귀신을 쫓는 말씀이라고 하면서 동자 귀신 이야기가 나왔다는 것입니다. 내용인즉, A라는 사람이 지인과 함께 만리동에 있는 동자 귀신 들린 점쟁이를 찾아갔는데, 그 점쟁이가 지인의 지갑 속에 있는 부적을 찾아내면서 그 부적은 유효기간이 끝나 오히려 화를 당하므로 없애라고 했습니다. 이에 지인이 자기는 부적 같은 것을 안 가지고 다닌다고 하자, 점쟁이가 지갑을 꺼내 잘 살펴보라고 하여 지갑 안쪽을 뜯으니 정말 부적이 나왔던 것입니다. 그 부적은 지인의 아내가 남편 몰래 넣은 것이었습니다. 남편도 모르는 것을 동자 귀신이 알아맞힌 것입니다. 그래서 이번엔 A가 나서서 자기를 좀 봐달라고 하니까, 점쟁이가 이렇게 말했습니다.

"당신에 대해서는 알 수 없네요. 예수 믿는 사람이기 때문입니다."

그 당시 A는 주일에 교회 출석하는 것을 신앙생활의 전부라 여기는 선데이크리스천이었습니다. 즉 A처럼 어수룩하게 예수님을 믿을지라도 주님 안에 있는 성도를 귀신도 어쩔 수 없다는 내용이 테이프에서 흘러나오자, 그 성도님은 전날 자신이 겪은 일과 너무 비슷해 놀라고 감격해서 저에게 전화를 한 것이었습니다. 우리가 하나님의 말씀 앞에서 진지하게 그 말씀을 붙잡고자 할 때, 하나님께서는 '내가 너와 함께하고 있다'는 사실을 이렇듯 구체적으로 확인시켜 주십니다.

맹천수 집사님이 쓰신 《맹 집사 이야기》에 이런 이야기가 있습니다. 맹 집사님 댁에 어떤 교인이 개를 한 마리 주었습니다. 우리가 아무리 기도를 생활화한다 해도 누가 개를 선물해 주면 그저 개 한 마리 주었다고 생각하지, 그 개를 놓고 기도하는 경우는 드뭅니다. 그런데 그분은 이렇게 기도했습니다.

'주님께서 이 개를 저희 집에 주실 때는 주님의 뜻이 있을 줄로

믿습니다.'

그러면서 언뜻 '이 개가 족보가 좋다고 하니, 잘 키우면 돈이 되겠지'라고 생각했습니다. 그런데 알고 본즉 족보가 좋은 개가 아니었습니다. 하지만 주님의 뜻에 대한 기대를 버리지 않았습니다. 하루는 집에 왔는데 식구들이 한 사람도 없었습니다. 아내도 나갔는데, 밥도 해놓지 않고 청소도 안 되어 있었습니다. 그런데 그 빈집에서 자기를 위해 뛰어나와 꼬리를 치는 것이 있었으니 바로 그 개였습니다. 그리고 다음 날 새벽기도를 드리는데, 개를 주신 하나님의 뜻을 깨닫게 되었습니다. 주인을 기쁘게 하기 위해 살아가는 개, 나 자신만을 위해 살아가는 나, 개보다 못한 나를 깨닫게 되었습니다. 이후 맹 집사님은 어떤 경우에도 주님을 기쁘게 해드리기 위해 자신의 삶을 가꾸어 갔습니다.

우리가 하나님을 사랑하고 기쁘게 해드리기 위해 기도할 때, 사랑으로 충만하게 역사하시는 주님께서 왜 깨우침을 주시지 않겠으며 무엇 때문에 우리의 삶을 가꾸어 가시지 않겠습니까? 지금 이 자리에 주님의 사랑이 충만합니다. 지금 우리의 심령에 주님의 사랑이 충만합니다. 우리가 혼자 있을 때일지라도 주님의 사랑은 충만합니다. 문제는 우리 영혼의 스위치를 켜는 일입니다. 우리가 예수 그리스도께 우리 자신을 온전히 맡긴다면, 당신의 독생자를 화목제물로 삼기까지 사랑하사 우리를 의롭다 하신 하나님께서, 창조주 아버지의 능력과 생명을 날마다 우리에게 채워 주실 것입니다. 세상을 이기는 힘은 오직 이 사랑에서 비롯됩니다.

15
율법을 굳게 세우느니라

로마서 3장 27-31절

그런즉 자랑할 데가 어디냐 있을 수가 없느니라 무슨 법으로냐 행위로냐 아니라 오직 믿음의 법으로니라 그러므로 사람이 의롭다 하심을 얻는 것은 율법의 행위에 있지 않고 믿음으로 되는 줄 우리가 인정하노라 하나님은 다만 유대인의 하나님이시냐 또한 이방인의 하나님은 아니시냐 진실로 이방인의 하나님도 되시느니라 할례자도 믿음으로 말미암아 또한 무할례자도 믿음으로 말미암아 의롭다 하실 하나님은 한 분이시니라 그런즉 우리가 믿음으로 말미암아 율법을 파기하느냐 그럴 수 없느니라 도리어 **율법을 굳게 세우느니라**

본문 27절이 이렇게 시작하고 있습니다.

그런즉 자랑할 데가 어디냐 있을 수가 없느니라 무슨 법으로냐 행위로냐 아니라 오직 믿음의 법으로니라 구원받은 우리에게 자랑할 것이 있느냐고 반문하고 있습니다. 그러면서 바울은 '있을 수 없다'고 했습니다. 왜냐하면 우리가 하나님께 구원받은 것이, 우리가 의롭게 행동했기 때문이 아니라 "믿음의 법"에 의해 의롭다 함을 받은 것이기 때문입니다.

그러면 믿음의 법이 무엇입니까?

그러므로 사람이 의롭다 하심을 얻는 것은 율법의 행위에 있지 않고 믿음으로 되는 줄 우리가 인정하노라(28절)

사람을 의롭다 하시는 분은 하나님이십니다. 하나님께서 의롭다 하시는 것을 우리가 얻은 것입니다. 하나님께서 우리를 어떻게 의롭다 하셨습니까? 은혜로, 예수님을 제물 삼으심으로, 오래 참으심으로, 죄를 간과해 주심으로 우리를 의롭다 하셨습니다. 그런데 하나님께서 주시는 의를 우리가 어떻게 받은 것입니까? 믿음으로입니다. "믿음으로 되는 줄 우리가 인정하노라"에서 '인정하다'라는 말은 확신한다는 뜻입니다.

여기에서 이런 질문이 제기될 수 있습니다. 그렇다면 믿는다는 것 자체는 우리의 공로가 아닌가 하는 질문입니다. 그러나 이것은 자랑거리가 되지 못합니다. 하나님께서 애초에 우리를 구원할 의도가 없으셨는데 우리가 믿음으로 그것이 이루어지도록 한 것이 아니라, 하나님께서 이미 십자가 구원을 이루어 놓으심으로 우리의 믿음이 가능할 수 있었던 것이기 때문입니다. 그러므로 믿음 자체도 하나님의 은총입니다. 유치원에 다니는 어린아이의 경우라면, 방에 있는 스위치를 켜서 불이 들어온 것을 자랑할 수 있고 그것이 대견해 보일 수 있습니다. 그러나 이것이 어른에게는 해당되지 않습니다. 오히려 어른의 경우는 밝은 곳에서 생활할 수 있도록 수고하는 분들에게 감사하는 마음을 갖습니다.

또 자랑할 것이 없는 이유가 있습니다.

하나님은 다만 유대인의 하나님이시냐 또한 이방인의 하나님은 아니시냐 진실로 이방인의 하나님도 되시느니라(29절)

우리는 본래 하나님을 아버지라고 부를 수 있는 자격을 지니지 못한 이방인입니다. 그런데 하나님의 은혜로 우리도 구원을 얻을 수 있도록 하나님께서 초청해 주셨습니다. 그리고 믿음으로 말미암는 의로 우리를 세워 주셨습니다. 결코 우리가 반듯하고 신실해서가 아니라, 순전히 하나님의 은혜로 인함이었습니다. 본문 22절은 "곧 예수 그리스도를 믿음으로 말미암아 모든 믿는 자에게 미치는 하나님의 의니 차별이 없느니라"고 말씀하였습니다. 우리도 믿음으로 아브라함, 모세, 다윗처럼 될 수 있는데, 이것이 바로 하나님의 은총에 의해 가능하다는 것입니다. 그래서 바울은 다음과 같이 말했습니다.

너희는 그 은혜에 의하여 믿음으로 말미암아 구원을 받았으니 이것은 너희에게서 난 것이 아니요 하나님의 선물이라 행위에서 난 것이 아니니 이는 누구든지 자랑하지 못하게 함이라(엡 2:8-9)

죽을 수밖에 없던 우리가 하나님께로부터 주어진 구원의 은총을 진실로 믿는다면, 우리가 자랑해야 할 것은 하나님 한 분뿐입니다. 하나님을 자랑하는 삶은 구체적으로 어떤 삶입니까? 본문 31절이 답해 주고 있습니다.

그런즉 우리가 믿음으로 말미암아 율법을 파기하느냐 그럴 수 없느니라 도
리어 율법을 굳게 세우느니라

헬라어 원문에는 "율법을 굳게 세우느니라"는 문장에 주어 '우리'
가 있습니다. 여기에서 말하는 우리란 '구원받은 우리'입니다. 구원
받은 우리가 율법을 굳게 세우는 것이, 우리를 자랑하는 것이 아니
라 하나님을 자랑하는 삶이 되는 것입니다.

어떤 사람들은 이야기하기를, 우리가 은혜로 구원받는 은혜의 시
대를 살아가고 있으므로 율법은 전부 폐해졌다고 합니다. 어떤 의
미에서 이 말은 맞습니다. 가령 구약에 나오는 것처럼 짐승의 피를
뿌리며 드리는 제사를 우리는 더 이상 드리지 않습니다. 그런데 예
수님께서 다음과 같이 말씀하셨습니다.

진실로 너희에게 이르노니 천지가 없어지기 전에는 율법의 일점일획도 결코
없어지지 아니하고 다 이루리라(마 5:18)

그렇다면 모순이 생깁니다. 예수님의 이 말씀대로라면 우리는 지
금도 짐승을 잡아서 제사를 드려야 하기 때문입니다. 그러나 이 혼
란은 율법에 대해 바른 이해가 없어서 생기는 것입니다.

율법에는 세 가지 측면이 있습니다. 첫째는 원칙의 측면, 둘째는
예식의 측면, 셋째는 계명의 측면입니다. 원칙의 측면에는 제사의
원칙, 정결의 원칙 등이 있습니다. 이스라엘 백성이 어떻게 하나님
앞에 설 수 있었습니까? 각종 제사와 제사장을 통해서입니다. 이스

라엘 백성이 자신을 어떻게 정결하게 구별했습니까? 부정한 것을 먹지 않는 것과 같은 규례를 통해서입니다. 예식의 측면을 살펴보면, 이스라엘 백성이 제사 지낼 때 소제의 경우 곡식을 절구에 넣고 고운 가루가 될 때까지 빻는다거나, 번제의 경우 동물의 가죽을 벗기고 각을 뜬 다음 내장을 씻고 마지막 한 덩이까지 태우는 것을 말합니다. 계명의 측면에는 '부모를 공경하라', '살인하지 말라', '도둑질하지 말라' 등의 계명이 해당됩니다.

그런데 예수님께서 십자가에서 죽으심으로 말미암아 율법의 원칙적 측면이 없어졌습니다. 주님께서 당신을 제물 삼아 영원한 제사를 드리심으로 제사의 원칙이 없어졌습니다. 주님의 보혈의 능력 안에서 우리가 정결을 경험하므로 정결의 원칙이 없어졌습니다. 또한 우리는 예수 그리스도를 통해 하나님 앞에 영적인 예배를 올릴 수 있게 되어 율법의 예식적 측면도 없어졌습니다.

그러나 나머지 하나, 율법의 계명적 측면은 남아 있습니다. 원칙과 예식은 폐해졌지만 계명은 결코 없어지지 않습니다. 즉 예수님께서 율법의 일점일획도 없어지지 않고 다 이루어져야 한다고 하신 것은 바로 계명을 의미하는 것입니다. 바울이 31절에서 율법을 굳게 세워야 한다고 했을 때도 이 계명을 의미합니다. 예수님께서 요한복음 14장 21절에서 "나의 계명을 지키는 자라야 나를 사랑하는 자니"라고 말씀하셨습니다. 우리가 예수님을 사랑한다는 증거, 우리와 하나님과의 관계가 회복되었다는 증거는 계명을 지킴으로써만 드러나는 것입니다. 그 외에는 다른 방법이 없습니다.

구약에 나오는 고멜이라는 여자는 남편을 두고 다른 남자와 부정을 저질렀습니다. 그것도 모자라 창녀처럼 지냈습니다. 그런데 남편 호세아가 그런 아내를 용서하고 집으로 데려왔습니다. 만약 고

멜이 남편과 자기의 관계가 회복되었음을 믿고 남편에게 진심으로 감사하게 여긴다면, 무엇으로 그것을 증거해야 합니까? 아내의 도리를 다하는 삶입니다. 그러나 계속해서 음행을 일삼는다면, 남편과의 관계 회복을 원하지 않거나 가정의 중요성을 인식하지 못하는 것입니다. 우리가 죽을 수밖에 없는 죄인이었으나 믿음으로 의롭다 여김 받고 하나님과의 관계가 회복되었음을 진정으로 깨닫는다면, 계명을 지킴으로써 그 관계 회복을 증명하는 삶을 살아야 합니다. 거룩한 삶이란 바로 주님의 계명을 지키는 삶입니다.

계명을 굳게 세운다는 것이 구체적으로 어떤 의미인지 살펴보시겠습니다. 예를 들어, '살인하지 말라'는 계명을 세우는 것이 다른 사람의 육신을 죽이지 않으면 되는 것입니까? '간음하지 말라'는 계명을 지키는 것이 자신의 아내 혹은 남편이 아닌 다른 여자 혹은 남자와 성적 관계를 맺지 않으면 되는 것입니까? 그렇지 않습니다. 문자적으로만 계명을 이루려 하면 형식주의자로 전락합니다. 계명을 굳게 세운다는 것은 그 계명에 깃든 '정신'을 지킨다는 의미입니다. 율법의 정신은 무엇입니까? '사랑'입니다.

피차 사랑의 빚 외에는 아무에게든지 아무 빚도 지지 말라 남을 사랑하는 자는 율법을 다 이루었느니라 간음하지 말라, 살인하지 말라, 도둑질하지 말라, 탐내지 말라 한 것과 그 외에 다른 계명이 있을지라도 네 이웃을 네 자신과 같이 사랑하라 하신 그 말씀 가운데 다 들었느니라 사랑은 이웃에게 악을 행하지 아니하나니 그러므로 사랑은 율법의 완성이니라(롬 13:8-10)

왜 살인하지 말고 도둑질하지 말아야 합니까? 그것은 이웃을 사랑하는 것이 아니기 때문입니다. 이웃을 사랑한다면, 살인할 수 없고, 도둑질할 수 없습니다. 그런데 우리가 이 계명들을 문자적으로만 받아들여 살인하지 않고 도둑질하지만 않으면 이웃을 사랑하는 사람이 되는 것입니까? 아닙니다. 이웃을 사랑함으로 이 계명들을 지키라는 것입니다.

어떻게 이웃을 사랑해야 합니까? 하나님께서 우리를 구원해 주시고 사랑해 주신 모습을 본받아 그대로 삶 속에서 구체적으로 실천해야 합니다. 하나님께서 우리를 어떻게 사랑해 주셨습니까? 첫째, 값없이 은혜를 베푸심으로 사랑해 주셨습니다(24절). 따라서 우리가 이웃을 사랑한다는 것은 그들에게 값없이 은혜를 베푸는 것입니다. 우리를 향한 하나님의 은혜는 예수 그리스도를 통해 바른 삶의 길을 보여 주신 것입니다. 이 은혜가 없었다면 우리는 여전히 바른 삶이 무엇인지 모른 채 어둠 속을 헤맬 것입니다. 자신이 정말 다른 사람을 사랑하여 자기 주머니에 있는 물질을 나누는 것은 훌륭한 일입니다. 그러나 그것만으로 사랑이 완성되는 것은 아닙니다. 자신이 사랑하는 그 사람 앞에서 바른 삶의 본을 보이는 것이 성숙한 사랑입니다. 부모가 자녀를 사랑하는데도 자녀가 타락하는 이유가 무엇입니까? 왜 자녀가 부모의 뜻대로 살지 않습니까? 이유는 간단합니다. 부모가 자녀들에게 바른 삶의 길을 보여 주지 않기 때문입니다.

우리 주위의 사람들이 절망이나 미혹에 빠져 있을 때 우리의 삶을 보고 해답을 얻는다면, 우리는 그들을 진정으로 사랑하고 있는 것입니다. 오늘날 교회가 사회로부터 비난받는 이유는 간단합니다. 바른 삶의 길을 보여 주고 있지 않기 때문입니다. 바울은 "내가 그리스도를 본받는 자가 된 것같이 너희는 나를 본받는 자가 되라"(고전 11:1)고 하였습니다. 이웃을 사랑하는 데 있어 그리스도인의 목표는 이와 같이 고백할 수 있는 단계에까지 나아가는 것입니다.

둘째, 하나님께서 당신의 독생자를 제물 삼으심으로 사랑해 주셨습니다(25절). 주님께서는 당신이 친히 제물이 되어 주심으로 우리를 살리셨습니다. 그렇다면 우리가 예수 그리스도의 정신을 이어받아 사랑한다는 것은, 다른 사람을 위해 우리도 제물이 되어야 함을 의미합니다. 많은 그리스도인들이 자주 망각하는 사실이 있습니다. 가령, 우리가 자녀의 등록금을 내야 하는데 돈이 없어서 하나님께 도와달라고 기도한다고 하십시다. 그래서 하나님께서 기도에 응답해 주시면, 우리는 빠뜨리지 않고 하나님께 감사드립니다. 그런데 이것으로 자신의 할 바를 다했다고 생각하므로 그 감사가 추상적으로 끝나고 맙니다. 내 그릇에 밥이 없어서 밥을 달라고 기도했더니 하나님께서 밥을 주셨다고 하는 것은, 누군가가 먹어야 할 밥이 나에게 온 것일 수 있음을 인지해야 합니다.

제가 지금 이 순간 여러분 앞에서 하나님의 말씀을 전하고 있습니다. 제가 이런 삶을 살기까지 제 주위의 많은 사람들이 제물이 되어 주었습니다. 그렇지 않았으면 지금의 제 모습은 있을 수 없습니다. 제가 신학을 하겠다고 결심한 뒤, 과거에는 하나님께서 주신 물질로 타락된 삶을 살았으니 이제는 평생 제 이름으로 된 집을 사지 않겠다고 기도했습니다. 하지만 저는 이 시공간을 살아가야 하기에 어딘가 지낼 공간이 필요합니다. 그 공간을 제 누님 내외가 주셨습니다. 저를 위해 희생을 감당해 주신 것입니다. 또 제 아내가 물심양면으로 기도하며 제물이 되어 주었기에 저는 마음 놓고 목회할 수 있는 것입니다.

많은 성도들이 주일에 은혜로운 예배를 드리게 해달라고 기도하며 교회에 나옵니다. 그 응답이 이루어지기 위해서는 교회에서 어떤 분은 청소로, 어떤 분은 꽃꽂이로, 어떤 분은 성가대 지휘로, 어떤 분은 반주로, 어떤 분은 주차 안내로 봉사함으로써 제물이 되어야 합니다. 이것을 깨닫는 것은 대단히 중요합니다. 왜입니까? 이것을 깨닫는 사람만이 진정으로 남을 위한 제물이 될 수 있기 때문입니다. 이것을 모르면, 일평생 하나님께 은혜를 받았다고 하면서도 이기적인 모습을 버리지 못하게 됩니다. 누군가가 제물이 되어 하나님의 응답이 우리에게 이루어진다는 것을 알아 우리 역시 다른 사람을 위한 제물이 될 때, 하나님의 능력과 응답이 삶에 더 구체적으로 드러납니다.

예수님께서 살아 계시는 동안 제자들은 주님의 능력을 직접 목격하며 주님과 함께 생활했습니다. 그러나 그들은 스스로 제물이 되려 하기는커녕 자신이 더 높다며 서로 다투기 바빴습니다. 그런 그들에게 아무런 능력도 일어나지 않았습니다. 그러나 예수님께서 돌아가신 뒤 그들이 세상 사람들을 위해 제물이 되기 시작하자, 그들을 통해 주님의 능력이 드러났습니다.

셋째, 하나님께서 길이 참으심으로 사랑해 주셨습니다(25절). 즉, 우리가 이 세상에서 사랑하는 삶을 살아가려면 길이 참아야 합니다. 바울은 "사도의 표가 된 것은 내가 너희 가운데서 모든 참음과 표적과 기사와 능력을 행한 것이라"(고후 12:12)고 했습니다. 우리는 죽은 사람을 살리고 병자를 고쳐야 위대한 하나님의 종이라고 생각합니다. 그런데 바울은 사도 된 표징의 첫 번째로 '참는 것'을 들었습니다. 참는 것은 고통이라고 했습니다. 사도는 하나님의 말씀을 굳게 세우는 사람이며, 하나님의 말씀은 사랑입니다. 아무리 사랑을 부르짖어도 고통을 감수하지 못한다면, 그 사람은 사랑이 없는 것입니다.

'길이 참으심'이라는 구절에서 '길이'라는 말은 시간적으로 '오래'
를 의미합니다. 그러나 또 한 가지 의미가 있습니다. '깊이'입니다.
한순간 깊이 참아야 할 때가 있습니다. 따라서 오래 참음뿐만 아니
라 깊이 참음도 우리의 삶 가운데 이루어져야 합니다.

지난 시간에 나눈 누가복음 15장 내용을 좀더 살펴보시겠습니
다. 둘째 아들이 집을 나가고자 아버지에게 재산을 달라고 했습니
다. 그러면 보통 사람 같으면 아들에게 재산을 줍니까? 안 줍니다.
대신 호되게 꾸지람을 할 것입니다. 그런데 성경에 나오는 아버지
는 탕자의 몫에 해당하는 재산을 주었습니다. 성질대로 때리고 혼
을 내도 탕자는 집을 나갈 것이 분명했기 때문입니다. 아버지는 나
중에 아들이 되돌아오게 하기 위해 그 순간을 깊이 참았습니다.

집을 나간 아들은 재산을 모두 탕진했습니다. 그러고는 아버지에
게 돌아가 품꾼이라도 해야겠다며 탄식했습니다. 만약 이 아들이
품꾼이 되더라도 아버지에게 돌아가야겠다고 생각하지 않았다면,
그 인생은 끝나고 말았을 것입니다. 아버지가 깊이 참았기에, 그 아
버지를 기억하고 아들이 되돌아온 것입니다.

그런데 문제가 있습니다. 우리에게는 감정이라는 것이 있습니다.
참으면 좋겠는데 화가 납니다. 분이 먼저 납니다. 그렇다면 화가 날
때 어떻게 해야 합니까? 에베소서 4장 26절은 "분을 내어도 죄를
짓지 말며 해가 지도록 분을 품지 말고"라고 말씀합니다. 주님께서
는 우리가 인간이기 때문에 분을 낼 수 있다는 점을 인정해 주십니
다. 그러나 분이 죄를 짓는 데까지 이어지지 않도록 해야 하며, 밤
이 되었는데도 분을 품고 있어서는 안 된다는 것입니다. 분을 품고
밤을 새웠다는 것이 무엇을 의미합니까? 밤새 주님을 한 번도 진지
하게 바라보지 않았다는 것입니다.

신앙을 지닌 부부도 어떤 이유로든 서로 싸울 수 있습니다. 의견이 대립될 수 있습니다. 문제는 싸우는 것이 아니라, 주님을 바라보려 하지 않고 계속 분을 품고 지내는 것입니다. 그러면 믿지 않는 부부와 무슨 차이가 있습니까? 에베소서 4장 27절은 "마귀에게 틈을 주지 말라"고 이어서 말씀합니다. 분을 내고 분의 노예가 된 채 하루 이틀이 지나면, 마귀가 틈을 타서 장난을 친다는 사실을 기억하시기 바랍니다.

넷째, 하나님께서 우리가 이전에 지은 죄를 간과하심으로 사랑해 주셨습니다(25절). 주님께서는 지금 이 순간의 나를 평가해 주십니다. 예전의 잘못은 모두 패스오버해 주셨습니다. 따라서 우리가 이웃을 사랑한다는 것은 그 사람의 과거로 그 사람을 판단하지 않는 것입니다. 우리는 누군가가 과거에 행한 잘못을 안경 삼아 그 사람을 평가할 때가 있습니다. 그러나 몇 년 전의 그는 오늘의 그가 아닙니다. 과거로 그를 판단하는 것은 오늘의 그를 과거의 그로 착각하는 것이며, 오늘의 그를 죽이는 행위라고도 할 수 있습니다. 만일 하나님께서 우리의 죄를 간과해 주시지 않았다면 우리의 인생은 벌써 끝났음을 잊지 말아야 합니다. 사랑은 상대방의 있는 그대로를 수용하는 것입니다.

이상 살펴본 바와 같이, 하나님께서 우리에게 보여 주신 사랑의 네 가지 원칙으로 우리가 이웃을 사랑하는 것이 곧 하나님의 율법을 굳게 세우는 것이요, 하나님을 사랑하는 것입니다. 우리가 어떤 상황에 처할지라도 사람들 앞에서 바른 삶의 본을 보이고, 다른 사람을 위한 제물이 되고, 오래 참고 깊이 참으면서, 상대의 지난 허물을 덮어 주면, 우리의 삶 속에서 천국을 누릴 수 있습니다. 예수 그리스도를 믿는다면서 매 주일 교회에 나와 열심히 찬양하고 설교를 들어도 마음에 근심과 어둠이 그치지 않는 까닭이 무엇입니까? 율법을 굳게 세우지 않기 때문입니다. 주님께서 "하나님의 나라는 너희 안에 있느니라"(눅 17:21)고 말씀하셨습니다. 죽어서나 천국을 가는 것이 아닙니다. 짧다면 짧지만 길면 긴 이 땅에서의 삶이 죽는 순간까지 지옥이 될 수도 있습니다.

진정 말씀 앞에서 자신이 죽을 수밖에 없는 죄인임을 믿으십니까? 그럼에도 죽기까지 사랑하신 예수 그리스도를 믿음으로 하나님께 의롭다 칭함 받고 하나님과의 관계가 회복되었음을 정말 깨닫고 계십니까? 그렇다면 지금부터라도 율법을 굳게 세우는 삶을 살아야 합니다. 예수 그리스도를 우리 삶의 과녁으로 삼고 하나님께서 보여 주신 사랑의 원칙대로 살아간다면, 우리는 어디에 있든지 천국의 권세를 세상에게 빼앗기지 않을 것입니다.

로마서 4장

16
성경이 무엇을 말하느냐

로마서 4장 1-8절

그런즉 육신으로 우리 조상인 아브라함이 무엇을 얻었다 하리요 만일 아브
라함이 행위로써 의롭다 하심을 받았으면 자랑할 것이 있으려니와 하나님
앞에서는 없느니라 **성경이 무엇을 말하느냐** 아브라함이 하나님을 믿으매 그
것이 그에게 의로 여겨진 바 되었느니라 일하는 자에게는 그 삯이 은혜로 여
겨지지 아니하고 보수로 여겨지거니와 일을 아니할지라도 경건하지 아니한
자를 의롭다 하시는 이를 믿는 자에게는 그의 믿음을 의로 여기시나니 일한
것이 없이 하나님께 의로 여기심을 받는 사람의 복에 대하여 다윗이 말한 바
불법이 사함을 받고 죄가 가리어짐을 받는 사람들은 복이 있고 주께서 그 죄
를 인정하지 아니하실 사람은 복이 있도다 함과 같으니라

본문 3절이 이렇게 시작합니다.

성경이 무엇을 말하느냐

바울이 로마서 3장에서 이신칭의에 대해 말했는데, 이신칭의에 대한 성경적 근거가 무엇인지, 그것이 과연 성경에서 말하는 대로 인지 스스로 묻고 있는 것입니다. 우리의 뜻이 아무리 아름답고 우리의 신념이 아무리 고상하다 해도, 그것이 영원한 말씀의 토대 위에 서 있지 않으면 참될 수 없습니다. 참된 것은 영원에서만 비롯되며, 영원한 것만 참되기 때문입니다. 우리가 주님을 믿는다고 하지만 말씀에서 한순간 떠나 버리면, 세상의 믿지 않는 사람들과 비교해 조금도 나을 것이 없음을 매일 삶의 현장에서 경험하고 있습니다. 그러므로 우리가 말씀의 토대 위에 굳건히 서 있기 위해서는 뚜렷한 성경관을 지녀야 합니다.

바울은 디모데후서 3장 15-17절에서 자신의 성경관을 피력했습니다. 우선 15절에서 총론을 이야기하고 있습니다.

또 어려서부터 성경을 알았나니 성경은 능히 너로 하여금 그리스도 예수 안에 있는 믿음으로 말미암아 구원에 이르는 지혜가 있게 하느니라

즉, 성경 말씀 속에 구원에 이르는 길이 있다는 것입니다. 그래서 바울은 날마다 성경 속으로 되돌아갔습니다. 성경을 떠나서는 구원이 없다는 것을 알았기 때문입니다. 이 세상에는 헤아릴 수 없을 만큼 많은 책과 글이 있습니다. 그러나 아무리 좋은 내용을 담고 있다 할지라도 성경에서 벗어난 글은 인간의 신념이나 사상을 강화시켜 줄 뿐, 인간의 삶을 거듭나게 하지는 못합니다. 사람을 거듭나게 하는 것은 하나님의 말씀, 생명의 말씀 외에는 없습니다. 이것이 성경에 대한 바울의 총론입니다.

16-17절은 각론을 이야기하고 있습니다.

모든 성경은 하나님의 감동으로 된 것으로 교훈과 책망과 바르게 함과 의로 교육하기에 유익하니 이는 하나님의 사람으로 온전하게 하며 모든 선한 일을 행할 능력을 갖추게 하려 함이라

'하나님의 사람으로 온전하게 한다'는 것은 온전한 인격이 되게 한다는 의미입니다. '모든 선한 일을 행할 능력을 갖추게 한다'는 것은 온전한 삶이 되게 한다는 의미입니다. 즉 하나님의 말씀 위에서 우리의 인격과 삶이 온전해질 수 있다는 것인데, 이것이 왜 하나님의 말씀 위에서만 가능합니까? 하나님의 말씀은 인간을 만드신 창조주의 말씀이기 때문입니다. 모든 물건은 만든 사람의 의도와 설명에 충실할 때 비로소 온전한 가치를 지닙니다. 만든 사람의 의도와 정반대로 물건이 사용되면 이내 망가지는 것과 같은 이치입니다.

시편 기자도 바울과 같은 생각으로 이렇게 고백했습니다.

주의 말씀은 내 발에 등이요 내 길에 빛이니이다(시 119:105)

하나님의 말씀이 없으면 삶 자체가 암흑 속으로 빠지게 됨을 시인이 깨달았기 때문입니다. 우리가 일주일만 하나님의 말씀을 생각하지 않는다고 가정해 보십시다. 한 달만 성경 말씀을 떠나 있다고 생각해 보십시다. 우리의 삶은 혼미 속으로 빠져들고 말 것입니다. 사람들이 이단에 빠지는 이유가 그들이 우리보다 믿음이 부족해서입니까? 이른바 광신적인 사람들이 이단에 더 잘 빠집니다. 이단의 실체는 하나님의 말씀이 아니라 인간의 말에 근거합니다. 그래서 이단에 빠진 사람은 인격이 변화되지 않고, 그 삶도 결코 온

전할 수 없는 것입니다.

세상이 하루가 다르게 바뀌고 있습니다. 사람들은 자신이 무슨 목적으로 살아야 하는지도 모른 채 바삐 살아가고 있습니다. 그러나 아무리 세상이 급변해도 하나님의 말씀 위에 서 있는 한, 우리는 온전한 삶을 이룰 수 있으며 더 나아가 세상을 변화시킬 수도 있습니다. 그 증거가 바로 바울입니다. 바울이 만사를 하나님의 말씀 위에서 생각하고 판단하고 행동한 결과, 그 한 사람의 삶을 통해 로마가 뒤바뀌었습니다. 그가 붙든 말씀이 창조주 하나님의 말씀이기 때문입니다.

바울은 이신칭의에 대한 성경적 근거를 창세기에 나오는 아브라함에게서 찾았습니다. 이것은 대단히 중요한 의미를 지닙니다. 이신칭의, 곧 믿음으로 구원을 얻는다는 것이 성경 중간에서 하루아침에 튀어나온 개념이 아니라, 성경 첫머리부터 소개되는 구원의 핵심이라는 것입니다. 바꾸어 말하면, 하나님의 은혜 없이는 구원 받을 사람이 한 사람도 없음을 바울이 강조하고 있는 것입니다.

그런즉 육신으로 우리 조상인 아브라함이 무엇을 얻었다 하리요 만일 아브라함이 행위로써 의롭다 하심을 받았으면 자랑할 것이 있으려니와 하나님 앞에서는 없느니라(1-2절)

아브라함이 의롭다 칭함 받은 것이 행위로 된 것이라면 그 행위를 자랑할 수 있을 터이지만, 행위로 된 것이 아니므로 자랑할 것이 없다는 말입니다. 이 부분에서 우리가 주의해야 할 점이 있습니다. 아브라함에게 선한 행위가 하나도 없었다든지, 아니면 예수 믿는 사람에게 행위가 전혀 필요 없다고 오해해서는 안 된다는 것입니다. 아브라함은 헤브론에 가서 하나님과 교제했고, 하나님을 영접했으며, 조카 롯에게 땅을 양보했습니다. 또 소돔에 있는 롯의 구원을 위해 하나님께 기도했습니다. 이런 행위가 아브라함 자신에게서 비롯된 것이라면 자랑할 수 있겠지만, 그 행위를 가능케 한 원동력은 다른 데 있었습니다. 그 원동력이 무엇입니까? 3절을 주목해 보십시오.

성경이 무엇을 말하느냐 아브라함이 하나님을 믿으매 그것이 그에게 의로 여겨진 바 되었느니라

아브라함이 의인이 될 수 있었던 것은 하나님을 믿었기 때문입니다. 그러면 이런 질문이 있을 수 있습니다. 아브라함의 믿음이 자랑거리가 될 수 있지 않겠는가? 질문에 답하자면, 자랑거리가 될 수 없습니다. 우상을 섬기던 아브라함이 먼저 하나님을 찾아 나선 것이 아니라, 하나님에 대해서 알지 못했던 아브라함을 하나님께서 먼저 찾으셨기 때문입니다. 그러므로 자랑을 한다면, 구원을 베풀어 주신 하나님의 은혜를 자랑해야 합니다.

우리 앞에 자동차가 한 대 있다고 하십시다. 이 자동차로 고속도로를 시속 100킬로미터로 달린다고 하십시다. 이때 자동차가 "나는 100킬로미터로 달릴 수 있다"며 스스로 자랑한다면, 이 자랑이 과연 의미가 있습니까? 자동차가 달릴 수 있는 것은 사람이 자동차를 만든 뒤 연료를 넣고 운전해 주기 때문입니다. 아무리 비싸고 좋은 자동차라고 해도 사람이 운전하지 않으면, 조금도 앞으로 나아갈 수 없습니다.

3절에 나오는 "그것이"라는 말은 사실 없어도 문장이 됩니다. 그럼에도 이 단어가 쓰인 것은 '믿음'을 강조하기 위해서입니다. 그러면 왜 믿음을 강조하고 있습니까? 믿음이 무엇인지 분명하게 깨우쳐 주기 위함입니다. 하란에 사는 아브라함에게 하나님의 은혜가 임했습니다. 그때 아브라함이 하나님을 믿었습니다. 그런데 그 믿음이 무엇으로 드러났느냐가 중요합니다. 이제부터 하나님을 믿겠다는 고백으로 그치지 않고, 하란을 떠나 가나안으로 가는 삶으로 드러났습니다(창 12:1-5).

당시 하란은 문화가 꽃핀 도시였습니다. 반면 가나안은 황무지와 다를 바 없었습니다. 아브라함은 자기가 그동안 영위해 온 안온한 삶을 버리고 하나님께서 명령하신 황무지로 떠났습니다. 어떻게 이렇게 할 수 있었습니까? 하나님을 믿었기 때문입니다. 그 믿음이 어떻게 주어진 것입니까? 하나님의 은혜로 인함입니다. 그래서 행위도, 믿음도 자랑할 것이 못 됩니다. 자랑할 것은 하나님의 은혜밖에 없습니다. 중요한 것은, 하나님의 은혜를 믿는 믿음은 반드시 행동을 수반한다는 사실입니다.

《전도 폭발》이라는 책을 쓴 제임스 케네디 목사님이 어떤 부인에게 이렇게 말했습니다.

"예수를 믿으십시오. 그러면 천국을 얻습니다."

그 부인은 목사님을 쳐다보면서 기가 찬 얼굴로 물었습니다.

"내가 예수를 믿는다고 말하면 천국을 얻는다는 것이 가능이나 한 말입니까?"

"부인, 저는 그렇게 말하지 않았습니다. 예수를 믿으면, 천국을 얻는다고 말씀드렸습니다."

부인이 그 말이 그 말이 아니냐고 반박하자, 케네디 목사님은 분명하게 이야기했습니다.

"저는 예수님을 믿는다고 말만 하면 천국을 얻는다고 하지 않고, 정말 예수님을 믿으면 천국을 얻는다고 했습니다."

여기에서 정말 믿는다는 것이 무슨 뜻입니까? 주님께 삶을 전적으로 의탁하는 것입니다. 마치 아브라함이 하란을 떠나 가나안으로 삶의 방향을 바꾼 것과 같습니다. 바울은 본문에서 이러한 믿음을 강조하고 있는 것입니다.

3절에서 "그에게"라는 말 역시, 없어도 문장이 성립합니다. 그런데 이 단어를 넣음으로써, 하나님을 믿을 때 하나님의 구원이 개별적으로 임한다는 것을 강조하고 있습니다.

비록 노아, 다니엘, 욥, 이 세 사람이 거기에 있을지라도 그들은 자기의 공의로 자기의 생명만 건지리라 나 주 여호와의 말이니라(겔 14:14)

노아는 세상 사람들이 비웃는 가운데서도 믿음으로 방주를 완공했습니다. 다니엘은 하나님을 향한 믿음을 지키기 위해 사자 굴에 던져지는 것도 두려워하지 않았습니다. 욥은 뼈를 깎는 고통과 환난을 믿음으로 이겨냈습니다. 모두가 최고의 의인들입니다. 그런데 그들이 믿음으로 아무리 큰 의를 얻었다 할지라도 그들의 의로는 자기 한 생명밖에 구원하지 못합니다. 자기의 의로는 자기 아내도, 자기 자식도 구원하지 못합니다. 하나님의 구원은 개별적으로 임하는 것이기 때문입니다.

우리는 여기에서 두 가지를 생각해 볼 수 있습니다. 첫째, 영세명領洗名에 대해서입니다. 가톨릭에서 영세명을 주는 것은 그 이름의 성인을 본받으라는 의미에서 보자면 아름다운 일입니다. 그런데 영세명을 주는 가톨릭의 신학적 배경은 다른 데 있습니다. 가톨릭이 성자라고 인정하는 사람들은 자신을 구원하고도 남을 만큼의 의를 남겨 두었다는 것입니다. 쉽게 설명하자면, 구원받기에 필요한 의가 열 개라고 한다면 성인들은 만 개, 십만 개를 남겨 두었다는 것입니다. 영세명에 해당하는 성자가 남겨 둔 그 여분의 의로 구원받는다는 것이 영세명을 주는 동기이자 이유입니다. 그러나 하나님께서는 자기의 의로는 자기 생명밖에 구원하지 못한다고 분명하게 못박아 말씀하셨습니다. 아내가 예수님을 잘 믿는다고 남편도 구원받는 것이 아닙니다.

둘째, 전도의 당위성과 시급성에 대해서입니다. 대통령이 예수님을 믿어 국민도 구원을 얻는 것이 아니며, 부모가 예수님을 믿는다고 자녀들도 구원받는 것이 아닙니다. 한 영혼 한 영혼이 주님을 믿음으로 구원을 얻는 것입니다. 따라서 한 영혼 한 영혼에게 복음을 전하는 것이 중요합니다. 이것이 구원받은 사람들의 사명입니다. 교회적으로나 개인적으로나 주님의 복음을 전하고 사랑을 실천하는 것이 우리의 의무입니다. 그 의무에 충실할 때 우리가 받은 구원이 참다운 구원이 될 수 있습니다. 하나님께서 나를 부르신 까닭은 나 혼자 구원받고 잘살라는 것이 아니라, 누군가 나를 위해 기도하고 은혜의 통로가 됨으로 내가 살아났듯이, 나 또한 누군가를 위한 주님의 도구로 삼으시기 위함입니다.

본문 3절에서 "의로 여겨진 바"라는 구절에 주목해 보십시다. 여기에서 '여겨졌다'에 해당하는 헬라어 '로기조마이λογίζομαι'는 '자기 계정으로 처리하다'라는 의미입니다. 예를 들어, 아들이 미국에서 여행 중에 있다고 하십시다. 그런데 이 아들이 아버지에게 전화를 걸어 "아버지, 돈이 다 떨어졌는데 어쩌지요?" 하고 물었습니다. 아버지는 아들의 위치를 확인하고 미국에 있는 자신의 지인에게 가서 돈을 받으라고 말합니다. 그러고서 바로 지인에게 전화를 걸어 사정을 설명하고 아들이 오면 돈을 주되, 그 돈은 자신의 계정에서 제할 것을 이야기합니다. 바꾸어 말하면, 자기 이름으로 달아 놓으라는 것이며, 자신이 책임지겠다는 말입니다.

우리가 하나님 아버지를 믿을 때 하나님께서 의로 여겨 주시고 우리와의 관계를 회복시켜 주신다는 사실은, 그 이후부터 하나님께서 책임지신다는 것입니다. 그 증거가 아브라함입니다. 아브라함이 삶의 방향을 바꾸어 하란을 떠나 가나안으로 향했습니다. 그 이후부터 아브라함이 바른 삶만 살았습니까? 아닙니다. 애굽에서 아내를 누이라고 속이고, 아들을 얻으려 첩을 들이고, 약속의 땅을 떠나 그랄로 가기도 했습니다. 그러나 아브라함이 가나안으로 방향을 바꾼 이후 하나님께서 그의 삶을 줄곧 책임지셨습니다. 더 큰 사랑으로 그를 바로 세워 주셨습니다.

본문 4-5절 상반절이 이렇게 이어지고 있습니다.

공로가 있는 사람이 받는 보수는 자기가 마땅히 받을 품삯을 받는 것이지 결코 선물로 받는 것은 아닙니다. 그러나 아무 공로가 없는 사람이라도 하느님을 믿으면 믿음을 통해서 하느님과 올바른 관계를 얻게 됩니다. (공동번역)

내가 어디 가서 일하고 받는 보수는 내 몫이요 권리이므로 은혜가 될 까닭이 없습니다. 그러나 하나님 앞에 내세울 공로가 하나도 없을 뿐더러 죽을 수밖에 없는 죄인에게는, 믿음을 통해 의인이 되고 하나님과의 관계가 회복되며 영원한 생명을 누린다는 것보다 더 기쁜 소식은 없습니다.

바울은 성경을 근거로 이신칭의를 설명하면서 다윗의 시로 결론 맺고 있습니다. 다윗은 한순간의 정욕으로 신하의 아내를 빼앗고 신하를 죽인 사람입니다. 요즘 말로 하면 가정파괴범입니다. 그러나 그가 하나님 앞에서 회개하고 삶의 방향을 바꾸자 하나님께서 그를 다시 살리고 세워 주셨습니다. 본문 7-8절은 이러한 다윗이 시편 32편 1-2절에서 고백한 내용을 바울이 인용해 놓은 것입니다. 죽을 수밖에 없는 죄인임에도 하나님께서 그 죄를 사해 주시니 얼마나 복된 은혜입니까? 하나님을 찬양하는 다윗의 시는 대단히 중요한 의미를 지닙니다.

불법이 사함을 받고 죄가 가리어짐을 받는 사람들은 복이 있고 주께서 그 죄를 인정하지 아니하실 사람은 복이 있도다 함과 같으니라

여기에서 차례대로 나오는 "불법", "죄", "죄"라는 단어는 히브리어 원문에는 모두 다르게 표기되어 있습니다. 첫 번째 '불법'에 해당하는 히브리어 '페샤פשע'는 그야말로 법을 위반한 죄, 현행법에 반한 죄입니다. 따라서 외부로 드러난 죄입니다. 두 번째 '죄'에 해당하는 '하타아חטאה'는 본질적인 죄성으로, 죄에 물들어 있는 우리의 바탕을 말합니다. 세 번째 '죄'에 해당하는 '아본עון'은 본질적인 죄로부터 파생되는 죄입니다. 쉽게 설명하면, 금형이 있고 금형 밖에 온갖 더러운 것이 붙어 있다고 할 때 그 더러운 것들이 페샤입니다. 하타아는 금형 자체가 이지러져 온전한 금형의 모습을 상실한 것입니다. 이 이지러진 금형에 무엇을 넣는다 해도 이지러진 것들이 나올 수밖에 없는데 그 결과물들이 아본입니다.

이 같은 죄를 하나님께서 몽땅 용서해 주신다는 것인데, 어떻게

용서해 주신다는 것입니까? 먼저, "사함을 받고"라고 했습니다. '사함'이란 히브리어로 '네쑤이נְשׂוּי'인데, 밖으로 드러난 죄를 닦아 주는 것을 의미합니다. "가리어짐을 받는"에 해당하는 '케쑤이כְּסוּי'는 이지러진 금형을 다시 녹여 새로운 금형으로 만들듯 본질적으로 고치는 것을 뜻합니다. "인정하지 아니하실"에 해당하는 '로 야흐쇼브לֹא יַחְשֹׁב'는 이지러진 금형에서 이지러진 것이 나온 상태인데도 하나님께서 이것은 이지러진 것이 아니라고 여겨 주시는 것입니다.

하나님을 믿음으로 하나님께 자신의 삶을 의탁하자, 우상을 섬기던 아브라함, 겁쟁이처럼 살던 아브라함이 믿음의 조상으로 세워졌고, 한 가정을 파괴한 다윗이 이스라엘 건국의 아버지로 높임 받았습니다. 우리 또한 하나님을 믿음으로 이와 같은 은혜를 누릴 수 있습니다. 우리가 정말 주님을 믿는다면, 우리의 믿음이 입술의 고백으로 끝나는 것이 아니라 주님께 우리의 삶을 의탁하는 것으로 드러나야 합니다. 하란에서 가나안으로 삶의 방향을 돌려야 합니다. 그때 비로소, 우리의 모든 죄를 도말해 주시고 우리에게 새 생명을 채워 주시는 하나님의 은혜로 말미암아 세상 가운데 참다운 믿음의 승리자로 우뚝 서게 될 것입니다.

17
이 복이

로마서 4장 9절

그런즉 **이 복이** 할례자에게냐 혹은 무할례자에게도냐 무릇 우리가 말하기를 아브라함에게는 그 믿음이 의로 여겨졌다 하노라

일본의 어느 출판사가 19세 된 여배우의 누드 사진집을 출간했는데, 초판 3만 부가 며칠 만에 팔려 많은 사람들이 개탄하고 있습니다. 책값이 한 권에 2만 8천 원이나 할 정도로 비싼데도 주로 청소년들이 그 책을 샀고, 출판사는 다시 2만 부를 찍고 있다고 합니다. 그 사진집의 주인공인 미야자와 리에는 지난 월요일 다카하나다(＊후일 다카노하나로 개명)라는 일본 최고의 스모 선수와 결혼한다고 발표했습니다(＊약혼 후 이듬해 1월 파혼함). 16일 아사히 텔레비전을 통해 방영된 인터뷰에서 이 소녀는 심경을 묻는 질문에 "최고로 행복합니다"라고 대답했습니다.

인기와 명성을 모두 갖춘 선남선녀가 만나면 과연 행복이 보장됩니까? 미국에서 발간되는 의학연감에 의하면, 세계에서 정신과 의

사들이 가장 많이 개업하는 곳이 미국의 비벌리힐스라고 합니다. 비벌리힐스의 주민은 약 3만 3천 명인데, 그 동네의 정신과 의사가 무려 193명입니다. 주민 171명당 의사 한 명을 둔 셈입니다. 비벌리힐스는 세계에서 가장 유명한 배우들이 사는 곳으로 유명합니다. 그런데 그곳에 정신과가 성업한다는 것은 그들의 결혼과 삶이 행복하지 못하다는 것을 의미합니다. 세계 어디를 막론하고 유명하고 잘생긴 사람이 결혼해서 정말 행복하게 잘사는 경우를 찾아보기 어렵습니다. 그만큼 인기, 아름다움, 명성은 행복의 절대적인 조건이 될 수 없다는 것입니다. 그런데도 수많은 사람들은 이런 것들을 행복의 척도로 생각하고 연연해하고 있습니다.

한국갤럽조사연구소가 우리나라를 포함해 18개 나라의 2만 4천 명에게 "당신은 얼마나 행복하십니까?"라는 질문으로 행복도를 조사했습니다. 그 결과, 대한민국이 18개 나라 가운데 꼴찌를 했습니다. 행복도 10점 만점에 한국 사람들은 5.3점밖에 안 되었습니다. 이것이 무엇을 의미합니까? 길에 다니는 한국 사람의 마음 반쪽이 불행으로 차 있다는 것입니다. 겉으로는 멀쩡해 보여도 마음 반쪽에서 불행이 소용돌이치고 끓어오르고 있는 것입니다. 해진 양말이나 신발을 신고 다니던 20여 년 전과 비교하면 오늘날 한국 사회는 너무도 잘살게 되었습니다. 그런데 그때보다 행복하다는 사람은 적습니다. 행복은커녕 더 많은 문제들로 고통스러워하고 있습니다.

현대그룹을 이끌던 정주영 씨가 1992년 1월 통일국민당을 창당하자, 기자들이 "정치가 사업보다 어렵지 않습니까?" 하고 질문했습니다. 정주영 씨는 오히려 "요즘 참 행복합니다"라고 답했습니다. 사업할 때는 이 사람 저 사람 눈치 보느라고 정치적 소신을 잘 말하지 못했는데, 이제는 그럴 수 있어 행복하고 속이 시원하다는 것이었습니다. 지금 세 명의 대통령 후보가 열심히 선거운동을 하며 뛰고 있습니다(＊제14대 대통령 후보로 김영삼, 김대중, 정주영 후보를 가리킴). 한 가지 분명하게 예측할 수 있는 것은 그 세 사람 중 두 사람은 떨어진다는 것입니다. 떨어지는 사람은 참담한 패배감을 맛보아야 합니다. 어떤 면에서는 떨어진 사람이 더 행복할지도 모릅니다. 붙은 사람이 과연 행복하기만 하겠습니까? 인생은 언덕이 높을수록 골이 깊기 마련입니다. 우리가 흔히 생각하기에 대통령이 되어 권세를 누리는 것이 좋을 것 같지만, 그 이면에는 반드시 깊은 골이 있습니다.

얼마 전 신문에 고 박정희 대통령의 아들 박지만 씨, 딸 박근령 씨를 장시간 인터뷰한 기사가 실렸습니다. 인터뷰에서 두 사람은, 아버지가 살아 계셨을 때도 그렇고 지금도 그렇고 그저 평범한 사람으로 살고 싶다는 속내를 내비쳤습니다. 만약 대통령의 자녀로 살던 세월이 행복했다면 그 시절을 그리워해야 마땅하지 않겠습니까? 권력 있는 삶이 결코 행복의 조건이 아님을 보여 주는 대목입니다.

행복은 절대 옆으로부터 오지 않습니다. 내 옆에 있는 것들로부터 행복이 오지 않는다는 것입니다. 참된 행복은 시작부터 끝까지 행복이어야만 합니다. 그런데 옆으로부터 주어지는 행복은 영원하지 못합니다. 언젠가는 깨지는 행복입니다. 우리는 그것이 참된 행복이라고 착각하고 잠시 자기도취에 빠지는 것입니다. 착각과 도취의 정도가 클수록, 진실을 깨닫는 순간에 더 큰 괴로움을 겪습니다. 세상이 자기를 배신한 것처럼 처절한 절망감에 사로잡히기도 합니다. 그러면 참된 행복은 어디에서 오는 것입니까? 위로부터입니다. 위로부터 오는 행복은 마음속에 차고 넘쳐, 결국 밖으로 흘러

나오게 됩니다. 즉, 행복은 옆으로부터 세상과의 관계에서 오는 것이 아니라, 위로부터 하나님과의 관계 속에서 주어지는 것입니다.

본문 말씀이 어떻게 시작되고 있습니까?

그런즉 이 복이(9절 상)

그냥 복이라고 하지 않고 "이 복"이라고 전하고 있습니다. 이 복이란 어떤 복입니까? 6-8절에서 언급된 복을 가리킵니다. 6절에서 "일한 것이 없이 하나님께 의로 여기심을 받는 사람의 복"이라고 하였습니다. 이것은 자신의 공로가 없어도, 죄인임에도 불구하고 하나님께서 의롭다고 여겨 주셔서 하나님과의 관계가 회복되는 것이 복임을 의미합니다. 이 세상에서 정말 복된 사람은 하나님과의 관계가 회복된 사람입니다.

하나님과의 관계가 회복된 사람만이 이 세상에서 행복한 삶을 살 수 있습니다. 그 이유가 무엇입니까? 첫째, 하나님과의 관계가 회복되면 죄 문제가 해결되기 때문입니다. 그리스도인 중에서도 죄를 관념적으로 생각하거나 추상적 이론으로 바라보는 사람들이 많습니다. 그러나 성경은 죄를 어떤 관념이나 이론이 아니라 살아 움직이는 실재로서의 힘, 즉 권세로 설명하고 있습니다. 이런 까닭에 바울은 로마서 7장 23절에서 자신의 몸속에 있는 죄의 법에 자신이 사로잡힘을 보며 한탄하기도 합니다. 즉 죄는 우리를 사로잡고, 얽어매고, 속박할 수 있는 권세를 지닌다는 것입니다.

죄가 우리를 어떻게 얽어매고 속박합니까? 두 가지 방법이 있습니다. 우선, 죄의식을 갖지 않게 합니다. 전혀 죄를 인식하지 못하게 하는 것입니다. 그래서 세월이 흐르면서 바늘 도둑이 소 도둑 되 듯이 죄에 대한 면역성이 길러지고, 나중에는 죄를 즐기게까지 됩 니다. 이렇게 죄에 대해 무딘 삶을 살다가 스스로를 파멸하게 만듭 니다. 또 다른 방법은, 죄의식의 노예가 되게 하는 것입니다. 아무 리 죄의식이 없는 사람이라도 급박한 상황에서는 본능적으로 죄의 식을 갖기 마련입니다. 캄캄한 밤중에 갑자기 벼락이 치면 대개 두 려움을 느낍니다. 이 두려움은 죽음에 대한 두려움이 아니라 심판 에 대한 두려움입니다. 1991년 필리핀에서 피나투보 화산이 폭발 했을 때에도 이 점을 확인할 수 있습니다. 그때 구사일생으로 살아 남은 사람들이 있었는데 기자들이 그들에게 무엇이 가장 두려웠는 지 물었더니, 죽는다는 생각에 앞서 하늘의 심판이 가장 두려웠다 고 대답했습니다.

죄의 권세가 사람들로 하여금 죄의식의 노예가 되게 한다는 것 은, 이러한 극적인 상황이 아닌 평소의 삶 속에서 아무것도 못할 정 도로 심판에 대한 두려움으로 떨게 만드는 것입니다. 얼마 전 한 여 교사가 사랑하는 제자를 매로 때렸는데 제자의 팔이 부러졌습니다. 그런데 선생님이 그 일로 죄의식을 견디지 못해 자살하고 말았습니 다. 죄의식은 선생님으로 하여금 그 학생을 포함하여 앞으로 학생 들에게 사랑을 전할 일을 비롯해, 아내로서의 사명, 엄마로서의 사 명, 자식으로서의 사명, 대한민국 국민으로서의 사명…… 이 모든 것을 포기하게 하고, 결국 죽음으로 이끌었습니다. 또 어떤 사람은 음주 운전으로 사람을 치어 죽인 후 죄의식으로 인해 폐인의 삶을 살아가기도 합니다.

그런데 심판주께서 말씀하시기를 우리의 죄를 도말하여 기억조 차 하지 않으리라고 하셨습니다(사 43:25). 동이 서에서 먼 것처럼 우리의 죄를 멀리 옮겼다고 하셨습니다(시 103:12). 우리의 죄가 진홍같이 붉을지라도 양털같이 희게 되리라고 하셨습니다(사 1:18). 우리가 하나님을 믿음으로 하나님과의 관계가 회복되면, 죄의식에서 자유를 얻을 뿐만 아니라 말씀에 대한 깨달음과 양심의 찔림을 통해 죄의 유혹에도 빠지지 않게 되는 것입니다. 인간의 불행이 언제 시작되었습니까? 죄를 지으면서부터입니다. 이 죄의 문제가 해결되면 행복해지는 것은 자명한 사실입니다.

둘째, 하나님과의 관계가 회복되면 죽음의 공포로부터 자유를 얻기 때문입니다. 하나님과의 관계가 회복되면 영원한 생명이 주어지기 때문입니다. 주님께서 특히 요한복음 3장에서 '영생'이라는 단어를 네 번, 같은 의미로 '하나님 나라'를 두 번, '하늘'을 네 번, 모두 열 번을 말씀하고 계십니다. 사람들이 그만큼 영생을 믿지 않기 때문입니다. 믿는 것 같으면서도 실제로는 믿지 않는 경우가 많습니다. 영원한 생명을 믿지 않을 때 결국 우리의 삶은 이 세상에 국한될 수밖에 없고, 죽음의 공포 속에 갇힌 삶이 될 수밖에 없습니다. 그 공포는 생명과 단절로부터 야기되는 것입니다.

이 세상에서 죽지 않겠다는 일념으로 아무런 의미 없이 생명을 연장시키거나 일방적으로 연장당하고 있는 사람들이 얼마나 많습니까? 죽으면 끝이라 생각하고 영생을 믿지 않기 때문입니다. 일반적으로 사람들이 밤에 이불을 펴고 잠자리에 들어 잠을 청할 수 있는 것은 의식하지 않아도 한 가지 믿음이 있기 때문입니다. 내일이 있다는 믿음입니다. 만약 내일이 없다고 여긴다면, 그 사람은 절대 잠이 들 수 없습니다. 그런데 사도행전 12장 6-7절을 보면, 감옥에 갇힌 베드로가 다음 날이면 사형을 당하게 되었는데 그날 밤 천사가 와서 옆구리를 쳐 깨울 정도로 잠이 든 모습이 나옵니다. 이처럼 우리는 죽음을 두려움 없이 담담하게, 아니 오히려 기쁨으로 받아들일 수 있습니까? 그리스도인이라면 그럴 수 있어야 하는 이유가 바로 영원한 생명을 믿기 때문입니다. 믿는 순간부터 우리는 실제적으로 영원한 생명으로 들어가기 때문입니다.

우리 교회가 후원하는 인도네시아의 이장호 선교사님(*현재 높은뜻광성교회 담임목사)이 아버님이 돌아가셔서 잠시 한국에 왔습니다. 그의 아버님은 오랫동안 불교를 믿으셨는데, 이장호 선교사님이 예수님을 믿으면서 부모님과 형님 모두 예수님을 영접하게 되었습니다. 그의 아버님이 돌아가신 다음 날 이장호 선교사님과 형님이 저에게 전화를 했는데, 형님이 이런 말을 했습니다.

"그동안 교회를 다니면서도 사실 기쁨과 평화를 잘 몰랐는데, 이번에 아버지의 임종을 지켜보며 정말 천국과 영생이 있다는 것을 깨달았습니다. 아버지께서 돌아가실 때 그 표정에서 죽음이 아니라 생명을 목격했습니다. 천국과 영생으로 들어가지 않는다면 결코 지을 수 없는 표정이었습니다."

예수 그리스도를 믿고 돌아가시는 분들은 시신의 표정이 다릅니다. 믿음이 깊으신 분들은 표정이 더 좋습니다. 천국에 입성하는 기쁨이 얼굴에 드러날 수밖에 없습니다. 주님을 믿는 모든 사람에게 주어지는 죽음은 어떤 형태의 죽음이든지 은총입니다. 이 관문을 통과하면 영생이 시작되기 때문입니다.

단순히 죽는다고 생각하면 끔찍하지만, 집에 가다가 천국으로 가는 것이라고 생각하면 죽음의 의미가 달라집니다. 조성기 작가는 그리스도인이 죽음을 겪지 않은 채 부활하고자 하는 것은 사기라고 했습니다. 죽음을 통하지 않고 영생으로 들어갈 수 있다면, 예수님께서 왜 죽으신 것입니까? 영생을 믿기에 죽음으로부터 자유함을 느끼며 휴거를 원하는 것과, 죽음의 공포에 휩싸여 휴거에 집착하는 것은 분명하게 다릅니다. 죄로 인해 인간의 삶 속에 죽음이 들어옴으로써 불행이 시작되었다면, 인간에게 영원한 생명이 주어짐으로 행복이 시작됩니다. 하나님과의 관계가 회복될 때에만 영원한 생명이 주어짐으로 천국에서는 물론이요 이 세상에서도 행복을 누릴 수 있는 것입니다.

셋째, 하나님과의 관계가 회복되면 하나님의 함께하심을 경험하기 때문입니다. 아기가 엄마 품속에 있을 때 그 얼굴이 얼마나 평화롭습니까? 엄마 곁에 있다는 것만으로도 기쁨과 평화를 누립니다. 하물며 영원하신 하나님, 전능하신 하나님, 사랑의 하나님께서 우리의 손목을 붙잡고 함께하시는데 우리가 어찌 행복하지 않을 수 있겠습니까? 우리가 어찌 모든 것에 감사하고 자족하지 않을 수 있겠습니까? 내 생각과 어긋나는 일이 일어난다 해도, 내 생각보다 더 높은 뜻과 계획을 지니신 하나님께서 나와 함께하시므로, 더 아름답고 선한 방향으로 나를 친히 인도하실 것이기 때문입니다. 그래서 다윗은 다음과 같이 고백했습니다.

여호와는 나의 목자시니 내게 부족함이 없으리로다(시 23:1)
내가 사망의 음침한 골짜기로 다닐지라도 해를 두려워하지 않을 것은 주께서 나와 함께하심이라(시 23:4)

주님께서 같이 계시면 왜 부족함이 없습니까? 그것 자체가 넘치는 행복이기 때문입니다. 주님께서 함께하시므로 해를 두려워하지 않을 것이라는 말은, 주님께서 함께하시면 자신이 해를 당해도 좋다는 의미입니다. 설령 해를 당한다 해도 하나님께서 자신을 보다 나은 삶으로 이끌어 주기 위해 훈련시키시는 것이라 믿기 때문입니다. 사울이 다윗을 죽이려고 10년 동안 쫓아다닐 때, 다윗은 사울을 죽일 수 있는 기회가 있었어도 죽이지 않았습니다. 다윗이 자신이 입을 수 있는 해를 두려워하지 않은 까닭입니다. 다윗의 이 같은 삶은 결국 하나님의 위대한 도구로 귀결되었습니다.

영원하고 참된 행복을 어떻게 얻을 수 있는지 9절을 다시 보면서 생각해 보십시다.

그런즉 이 복이 할례자에게냐 혹은 무할례자에게도냐 무릇 우리가 말하기를 아브라함에게는 그 믿음이 의로 여겨졌다 하노라

즉 아브라함이 하나님과의 관계가 회복될 수 있었던 것은 믿음으로 인함이었습니다. 아브라함은 하란에서 우상을 섬겼습니다. 그런데 그에게 위로부터 하나님의 은혜가 임했습니다. 아브라함은 그 하나님의 은혜를 믿었을 뿐입니다. 그 믿음이 무엇으로 드러났습니까? 하란을 떠나는 것으로 드러났습니다. 우상을 섬기던 하란의 삶이란 곧 자기 자신에게 집착하는 삶입니다. 그 삶을 끊고 가나안으로 갔다는 것은 하나님께 자신의 전부를 던졌다는 것입니다. 하나님께서는 그런 아브라함을 의인이자 영원한 믿음의 조상으로 세워 주셨습니다.

4천 년 전 아브라함에게 임한 하나님의 은총이 지금 이 시간 우리에게도 충만하게 임해 있습니다. 죄사함의 은총, 영원한 생명의 은총, 하나님께서 함께하시는 은총을 우리가 믿는 일만 남았습니다. 옆으로부터 오는 것이 우리의 문제를 해결해 준다는 하란의 사고

방식을 끊고 하나님께 모든 것을 의탁하며 나아갈 때, 우리의 삶은 하나님의 도구로 쓰임 받을 뿐만 아니라 하나님께서 책임져 주시는 영원한 행복으로 가득 채워질 것입니다. 참된 행복은 위로부터 임하기 때문입니다.

이 복이

18
그가 믿은 바

로마서 4장 10-17절

그런즉 그것이 어떻게 여겨졌느냐 할례시냐 무할례시냐 할례시가 아니요 무
할례시니라 그가 할례의 표를 받은 것은 무할례시에 믿음으로 된 의를 인친
것이니 이는 무할례자로서 믿는 모든 자의 조상이 되어 그들도 의로 여기심
을 얻게 하려 하심이라 또한 할례자의 조상이 되었나니 곧 할례 받을 자에
게뿐 아니라 우리 조상 아브라함이 무할례시에 가졌던 믿음의 자취를 따르
는 자들에게도 그러하니라 아브라함이나 그 후손에게 세상의 상속자가 되리
라고 하신 언약은 율법으로 말미암은 것이 아니요 오직 믿음의 의로 말미암
은 것이니라 만일 율법에 속한 자들이 상속자이면 믿음은 헛것이 되고 약속
은 파기되었느니라 율법은 진노를 이루게 하나니 율법이 없는 곳에는 범법
도 없느니라 그러므로 상속자가 되는 그것이 은혜에 속하기 위하여 믿음으
로 되나니 이는 그 약속을 그 모든 후손에게 굳게 하려 하심이라 율법에 속
한 자에게뿐만 아니라 아브라함의 믿음에 속한 자에게도 그러하니 아브라함
은 우리 모든 사람의 조상이라 기록된 바 내가 너를 많은 민족의 조상으로
세웠다 하심과 같으니 **그가 믿은 바** 하나님은 죽은 자를 살리시며 없는 것을
있는 것으로 부르시는 이시니라

본문 10절은 바울의 질문으로 시작됩니다.

그런즉 그것이 어떻게 여겨졌느냐 할례시냐 무할례시냐 할례시가 아니요 무할례시니라

아브라함이 하나님께로부터 임한 은총을 믿음으로 하나님과의 관계가 회복되었습니다. 그런데 아브라함의 믿음이 하나님께 언제 의로 여김 받았는지, 아브라함이 할례를 받았을 때였는지 아니면 할례 받지 않았을 때였는지, 바울이 묻고 있는 것입니다. 할례는 오늘날의 세례에 해당하며, 하나님의 뜻대로 살겠다는 결단의 예식입니다. 그러므로 질문을 바꿔 보면, 하나님의 뜻대로 살고자 이미 결단한 때였는지, 아니면 그러한 결단이 없었던 때였는지 묻고 있는 것입니다. 그러고서 바울이 자답하기를 "무할례시", 즉 할례를 받지 않았을 때라고 하였습니다.

아브라함이 할례를 받은 것은 99세 때였습니다. 그런데 하나님께서 아브라함을 부르신 때는 아브라함이 75세 때였습니다. 그러니까 아브라함이 할례 받기 24년 전에 하나님께서 은총을 주신 것입니다. 만일 하나님의 은총이 하나님의 뜻대로 사는 사람들에게만 주어진다면, 아브라함은 그 은총을 절대 얻을 수 없었습니다. 아브라함은 하나님의 뜻대로 살던 사람이 아니라 하란에서 우상을 섬기던 사람이었기 때문입니다. 그럼에도 하나님의 은총이 그에게 임했고, 아브라함이 그 하나님의 은총을 믿은 것입니다.

이 사실은 대단히 중요합니다. 하나님의 구원의 은총은 인간의 노력, 애씀, 공로로 받는 것이 아니라, 하나님의 일방적인 사랑과 긍휼하심으로 주어지는 것임을 일깨워 주기 때문입니다. 본문에서

바울이 이 사실을 계속해서 강조하는 이유는, 하나님의 구원의 은총이 우리의 공로와 상관없이 하나님께로부터 시작되는 것임을 정확하게 깨닫지 못하면, 바른 믿음이 세워질 수 없을 뿐더러 우리의 믿음이 헝클어져 버리기 때문입니다.

누구도 자신의 어머니를 선택해서 태어날 수 없습니다. 그런데 저는 모태에서부터 하나님의 말씀을 듣는 상황에서 태어나 어릴 때부터 교회를 다녔습니다. 그러나 주님의 말씀대로 살지 않았습니다. 신실한 믿음을 지닌 아내를 만나게 되었으나 삶은 변하지 않았습니다. 1984년 8월 2일 새벽 2시, 집에 들어가면서 평소대로 대문 벨을 눌렀으면 아무 일도 일어나지 않았을 것입니다. 자던 아내가 벨소리를 듣고 일어나 자신의 노트를 치웠을 것입니다. 그런데 그날 이상하게도 벨을 누르고 싶지 않았습니다. 평소에 없던 마음이었습니다. 마침 제 키홀더에 평소 사용하지도 않는 대문 키가 있었습니다. 그런데 술을 먹고 들어간 사람 눈에 노트가 보였습니다. 그리고 보고 싶은 마음이 생겼습니다. 그래서 노트를 보는데 제 양심에 찔렸습니다. 이 모든 것이 바로 하나님의 일방적인 은총입니다. 만약 그날 그 밤에 그 사건이 없었다면, 지금 모습의 이재철은 존재하지 않았을 것입니다. 그러면 여러분과의 만남도 없었을 것입니다.

우리가 하나님의 '하' 자도 모를 때, 어떻게 하나님을 믿고 어떻게 예수님을 알게 되었습니까? 가만히 생각해 보면, 결코 우리의 열심으로 인함이 아니었음을 인정하게 됩니다. 하나님의 은혜가 임하지 않았다면, 우리는 이 자리에 있을 수조차 없는 것입니다.

그러면 무할례시에 하나님의 은혜가 임한 것으로 족한 것이 아닌지, 구태여 아브라함이 할례를 받아야 할 필요가 무엇이었는지 질문할 수 있습니다. 우리도 예수님만 잘 믿으면 되지 왜 세례를 받아야 하는 것입니까? 이에 대해 11절이 답변을 주고 있습니다.

그가 할례의 표를 받은 것은 무할례시에 믿음으로 된 의를 인친 것이니 이는 무할례자로서 믿는 모든 자의 조상이 되어 그들도 의로 여기심을 얻게 하려 하심이라

쉽게 말해서, 자신이 형편없는 삶을 살았음에도 하나님의 은혜로 하나님과의 관계가 회복되었으므로, 앞으로 하나님만 믿겠다는 믿음의 증표로 할례를 받는다는 것입니다. 할례는 마치 결혼식 때 신랑 신부가 서로 금반지를 주고받는 것과 마찬가지입니다. '저 같은 죄인을 일방적으로 불러 주시고 의롭다 해주셨으니, 이제부터 주님을 의지하여 정말 의로운 사람으로 하나님의 자녀답게 살겠습니다' 라고 결단하는 예식입니다.

또한 할례자의 조상이 되었나니 곧 할례 받을 자에게뿐 아니라 우리 조상 아브라함이 무할례시에 가졌던 믿음의 자취를 따르는 자들에게도 그러하니라 (12절)

이 말씀은 그저 할례를 받는 것에서 그치지 말고 아브라함이 할례 받기 전 보여 준 믿음을 본받아 삶으로 증명해 나가는 것이 중요함을 우리에게 일깨워 줍니다.

이 지점에서 중요한 질문 하나가 제기됩니다. 우리는 모두 하나님의 은혜로 구원받은 사람들인데 왜 삶의 모습들은 다 다르냐는 것입니다. 어떤 사람에게는 하나님의 약속이 더 크게 성취되고, 어

떤 사람에게는 하나님의 말씀이 눈에 보일 정도로 위력적으로 역사하십니다. 그런데 어떤 사람은 주님을 믿는다고 하면서도 매일매일 피곤하고 무기력하게 살아갑니다. 이 차이가 어디에서 오는 것입니까?

아브라함이나 그 후손에게 세상의 상속자가 되리라고 하신 언약은 율법으로 말미암은 것이 아니요 오직 믿음의 의로 말미암은 것이니라(13절)

"세상의 상속자가 되리라고 하신 언약"이란 삶 속에서 하나님의 약속을 받아 누리는 상속자로 세워 주시겠다는 의미입니다. 다시 말해, 하나님의 약속이 성취되는 삶을 살도록 해주시겠다는 것입니다. '언약'을 뜻하는 헬라어에는 두 가지가 있는데, 첫째는 '습흐라기스σφραγίς'로 조건부 약속을 말합니다. 예를 들면, 아빠가 아들에게 숙제를 끝내면 사탕 하나 사주겠다고 약속하는 것입니다. 둘째는 '에팡겔리아ἐπαγγελία'로 일방적 약속을 말합니다. 달리 표현하면, 유언적 약속이라고 합니다. 부모가 돌아가시기 전에 남기는 유언에는 조건이란 것이 없습니다. 이 약속은 한 번 맺으면 그것으로 끝입니다. 하나님을 믿음으로 주어지는 것이 바로 이 에팡겔리아입니다.

하나님의 은총과 인간의 믿음, 그리고 하나님의 에팡겔리아가 어떤 관계를 갖는지 알아보십시다.

여호와께서 아브람에게 이르시되 너는 너의 고향과 친척과 아버지의 집을 떠나 내가 네게 보여 줄 땅으로 가라 내가 너로 큰 민족을 이루고 네게 복을 주어 네 이름을 창대하게 하리니 너는 복이 될지라 너를 축복하는 자에게는 내가 복을 내리고 너를 저주하는 자에게는 내가 저주하리니 땅의 모든 족속이 너로 말미암아 복을 얻을 것이라 하신지라(창 12:1-3)

이 말씀은 하나님께서 주신 습흐라기스, 조건부 약속입니다. 그런데 창세기 15장 6절 상반절에 "아브람이 여호와를 믿으니"라고 기록되어 있습니다. 아브라함은 하나님의 습흐라기스를 믿어 하란을 떠나 가나안으로 향했습니다. 그랬더니 창세기 15장 6절 하반절에 "여호와께서 이를 그의 의로 여기시고"라고 하였습니다. 그러고 나서 하나님께서 아브라함에게 제물을 취하라고 말씀하셨습니다(창 15:9). 아브라함은 짐승들의 몸통 가운데를 칼로 쪼개 마주보게 두었는데, 하나님께서 불의 모양으로 오셔서 그 사이를 지나가셨습니다(창 15:17). 당시 사람들은 서로 중요한 약속을 할 때 짐승을 잘라 마주 보게 한 뒤 그 사이로 지나가는 의식을 행했는데, 하나님께서 직접 그렇게 하심으로 어떤 경우에도 약속을 지킬 것을 표명하신 것입니다. 그리고 이어서 하신 말씀이 "애굽 강에서부터 그 큰 강 유브라데까지 네 자손에게 주겠다"(창 15:18)입니다. 아브라함이 창세기 12장 1-3절의 습흐라기스를 믿자, 무슨 일이 있어도 이루어지는 일방적 약속, 에팡겔리아가 주어진 것입니다. 즉, 하나님의 은총과 하나님의 에팡겔리아 사이에 '인간의 믿음'이 존재하는 것입니다.

하나님이 세상을 이처럼 사랑하사 독생자를 주셨으니 이는 그를 믿는 자마다 멸망하지 않고 영생을 얻게 하려 하심이라(요 3:16)

하나님께서 인간에게 영생을 얻게 하기 위해 독생자를 주셨다고 했습니다. 이것은 습흐라기스입니다. "그를 믿는 자마다"라는 구절에 '그를 믿으면'이라는 조건이 들어 있어, 예수 그리스도를 믿지 않으면 영생을 얻을 수 없기 때문입니다. 그런데 이 말씀을 믿으면, 이 말씀이 에팡겔리아가 됩니다. 혹 내가 실수나 잘못을 하더라도 하나님께서 나를 바로 세워 주시며 구원을 이루시는 구세주가 되어 주십니다.

마켓에 가면 상품들이 가득 있는데, 내 마음에 든다고 해서 계산도 하지 않고 그 상품을 가져올 수 없습니다. 만약 그렇게 하면 도둑질이 됩니다. 마음에 드는 상품을 가지려면 돈을 내고 계산을 해야 합니다. 계산을 한 뒤부터 그 상품은 내 것이 됩니다. 누구도 간섭할 수 없는 내 것입니다. 마찬가지로 하나님의 말씀을 믿으면 그 말씀이 에팡겔리아로서 내 말씀이 됩니다. 그러나 믿지 않으면 그 말씀은 여전히 습흐라기스, 조건부 약속으로 남아 있게 됩니다.

앞서 살펴보았듯이, 우리의 믿음을 자랑할 수는 없습니다. 하나님의 은혜가 임하지 않으면 우리의 믿음 자체가 불가능하기 때문입니다.

만일 율법에 속한 자들이 상속자이면 믿음은 헛것이 되고 약속은 파기되었느니라 율법은 진노를 이루게 하나니 율법이 없는 곳에는 범법도 없느니라 (14-15절)

제가 아내의 노트를 보고 찔림을 받았을 때, 그 순간 하나님의 은혜 없이 율법만 존재했다면 어떤 결과가 벌어졌겠습니까? 율법은 정죄를 낳고, 정죄는 진노를 낳고, 진노는 형벌을 낳고, 형벌은 죽음을 낳습니다. 아무리 생각해도 남편다운 남편이 못 되고, 자식다운 자식이 못 되고, 집사다운 집사가 못 되므로, 결국 자포자기한 채 더 큰 죄를 짓는 인간으로 전락하고 말았을 것입니다.

그런데 하나님께서는 율법으로 저의 죄를 깨닫게 하신 뒤 은혜로 감싸 주셨습니다. "네가 나를 버렸어도 나는 너를 버리지 않는다"고 하시며 사랑으로 감싸 주셨습니다. 그날 밤 제가 주님을 위해 살겠다고 결단하게 된 것은 바로 하나님의 은혜 때문입니다. 하나님의 은혜는 믿음을 낳고, 믿음은 용서를 낳고, 용서는 구원을 낳고, 구원은 새로운 결단을 낳기 때문입니다.

그러므로 상속자가 되는 그것이 은혜에 속하기 위하여 믿음으로 되나니 (16절 상)

하나님께서 베푸시는 은혜를 믿음으로 하나님의 약속을 상속받게 된다는 말씀입니다. 그러나 하나님의 은혜에 응답하지 않으면, 하나님의 말씀은 결코 에팡겔리아가 되지 않습니다.

이는 그 약속을 그 모든 후손에게 굳게 하려 하심이라 율법에 속한 자에게뿐만 아니라 아브라함의 믿음에 속한 자에게도 그러하니 아브라함은 우리 모든 사람의 조상이라(16절 하)

하나님께서 아브라함에게 은혜를 베풀어 주시고, 그 은혜에 대한 아브라함의 믿음을 보시고서 하나님의 약속을 에팡겔리아 되게 해 주신 이유가 무엇입니까? 아브라함을 우리의 본으로 세워 우리를 올바른 길로 인도해 주시기 위함입니다. 우리가 아무리 어두운 과거를 지녔다 해도 하나님께서 주신 은혜를 믿으면, 우리도 약속의 상속자가 된다는 사실을 깨우쳐 주시기 위함입니다.

우리도 아브라함처럼 하나님을 믿는데 삶 속에서 하나님의 말씀이 에팡겔리아가 되지 않는다면, 무엇이 문제인 것입니까? 하나님의 말씀이 잘못될 리 없고, 에팡겔리아가 잘못될 리 없습니다. 우리의 믿음이 문제입니다. 나 스스로는 믿음이라고 생각했는데 사실은 잘못된 믿음이기 때문입니다. 그러면 아브라함은 어떤 믿음을 지녔던 것입니까?

기록된 바 내가 너를 많은 민족의 조상으로 세웠다 하심과 같으니 그가 믿은 바 하나님은 죽은 자를 살리시며 없는 것을 있는 것으로 부르시는 이시니라 (17절)

아브라함은 죽은 자를 살리시고 없는 것을 있는 것으로 부르시는 하나님을 믿었습니다. 창세기 12장 2절에서 하나님께서는 "내가 너로 큰 민족을 이루고"라고 말씀하셨습니다. 그런데 당시 아브라함은 자식이 없었습니다. 세상 사람들이 볼 때는 황당무계한 말이 아닐 수 없었습니다. 그러나 아브라함은 하나님의 말씀을 믿었습니다. 그의 믿음은 입속에서만 맴돈 것이 아닙니다. 머릿속에서만 관념적으로 존재한 것이 아닙니다. 그의 믿음은 삶으로 드러났습니다. "이에 아브람이 여호와의 말씀을 따라갔고"라고 창세기 12장 4절이 증언하고 있습니다.

창세기 22장 1-2절에서는 하나님께서 아브라함에게 독자 이삭을 번제로 바치라고 하셨습니다. 이삭은 당시 아브라함에게 가장 귀중한 존재였습니다. 그때에도 아브라함은 입이나 머리로만 믿지 않고, 삶의 순종으로 하나님에 대한 믿음을 드러냈습니다. 어떻게 자식을 번제로 바치는 잔인한 아버지가 있을 수 있습니까? 이에 대해 히브리서가 아래와 같이 답해 주고 있습니다.

아브라함은 시험을 받을 때에 믿음으로 이삭을 드렸으니 그는 약속들을 받은 자로되 그 외아들을 드렸느니라(히 11:17)

아브라함의 믿음은 말의 믿음이 아니라 삶의 믿음, 즉 삶을 드리는 믿음이었습니다. 하나님께서 아브라함에게 가나안 땅을 주겠다고 약속하실 때, 그 약속의 대상은 아브라함이 아닌 아들 이삭이었습니다. 따라서 그렇게 약속하신 하나님께서 이삭을 죽이시면, 하나님의 약속은 이루어지지 않게 되는 것이었습니다. 그러니 자신이 이삭을 바쳐도 하나님께서 반드시 이삭을 살려 주실 것임을 아브라함은 믿었습니다.

이르시되 여호와께서 이르시기를 내가 나를 가리켜 맹세하노니 네가 이같이 행하여 네 아들 네 독자도 아끼지 아니하였은즉(창 22:16)

하나님께서는 당신의 이름을 걸고 맹세하며 약속해 주셨습니다. 처음 아브라함을 부르실 때는 "너는 복이 될지라"(창 12:2)고 하셨는데, 창세기 22장 18절에서 "네 씨로 말미암아 천하 만민이 복을 받으리니"(창 22:18)라고 말씀하셨습니다. 그의 자녀도 복이 되는 에팡겔리아가 이루어진 것입니다.

제가 하나님의 은총으로 주님의 사랑을 깨닫고서 그날 밤 주님을 위해 살겠다고 서원했는데, 밤새도록 서원만 하고 삶의 방향을 바꾸기 위해 신학교에 가지 않았다면 제 삶에 에팡겔리아가 이루어질

리 없습니다. 사업을 하다가 신학교를 간다는 것은 많은 어려움을 전제합니다. 그 어려움을 넘어서지 못하면 믿음이 아닌 것입니다.

우리 모두 자신의 가정이 창대해지기를 원합니다. 물질뿐만 아니라 자녀들에 대해서도 하나님께서 지키고 세워 주시기를 원합니다. 믿는 사람치고 '제 자녀를 하나님께 맡깁니다'라고 고백하지 않는 사람이 없습니다. 그런데 이것이 실제 삶으로 드러나고 있습니까? 고3 학생을 자녀로 둔 부모는 아이가 주일에 하루 종일 교회활동을 하면 큰일 나는 줄 압니다. 아브라함처럼 믿으려면 어떻게 해야 합니까? 자녀가 1년 52주 하나님을 온전히 섬기고도 대학에 들어갈 수 있다고 믿어야 합니다. 더 좋은 믿음은, 자녀가 52주를 하나님께 바쳤다가 좋은 대학을 못 간다 해도 하나님께서 이 아이를 좋은 학교 나온 아이들보다 더 높이 들어 쓰시리라고 믿는 것입니다. 이 믿음이 자녀 앞에서 평소의 삶으로 드러나야 합니다.

사람은 누구든지 자기가 하는 일이 창대해지기를 원합니다. 그런데 정말 그러기를 원한다면, 하나님의 말씀대로 살다가 실패를 경험할지라도 끝까지 하나님의 말씀대로 행해야 합니다. 열 번, 아니 백 번을 망해도 결국은 하나님께서 우뚝 세워 주시리라는 것을 믿어야 합니다. 성경에 나오는 위대한 인물들은 하나같이 하나님의 은총에 자신의 삶을 내맡긴 사람들입니다. 그러나 성경에 나오는 실패자들은 어떻습니까? 하나님의 은총이 임했음에도 그 믿음이 삶으로 드러나지 못한 사람들입니다. 아브라함과 함께 가나안에 들어간 롯, 이스라엘의 초대 왕이 된 사울 모두 하나님의 은총을 얻었으나, 자신의 삶을 드리지 못해 결국 인생을 수치스럽게 마감하고 말았습니다.

지금 이 시간, 이 자리에 주님의 은총이 충만하게 역사하고 있습니다. 이 은총 앞에서 우리가 어떤 믿음으로 응답하느냐에 따라 수 년 후 우리 각자의 삶의 모습은 엄청난 차이가 나게 될 것입니다. 주님께서 주신 은총 속에 자신의 삶을 맡기는 사람은 창대한 복을 누리게 될 것이고, 입으로만 믿음을 고백하는 사람은 계속 무기력한 삶을 살게 될 것입니다. 지금부터 하나님의 은총에 여러분의 삶 전부를 의탁하는 참신앙인이 되시기를 바랍니다. 그리하여 삶 속에 이루어지는 하나님의 에팡겔리아를 날마다 목격하고 맛보실 수 있기를 주님의 이름으로 축원합니다.

19
바라고 믿었으니

로마서 4장 18-22절

아브라함이 바랄 수 없는 중에 **바라고 믿었으니** 이는 네 후손이 이 같으리라 하신 말씀대로 많은 민족의 조상이 되게 하려 하심이라 그가 백 세나 되어 자기 몸이 죽은 것 같고 사라의 태가 죽은 것 같음을 알고도 믿음이 약하여지지 아니하고 믿음이 없어 하나님의 약속을 의심하지 않고 믿음으로 견고하여져서 하나님께 영광을 돌리며 약속하신 그것을 또한 능히 이루실 줄을 확신하였으니 그러므로 그것이 그에게 의로 여겨졌느니라

어떤 젊은이가 강둑에 앉아서 황혼이 지는 모습에 심취했습니다. 휘파람을 불면서 계속 강물을 바라보았습니다. 자기 손에 잡히는 돌을 집어 강물 속에 던져도 보았습니다. 그 밤이 너무 아름다워 밤이 다 가는 줄도 몰랐습니다. 어느덧 새벽이 되어 날이 밝아 왔습니다. 그런데 자기 손에 있던 마지막 돌을 강물 속으로 던지려고 보니 금덩어리였습니다. 청년은 밤이 새도록 황금을 돌인 줄 알고 던졌던 것입니다. 젊은이는 자신이 황금을 던져 버린 것이 너무 허망

하여 통곡했습니다. 만약 이 젊은이가 지혜로운 사람이었다면, 지나간 것은 지나간 것이라 인정하고 하나 남은 황금을 소중하게 사용했을 것입니다.

이 이야기는 타고르의 시집 《기탄잘리》 내용의 일부입니다. 청년이 심취해서 바라보았던 강은 세상을 의미하고, 밤새도록 강물에 던진 황금은 청년의 젊은 나날을 의미합니다. 마지막 한 날이 남았을 때 비로소 지난날을 의미 없이 내던졌음을 깨닫고 통탄하는 모습을 그린 것입니다. 많은 사람들이 20대, 30대를 의미 없이 보낸 것을 후회합니다. 나이가 많은 사람은 더 많이 후회합니다. 그러나 지혜로운 사람이라면, 지금까지 어떤 삶을 살았든지 간에 1년이 남았든 2년이 남았든 매일을 귀하게 여기며 최선을 다할 것입니다.

하나님 아버지께서는 시간과 공간을 초월하시는 분입니다. 이러한 하나님께서 중요하게 여기시는 것은 짧은 시간이라 할지라도 그 시간이 얼마나 온전히 드려지느냐 하는 것입니다. 예수님께서는 30세쯤에 공생애를 시작하셔서(눅 3:23) 불과 3년 만에 세상을 떠나셨습니다. 그러나 그 3년 동안, 지금까지 지구상에 태어난 모든 인간을 통틀어 그 누구와도 비교할 수 없는 위대한 일을 행하셨습니다. 그분이야말로 시간과 공간을 초월하는 주님이시기 때문입니다.

시간은 이 세상에서 가장 귀한 재산이 아닐 수 없습니다. 특히 대학생들은 자신에게 주어진 젊음의 의미를 바로 깨달아야 합니다. 그 젊음을 강물 속에 내던지는 어리석은 사람이 되어서는 안 됩니다. 우리가 재산의 의미를 바로 알지 못하면, 재산은 오히려 우리를 해치는 흉기가 됩니다. 젊음의 열정 역시도 날카로운 흉기가 될 수 있는 것입니다.

하나님께서 믿음의 조상으로 부르신 아브라함은 우상숭배자였습니다. 하나님께서 이스라엘의 왕으로 부르신 다윗은 시골 베들레헴의 양치기에 불과했습니다. 예수 그리스도께서 당신의 제자로 삼으신 사람들은 갈릴리 바다 근처에 살던 가난하고 배운 것 없는 사람들이었습니다. 이처럼 주님께서 쓰셨던 사람들이 결핍된 인생을 살았던 이들이라는 점은 부족한 우리에게 커다란 희망을 줍니다. 사실, 부족함과 결핍이 있는 사람만이 순수하고도 참된 비전을 가질 수 있습니다. 모든 것이 넉넉하고 많이 가진 사람에게는 비전이라는 것이 있을 수 없습니다. 솔로몬은 잠언 29장 18절에서 "묵시가 없으면 백성이 방자히 행하거니와"라고 말했습니다. 여기에서 말하는 '묵시'가 바로 비전입니다. 왜 그들이 방자히 행합니까? 그들에게 남아 있는 일이 방자히 행함, 곧 타락하는 일밖에 없기 때문입니다.

따라서 오늘을 사는 젊은이들이 뭔가 부족하고 결핍된 처지에 놓여 있다면, 오히려 그것이야말로 하나님께 감사할 조건이 됩니다. 그것으로 말미암아 참다운 비전을 가질 수 있기 때문입니다. 언제 어디에서나 진리의 부족함을 느끼고, 진리에 목말라하는 사람이 되어야 합니다. 그때에 갖게 되는 비전만이 영원한 비전이 되기 때문입니다. 많은 사람들이 비전에 대해 이야기하고, 비전의 중요성을 강조합니다. 그럼에도 비전의 의미를 정확하게 이해하는 사람은 흔치 않습니다.

첫째, 비전은 야망이 아닙니다. 적극적 사고방식, 인간의 이데올로기를 믿는 이들은 젊은이들에게 "Be ambitious!" 야망을 가지라고 선포합니다. 그런데 야망은 그 속성상 목적을 위해 수단과 방법을 가리지 않습니다. 그래서 야망은 사람을 해치게 되어 있습니다.

야망이 이루어졌다는 것은 그 과정에서 많은 사람들이 상처 받았음을 의미합니다. 그러나 비전은 그 속성이 사랑이요 빛입니다. 사람을 살리고 일으켜 세우는 것이 비전의 목적입니다.

둘째, 비전은 꿈이 아닙니다. 지난 9월 초 방한한 전 영국 총리 마거릿 대처 여사가 강연 중에 이런 말을 했습니다.

"비전이라는 것은 실현된다는 점에서 꿈과 구별된다."

꿈이란 잠을 자면서 꾸는 것이기에, 꿈이 아무리 멋지고 스케일이 웅장해도 문자 그대로 꿈으로 끝납니다. 그래서 꿈을 가진 사람은 그 꿈을 실현시키기 위해 땀 흘리며 애쓰지 않습니다. 언제든지 꿈속으로 도피해 버립니다. 그러나 비전은 반드시 실현됨을 전제합니다. 비전을 가진 사람은 그에 상응하는 책임과 의무를 다합니다. 누구보다도 땀 흘리고 열심히 노력합니다. 비전이란 반드시 실현되는 것임을 잘 알기 때문입니다.

비전은 사람의 내부로부터 주어지는 것이 아니라 위로부터 주어집니다. 비전은 사람에게서 시작되는 것이 아니라 하나님께로부터 주어집니다. 따라서 비전은 그것을 지닌 당사자를 타락시키지 않습니다. 다른 사람을 해치지도 않습니다. 오히려 사람을 살려 냅니다. 그래서 비전을 가진 사람이 많아질수록 그 사회는 밝고 건전하고 아름답게 변화됩니다. 하나님께서는 비전을 가지고 비전을 위해 일하는 사람을 도구로 삼아 당신의 역사를 이루어 가십니다.

이 사실에 유의해 먼저 본문 18절 말씀을 주목해 보시겠습니다.

아브라함이 바랄 수 없는 중에 바라고 믿었으니 이는 네 후손이 이 같으리라 하신 말씀대로 많은 민족의 조상이 되게 하려 하심이라 아브라함이 어떤 상황에 있습니까? 바랄 수 없는 상황에 처해 있습니다. 그렇다고 절망에 빠져 자포자기했습니까? 아닙니다. "아브라함이 바랄 수 없는 중에 바라고"라는 말은 곧 비전을 품었다는 것입니다. 어떤 비전이었습니까? 많은 민족의 조상이 되는 것이었습니다. 100세가 되도록 아들도 없던 사람이 어떻게 많은 민족의 조상이 되는 비전을 가진다는 것입니까? 주책이나 노망이 난 것이 아닙니다. 그의 비전이 인간의 야망이나 꿈과 구별되는 분명한 이유가 있습니다.

첫째, 하나님께로부터 주어진 것이기 때문입니다. 하나님께서 아브라함을 부르셔서 여러 민족의 아버지가 되게 해주겠다고 하셨습니다(창 17:4). 만약 이 비전이 하나님께로부터가 아니라 아브라함의 내부에서 온 것이었다면, 아브라함은 인류 역사상 가장 추하고 흉한 노인으로 인생을 마감했을 것입니다. 그 비전 또한 추악한 야망이나 허망한 꿈으로 끝났을 것입니다. 그러나 하나님께서 주신 것이기 때문에, 비전이 비전일 수 있었습니다. 하나님으로부터 떠나 있을 때 우리가 비전이라고 부르는 것들은 실상 야망이고 꿈입니다. 이것은 쇠에 생기는 녹처럼 언젠가는 우리 자신을 상하게 만듭니다. 그러므로 하나님과 동행하고, 하나님과 교제하고, 하나님과 사귀는 삶이 중요합니다.

둘째, 아브라함이 하나님을 믿음으로 실천하는 삶을 살았기 때문입니다.

아브라함이 바랄 수 없는 중에 바라고(18절 상반절)
믿음이 약하여지지 아니하고(19절 하반절)
믿음으로 견고하여져서(20절 중반절)

능히 이루실 줄을 확신하였으니(21절 하반절)

　　믿음은 삶으로 구체화될 때에만 믿음입니다. 창세기 15장 6절은 "아브람이 여호와를 믿으니 여호와께서 이를 그의 의로 여기시고"라고 증언하는데, 여기에서 아브라함은 여호와를 믿는다고 입으로만 고백한 것이 아닙니다.

우리 조상 아브라함이 그 아들 이삭을 제단에 바칠 때에 행함으로 의롭다 하심을 받은 것이 아니냐 네가 보거니와 믿음이 그의 행함과 함께 일하고 행함으로 믿음이 온전하게 되었느니라(약 2:21-22)

　　아브라함은 아들 이삭을 실제로 제단에 올려놓고 번제로 드리려고 했습니다. 행함이 믿음보다 앞서지는 못하지만, 그래서 행함이 자랑이 될 수는 없지만, 그러나 믿음은 반드시 행함을 수반합니다. 누구든지 자신이 가지고 있는 비전이 하나님께로부터 왔고 삶 속에서 이루어지리라고 믿는다면, 그 비전을 위해 자신이 행할 것을 행하는 사람이 되어야 합니다.

　　사람들은 창세기에 나오는 요셉을 꿈꾸는 사람이라고 말합니다. 그의 형제들도 요셉에게 "꿈꾸는 자"라고 했습니다(창 37:19). 그런데 요셉이 정말 꿈꾸는 사람이었다면, 결코 애굽의 총리가 되지 못했을 것입니다. 그가 억울하게 감옥생활을 하면서도 매일 최선을 다하는 삶을 살았던 것은 하나님께로부터 받은 비전을 이루기 위해서였습니다. 매일 할 수 있는 가장 작은 일에 자신의 삶을 건 결과, 총리가 되고 또 한 민족이 구원받는 역사로 비전이 성취된 것입니다.

노벨 평화상을 받은 슈바이처 박사는 아프리카 사람들과 함께 사는 비전을 가졌습니다. 그는 그 비전을 자신의 머리에만 가두어 두지 않았습니다. 마음에만 담아 두지 않았습니다. 입으로만 주님 앞에 고백하지 않았습니다. 그는 조국을 떠나 아프리카로 갔습니다. 도착해서는 병원을 짓기 위해 손수 나무를 자르고 망치로 못질을 했습니다. 그때 한 아프리카 청년이 다가와 팔짱을 끼고 구경을 했습니다. 그래서 슈바이처 박사가 물었습니다.

"자네는 왜 도와주지 않는가?"

청년이 대답했습니다.

"우리나라에서는 배운 사람이 그런 하찮은 일은 안 합니다."

그 청년이 배웠으면 얼마나 배웠겠습니까? 슈바이처 박사는 신학박사에, 의학박사에, 능숙한 연주가였습니다. 그럼에도 일의 경중을 따지지 않고 자신이 해야 할 바라 여기는 것을 그저 실천하는 삶을 살았습니다.

프랜시스 쉐퍼 박사 부부는 성경을 읽다가 "너희는 먼저 그의 나라와 그의 의를 구하라. 그리하면 이 모든 것을 너희에게 더하시리라"는 마태복음 6장 33절 말씀에서 비전을 얻었습니다. 매일 먹고 마시고 입고 잠자는 문제 때문에 서로를 속이고 불의를 일삼는 세상 속에서, 정말 하나님의 나라와 그분의 의를 먼저 구함으로써 모든 것을 책임져 주시는 하나님을 증거하는 삶을 살겠다는 비전이었습니다. 그 부부는 서로 의논한 끝에 알프스에 가서 그 유명한 라브리L'Abri 공동체를 세웠습니다. 그리고 몇 가지 원칙을 정했습니다. 대표적인 것 두 가지를 보면, 돈이 떨어져도 돈을 구하기 위해 사람들에게 알리지 않는다는 것과, 회계나 재정원리에 따라 예산을 짜거나 결산하지 않는다는 것입니다. 하나님께서 채워 주실 것임을 믿고 증명하기 위해서였습니다. 프랜시스 쉐퍼 박사 부부에게는 비전을 이루는 데 방해되거나 불필요한 일을 하지 않는 것이 또 하나의 행함이었습니다. 라브리 공동체의 실천은 오늘까지도 계속되며 비전을 이루어 가고 있고, 한국에서도 라브리 공동체를 열매 맺었습니다.

셋째, 아브라함의 비전이 실제로 이루어졌다는 점에서 인간의 야망이나 꿈과 구별됩니다. 만약 아브라함이 여러 민족의 아비가 되는 비전을 가지고 있었음에도 이삭이 생기지 않았다면, 그것은 꿈일 뿐이었을 것입니다.

그러므로 그것이 그에게 의로 여겨졌느니라(22절)

아브라함이 추상적으로 믿는 것이 아니라 삶으로 믿을 때, 행동으로 믿을 때, 하나님께서 그것을 의로 여기셨습니다. 의는 하나님과의 관계가 회복되는 것이라고 했습니다. 하나님과의 관계가 회복됨으로써 비전의 열매가 결실된 것입니다. 우리는 비전을 하나님께서 주신 것이라 믿고 그것을 이루기 위해 노력해야 합니다. 하지만 인간의 노력만으로는 절대로 비전이 실현되지 않습니다. 우리가 삶의 실천으로 하나님께 응답할 때, 비전은 하나님께로부터 열매 맺혀 내려오는 것입니다. 그래서 비전의 모든 열매는 언제나 우리의 상상을 초월합니다. 하나님께서 열매 맺어 주시는 것이기 때문에 우리가 생각한 것보다 그 열매가 훨씬 크고 아름답습니다.

아브라함이 비전을 얻어 삶으로 하나님께 응답하자, 하나님께서 이삭이라는 열매를 내려 주셨습니다. 아브라함은 이삭과 이삭에게서 난 손자 에서와 야곱, 이 세 사람을 보고서 삶을 마감했습니다. 그러나 아브라함이 천국에서 이 땅을 내려다보며 무엇을 보았겠습니까? 자신의 아들과 손자를 통해 여러 왕들이 태어나고, 예수 그리스도께서 이 땅에 오는 축복의 통로로 쓰임 받은 모습입니다. 1885년 20대 청년이던 언더우드 선교사가 비전을 가지고 이 땅의 제물포항에 왔을 때, 훗날 대한민국 국민의 25퍼센트가 그리스도인이 된다고 상상이나 했겠습니까? 그분 역시 천국에서 자신의 비전이 열매 맺힌 모습을 보고 하나님을 찬양하고 있을 것입니다.

젊은이들 가운데 특히 20대 대학생들은 누구보다도 크고 아름다운 비전을 가질 수 있습니다. 그런데 과연 그 비전이 참된 비전입니까? 야망이나 꿈은 아닙니까? 자신이 가지고 있는 비전이 하나님께로부터 온 것인지, 아니면 자신의 욕망이나 생각으로부터 온 것인지 구별할 수 있어야 합니다. 그러기 위한 세 가지 방법이 있습니다.

첫째, 자신이 가지고 있는 비전이 하나님께 유익한 것인지 살펴야 합니다. 정말 주님의 영광을 드러내는지, 아니면 자신에게만 유익한지를 따져야 합니다. 비전은 주님께로부터 오는 것이기에, 주님께로부터 오는 비전은 반드시 주님의 영광을 드러내게 되어 있습니다. 거창한 계획을 세웠는데 그 속에 주님의 영광이 전혀 포함되어 있지 않다면, 그것은 비전일 수 없습니다.

둘째, 자신이 가지고 있는 비전이 모두에게 유익한지, 아니면 자신과 소수에게만 유익한지 살펴야 합니다. 만약 소수에게만 유익하다면 그것은 비전이 아닙니다. 주님께서는 소수를 위해 계시는 분이 아니며, 더욱이 당신 자신을 위해 사신 분이 아니기 때문입니다. 우리 교회는 세례식을 행할 때 세례 받는 분으로부터 신앙고백서를 받습니다. 하나님 앞에서 자신에게 주님이 어떤 분인지 고백하고 결단하는 것은 무척이나 중요한 일이기 때문인데, 어느 대학생이 쓴 고백서에 다음과 같은 구절이 있었습니다.

어떻게 살아갈 것인가? 이 물음은 수학 공식처럼 답이 명확합니다. 예수님처럼 사는 것입니다. 그러면 예수님처럼 산다는 것은 구체적으로 무엇을 의미하는가? 이것은 저도 잘 모르겠습니다. 그러나 한 가지 확신하는 것은, 예수님은 결코 자기 자신을 위해 사신 적이 없었다는 사실입니다.

이 청년은 예수님의 삶을 정확하게 이해했습니다. 내가 비전을 가지고 있다면, 그 비전이 주님께로부터 왔다면, 인류 모두를 위해 돌아가신 주님께로부터 왔다면, 모두를 유익하게 하는 비전이라야 합니다. 자신에게 유익하지 않을 수도 있습니다. 내가 그것 때문에 고통당하고, 그것 때문에 핍박당할 수도 있습니다. 그러나 나 한 사람의 희생으로 모두가 살고 모두가 유익하다면, 그것은 주님께로부터 온 비전임에 틀림없습니다.

셋째, 자신이 가지고 있는 비전을 이루기 위해 행하고 있는 방법들이 올바른지 살펴야 합니다. 모든 비전은 주님께로부터 오기에, 주님께서 원하시는 방법을 통하지 않고는 비전은 이루어지지 않기 때문입니다.

아무리 실수하고 실패한다 해도 그것을 교통신호로 삼아, 주님께서 요구하시는 믿음의 길로 향해 가야 합니다. 그럴 때 하나님께서는 아브라함을 쓰시듯이, 다윗을 쓰시듯이, 바울을 쓰시듯이 우리를 당신의 비전의 도구로 쓰시고, 우리를 통해 여러 민족을 바로 세워 나가실 것입니다.

로
마
서 5
장

20
화평을 누리자

로마서 4장 23절-5장 1절

그에게 의로 여겨졌다 기록된 것은 아브라함만 위한 것이 아니요 의로 여기
심을 받을 우리도 위함이니 곧 예수 우리 주를 죽은 자 가운데서 살리신 이
를 믿는 자니라 예수는 우리가 범죄한 것 때문에 내줌이 되고 또한 우리를
의롭다 하시기 위하여 살아나셨느니라 그러므로 우리가 믿음으로 의롭다 하
심을 받았으니 우리 주 예수 그리스도로 말미암아 하나님과 **화평을 누리자**

로마서 4장 23절이 이렇게 시작하고 있습니다.

그에게 의로 여겨졌다 기록된 것은 아브라함만 위한 것이 아니요

하나님께 삶을 의탁하는 믿음을 보인 아브라함에게 하나님께서
일방적 약속, 곧 에팡겔리아를 이루어 주신 것이, 단순히 아브라
함만을 위해서가 아니라는 것입니다. 그 이유가 24절에 나오고 있
습니다.

의로 여기심을 받을 우리도 위함이니 곧 예수 우리 주를 죽은 자 가운데서 살리신 이를 믿는 자니라

우리도 아브라함처럼 하나님께 삶을 의탁하여 믿으면 하나님께서 반드시 에팡겔리아를 이루어 주시리라는 것입니다. 하나님께서 이 사실을 알려 주기 위해 그 본보기로 아브라함을 세우셨습니다. 비단 아브라함뿐만 아니라 성경에 있는 모든 사람들이 본보기입니다. 하나님께서 어떤 분이십니까? "예수 우리 주를 죽은 자 가운데서 살리신 이"입니다. 즉 예수 그리스도를 살리신 하나님을 믿는 사람에게 에팡겔리아가 이루어집니다.

예수는 우리가 범죄한 것 때문에 내줌이 되고 또한 우리를 의롭다 하시기 위하여 살아나셨느니라(롬 4:25)

하나님과 우리의 관계가 회복되기 위해서는 죄의 문제가 해결되어야 한다고 했습니다. 하나님과 우리의 관계가 회복되지 않는 것은 바로 죄 때문입니다. 이를 해결하기 위해 하나님께서 예수님으로 하여금 우리의 죄를 대신 지고 십자가에 못박히도록 하셨습니다. 그리고 예수님을 죽은 자들 가운데서 영원히 살리셨습니다. 예수님께서 나의 죄를 대신하여 죽으심으로 하나님과 나의 관계가 영원히 회복되었다는 사실을 믿는 것, 바꾸어 말하면 예수 그리스도가 나의 구세주이심을 믿는 것이 곧 하나님을 믿는 것입니다.

그런데 주 예수 그리스도를 믿는다고 할 때, 한 가지 기억해야 할 사실이 있습니다. 주님의 인격을 믿어야 한다는 것입니다. 주님의 인격에 대한 믿음이 없이는 주님의 말씀을 제대로 믿을 도리가 없

습니다. 따라서 예수 그리스도를 믿는다는 것, 즉 예수 그리스도께 삶을 의탁한다는 의미는 예수 그리스도의 인격을 전적으로 신뢰하는 것입니다. 그때 비로소 내 인격이 예수 그리스도의 인격에 동화되기 시작합니다. 내 인격에 예수 그리스도의 인격이 묻어나게 됩니다. 내 인격에 예수 그리스도의 인격이 배게 됩니다. 이것이 참 믿음입니다. 아무리 예수님을 오래 믿었다 하더라도 그 사람의 인격에 예수 그리스도의 인격이 배어 있지 않다면, 자기 삶을 주님께 의탁하지 않은 것입니다.

사람들은 텔레비전에서 방영하는 뉴스를 대체로 믿습니다. 이때 무엇을 믿는 것입니까? 아나운서의 인격을 믿는 것입니까? 아닙니다. 뉴스를 방영하는 방송사의 공신력을 믿는 것입니다. 방송사의 공신력을 믿기 때문에 아나운서의 말을 믿는 것입니다. 내가 1년 열두 달 매일같이 한 아나운서에게 뉴스를 들었다고 해서 그 아나운서의 인격이 나의 인격에 묻어나지는 않습니다. 그 인격에 나를 맡기지 않기 때문입니다.

예수님을 믿는데 예수님의 인격이 아닌 말씀만 믿는다면, 그것은 참믿음일 수 없습니다. 예를 들어, 예수님께서 십자가에 못박혀 돌아가실 때 "나의 하나님, 나의 하나님, 어찌하여 나를 버리셨나이까"(마 27:46)라고 절규하셨습니다. 예수님께서 2천 년 전 골고다에서 이렇게 절규하셨음을 우리는 의심 없이 믿습니다. 그런데 예수 그리스도의 인격에 대한 동참이 없으면, 그저 문자적으로, 이론적으로, 역사적 사실로 받아들이는 그뿐입니다. 나 같은 죄인을 살리시기 위해 당신의 육체를 십자가에서 찢어 피 흘리신 주님의 인격이 내 삶에 배일 수 없는 것입니다.

예수님께서 "심령이 가난한 자는 복이 있나니 천국이 그들의 것임이요"(마 5:3)라고 말씀하셨습니다. 이 말씀을 믿고 어느 정도 심정적으로 동감하는 분들이 많을 것입니다. 그러나 실제로 갈릴리에서 가난한 심령이 되셔서 가난한 이들과 함께하신 예수님의 인격에 동참하지 않는 한, 이 말씀을 온전히 믿을 수 없을 뿐더러 가난한 심령의 소유자가 될 수도 없습니다. 예수님의 인격에 나를 맡기고, 예수님의 인격에 동화되는 것이 참믿음입니다.

하나님 앞에서 우리는 눈에 보이거나 만질 수 있는 형체나 물질 혹은 그러한 것들을 취할 수 있는 권력을 원하는 경우가 많습니다. 그런데 하나님께서 아브라함에게 약속의 말씀을 주시고 그것이 이삭이라는 에팡겔리아로 성취되게 하셨는데, 그 이름의 뜻이 '웃음'입니다. 이것은 무엇을 뜻합니까? 하나님을 인격적으로 믿고 자신의 인격을 의탁하는 사람에게, 하나님께서 영원한 기쁨을 위로부터 내려 주신다는 것입니다.

그러므로 우리가 믿음으로 의롭다 하심을 받았으니 우리 주 예수 그리스도로 말미암아 하나님과 화평을 누리자(1절)

"우리가 믿음으로 의롭다 하심을 받았으니"라는 말은 다시 말해, '우리가 우리의 인격을 예수 그리스도께 맡김으로 하나님과의 관계가 회복되었으니'라는 의미입니다. 이때 하나님께서 우리에게 주시는 에팡겔리아가 "화평"이라고 말씀하고 있습니다. 바꾸어 말해, 우리가 정말 인격적으로 주님을 믿는 참그리스도인이라면 화평의 삶을 살아야 할 의무가 있는 것입니다.

평안을 너희에게 끼치노니 곧 나의 평안을 너희에게 주노라 내가 너희에게

주는 것은 세상이 주는 것과 같지 아니하니라(요 14:27)

예수님께서 주시는 평안은 세상이 주는 평안과 같지 않다고 하셨습니다. 이는 세상이 주는 평안은 모두 가짜라는 것입니다. 위로부터 에팡겔리아로 주어지는 평화와, 세상 사람들이 말하는 평화는 절대 같지 않습니다. 두 가지 이유가 있는데 첫째, 세상 사람들이 말하는 평화는 외적인 평화이기 때문입니다. 분단된 채 40여 년간 벽을 쌓고 지내던 서독과 동독이 통일되었는데, 현재 독일 사람들이 평화를 누리고 있습니까? 오히려 그로 인해 새로운 갈등과 번민 속에서 고통스러워하고 있습니다. 외적인 평화만으로는 참평화를 이룰 수 없음을 단적으로 보여 주는 예라고 할 수 있습니다.

둘째, 세상 사람들이 말하는 평화는 영원하지 못하고 언제든지 쉽게 깨지기 때문입니다. 황혼녘 호수에서 백조가 유유히 헤엄을 치고 있습니다. 병아리들은 평화롭게 모이를 쪼고 있습니다. 그 옆에는 기화요초琪花瑤草가 만발해 있습니다. 그런데 이런 평화가 하늘에서 비바람이 불면서 천둥 번개가 치면 한순간에 끝나 버립니다. 우리가 세상으로부터 잠시 동안은 평안함을 얻을 수 있지만 그것은 이처럼 쉽게 깨질 수 있는 것입니다.

그렇다면 위로부터 주어지는 평화는 어떤 평화입니까? 내적인 평화입니다. 내적인 평화는 어떠한 외적 상황에도 구애받지 않습니다. 나치의 혹독함 속에서도 깨지지 않습니다. 외부에서는 고통이 가해지지만 나의 내부에 샬롬이 있기 때문입니다. 주님께서 주시는 샬롬은 영원한 샬롬입니다.

사무엘하 12장에서 다윗이 밧세바에게서 아들을 얻고 이름을 '솔로몬'이라 지었습니다. 그 이름의 뜻이 '평화', 즉 '샬롬'입니다. 그

런데 이름이 평화라고 해서 평화를 누릴 수 있습니까? 하나님께서
는 나단 선지자를 보내 다윗의 아들에게 하나의 이름을 덧입혀 주
셨습니다. 그 이름이 '여디디야'입니다. '하나님의 사랑을 입음'이라
는 뜻입니다. 위로부터 하나님의 사랑을 덧입지 않으면 절대로 평
화란 없음을 보여 주신 것입니다. 위로부터 하나님의 사랑, 하나님
의 빛, 하나님의 은총, 하나님의 평강이 임할 때 우리에게 참평화
가 있는 것입니다.

어떤 사람이 여디디야가 될 수 있습니까? 자신의 인격을 주님의
인격에 맡기는 사람입니다. 솔로몬이 자신의 소유를 믿고 의지할
때 그에게는 평화가 없었습니다. 결국 솔로몬이 어떻게 탄식했습
니까? "헛되고 헛되며 헛되고 헛되니 모든 것이 헛되도다"(전 1:2)
라며 마음의 공허와 황폐함을 숨길 수 없었습니다. 그런 솔로몬이
"여호와를 경외하는 것이 지혜의 근본이요 거룩하신 자를 아는 것
이 명철"(잠 9:10)이라는 사실을 깨닫고 자신의 전 인격을 하나님
께 송두리째 맡기고서야 참평안을 누릴 수 있었습니다. 이렇게 그
가 하나님께로부터 받은 평화의 간증서가 잠언과 전도서입니다.

아브라함이 100세에 얻은 이삭을 하나님께 바치라는 명령을 받
았을 때, 전혀 고민이나 번뇌가 없었겠습니까? 마음속에 말할 수
없는 내적 분열이 생겼을 것입니다. 그런데 어떻게 하나님께 이삭
을 바칠 수 있었습니까? 이삭을 절대로 죽이지 않으시고, 죽여도
살리시며, 반드시 선한 결과를 주시는 하나님께 자신의 전부를 맡
겼기 때문입니다. 그러자 하나님께서 당신의 이름을 걸고서 이삭
을 아브라함에게 다시 주셨습니다. 즉 위로부터 오는 기쁨을 영원
히 아브라함의 것으로 인쳐 주신 것입니다.

우리가 우리의 인격을 예수 그리스도의 인격에 맡기지 않는 한,

우리에게 참평화는 임하지 않습니다. 참평화가 임하지 않을 때 생기는 것은 걱정, 근심, 불안밖에 없습니다. 대학 입시를 앞두고 많은 부모들이 자녀를 주님 뜻에 맡긴다고 기도합니다. 그런데 막상 자녀가 대학을 가지 못하면 부모가 앓아눕습니다. 왜입니까? 자녀가 시험에 떨어져도 하나님께서 그 아이를 바로 세워 주신다는, 하나님의 인격에 대한 믿음이 없기 때문입니다. 우리의 하나님께서는 무속 신앙의 대상이 아닙니다. 인격적인 하나님이십니다.

어느 모자母子의 이야기를 해드리겠습니다. 아들이 고3이 되었는데, 주일이 되면 하루 종일 교회에서 살았습니다. 아들의 이유인즉슨, 하나님께서 주일을 거룩하게 지키라고 하셨기 때문이었습니다. 수요 예배, 토요 집회에도 어김없이 참석하고, 집에서도 공부하기 전에 성경을 먼저 읽었습니다. 어머니는 그런 아들에게 잘한다고 격려하며 믿어 주었습니다. 그런데 이런 아들이 대학에 떨어졌습니다. 떨어지고 나니 교회에서 난리가 났습니다. 아무리 아들을 믿는다 해도 과외도 시키고 세상 물정도 알아야지, 계속 그렇게 공부시키면 안 된다고들 이구동성으로 충고했습니다. 하지만 어머니는 변함없이 아들을 전적으로 믿어 주었습니다. 그런데 아들이 또 대학에 떨어졌고, 삼수를 하겠다는 아들을 흔쾌히 격려해 주었습니다. 어머니는 주위의 시선에 아랑곳하지 않았습니다. 인격적인 하나님께서 언젠가 선한 열매를 맺어 주시리라는 믿음 때문이었습니다. 아들은 결국 3년 만에 명문대 의대에 붙었습니다.

이런 결과가 아니었어도 그 모자의 신앙생활은 변함이 없었을 것이요, 그 믿음이 더욱 단단하게 다져져 하나님께서 주시는 평안을 더 깊이 체험했을 것입니다. 오늘날 대학생들의 성도덕이 아무리 땅에 떨어졌다 할지라도 그 아들의 행실은 흐트러지지 않을 것입니다. 그 어머니가 누릴 평화를 생각해 보십시다. 만약 아들이 주일과 말씀을 지키는 훈련 없이 공부만 해서 대학에 들어갔다면, 그리고 세상에 나가 유혹을 받는다면, 그 인생이 얼마나 불안하겠으며 부모의 마음이 어떻겠습니까? 그때가 되면 부모와 자녀 간의 진실된 믿음을 지키기가 쉬운 일이겠습니까? 부모는 하나님과 자녀의 관계가 회복될 수 있도록 주님의 인격에 자녀를 맡길 수 있어야 합니다. 물론 그전에 부모가 먼저 주님께 자신의 인격을 맡김으로 하나님과의 관계가 회복되는 본을 보여야 함은 두말할 필요가 없습니다.

5장 1절의 "화평을 누리자"라는 말에서 '누리자'는 '즐기자'라는 뜻입니다. 내 인격을 하나님께 드림으로 주님과 나의 관계가 회복되고, 그래서 위로부터 화평이라는 에팡겔리아가 삶 속에 열매 맺었다면, 이것은 두 가지 사실로 증명됩니다.

첫째, 하나님과 나 사이의 화평이 나와 다른 사람의 관계에서도 나타납니다. 창세기 21장에서 아비멜렉의 종들이 아브라함의 우물을 빼앗았습니다. 당시 중동에서 우물은 생명이자 재산과도 같았습니다. 그런데 아브라함은 그 문제를 평화적으로 해결했습니다. 가만히 기다리다가 아비멜렉이 찾아왔을 때, 보상금을 받는 대신 오히려 값을 치르며 우물을 자신의 것으로 확정하는 맹세를 하게 합니다(창 21:25-31). 아들 이삭은 그럴 사람들에게 두 번이나 우물을 뺏겼는데도 그들과 다투지 않고 세 번째 우물을 팠습니다. 그리고 더 이상 분쟁이 발생하지 않아 그 이름을 '넓은 장소'라는 뜻의 '르호봇'이라 지었습니다(창 26:19-22). 세 번째 우물은 이전 우물들보다 물이 더 나왔으니, 하나님의 에팡겔리아였습니다.

하나님의 화평을 마음속에 담고 있는 사람만 다른 사람을 용서할 수 있습니다. 우리가 아무리 용서를 해도 하나님의 화평이 마음속에 없으면, 입으로만 용서하고 속으로는 더 증오할 수 있습니다. 내가 다른 사람을 용서하지 못하는 이유는, 하나님이 아닌 나 자신을 믿기 때문입니다. 하나님의 화평이 내 안에 있을 때에만, 내가 용서한 사람을 하나님께서 선하게 책임지시리라는 것을 믿을 수 있습니다.

둘째, 하나님과 나 사이의 화평이 나와 나 자신의 관계에서도 나타납니다. 내가 나 자신과 화평을 이루지 못하면, 나는 나의 노예가 됩니다. 많은 사람들이 남모르게 열등감을 가지고 있습니다. 이 열등감을 해결하지 못하면, 열등의식을 감추기 위해 폭력적이 되고 거칠어집니다. 폭력은 반드시 주먹을 쓰는 것만이 아니라, 거친 생각, 거친 말, 거친 심성을 그대로 표출하는 것 등을 모두 가리킵니다. 대단히 똑똑하고 예쁜 여자와 상대적으로 그렇지 않은 남자가 가정을 이루어 사는 모습을 보면, 그들 사이에 평화를 찾아보기 어렵습니다. 흔히 남자가 바깥일을 하면서도 열등감으로 고통을 겪는데, 집에서도 모든 면에서 여자가 더 나으니 남자가 거칠어지는 것입니다. 이 상황을 어떻게 해결할 수 있습니까? 한 가지 방법밖에 없습니다. 하나님의 화평을 얻어 자기 자신과 화해하는 것입니다. 내 모습 이대로 흠투성이지만 나를 통한 하나님의 뜻과 계획이 있음을 믿으면, 그다음부터 문제가 해결됩니다. 지금 내 눈에는 보이지 않지만 언젠가 나조차 깜짝 놀랄 일들이 이루어지고 있음을 깨닫는 것입니다. 이렇게 자신을 바라보기 시작할 때, 비로소 자신을 사랑할 수 있게 됩니다. 자신을 사랑하지 않는 사람은 이웃을 사랑하지 못합니다. 이웃을 진정으로 사랑하려면 욕심과 열등감에 이지러진 자신과의 불화를 끊어 내야 합니다. 그 사랑으로 이웃과도 사랑할 수 있는 것입니다.

예수님을 믿지 않는 사람, 예수님을 모르는 사람도 '팔복八福'(마 5:1-10)의 말씀을 들으면 그 마음에 평화가 스며듭니다. 왜 그렇습니까? 예수님께서 백 퍼센트 당신의 인격을 하나님께 맡기심으로, 다시 말해 하나님과의 관계가 백 퍼센트 완전한 상태에 계심으로, 말씀을 통해 하나님의 화평이 역사하기 때문입니다. 우리도 주님의 인격에 우리의 인격을 모조리 맡기십시다. 주님과의 관계가 회복되면, 주님께서 우리를 화평의 사람으로 삼으시고, 우리의 삶이 새로운 삶이 되도록 붙들어 주실 것입니다.

21
은혜에 들어감을 얻었으며

로마서 5장 2절

또한 그로 말미암아 우리가 믿음으로 서 있는 이 **은혜에 들어감을 얻었으며** 하나님의 영광을 바라고 즐거워하느니라

하나님께서 주시는 화평은 그리스도인의 특권이자 의무입니다. 그리스도인만이 위로부터 화평을 받아 누릴 수 있고, 어떤 상황 가운데서도 그 화평의 삶을 살아야 하는 것입니다.

하나님과의 관계가 회복된 사람에게 하나님께서 주시는 두 번째 특권과 의무는, 하나님의 은혜에 들어가는 것입니다.

또한 그로 말미암아 우리가 믿음으로 서 있는 이 은혜에 들어감을 얻었으며 (2절 상)

은혜가 우리에게 임한다고도, 주어진다고도 하지 않고, 아예 은혜 속에 우리가 들어간다고 기록되어 있습니다. 우리가 은혜의 영

역 안에 거하는 것입니다. 더불어 하나님의 은혜 속에 거하므로 은혜의 삶을 살아야 할 의무가 있게 됩니다. 그러면 하나님의 은혜가 무엇입니까? 은혜를 뜻하는 헬라어 '카리스'는 성경에서 여러 의미를 지니고 있습니다.

첫째, '은혜로운 말'입니다. 누가복음 4장 21-22절을 보면, 주님께서 회당에서 말씀하시자 사람들이 그 말씀을 "은혜로운 말"이라고 하였습니다. 여기에서 '은혜로운'이라는 단어를 헬라어 문법으로 명사호격이라고 합니다. 그래서 이 부분을 직역하면 '은혜의 말씀'이 됩니다. 바꾸어 말하면, 주님의 입에서 흘러나오는 말씀 자체가 은혜라는 것입니다.

그러면 우리가 하나님께 은혜를 받는다는 것은 어떤 의미입니까? 말씀이 우리에게 주어지는 것을 뜻합니다. 왠지 모르게 말씀이 자꾸 재미있게 여겨진다거나, 신기하게도 말씀의 의미에 눈이 뜨인다거나, 예전보다 집중해서 듣는 귀가 생긴 것을 체험하게 될 때, 이것이 바로 은혜 받은 것입니다.

어떤 집사님은 요즘 아무것도 하지 않고 성경만 읽으면 좋겠다고 하는데, 하나님의 은혜가 아니고는 절대로 성경이 읽어지지 않습니다. 우리 교회에 출석하는 제 동창이 있는데, 의사로 일하는 그 친구는 3개월 동안 구약성경을 다 읽었습니다. 그러면서 하는 말이 자기는 그동안 병원에서 받는 스트레스를 풀기 위해 주말에 등산을 다니곤 했는데, 험한 산을 넘는 것만큼이나 성경 한 장 한 장을 읽어 나가는 것이 어려웠다고 했습니다. 그런데도 구약을 다 읽은 것은 하나님의 은혜일 수밖에 없습니다.

성경을 읽는 것도 중요하지만 그보다 더 중요한 것은, 생명이요 구원인 말씀 그 자체입니다. 그래서 말씀과 나의 관계가 깊어지면 깊어질수록, 내 삶을 통해 말씀이 인카네이션incarnation, 즉 육신을 입고 드러나게 됩니다. 말씀이 나를 계속 변화시켜 내 삶이 예전보다 더 진지해지고, 더 거룩해지고, 더 실재가 되어 가고, 보이는 것이 아니라 보이지 않는 것을 바라보게 됩니다. 다시 말해, 우리가 정말 하나님께 은혜 받은 사람이라면 말씀이 우리의 삶에 들어와 있어야 하고, 말씀이 우리의 삶을 통해 계속 드러나야 합니다.

둘째, '사랑'입니다. 누가복음 2장 52절은 "예수는 지혜와 키가 자라 가며 하나님과 사람에게 더욱 사랑스러워 가시더라"고 증언하는데, 여기에서 "사랑"이 카리스입니다. 우리가 하나님께 은혜 받았다는 것은 하나님께로부터 사랑을 받았다는 의미입니다. 하나님과의 관계가 회복되면 하나님께로부터 사랑이 주어집니다. 사람은 자기 스스로 남을 사랑하지 못합니다. 아무리 흠 없는 거울이라 해도 캄캄한 어둠 속에서는 아무것도 비추지 못합니다. 설령 그 앞에 황금 덩어리가 있어도 비출 수 없습니다. 반드시 빛이 있을 때에만 무엇이든 비추어 줄 수 있습니다. 마찬가지로 위로부터 사랑이 주어지지 않으면 우리에게서 사랑은 솟아나지 않습니다. 우리 자체 내에 있는 사랑이라는 것은 사랑이 아닙니다. 그것은 이기심입니다. 절대로 이타적인 사랑이 아닙니다. 그래서 사랑받지 못한 사람은 사랑을 잘 못합니다.

가령, 부부 동반 모임에서 이야기를 나눌 때 남을 자꾸 흥보는 주부가 있다고 하십시다. 그러면 대개 남편이 듣다 못해 아내를 구박합니다. 그런데 실은 아내를 구박할 것이 아니라 사랑해 주어야 합니다. 아내가 다른 사람과 함께하는 자리에서 누군가를 계속 흥본다는 것은, 사랑받지 못하고 있다는 증거이기 때문입니다. 야단맞아서 다른 사람을 사랑하게 된다면, 사랑 못 할 사람이 어디 있겠습니까? 사랑은 주어져야 할 수 있는 것입니다.

하나님의 은혜를 받는 순간부터 하나님의 사랑이 주어지는 것입니까? 아닙니다. 사실은 늘 우리와 함께하고 있던 사랑에 눈뜨게 되는 것입니다.

너의 하나님 여호와가 너의 가운데에 계시니 그는 구원을 베푸실 전능자이시라 그가 너로 말미암아 기쁨을 이기지 못하시며 너를 잠잠히 사랑하시며 너로 말미암아 즐거이 부르며 기뻐하시리라 하리라(습 3:17)

여기에서 "잠잠히 사랑하시며"라는 말은 참으로 감격적인 구절입니다. '잠잠히'라는 말은 내가 주님을 배신하던 때에도, 내가 주님께 등 돌리고 있던 때에도, 심지어는 내가 주님을 부인하고 저주하는 삶을 살던 때에도, 주님께서 내 삶 속에 사랑으로 계셔 왔다는 것입니다. 내가 그 사실을 몰랐을 뿐입니다. 주님의 사랑이 아니라면, 주님을 끊임없이 배신한 우리가 어떻게 이 자리에 와 있을 수 있습니까? 주님께서 잠잠히 사랑해 주셨기에 가능했던 것입니다. 하나님의 은혜가 임하면 바로 이 사랑을 깨닫게 됩니다. 깨닫는 순간 그 사랑이 나를 지배합니다. 하나님의 사랑이 지배하면, 삶의 방식과 모습이 변화됩니다. 하나님의 사랑이 마음속에 가득한 사람은 세상을 보는 눈이 다르기 때문입니다.

세상을 살아가다 보면 증오하는 사람이 생길 수 있습니다. 그 상대가 남편일 수도 있고, 아내일 수도 있고, 친구일 수도 있습니다. 이때 대부분의 사람들은 감정대로 말하고 행동합니다. 그러나 믿는 사람은 그 사람을 위해 기도합니다. 보통 어떻게 기도합니까? 그 사람이 바뀌게 해달라고 기도합니다. 특히 부부지간에는 내 남편,

내 아내가 바뀌게 해달라고 금식까지 해가며 기도하기도 합니다. 그런데 내 남편이 바뀌는 것보다, 내 아내가 바뀌는 것보다, 내 친구가 바뀌는 것보다 더 중요한 것이 무엇입니까? 나 자신이 바뀌는 것입니다. 정작 드려야 할 기도는, 자신에게 위로부터 사랑을 달라는 기도여야 하는 것입니다. 위로부터 사랑을 받아 내 속에 사랑의 자리가 마련되면, 부딪칠 일이 생기지 않습니다. 아니, 부딪친다 해도 사랑으로 감싸 안습니다.

셋째, '칭송'입니다. 사도행전 2장 47절은 "하나님을 찬미하며 또 온 백성에게 칭송을 받으니"라고 증언하는데, 여기에서 '칭송'이 카리스입니다. 우리가 은혜 받았다는 것은 하나님께 칭찬과 격려를 받았음을 의미합니다. 우리가 자기 속을 자세히 들여다보면, 절망적이지 않을 수 없습니다. 나 자신을 잊고 살아갈 때는 스스로 그럴듯해 보이지만, 말씀을 펴놓고 내 속을 들여다보면 썩고 어둡고 흉측한 것밖에 없습니다. 그런데 이와 같은 우리를 하나님께서 격려해 주고 계십니다. 이것이 하나님의 은혜입니다.

대표적인 예가 마가복음 12장에 나오는 과부입니다. 예루살렘성전 문 앞에는 헌금함이 있었는데, 옛날에는 헌금을 봉투에 넣어 하지 않고 헌금함에 직접 넣었습니다. 당시에는 돈이 모두 주화였기 때문에 누가 얼마를 넣는지 주변 사람들이 알았습니다. 그런데 가난한 과부가 두 렙돈을 넣었습니다. 오늘날로 치면, 천 원 미만의 금액이었습니다. 그러니 헌금을 하면서도 스스로가 부끄럽고 수치스러웠을 것입니다. 그런데 예수님께서 그 과부에게 '네가 최고'라고 하셨습니다. 다른 사람들은 자기가 가지고 있는 것 중 한 부분을 바쳤지만, 그 과부는 가진 것 전부를 바쳤기 때문입니다(막 12:41-44).

모세는 출애굽 여정을 떠나기 전, 가진 것 없는 팔십 노인에 지나지 않았습니다. 그런데 하나님께서 모세를 택해 이스라엘 백성을 애굽에서 해방시킬 것을 명하셨습니다. 모세는 못 하겠다고 했습니다. 당연합니다. 자기가 자신을 너무도 잘 아는데 어떻게 그런 엄청난 일을 한다고 하겠습니까? 급기야 모세는 자신이 말솜씨가 없는 것까지 들먹이며 다른 사람을 보낼 것을 간청했습니다. 이에 하나님께서는 전혀 미동하심 없이 모세를 격려하고 안심시키고 전폭적으로 밀어주셨습니다(출 4:10-16). 이는 '동서남북, 좌우사방을 눈을 씻고 찾아봐도 너 같은 사람이 없으니 네가 가라'는 의미입니다. 하나님의 격려 속에서 늙은 백발의 모세가 지팡이 하나를 들고 갔습니다. 그리고 결국에는 출애굽의 영웅이 되었습니다. 모세가 이 위대한 일을 해낸 것입니까? 모세가 홍해를 갈랐습니까? 아닙니다. 하나님의 격려와 도우심 속에서 모든 일이 가능했던 것입니다.

넷째, '마음'입니다. 사도행전 24장 27절에는 "벨릭스가 유대인의 마음을 얻고자 하여 바울을 구류하여 두니라"고 기록되어 있는데, 여기에서 '마음'이 카리스입니다. 우리가 은혜 받았다는 것은 주님의 마음을 얻은 것을 의미합니다. 주님의 마음은 어떤 마음입니까?

너희 안에 이 마음을 품으라 곧 그리스도 예수의 마음이니 그는 근본 하나님의 본체시나 하나님과 동등됨을 취할 것으로 여기지 아니하시고 오히려 자기를 비워 종의 형체를 가지사 사람들과 같이 되셨고(빌 2:5-7)

주님의 마음은 종의 마음이라고 말씀하고 있습니다. 즉, 겸손한 마음입니다. 잠언 16장 18절은 "교만은 패망의 선봉이요 거만한 마음은 넘어짐의 앞잡이니라"고 말씀합니다. 우리가 누군가와 가만히 이야기해 보면, 그 사람이 교만한지 겸손한지 금방 알 수 있습니다. 그러면서도 정작 자신의 교만함에 대해서는 잘 모릅니다. 나의 교만함을 남이 안다는 사실에 대해서도 무지합니다. 자신의 교만을 멋이나 애교라고 여기는 사람들도 있습니다. 그러나 우리가 주님의 마음을 얻고 주님의 마음과 하나가 되면 더 낮아지고 겸손해지게 되는데, 이것이 하나님의 은혜입니다.

다섯째, '기쁨'입니다. 빌레몬서 1장 7절에는 "내가 너의 사랑으로 많은 기쁨과 위로를 받았노라"고 기록되어 있는데, 여기에서 '기쁨'이 카리스입니다. 우리가 은혜 받았다는 것은 하나님의 기쁨을 얻은 것입니다. 기뻐하지 못할 일이 많은데도 하나님께서 우리에게 항상 기뻐하라고 명하셨습니다(빌 4:4). 어떻게 그럴 수 있습니까? 비결은 하나밖에 없습니다. 하나님의 기쁨이 나에게 전이되도록 하는 것입니다. 누가복음 15장에서 탕자가 집으로 돌아갈 때, 그는 아버지가 자신을 아들이 아니라 품꾼으로 받아 주어 하루 세 끼만이라도 해결했으면 하는 심정이었습니다. 그런데 아버지는 탕자의 옷을 갈아입히고, 가죽신을 신기고, 손에 가락지를 끼우고, 살진 송아지를 잡아 맛난 음식을 차려 주었습니다. 그러면서 '이 아들은 죽었다가 살아난 아들, 잃었다가 얻은 아들이니 함께 즐기고 기뻐하자'고 하였습니다. 이러한 아버지의 기쁨은 탕자의 마음 문을 활짝 열고 아들에게 고스란히 전이되었습니다.

죄인 한 명이 예수 그리스도 앞에 나아가 구원을 얻으면, 하나님께서는 회개할 것 없는 의인 아흔아홉 명보다 그 한 사람으로 인해 더 기뻐하십니다. 돌아온 탕자를 보고 기뻐하는 아버지처럼 하나님 아버지께서는 그 한 사람으로 인해 기쁨을 이기지 못하십니다. 그 기쁨이 전이되면, 항상 기쁘게 됩니다. 우리에게 있던 불평과 불만은 기쁨에 덮여 어느새 사라져 버립니다.

좋은 영화나 소설을 보고 아무리 감동을 받았다 해도, 감동은 사람을 거듭나게 하지 못합니다. 하나님의 은혜는 감동을 초월하는 힘입니다. 하나님의 말씀, 사랑, 격려, 마음 그리고 기쁨이 위로부터 주어지면, 우리는 변화되지 않을 수 없습니다. 자기가 느낄 수 있을 정도로 한순간에 변화되는 사람도 있고, 자기도 모르는 사이에 차츰 차츰 변화되는 사람도 있습니다.

하나님과의 관계가 회복된 사람에게 하나님께서 주시는 세 번째 특권과 의무는 2절 하반절이 가르쳐 주고 있습니다.

하나님의 영광을 바라고 즐거워하느니라

하나님과의 관계가 회복되면, 위로부터 임하는 하나님의 영광을 누릴 수 있는 특권이 주어지고, 더불어 하나님의 영광을 삶 가운데 드러내야 할 의무가 생깁니다. 본문에서 "하나님의 영광을 바라고"라는 구절은 미래에 하나님의 영광이 도래하는 것을 대망한다는 의미입니다. 그리고 "즐거워하느니라"는 현재에 하나님의 영광을 마음껏 누린다는 의미입니다. 즉 삶 속에서 현재에도 하나님의 영광을 보고, 또 미래로부터 계속 다가오는 하나님의 영광을 보는 것입니다. 하나님과의 관계가 회복되면, 내가 보는 도처에서, 내가 만나는 모든 일에서 하나님의 뜻이 보이기 때문입니다. '영광'에 해당하는 헬라어 '독사'는 언제든지 좋은 방향으로 계획되고 이루어지는 '뜻'을 말합니다. 내가 무슨 일을 당하든지 그 속에서 하나님의 선하신 뜻이 보이는 것입니다. 하나님께서는 우리에게 좋은 것이 아니면 주시지 않는 분이기 때문입니다(마 7:11).

　바울은 복음을 증거하고 다니면서 모진 핍박을 받으면서도 다음과 같이 말했습니다.

자기 아들을 아끼지 아니하시고 우리 모든 사람을 위하여 내주신 이가 어찌 그 아들과 함께 모든 것을 우리에게 주시지 아니하겠느냐(롬 8:32)

　"모든 사람을 위하여"라는 구절에서 '모든'에는 학식 많고 고상한 사람뿐 아니라 부도덕한 사람, 우리처럼 죽을 수밖에 없던 죄인도 포함됩니다. 바울이 이렇게 고백할 수 있었던 것은 인류 속에서 하나님의 좋으신 뜻, 하나님의 영광을 보았기 때문입니다.

생각하건대 현재의 고난은 장차 우리에게 나타날 영광과 비교할 수 없도다 (롬 8:18)

　하나님과의 관계가 회복됨으로, 현재의 모든 일들 속에서 하나님의 영광을 보고 또한 미래에 나타날 영광을 본다는 것은 '영적인 존재'가 된다는 의미입니다. 아름다운 꽃 한 송이가 있다고 할 때, 시인은 그 꽃의 아름다움을 노래합니다. 과학자는 그 꽃이 어떻게 이루어졌는지 탐구합니다. 그러나 영적인 사람, 바꾸어 말하면 하나님의 영광을 보는 사람은 그 꽃을 창조하신 하나님의 솜씨를 찬양합니다.

　찬송가 79장 〈주 하나님 지으신 모든 세계〉를 보면 이렇게 시작합니다.

주 하나님 지으신 모든 세계 내 마음속에 그리어 볼 때

이것만 보면 겉으로 드러난 모습만 이야기하는 것 같습니다. 그런데 다음 소절을 보십시다.

하늘의 별 울려 퍼지는 뇌성 주님의 권능 우주에 찼네

이 사람에게는 별이, 별이 아닙니다. 하나님의 영광입니다. 뇌성이, 뇌성이 아닙니다. 하나님의 영광입니다. 보는 것마다 하나님의 영광입니다. 마지막 절에서는 다음과 같이 고백합니다.

주님의 높고 위대하심을 내 영혼이 찬양하네
주님의 높고 위대하심을 내 영혼이 찬양하네

주일에 교회에 와서 예배드린 뒤 세상 이야기만 하다가 집으로 돌아가는 분들이 있는데, 참으로 안타깝기 그지없습니다. 교회야말로 하나님의 영광을 맛보는 체험장이자 하나님의 뜻을 분별하는 훈련장이 되어야 합니다. 그래야 세상에 나가서도 하나님의 영광을 바라보고 하나님의 뜻을 분별할 수 있습니다. 교회에 와서까지 세상 이야기에 초점이 맞춰져 있다면, 세상에 나갔을 때는 필경 주님보다 세상이 더 크게 보이게 됩니다. 세상 속에서 힘든 일을 당하게 될지라도 지금의 고난이 장차 나타날 하나님의 영광과 비교할 수 없다는 고백을 할 수 없게 됩니다.

하나님과의 관계가 회복되면, 어디서 누구를 만나고 무엇을 하든지 화평을 누리고, 은혜 속에 거하고, 하나님의 영광을 볼 수 있게

됩니다. 이것이야말로 참된 신앙의 맛이요 멋입니다. 하나님의 은총이 사랑으로, 격려하심으로, 기쁨으로 이 자리에서뿐 아니라 앞으로도 우리의 삶에 충만하게 역사하실 것입니다.

22
즐거워하느니라

로마서 5장 9-11절

그러면 이제 우리가 그의 피로 말미암아 의롭다 하심을 받았으니 더욱 그로 말미암아 진노하심에서 구원을 받을 것이니 곧 우리가 원수 되었을 때에 그의 아들의 죽으심으로 말미암아 하나님과 화목하게 되었은즉 화목하게 된 자로서는 더욱 그의 살아나심으로 말미암아 구원을 받을 것이니라 그뿐 아니라 이제 우리로 화목하게 하신 우리 주 예수 그리스도로 말미암아 하나님 안에서 또한 **즐거워하느니라**

아이들을 쳐다보고 있으면 무척이나 부러운 것이 있습니다. 아이들이 지닌 맑은 눈동자입니다. 구슬처럼 영롱하고 해맑은 눈동자를 들여다보면 나도 저런 시절이 있었지 싶습니다. 그때의 맑은 눈빛을 잃고 혼탁해졌기 때문일 것입니다. 그런데 혼동하지 말아야 할 것은, 어린아이의 눈이 그처럼 맑고 투명하다 해도 어린아이 역시 스스로를 구원할 수 없는 죄인이라는 사실입니다.

젊은이를 가리켜 청년青年이라고 부릅니다. 푸른 시절이라는 의미입니다. 푸르다는 것은 대단히 매력적인 단어입니다. 그 속에는 싱그러움이 있고, 열정이 있고, 무한한 가능성이 있고, 광활한 미래가 있습니다. 그뿐만 아니라 맑다는 뜻도 있습니다. 그러나 청년 시절이 아무리 그러하다 해도, 청년들 또한 죄인이라는 사실에는 변함이 없습니다. 장년에 비해 때가 덜 묻었을지 모르지만, 그 속에서 죄의 기운이 분명 꿈틀거리고 있기 때문입니다.

이 세상을 살아가는 사람들은 모두 죄인입니다. 양적인 면에서는 차이가 있을지 모르지만 질적인 면에서는 하나도 차이가 없습니다. 그런데 우리가 죄인이라는 말을 워낙 자주 쓰다 보니, 이 말이 더 이상 우리에게 충격으로 다가오지 않습니다. 그만큼 우리가 무디어졌습니다. 2천 년 전 바울이 살던 시절에도 상황이 비슷했습니다. 그래서 바울은 10절 상반절에서 죄인을 다른 말로 표현했습니다.

곧 우리가 원수 되었을 때에

하나님 앞에서 우리가 죄인인 정도가 아니라 하나님의 원수가 되었다는 것입니다. 원수라는 단어는 대단히 부정적인 단어입니다. 두 가지 이유 때문인데, 첫째는 용서라는 것이 허용되지 않기 때문입니다. 원수지간은 이성과 지성을 넘어서 무조건 서로를 죽여야 하는 관계입니다. 둘째는 복수가 이어지기 때문입니다. 자식이 아버지의 원수를 갚고, 그 자식의 자식이 다시 아버지의 원수를 갚습니다.

그런데 보통 원수지간은 쌍방이 엇비슷한 위치에 있을 때 성립됩니다. 이를테면, 로미오의 집안과 줄리엣의 집안처럼 가세가 비슷할 때 원수지간이 지속될 수도 있는 것입니다. 한쪽이 월등하게 우월한 입장에 있을 때는 원수지간이라는 말이 사용되기 어렵습니다. 삼권을 장악한 임금이 있다고 하십시다. 그런데 이 임금이 한 신하와 원수지간이 되었습니다. 그러면 임금은 그 즉시 신하의 삼족을 멸할 것입니다. 이렇게 종족의 씨를 남김없이 말려 버리는데 어떻게 원수지간이 될 수 있겠습니까?

하나님과 우리는 어떤 관계입니까? 대등합니까? 전혀 그렇지 않습니다. 창조주와 피조물의 관계이므로 하늘과 땅보다 큰 차이가 있습니다. 그 하나님께서 인간을 원수라고 여기신다면, 인간은 고스란히 멸함 받아야 할 그런 존재밖에 안 됩니다. 하나님 앞에서 죄인들이 하나님의 원수가 되는 까닭이 무엇입니까? 하나님께서는 죄와 벗하시는 분이 아니기 때문입니다. 그러면 원수 된 우리가 다 멸함을 받아야 하는데, 하나님께서 어떻게 하셨습니까? 오히려 영원토록 당신의 자녀로 삼아 주셨습니다. 어떻게 하나님의 원수에서 이처럼 하나님의 자녀가 되는 관계로 바뀐 것입니까? 이유는 하나입니다. 하나님께서 우리를 창조하실 때부터 우리를 사랑하셨기 때문입니다. 그런데 그 사랑을 깨닫지 못하던 우리를 위해 당신의 독생자를 제물 삼아 우리와의 관계를 회복시켜 주셨습니다. 정말 믿기 힘든 복음이자, 믿기 어려운 기적적인 사랑입니다.

우리가 하나님의 자녀가 되었다는 사실을 믿는다면, 그다음에는 어떻게 해야 합니까?

그뿐 아니라 이제 우리로 화목하게 하신 우리 주 예수 그리스도로 말미암아 하나님 안에서 또한 즐거워하느니라(11절)

하나님 안에서 즐거워한다는 것은 삶 속에서 하나님의 구원과 사랑이 증명되어 나타나는 것입니다. 하나님께서 우리를 사랑하실 때 구호로 사랑하신 것이 아니라, 관념으로 사랑하신 것이 아니라, 당신의 독생자를 통한 구체적인 행위로 그 사랑을 확정해 주셨던 것처럼, 우리가 하나님 안에서 즐거워하는 것 역시 구호로서가 아니라, 관념으로서가 아니라, 우리의 삶으로 확정되어 나타나야 합니다.

좀더 구체적으로 생각해 보십시다. 로마서 5장 1-4절은 네 가지를 이야기합니다. 첫째로 화평을 누리는 삶, 둘째로 은혜를 누리는 삶, 셋째로 하나님의 영광을 드러내는 삶, 넷째로 환난 중에서 소망을 완성하는 삶입니다. 10월 28일에 휴거가 있을 것이라고 주장하는 시한부 종말론자들의 가장 큰 문제가 무엇입니까? 그들에게서 '삶'이 실종되어 버렸다는 사실입니다. 마태복음 24장 40-41절은 "그때에 두 사람이 밭에 있으매 한 사람은 데려가고 한 사람은 버려둠을 당할 것이요, 두 여자가 맷돌질을 하고 있으매 한 사람은 데려가고 한 사람은 버려둠을 당할 것이니라"고 증언하고 있습니다. 주님께서 이 땅에 종말이 오는 순간을 알려 주시는 말씀입니다. 그날 우리가 어디서 부름을 받습니까? 삶의 현장에서입니다. 그러므로 주님께서 오시는 그날까지 주님을 믿는 사람들은 구체적인 삶의 현장을 지켜야 합니다. 우리가 가지고 있는 모든 믿음의 진위는 삶으로 드러나기 때문입니다.

우리가 예배당에 앉아 있을 때는 모두들 거룩해 보입니다. 그러나 예배당을 나서는 순간부터 우리의 믿음이 진짜인지 가짜인지 알 수 있습니다. 믿음의 진위는 삶으로 드러나기 때문에 주님께서는 우리로 하여금 끝까지 삶을 지키게 하십니다. 내가 정말 하나님의 평화를 얻은 사람이라면, 그 하나님의 평화가 내 삶 속에서 구체적으로 드러나게 되어 있습니다. 삶으로 드러나지 않는데도 평화를 얻었다고 여기는 것은 자기최면입니다. 내가 정말 하나님의 은혜를 얻은 사람이라면, 그 하나님의 은혜가 내 일거수일투족을 통해 삶 속에서 투명하게 드러나게 되어 있습니다. 하나님의 은혜가 삶으로 드러나지 않는다면, 그것은 허망한 신비주의일 따름입니다. 내가 정말 하나님의 영광을 얻은 사람이라면, 그리고 내가 정말 하나님 안에서 소망을 완성시켜 가는 사람이라면, 어떤 환난 속에서도 내 삶의 자리를 떠나지 않습니다. 그 믿음이 어긋나고 부패하게 되면 현실도피자가 되고 맙니다. 이것이 가장 극명하게 드러난 것이 시한부 종말론자들입니다. 그들은 우리보다 기도도 많이 하고, 찬양도 많이 하고, 심지어 직장도 다 그만두고 그것에 열중했습니다. 그러나 그 행위들은 실은 자기최면, 맹신, 무책임한 현실도피였습니다. 그들에게 주어진 것은 찬란한 휴거가 아니라 비극적인 수치였습니다. 그러므로 우리가 하나님의 구원을 얻고 하나님의 생명에 잇닿은 사람이라면, 세상 사람들보다 삶의 자리를 더욱 소중하게 지키고 그 속에서 보다 성실히 임해야 합니다. 하나님과의 참다운 교제가 이루어지고 하나님의 역사가 세워지는 곳이 바로 삶의 현장이기 때문입니다.

젊은 남녀가 커피숍의 멋진 조명 아래서 사랑을 나누는 모습을 떠올려 보십시다. 진실한 대화와 눈빛이 사랑을 속삭이지만, 이는 사랑이 아니라 고백일 뿐입니다. 진짜 사랑이 아니라 감정 교류일 따름입니다. 그들이 느끼는 것이 진짜인지 가짜인지는, 그들이 결혼한 이후 가정생활에서 드러납니다. 사람들은 멋진 조명 아래서 이야기한 것을 진짜라고 생각하기에, 믿었던 것과는 달라진 삶에서 그만큼 더 큰 삭막함과 공허함을 느끼게 되는 것입니다. 우리가 예배당에 와서 하나님께 기도하고 찬양하는 것은 하나님을 향한 고백입니다. 이 고백이 우리의 삶 속에서 확정되어야 진실된 사랑입니다. 따라서 삶이야말로 가장 아름다운 예배요, 삶보다 아름다운 찬양, 삶보다 거룩한 기도는 없습니다.

정리해 보십시다. 우리는 하나님의 원수가 되었던 사람들인데 하나님의 일방적인 사랑으로 원수의 관계가 풀어지고 하나님의 자녀가 되는 구원을 얻었습니다. 그러므로 우리는 하나님 안에서 즐거워하는 삶을 살 수 있고, 그 즐거움을 계속 영위해야 합니다. 즐거워하는 삶을 산다는 것은 평화를 누리고, 은혜를 누리고, 하나님의 영광을 드러내고, 소망을 완성하는 삶입니다.

여기에서 하나 더 정리하십시다. 우리가 구체적인 해답을 얻지 않으면 우리의 신앙은 관념적으로 흐를 뿐, 현실과 동떨어지고 여전히 이중적인 삶을 탈피하지 못하기 때문입니다. 하나님 안에서 살아가는 네 가지 삶을 두 가지로 집약할 수 있습니다.

첫째, 하나님의 말씀 앞에서 끊임없이 자기를 포기하고 자기를 부인하는 삶입니다. 자기 포기와 자기 부인이 없는 믿음은 믿음이 아닙니다. 예를 들어 보겠습니다. 아버지와 아들이 집안 일로 이견이 생겼다고 할 때, 아들이 자기의 소신이 분명하지만 지금은 아버지의 의견이 존중되어야 집안이 든든히 서므로 아버지의 말에 따른다면, 이것이 바로 자기를 부인하는 것입니다. 우리가 하나님을 믿는다고 하면서 하나님 앞에서 확실한 자기 부인이 없으면, 우리는 늘 하나님 앞에서 토론자로 있게 됩니다. 하나님과 하나 되지 못하고 줄곧 평행선을 긋게 됩니다. 우리는 하나님 앞에서 토론자가 아니라 대화자가 되어야 합니다. 주님의 인격을 배우고 주님의 인도

하심을 받기 위해서입니다. 토론자는 끝까지 자기를 내세우지만, 배우기 위해 대화하는 사람은 끊임없이 자기를 부인합니다. 그렇게 부인되고 난 뒤 하나님의 뜻에 순종함으로 하나님의 평화와 은혜와 영광과 소망이 삶 속에 채워지게 되는 것입니다.

인간은 이기적이고 탐욕적인 존재입니다. 하나님의 뜻과 인간의 뜻은 절대 일치할 수가 없습니다. 그러므로 하나님 앞에서 자기 부인이 계속되어야 합니다. 말씀 앞에서 자기 포기가 이어져야 합니다. 그렇지 않으면 하나님의 말씀을 자기를 강화시키는 도구로 삼을 뿐, 참된 믿음의 사람은 될 수 없습니다.

우리는 종종 자기 포기와 자기 부인을 다른 사람 앞에서 행해야 하는 것으로 잘못 생각합니다. 자기를 부인한다고 할 때는 사람 앞에서가 아니라 하나님의 말씀 앞에서 행하는 것입니다. 상대가 증오스러움에도 불구하고 사랑하라는 주님의 말씀 앞에서 자기를 부인하고 사랑을 실천하는 것입니다. 내가 잘못한 것이 없는데 상대가 나에게 해를 입혔을 때에도, 용서하라는 주님의 말씀 앞에서 자기를 부인하고 용서를 실천하는 것입니다. 그런데 말씀이 아닌 다른 사람 앞에서 자기를 부인한다고 생각하니까 자존심이 상하고 그 상한 마음을 쌓아 두었다가 크게 터뜨리는 것입니다.

고린도전서 15장 31절에서 바울은 "나는 날마다 죽노라"고 말한 바 있습니다. 바울이 위대한 사도가 될 수 있었던 이유는 바로 날마다 죽었기 때문입니다. 어떤 죽음입니까? 말씀 앞에서의 죽음입니다. 말씀 앞에서 자기가 죽으니, 남는 것은 말씀밖에 없습니다. 그 말씀은 평화의 말씀, 은혜의 말씀, 영광의 말씀, 소망의 말씀, 부활의 말씀입니다.

얼마 전 집에서 아이들과 저녁을 먹다가 우연히 이런 이야기가 나왔습니다.

"너희들, 크면 나중에 어떤 사람과 결혼할 거니?"

둘째가 먼저 대답했습니다.

"저는 날씬하고 예쁜 여자하고요."

그랬더니 초등학교 2학년인 큰아이가 나섰습니다.

"결혼은 너만 좋다고 하는 게 아냐. 아빠 엄마가 이 사람과 하라고 정해 주시면, 너가 싫어도 해야 하는 거야."

결혼은 부모가 정해 주는 사람과 하는 것이라고 말하는 아이에게는 근본적인 믿음이 깔려 있습니다. 부모의 인격에 대한 믿음입니다. 우리 부모님이 나에게 주는 것은 다 좋은 것이라는 믿음입니다. 하나님의 말씀 앞에서 자기를 부인하는 일은 내가 그러기 싫어도 해야 하는 일입니다. 내 생각이 없어서가 아닙니다. 하나님에 대한 믿음 때문입니다. 성경을 읽으면 유독 성경에서 빼고 싶은 말씀이 있습니다. 그러나 정말 하나님에 대한 믿음이 있다면, 그 말씀이 정말 하나님의 말씀이라 믿는다면, 그 말씀이 진리요 생명이라 믿는다면, 싫어도 받아들여야 합니다. 말씀 앞에서 한번 죽어 본 사람은 계속 죽습니다. 이론적으로는 다 알고 심정적으로도 다 납득이 가는데 실전에서 못 죽는 이유는, 안 해보았기 때문입니다.

어제 교역자 회의를 하면서 고린도전서 15장을 읽으며 묵상했습니다. 그러다가 31절을 보면서, 날마다 죽는 것이 어떤 의미인지 이야기하는 시간을 가졌습니다. 예배당이나 계단에 휴지가 떨어져 있을 때 줍기 싫은데 그럼에도 해야 하는 것, 목사나 전도사가 사찰 집사님의 눈을 갖는 것 등의 이야기가 나왔습니다. 오늘 우리는 우리의 삶 속에서 하나님의 말씀에 순복하기 위해 어떤 죽음을 행하고 있습니까? 하루에 몇 번이나 자기를 부인하고 있습니까? 자기를 부인하지 않으면 감정적으로 편할지 모르지만 그것은 일시적일 뿐, 우리 삶에 내재되어 있는 근본적인 문제는 해결되지 않습니다. 자기 부인 없이는 하나님의 평화, 하나님의 은혜, 하나님의 영광, 하나님의 소망이 삶 속에 채워지지 않기 때문입니다.

둘째, 작은 일에 충성하는 삶입니다. 큰일에는 많은 사람들의 관심과 갈채가 따릅니다. 그런데 우리가 기억해야 할 점은 그 갈채가 사람으로부터 주어지는 갈채라는 것입니다. 그 갈채는 절대 영원하지 못하며, 어느 정도 시간이 지나면 사람을 공허하게 만듭니다. 반면에, 작은 일에는 사람들이 몰리지 않지만, 사람의 갈채가 없는 대신 하나님의 갈채가 있습니다.

예수님께서 이 땅에 오셔서 팔레스타인 지역에 사셨는데, 지중해만 건너면 유명한 헬라 아카데미들이 있었습니다. 그런데 예수님께서 그곳으로 유학을 다녀와 관직에 오르고 총독들과 함께 일하셨습니까? 제사장들이나 서기관들이 왜 예수님을 우습게 보고서 저런 사람이 어떻게 메시아냐고 했습니까? 그들이 보기에 하찮은 일을 하고 다녔기 때문입니다. 이스라엘의 가장 못사는 갈릴리에서 가장 못사는 빈민들을 앉혀 놓고 그들의 이야기나 들어주고 있으니, 얼마나 우스웠겠습니까?

그런데 그분이 하신 말씀을 가만히 들어 보십시다. 심령이 가난한 사람은 복이 있나니 천국이 그들의 것임이요, 애통하는 사람은 복이 있나니 그들이 위로를 받을 것임이요, 온유한 사람은 복이 있나니 그들이 땅을 기업으로 받을 것임이요…… 전부 평화의 말씀, 은혜의 말씀, 소망의 말씀입니다. 작은 일에 충성하는 삶을 사시는 그분을 통해 하나님의 은혜가 역사하신 결과입니다.

이스라엘 민족이 가장 자랑스럽게 생각하는 다윗은 어떤 사람이었습니까? 그는 8형제 중 막내였습니다. 어느 날 다윗이 벌판에서 양을 지키고 있을 때, 아버지 이새가 다윗을 불렀습니다. 그리고 군대에 가 있는 세 형들에게 음식을 가져다주라고 심부름을 시켰습니다. 다윗은 못하겠다고 하면 그만이었습니다. 자기 말고도 그 일을 할 만한 형들이 있었기 때문입니다. 그러나 다윗은 아버지 뜻에 따라 심부름을 갔다가 하나님을 모독하는 골리앗을 죽이고, 결국 이스라엘의 위대한 지도자가 됩니다. 작은 일에 충성하는 것으로 다윗이 비로소 다윗이 된 것입니다.

이 세상에서 시어머니를 모시는 일이 가장 위대한 일이라고 여기며 그것을 삶의 목적으로 삼는 사람은 아마도 없을 것입니다. 그런데 성경에 나오는 룻이라는 여인은 시어머니를 모시는 일이 하나님께서 자신에게 주신 미션이라 생각하고, 시어머니가 죽는 곳에서 자신도 함께 죽겠다고 했습니다. 바로 이 여인의 태를 통해 증손자 다윗이 태어나고, 다윗의 족보에서 예수 그리스도가 오셨습니다.

이상 살펴본 것을 요약하면, 하나님의 평화와 은혜와 영광과 소망을 입은 사람은 날마다 자기를 부인하고, 작은 일에 충성된 삶을 살아갑니다. 또 그처럼 날마다 자기를 부인하고 작은 일에 충성하는 사람은 하나님의 평화와 은혜과 영광과 소망이 그 삶에 더 깊이 뿌리박히고 더 많은 열매로 드러나게 됩니다. 이 같은 삶을 살아가는 사람은 세속적인 방법으로 한순간에 큰일을 이룬 사람보다 인류 역사에 실질적으로 더 큰 영향을 미칩니다.

다니엘서 1장을 보면, 다니엘이라는 청년이 바벨론으로 끌려가는 장면이 나옵니다. 그는 예루살렘에서 엘리트로 있었기에 예루살렘을 침략한 느부갓네살이 그를 포로로 끌고 갔습니다. 그런데 다니엘이 왕이 내린 음식을 거부했습니다. 바벨론에서 왕에게 바쳐지는 모든 음식은 바벨론이 섬기는 우상에게 먼저 바쳐진 음식, 곧 우상의 제물이었기 때문입니다. 젊은 다니엘이 맛있고 기름진 음식을 왜 먹고 싶지 않았겠습니까? 하지만 그는 하나님 앞에서 자기의 욕망을 부인하고, 우상을 섬기지 않는 일에 충성했습니다. 환관장은 다니엘의 얼굴이 초췌해지면 자신이 왕에게 야단맞고 목숨까지 위태로워지리라 우려되어 다니엘에게 먹을 것을 권했습니다. 그래도 다니엘은 뜻을 굽히지 않고 환관장의 명을 받은 감독관에게 제안하기를, 열흘 동안만 채식과 물만으로 먹게 해달라고 하였습니다. 그리고 열흘이 지난 뒤 다니엘의 얼굴은 왕의 진수성찬을 먹은 사람들보다 더 밝게 빛났습니다.

이러한 다니엘을 하나님께서 어떻게 쓰셨습니까? 75년 동안 여섯 명의 왕이 바뀌고 나라가 두 번 바뀌었는데도 다니엘을 계속 영향력 있는 사람으로 세워 주셨습니다. 역사의 전면에 드러난 사람은 바벨론의 느부갓네살, 바사 제국의 고레스였습니다. 그러나 보이지 않는 이면에서 역사를 주관하시는 하나님의 도구 된 사람은 다니엘이었습니다. 바사 제국의 고레스가 등극하자마자 어떻게 그 많은 노예들을 하루아침에 해방시키고 고향으로 돌려보낸 것입니까? 당시에는 노예가 나라의 재산이었는데 이 일이 어떻게 가능했습니까? 막후에 다니엘이 있었기 때문입니다. 중요한 것은 다니엘이 청년 시절부터 자기를 부인하고 작은 일에 충성하는 훈련을 했다는 것입니다. 청년 시절은 삶의 기운이 가장 왕성한 시기입니다. 이 청년 시절에 삶의 어떤 발판을 마련하느냐에 따라 그 삶이 결정됩니다. 삶의 방향도 결정되고, 삶의 질도 결정됩니다.

하나님의 원수에서 하나님의 사랑에 의해 하나님의 자녀가 됨으로, 위로부터 평화와 은혜와 영광과 소망을 얻었음을 믿으십니까? 그렇다면 삶의 현장에서 날마다 말씀 앞에서 자기를 부인하고 작은 일에 충성을 다하는 실천적인 삶을 살아가야 합니다. 바로 그때 하나님 아버지께서 우리를 통해 세상 가운데 하나님의 역사를 펼쳐 가실 것입니다. 우리는 보잘것없고 유한한 인생이지만, 우리를 통해 역사하시는 하나님께서는 위대하시고 영원하신 분이기 때문입니다.

23
한 사람으로 말미암아

로마서 5장 12-21절

그러므로 **한 사람으로 말미암아** 죄가 세상에 들어오고 죄로 말미암아 사망이 들어왔나니 이와 같이 모든 사람이 죄를 지었으므로 사망이 모든 사람에게 이르렀느니라 죄가 율법 있기 전에도 세상에 있었으나 율법이 없었을 때에는 죄를 죄로 여기지 아니하였느니라 그러나 아담으로부터 모세까지 아담의 범죄와 같은 죄를 짓지 아니한 자들까지도 사망이 왕 노릇하였나니 아담은 오실 자의 모형이라 그러나 이 은사는 그 범죄와 같지 아니하니 곧 한 사람의 범죄를 인하여 많은 사람이 죽었은즉 더욱 하나님의 은혜와 또한 한 사람 예수 그리스도의 은혜로 말미암은 선물은 많은 사람에게 넘쳤느니라 또 이 선물은 범죄한 한 사람으로 말미암은 것과 같지 아니하니 심판은 **한 사람으로 말미암아** 정죄에 이르렀으나 은사는 많은 범죄로 말미암아 의롭다 하심에 이름이니라 한 사람의 범죄로 말미암아 사망이 그 한 사람을 통하여 왕 노릇하였은즉 더욱 은혜와 의의 선물을 넘치게 받는 자들은 한 분 예수 그리스도를 통하여 생명 안에서 왕 노릇하리로다 그런즉 한 범죄로 많은 사람이 정죄에 이른 것같이 한 의로운 행위로 말미암아 많은 사람이 의롭다 하심을 받아 생명에 이르렀느니라 한 사람이 순종하지 아니함으로 많은 사람이 죄인 된 것같이 한 사람이 순종하심으로 많은 사람이 의인이 되리라 율법이 들어온 것은 범죄를 더하게 하려 함이라 그러나 죄가 더한 곳에 은혜가 더욱 넘쳤나니 이는 죄가 사망 안에서 왕 노릇한 것같이 은혜도 또한 의로 말미암아 왕 노릇하여 우리 주 예수 그리스도로 말미암아 영생에 이르게 하려 함이라

우리는 로마서 5장 1-4절에서 그리스도인에게 주어진 권리와 의무가 무엇인지 생각해 보았습니다. 첫째는 하나님의 화평을 누리는 삶, 둘째는 하나님의 은혜를 누리는 삶, 셋째는 하나님의 영광을 드러내는 삶, 넷째는 환난 가운데 소망을 완성하는 삶이라고 했습니다. 어떻게 이러한 삶을 살 수 있습니까? 5절이 그 해답을 가르쳐 줍니다. 하나님의 사랑이 우리의 마음속에 차고 넘침으로 가능합니다.

그러면 하나님의 사랑이란 어떤 사랑입니까? 6절에서 "우리가 아직 연약할 때에"라는 구절은 우리가 기억조차 못할 때, 알 수도 없을 때라는 의미입니다. 그러한 때에 우리를 위해 죽으신 사랑입니다. 나아가 8절에서 "우리가 아직 죄인 되었을 때에" 대신 죽어 주신 사랑, 더 나아가 10절에서 "곧 우리가 원수 되었을 때에" 대신 죽어 주신 사랑으로 우리의 심령을 채워 주시기에 우리가 그리스도인으로서의 권리를 누리고 의무를 행할 수 있는 것입니다.

그리고 이어지는 본문은 예수 그리스도를 믿음으로 얻는 의, 다시 말해 예수 그리스도로부터 비롯되는 구원의 필요성과 유일성이 무엇인지 설명하고 있습니다. 먼저, 구원의 필요성에 대해 살펴보십시다. 왜 그리스도의 구원이 우리에게 필요합니까? 다시 말해, 왜 우리에게 구원자가 필요합니까? 우리는 우리 스스로를 구원하지

한 사람으로 말미암아

못합니까? 그 답을 12절이 이렇게 제시합니다.

그러므로 한 사람으로 말미암아 죄가 세상에 들어오고 죄로 말미암아 사망이 들어왔나니 이와 같이 모든 사람이 죄를 지었으므로 사망이 모든 사람에게 이르렀느니라

여기에서 말하는 "한 사람"이란 아담입니다. 아담으로 말미암아 우리가 죄인이 되었다는 것입니다. 과연 이 말씀을 우리가 수긍할 수 있습니까? 아담과 나는 특별한 상관이 없는 듯한데, 어떻게 아담의 죄 때문에 내가 죄인이 될 수 있습니까?

마이클 잭슨은 세계적으로 유명한 미국의 흑인 가수입니다. 그런 그는 자신에 대해 세 가지 사실을 모르는 듯합니다. 첫째, 자신을 포함해 인간은 누구나 죽는다는 사실입니다. 그는 가난하게 살다가 막대한 돈을 벌었습니다. 누구든지 돈이 많아질수록 생명에 대한 애착심이 강해지기 마련입니다. 그는 세균공포증이 생겨 사람들과 악수도 못 하고, 혹 악수를 하더라도 즉시 알코올로 소독해야 합니다. (*마이클 잭슨은 2009년 50세의 나이로 사망. 사인은 약물 과다 투여로 알려짐.) 둘째, 하나님께서 주신 것에 자족하지 못할 때 삶은 고통이 된다는 사실입니다. 그의 어릴 적 사진을 보면 정말 순진무구한 소년의 얼굴입니다. 그런데 자신의 얼굴에 만족하지 못하고 수십 번 성형수술을 받아, 결국 심각한 성형 후유증에 시달리고 있습니다. 셋째, 하나님께서 정하신 것을 인간이 바꿀 수 없다는 사실입니다. 그가 자신의 피부색을 하얗게 만들기 위해 아무리 얼굴을 씻어 내고 닦아 내도, 일시적·부분적으로는 그것이 가능하나, 완전히 영구적으로는 불가능합니다. 인간의 힘과 기술로는, 타고난 흑

인의 피부에서 흰 살을 돋아나게 할 수가 없기 때문입니다.

왜 우리 모두가 죄인입니까? 왜 이 세상의 모든 인간이 죄인이라고 성경이 단정하는 것입니까? 이유는 한 가지입니다. '죄인의 피' 때문입니다. 첫 번째 사람 아담이 죄를 지어 그 피가 죄로 오염되었습니다. 우리의 의지와는 상관없이 그 피를 이어받았기 때문에, 우리 모두는 죄인으로 태어나 죄인으로 살다가 죄인으로 죽습니다. 내가 낳은 자녀가 아무리 사랑스러워도 그는 죄인입니다. 나를 통해 죄인의 피를 받아 태어났기 때문입니다.

죄가 율법 있기 전에도 세상에 있었으나 율법이 없었을 때에는 죄를 죄로 여기지 아니하였느니라(13절)

하나님께서 우리에게 하나님의 법을 주시기 전에는 우리가 죄를 죄로 인식하지 못했습니다. 그러나 인식하지 못했다고 해서 죄인이 아닌 것은 아닙니다. 왜냐하면 죄인의 피 때문입니다.

그러나 아담으로부터 모세까지 아담의 범죄와 같은 죄를 짓지 아니한 자들까지도 사망이 왕 노릇하였나니 아담은 오실 자의 모형이라(14절)

본문에서 "아담으로부터 모세까지"라고 했는데, 아담은 하나님의 법이 주어지기 전의 사람이고 모세는 하나님의 법이 주어진 이후의 사람을 의미합니다. 즉 하나님의 법이 주어지기 전이나 주어진 이후에나 모든 사람이 죄인이라는 것이며, 죄인은 반드시 죽을 수밖에 없으므로 사망이 왕 노릇했다는 것입니다. 우리도 모두 죄인입니다. 단지 도덕적인 죄인이냐 비도덕적인 죄인이냐, 부유한 죄인이냐 가난한 죄인이냐, 지성적인 죄인이냐 무지한 죄인이냐의 차이밖에 없습니다.

그런데 14절 마지막 부분에서 "아담은 오실 자의 모형이라"고 했습니다. '오실 자'란 예수 그리스도를 가리킵니다. 성경은 아담을 첫 번째 사람, 예수님을 두 번째 아담이라고 말합니다. 이것을 신학적 용어로 '대표원리'라고 합니다. 대표원리는 한 사람이 모든 사람을 대표하기 때문에 그 한 사람의 행위가 나머지 모든 사람에게 영향을 미친다는 것입니다. 첫 번째 사람인 아담이 죄를 지었습니다. 그 피가 죄로 더러워졌습니다. 그래서 그 피를 타고난 사람들이 모두 죄인이 됩니다. 이에 반해, 예수 그리스도의 대표원리는 그 영향이 전혀 다릅니다.

그러나 이 은사는 그 범죄와 같지 아니하니 곧 한 사람의 범죄를 인하여 많은 사람이 죽었은즉 더욱 하나님의 은혜와 또한 한 사람 예수 그리스도의 은혜로 말미암은 선물은 많은 사람에게 넘쳤느니라(15절)

예수 그리스도의 대표원리는 아담의 대표원리와는 다르게, 예수 그리스도 한 사람으로 말미암아 많은 사람들이 새 생명을 얻고 거듭나는 것입니다. 어떻게 이것이 가능합니까? 예수 그리스도 안에서 아담의 혈통이 하나님의 자녀로 바뀜으로 가능합니다.

영접하는 자 곧 그 이름을 믿는 자들에게는 하나님의 자녀가 되는 권세를 주셨으니 이는 혈통으로나 육정으로나 사람의 뜻으로 나지 아니하고 오직 하나님께로부터 난 자들이니라(요 1:12-13)

우리가 예수 그리스도를 믿으면, 예수 그리스도 안에서 우리의 신분이 바뀌어 하나님의 자녀가 됩니다.

또 이 선물은 범죄한 한 사람으로 말미암은 것과 같지 아니하니 심판은 한 사람으로 말미암아 정죄에 이르렀으나 은사는 많은 범죄로 말미암아 의롭다 하심에 이름이니라(16절)

우리가 주님의 부르심을 받은 까닭이 다른 사람들보다 더 도덕적이고 윤리적인 삶을 살아서입니까? 아닙니다. 그런데도 우리가 주님의 부르심을 받고 의롭다 일컬음 받은 것은 예수 그리스도의 은혜로 인해 심판 대신 무죄 선언이 내려졌기 때문입니다.

한 사람의 범죄로 말미암아 사망이 그 한 사람을 통하여 왕 노릇하였은즉 더욱 은혜와 의의 선물을 넘치게 받는 자들은 한 분 예수 그리스도를 통하여 생명 안에서 왕 노릇하리로다 그런즉 한 범죄로 많은 사람이 정죄에 이른 것 같이 한 의로운 행위로 말미암아 많은 사람이 의롭다 하심을 받아 생명에 이르렀느니라(17-18절)

예수 그리스도를 구주로 믿고 의지하면, 그분의 생명을 이어받아 새 생명이 됩니다. 아담의 혈통으로 죽을 수밖에 없던 존재가 예수 그리스도의 생명 안에서 새로운 존재로 거듭나는 것입니다.

이제 구원의 유일성에 대해, 다시 말해 어떻게 예수님께서 우리의 생명을 살리시는 유일한 그리스도가 되셨는지 살펴보십시다.

한 사람이 순종하지 아니함으로 많은 사람이 죄인 된 것같이 한 사람이 순종하심으로 많은 사람이 의인이 되리라(19절)

"한 사람이 순종하심으로"라는 구절은 예수님의 십자가의 죽음을 말합니다. 히브리서 9장 22절은 "피 흘림이 없은즉 사함이 없느니라"고 전합니다. 예수님께서 십자가에서 흘리신 피가 어떤 피입니까? 하나님 앞에서 우리의 죄를 대속해 주시는 피이자, 우리에게 생명을 공급해 주시는 피입니다. 아담으로부터 이어받은 오염된 피로 죽을 수밖에 없던 죄인들에게 주님께서 당신의 생명의 피를 부어 주심으로, 영적으로 의인의 혈통으로 거듭나게 해주신 것입니다.

인간을 위해 오염되지 않은 피를 흘리고 부어 주셨다는 데에서 예수 그리스도의 구원의 유일성이 드러납니다. 석가모니나 공자는 분명 위대한 인물입니다. 그들이 우리를 진리의 근처까지 인도할 수 있습니다. 그들이 우리로 하여금 하나님의 그림자를 보게 할 수 있습니다. 그러나 그들이 우리의 그리스도가 될 수 없는 이유는, 우리를 위해 피 흘려 주지 못했을 뿐더러 피 흘렸다 해도 그 피 또한 아담의 오염된 피이기 때문입니다. 통일교도 인간의 죄와 타락을 가르칩니다. 그런데 죄인이 구원받기 위해서는 교주 문선명의 혈통을 이어받아야 한다고 터무니없는 주장을 합니다. 그의 피도 아담의 오염된 피일 뿐입니다. 오직 예수 그리스도의 피만이 죄로 오염되지 않은 영원한 생명의 피이기에, 그분의 보혈로만 우리가 거듭날 수 있음을 명심해야 합니다.

율법이 들어온 것은 범죄를 더하게 하려 함이라 그러나 죄가 더한 곳에 은혜가

더욱 넘쳤나니(20절)

　　이 말씀은 하나님의 법이 주어져 죄를 더 알게 되었지만, 그러나 죄가 더한 곳에 은총이 더욱 풍성해졌다는 의미입니다. 내가 하나님 아버지를 모를 때는 나 자신을 무척이나 의인이라고 여겼습니다. 그런데 하나님의 부르심을 받고 나서 보니, 하나님의 법에 조금이라도 저촉되지 않는 면이 없습니다. 하나님의 어떤 법에 비추어 보더라도 나는 죄인이기에 이대로라면 죽어야 합니다. 그런데 하나님의 법 앞에서 내가 죽을 수밖에 없는 존재라는 것을 깨달을수록 하나님의 은혜가 더 많아지게 됩니다. 왜냐하면 이런 죄인임에도 불구하고 주님께서 나를 위해 당신의 피를 흘려 구원해 주셨기 때문입니다. 하나님의 법을 알면 알수록 내 죄가 크다는 것을 인식하게 되고, 내 죄가 크다는 것을 인식하면 인식할수록 하나님의 은혜가 더 놀랍게 여겨지는 것입니다.

　　존 뉴턴은 자신이 지은 찬송가 〈나 같은 죄인 살리신Amazing Grace〉에서 이렇게 고백합니다.

나 같은 죄인 살리신 주 은혜 놀라워
잃었던 생명 찾았고 광명을 얻었네

　　뉴턴은 아프리카의 흑인들을 노예로 파는 노예상이었는데, 예수님을 만나고 하나님의 법 앞에 서니 자신이 정말 소망이 없는 사람이라는 사실을 깨닫게 되었습니다. 그럼에도 예수님께서 자기를 위해 죽으심으로 새 생명을 주셨으니, 자기와 같은 죄인을 살리신 주님의 은혜가 어찌 놀랍지 않았겠습니까? 그만큼 그가 자신의 죄 된 모습을 뼈저리게 깨달았다는 말입니다. 이것은 뉴턴 한 사람만의 고백이 아니라 우리 모두의 고백입니다.

본문 마지막 절이 다음과 같이 끝나고 있습니다.

이는 죄가 사망 안에서 왕 노릇한 것같이 은혜도 또한 의로 말미암아 왕 노릇하여 우리 주 예수 그리스도로 말미암아 영생에 이르게 하려 함이라(21절)

주님께서 주시는 은혜가 우리로 하여금 그저 이 땅에서 기름지고 윤택하게 살아가는 육적 생명을 누리게 하려는 것이 아니라, 영원한 생명에 이르도록 하려는 것이라는 의미입니다. 곰곰이 생각해 보면, '영생'이라는 단어는 너무나 감격적인 말입니다. 세상의 수많은 사람들이 자신의 수명이 4, 5년만 더 보장되어도 말할 수 없이 기뻐합니다. 하물며 천지를 창조하신 하나님께서 우리에게 영원한 생명을 주신다는 것은 엄청난 사건입니다.

〈나 같은 죄인 살리신〉에서 뉴턴의 고백은 이렇게 이어집니다.

이제껏 내가 산 것도 주님의 은혜라
또 나를 장차 본향에 인도해 주시리

거기서 우리 영원히 주님의 은혜로
해처럼 밝게 살면서 주 찬양하리라

이 사실을 정말 믿고 받아들인다면, 우리가 주님 앞에서 즐거워하지 못할 까닭이 없습니다. 모든 것이 은혜가 되기 때문입니다.

그동안 로마서 5장을 공부하면서 얻은 교훈과 그것을 삶에 어떻게 적용해야 하는지 세 가지로 요약해 보십시다.

첫째, 본문 12-21절에서 계속 강조되는 것은 '한 사람'입니다. 한 사람으로 말미암아 모든 사람이 살고, 한 사람으로 말미암아 모두가 죽습니다. 이 한 사람의 논리는 우리의 삶에 그대로 적용됩니다. 한 사람 때문에 가정이 살고, 한 사람 때문에 가정이 죽습니다. 한 사람 때문에 일터가 살고, 한 사람 때문에 일터가 죽습니다. 히틀러 같은 한 사람 때문에 나라가 망합니다. 그러나 슈바이처 같은 한 사람 때문에 온 사회가 꽃핍니다.

우리는 그동안 살아오면서 우리 각자와 연관된 사람을 살리는 한 사람이었는지, 죽이는 한 사람이었는지 성찰해 보아야 합니다. 우리 주위에는 한 사람 때문에 고통당하며 살아가는 가정이 많습니다. 그러나 한 사람이 바른 그리스도인이 됨으로써 한 가정이 살아나는 기쁨은 이 세상의 어떤 기쁨과도 비길 수 없습니다. 로마서를 공부해 오는 동안 진실로 자신이 어떤 한 사람이었는지 성찰하였다면, 앞으로 남은 시간은 모두를 살리는 한 사람이 되는 데 쓰여질 것입니다.

둘째, 아무리 씻어도 지워지지 않는 죄의 피를 타고난 우리인데, 그런 우리를 예수 그리스도께서 피 흘리심으로 새로운 생명의 사람이 되게 해주시고, 하나님의 자녀가 되는 권세를 주셨습니다. 그렇다면 지난 한 해 동안 하나님의 자녀로 합당한 삶을 살았는지 성찰해 보아야 합니다. 지위가 높아지면 높아질수록 하지 말아야 할 것이 많습니다. 우리는 하나님의 자녀 되는 권세를 얻었기에, 세상 사람들과 똑같이 살아서는 안 됩니다. 그런데 지난 한 해 동안 하지 말아야 할 것을 계속 함으로써 스스로 하나님의 자녀 됨을 부인하는 삶을 살지 않았는지 돌아봐야 합니다.

셋째, 우리가 예수 그리스도를 알지 못할 때, 그분에 대한 기억조차 없던 때, 우리를 위해 죽으신 분이 주님이십니다. 우리가 죄인 되었을 때 우리를 살리기 위하여 죽으신 분이 주님이십니다. 우리가 하나님 아버지의 원수 되었을 때, 그때마저 우리를 사랑하심으로 우리를 자녀 삼아 주신 분이 주님이십니다. 내가 주님을 알지도 못하고 주님의 뜻대로 살지도 못하였음에도 이런 은혜를 베풀어 주셨다면, 내가 정말 하나님의 뜻대로 살아갈 때 하나님께서 얼마나 아름다운 열매를 맺게 해주시겠습니까? 그러므로 정말 하나님의 사랑을 깨달은 사람이라면, 하지 말아야 할 것과 더불어 '해야 할 것'이 무엇인지 생각해 보아야 합니다. 하지 말아야 할 것으로 모든 문제가 해결되지는 않습니다. 하지 말아야 할 것을 다 지켰다고 바른 그리스도인이 되는 것은 아닙니다. 진실로 주님을 섬기고, 자기를 부인하고, 예수 그리스도의 뒤를 따라야 합니다.

우리가 지금 이 시간부터 하나님의 나라와 그분의 의를 구하며 자신이 져야 할 십자가를 진다면, 하나님께서 작정하신 열매가 우리의 삶 속에 아름답게 맺힐 것입니다. 그때에만 우리 삶에 행복이 있고, 기쁨이 있고, 소망이 있음을 잊지 말아야 합니다.

주님께서 우리를 일깨우며 말씀하십니다.

너희가 나를 택한 것이 아니요 내가 너희를 택하여 세웠나니 이는 너희로 가서 열매를 맺게 하고 또 너희 열매가 항상 있게 하여 내 이름으로 아버지께 무엇을 구하든지 다 받게 하려 함이라(요 15:16)

로마서 6장

24
그와 함께 장사되었나니

로마서 6장 1-11절

그런즉 우리가 무슨 말을 하리요 은혜를 더하게 하려고 죄에 거하겠느냐 그럴 수 없느니라 죄에 대하여 죽은 우리가 어찌 그 가운데 더 살리요 무릇 그리스도 예수와 합하여 세례를 받은 우리는 그의 죽으심과 합하여 세례를 받은 줄을 알지 못하느냐 그러므로 우리가 그의 죽으심과 합하여 세례를 받음으로 **그와 함께 장사되었나니** 이는 아버지의 영광으로 말미암아 그리스도를 죽은 자 가운데서 살리심과 같이 우리로 또한 새 생명 가운데서 행하게 하려 함이라 만일 우리가 그의 죽으심과 같은 모양으로 연합한 자가 되었으면 또한 그의 부활과 같은 모양으로 연합한 자도 되리라 우리가 알거니와 우리의 옛사람이 예수와 함께 십자가에 못박힌 것은 죄의 몸이 죽어 다시는 우리가 죄에게 종 노릇하지 아니하려 함이니 이는 죽은 자가 죄에서 벗어나 의롭다 하심을 얻었음이라 만일 우리가 그리스도와 함께 죽었으면 또한 그와 함께 살 줄을 믿노니 이는 그리스도께서 죽은 자 가운데서 살아나셨으매 다시 죽지 아니하시고 사망이 다시 그를 주장하지 못할 줄을 앎이로라 그가 죽으심은 죄에 대하여 단번에 죽으심이요 그가 살아 계심은 하나님께 대하여 살아 계심이니 이와 같이 너희도 너희 자신을 죄에 대하여는 죽은 자요 그리스도 예수 안에서 하나님께 대하여는 살아 있는 자로 여길지어다 지난 시간 살펴본 로마서 5장의 주제가 '하나님의 사랑'이라면, 지금부터 상고할 로마서 6장의 주제는 '구원받은 그리스도인의 성화', 다시 말해 '거룩한 삶의 의무'입니다.

하나님의 법 앞에 우리 모두는 죄인입니다. 그럼에도 예수 그리스도께서 나를 구원하셨다는 사실을 생각할 때, 내 죄가 인식되면 될수록 하나님의 은혜가 더 느껴지게 됩니다. 곧 자신의 죄인 됨을 더 잘 아는 사람일수록 은혜를 더 누리게 됩니다. 그러면 이런 질문이 가능합니다. 우리가 하나님의 은혜를 더 누리려면 죄를 더 지어야 하는 것인가? 이에 바울은 먼저 이렇게 묻습니다.

그런즉 우리가 무슨 말을 하리요 은혜를 더하게 하려고 죄에 거하겠느냐(1절)

그리고 그의 대답은 무엇입니까? "그럴 수 없느니라"(2절 상반절)입니다. 은혜를 누리자고 죄를 더 짓는다는 것은 있을 수 없는 일이라고 바울은 단호하게 말합니다. 은혜를 더 얻으려면 죄를 더 지어야 한다는 말 자체가 틀린 가설입니다. 가령, 부모의 사랑은 자식을 낳아 봐야 알 수 있다는 이유로, 처녀가 부모 사랑을 알기 위해 아무 사람과 관계해서 아이를 가져도 됩니까? 또 부모가 죽고 나서야 부모의 사랑을 알 수 있다는 이유로, 자식이 부모 사랑을 알기 위해 부모님이 하루빨리 돌아가시게 해달라고 기도해도 됩니까? 결코 그럴 수 없지 않습니까? 은혜를 더하게 하려고 죄 속에 거할 수 없는 중요한 이유를 2절 하반절이 밝히고 있습니다.

죄에 대하여 죽은 우리가 어찌 그 가운데 더 살리요

예수 그리스도를 믿음으로 구원받은 사람은 죄에 대해 죽은 사람입니다. 죄에 대해 죽은 사람이 어떻게 죄 속에 거할 수 있겠습니까? 그러므로 바울은 그리스도인이 죄를 더 짓자고 하는 것은 어불성설이라고 단언하고 있습니다. 그리스도인이 거룩하게 살아야 할 근거, 거룩하게 살 수 있는 근거가 있다면, 바로 죄에 대해 죽은 것입니다.

그런데 이것으로 끝이 아닙니다. 우리가 죄에 대해 죽은 근거로 바울은 세례를 언급합니다.

무릇 그리스도 예수와 합하여 세례를 받은 우리는 그의 죽으심과 합하여 세례를 받은 줄을 알지 못하느냐(3절)

우리가 세례를 받았다는 것은 예수 그리스도와 함께 죽었다는 의미입니다. 그런데 세례가 이전 삶의 죽음만을 의미합니까? 아닙니다.

만일 우리가 그리스도와 함께 죽었으면 또한 그와 함께 살 줄을 믿노니 이는 그리스도께서 죽은 자 가운데서 살아나셨으매 다시 죽지 아니하시고 사망이 다시 그를 주장하지 못할 줄을 앎이로라(8-9절)

우리가 세례를 받아 그리스도와 함께 죽음으로 옛 삶이 청산된 이후로는, 그리스도 안에서 새 생명으로 부활하게 된다는 것입니다. 그리스도인의 삶이란 과거의 삶이 정리되고 그리스도 안에서 새롭게 전개되는 삶입니다.

오늘 본문에서 가장 중요한 단어는 4절에 있는 '장사葬事'입니다. 요즘 의학계에서 뇌사 논쟁이 있습니다. 뇌사 상태는 심장은 뛰는 데 뇌 활동이 정지된 상태를 말합니다. 이러한 뇌사 상태에 빠진 환자를 사망했다고 볼 것인지, 살아 있다고 볼 것인지에 대해 이야기들이 많습니다. 그런데 장사를 지냈다는 것은 의학적으로나 생물학적으로나 완전무결하게 죽은 것을 의미합니다. 살았는가 죽었는가 하며 토론의 대상이 되고 있는 사람은 절대 관 속에 들여보내지지 않습니다. 사람을 관 속에 넣을 때는 머리부터 발끝까지 완전히 죽은, 몸 어디에도 생명의 흔적이 없는 사람만을 그 대상으로 합니다.

이것이 무엇을 의미합니까? 그리스도인들은 옛 삶에서 떠난 사람들, 옛 자아가 죽은 사람들입니다. 옛 자아가 죽었다는 것은 장사 되었다는 것을 의미합니다. 죽기 일보 직전까지 갔다거나 죽는 연습을 했다거나 죽는 시늉을 했다는 것이 아닙니다. 본문이 강조하는 바는, 우리가 거듭난 것이 이렇듯 완전한 죽음을 전제하고 있다는 사실입니다. 옛 자아가 완전히 죽지 않으면, 죽음에 이르는 고통만 가중되고 부활은 그만큼 더 늦어질 뿐입니다. 예수 그리스도의 부활이 언제 시작되었습니까? 십자가 위에서 숨이 끊겨 장사 지내신 뒤부터였습니다. 마찬가지로 그리스도인이 새 생명의 삶을 살기 위해 가장 중요한 것은, 옛날의 자기가 완전히 장사되는 것입니다.

예수님께서 빌립보 가이사랴에서 제자들에게 "누구든지 나를 따라오려거든 자기를 부인하고 자기 십자가를 지고 나를 따를 것이니라"(마 16:24)고 말씀하셨습니다. 여기에서 '자기를 부인하라'는 말씀이 온전히 죽으라는 의미입니다. 바로 이어서 주님께서 "누구든지 제 목숨을 구원하고자 하면 잃을 것이요, 누구든지 나를 위하여 제 목숨을 잃으면 찾으리라"고 결정적으로 말씀하셨습니다.

그런즉 누구든지 그리스도 안에 있으면 새로운 피조물이라 이전 것은 지나 갔으니 보라 새 것이 되었도다(고후 5:17)

우리는 이 구절을 볼 때 "새로운 피조물", "새 것"이라는 말에 먼 저 시선이 갑니다. 참으로 중요한 표현입니다. 그런데 이보다 더 중 요한 표현이 있습니다. "이전 것은 지나갔으니"입니다. 원문을 보 면 '지나갔으니'라는 단어가 과거완료형로 되어 있습니다. 과거를 흘려보내지 않으면 절대 새로운 피조물이 될 수 없다는 의미입니 다. 과거의 삶이 장사 지낸 바 되었으니, 새로운 피조물이 되었다 는 것입니다.

너희는 유혹의 욕심을 따라 썩어져 가는 구습을 따르는 옛사람을 벗어 버리 고 오직 너희의 심령이 새롭게 되어 하나님을 따라 의와 진리의 거룩함으로 지으심을 받은 새사람을 입으라(엡 4:22-24)

여기에서도 마찬가지로, 심령이 새롭게 되고 새사람을 입기 위해 서는 옛사람을 벗어 버려야 함을 말씀하고 있습니다.

세례의 의미를 더 분명하게 일깨워 주는 상징적인 사건이 성경 에 나타나 있습니다.

형제들아 나는 너희가 알지 못하기를 원하지 아니하노니 우리 조상들이 다 구름 아래에 있고 바다 가운데로 지나며 모세에게 속하여 다 구름과 바다에 서 세례를 받고(고전 10:1-2)

바울은 이스라엘 백성이 홍해를 지난 것을 세례를 받은 것으로 표현했습니다. 이스라엘 백성은 노예생활을 하다가 라암셋에서 비하히롯까지 갔습니다. 이 비하히롯에 있을 때 홍해가 갈라졌습니다. 비하히롯에서 홍해로 발을 내디딜 때가 바로 애굽에서의 노예생활과 작별하는 순간이었습니다. 이스라엘 백성이 홍해를 건너간 뒤에는 홍해가 어떻게 되었습니까? 갈라졌던 바다가 다시 합쳐졌습니다. 애굽으로 되돌아가는 길이 사라진 것입니다. 노예의 삶은 고통과 어둠의 삶인데 이것이 청산되었다면, 가나안을 향해 나아가는 길만 있을 뿐입니다. 즉, 홍해를 건너감으로 노예생활이 완전하게 장사되었다는 것이 세례의 의미입니다.

그러나 이스라엘 백성은 몸은 애굽에서 나왔어도 마음은 여전히 애굽에 있었습니다. 그래서 틈만 나면 애굽으로 돌아가자고 했습니다. 마음이 애굽으로 가득 찬 사람들은 결국 광야에서 다 죽고 말았습니다. 따라서 '세례의 사람들'로서 우리가 기억해야 할 것은, 세례를 받았다는 것 그 자체보다 세례의 정신을 올곧게 지니는 것이 더 중요하다는 사실입니다.

모세가 길을 가다가 숙소에 있을 때에 여호와께서 그를 만나사 그를 죽이려 하신지라 십보라가 돌칼을 가져다가 그의 아들의 포피를 베어 그의 발에 갖다 대며 이르되 당신은 참으로 내게 피 남편이로다 하니 여호와께서 그를 놓아 주시니라 그때에 십보라가 피 남편이라 함은 할례 때문이었더라 (출 4:24-26)

하나님께서 모세에게 시내산에서 내려가 애굽으로 가라고 하셨는데, 모세가 자꾸 가지 않으려고 했습니다. 그런 상황에서 하나님께서 모세에게 강권적으로 역사하고 계신 부분입니다. 구약의 할례는 신약의 세례와 같습니다. 그런데 구약의 할례는 적나라합니다. 할례는 남자들이 받는 포경수술을 말합니다. 생식기는 생명을 상징하므로, 할례는 곧 생명을 하나님께 바친다는 의미입니다. 포피를 떼어 냄으로 자신을 위해 살던 삶을 버리고 하나님만을 위해 살겠다는 것입니다. 하나님께서는 모세가 하나님의 일을 감당할 수 있도록 세례 정신을 일깨워 주셨습니다. 이에 모세는 세례 정신을 마음에 새기고 곧장 애굽으로 향했습니다.

세례 정신이 없었다면 모세가 애굽에 들어가는 것은 결코 불가능했을 것입니다. 모르는 곳이라면 오히려 더 편했을지 모릅니다. 애굽의 왕궁에서 40년을 살았던 모세는 애굽의 군대가 얼마나 막강한지 환히 알고 있었습니다. 그럼에도 하나님께서 지팡이 하나만 주시고는 들어가라고 하시는데 어떻게 갈 수 있겠습니까? 홍해 앞에서 "지팡이를 들고 손을 바다 위로 내밀어 그것이 갈라지게 하라"(출 14:16)는 하나님의 말씀에 손을 내밀 수 있었던 것도, 하나님께 자신을 맡기는 세례 정신이 있었기 때문입니다. 모세가 시내산에 갔다 오는 동안 이스라엘 백성들이 금송아지를 만들고 섬기자 하나님께서 진노하셨습니다. 그때 모세가 그들을 살리기 위해 자신을 죽여 달라고 기도할 수 있었던 것 역시, 자기를 위한 삶을 못박는 세례 정신이 있었기 때문입니다.

아브라함이 99세 때 하나님께서 그에게 다시 아들을 약속하셨습니다. 그러고는 "너희의 대대로 모든 남자는 집에서 난 자나 또는 너희 자손이 아니라 이방 사람에게서 돈으로 산 자를 막론하고 난 지 팔 일 만에 할례를 받을 것이라"(창 17:12)고 명하셨습니다. 여기에 아브라함은 해당되지 않았습니다. 그런데 아브라함은 그날 바로 자기뿐만 아니라 집안의 모든 남자들에게 할례를 행했습니다. 그날부터 그렇게 몸에뿐 아니라 마음에도 세례를 새겼습니다. 아브라함이 100세에 얻은 아들 이삭을 하나님께 바칠 수 있었던 것은, 아브라함의 마음속에 세례 정신이 살아 있었기 때문입니다.

우리가 온전히 장사될 수 있는 유일한 방법이 있습니다.

만일 우리가 그의 죽으심과 같은 모양으로 연합한 자가 되었으면 또한 그의 부활과 같은 모양으로 연합한 자도 되리라(5절)

죽음으로 예수 그리스도와 연합한 사람으로서, 부활에 있어서도 주님과 연합하리라 믿는 것입니다. 우리에게 그리스도와 연합된 부활이 없다면, 결코 우리를 장사 지낼 수 없습니다. 바꾸어 말하면, 우리를 아직까지 장사 지내지 못한다는 것은 그리스도와 연합된 부활을 믿지 못하고 있음을 의미합니다.

"연합"이라는 단어에는 두 가지 뜻이 있습니다. 첫째는, 영어의 '유나이티드united'에 해당하는 의미로, 서로 다른 물체가 자기의 형체를 유지하며 합쳐지고 분리될 수도 있는 결합이 아니라, 용해되어 분리되지 않는 결합을 말합니다. 쉽게 말해, 흡수되는 것입니다. 물속에 설탕 한 숟가락을 넣는다고 해보십시다. 물과 설탕은 각각 다른 것입니다. 그런데 물에 설탕을 넣는 순간, 설탕 모습은 사라지고 물속에 용해되어 버립니다. 분리할 수 있습니까? 안 됩니다. 물이 어디를 가든지 설탕도 따라가게 됩니다. 우리가 그리스도와 연합했다는 것은 그리스도 안에 들어감으로 그리스도와 함께 죽고, 그리스도와 함께 부활하며, 그래서 그리스도의 능력 안에 있는 것입니다. 그러나 이것만으로는 바울이 전하고자 하는 바가 충분히 설명되지 못합니다.

둘째는, '접붙이다'라는 의미입니다. 우리가 그리스도와 연합한다는 것은 그리스도에게 접붙임 받는 것을 의미합니다. 우리 앞에 부실한 포도나무가 한 그루 있다고 하십시다. 이 포도나무 가지가 좋은 열매를 맺게 하려면, 부실한 포도나무에서 잘라 좋은 포도나무에 접붙여야 합니다. 가지가 부실한 포도나무에 붙어 있는 한, 계속해서 나쁜 열매가 맺힙니다.

바울이 주장하는 것이 바로 이것입니다. 우리의 옛 삶이 장사되면, 곧 죽음으로 예수 그리스도와 연합하여 주님께 접붙임되면, 주님의 생명이, 주님의 권능이 우리를 통해 주님의 열매를 맺는다는 것입니다. 죽음으로 말미암아 새로운 생명이 잉태되는 것이 하나님의 법칙입니다. 씨가 땅에 뿌려지고 심겨야 움이 돋고 싹이 나서 열매를 맺습니다. 애벌레는 고치에 들어가야 나비가 되어 날아오를 수 있습니다. 따라서 진정한 세례 정신은 주님께 접붙임 받아 주님의 열매를 맺기 위하여 자기를 장사 지내는 것입니다. 세례 정신이야말로 가장 아름다운 믿음의 결정체입니다.

내가 그리스도와 함께 십자가에 못박혔나니 그런즉 이제는 내가 사는 것이 아니요 오직 내 안에 그리스도께서 사시는 것이라 이제 내가 육체 가운데 사는 것은 나를 사랑하사 나를 위하여 자기 자신을 버리신 하나님의 아들을 믿는 믿음 안에서 사는 것이라(갈 2:20)

내가 죽으면 내 안에 그리스도께서 사십니다. 그러면 내가 해야 할 일이 무엇입니까? 바울처럼 날마다 죽는 것입니다. 어떤 죄가 나를 유혹하든지 죄에 대해 나를 장사 지내는 것입니다. 하나님보다 나 자신을 더 사랑하려는 나를 장사 지내는 것입니다.

　다른 종교도 종종 자신을 포기할 것을 가르칩니다. 그런데 그 가르침에 따르자면, 포기도 내가 해야 하고 새 삶도 내가 살아야 합니다. 그러나 기독교는 다릅니다. 예수 그리스도께서 부어 주신 보혈의 사랑과 은혜에 힘입어 나를 장사 지낼 수 있을 뿐더러, 그때 비로소 나의 노력으로는 이룰 수 없는 빛나는 삶이 주님의 권능에 의해 열매 맺히는 것입니다. 정말 우리가 구원받은 그리스도인으로 거룩한 성화의 삶을 살기 원한다면, 할 일은 하나입니다. 그리스도 안에서 우리 자신을 온전히 장사 지내는 것입니다.

　이제 결론적으로 말씀드립니다. 그리스도 안에서 나를 장사 지낸다는 것은, 말씀에 나를 못박는 것입니다. 곧, 말씀을 붙잡고 나아가는 것입니다. 철저하게 말씀 앞에서 나를 부정하고 죽이면, 이후 모든 것을 주님께서 책임져 주십니다. 당신의 생명으로 나에게 새로운 생명을 부어 주시고, 당신의 권능으로 나를 세워 주시고, 당신만이 맺을 수 있는 열매로 내 삶을 풍성하게 해주십니다.

　주님께서 "너희는 먼저 그의 나라와 그의 의를 구하라. 그리하면 이 모든 것을 너희에게 더하시리라"(마 6:33)고 말씀하셨습니다. 여기에서 "먼저"라는 말은 '우선 나 자신이 죽는 것'을 의미합니다. "더하시리라"는 말은 내가 접붙임 받은 이후 하나님께서 모든 것을 책임지신다는 뜻입니다. 여러분 모두가 이 말씀을 붙잡고 담대히 나아감으로 하나님께서 주시는 복된 삶과 영생의 기쁨을 충만하게 누리시기를 주님의 이름으로 축원합니다.

25
다시 살아난 자같이

로마서 6장 12-14절

그러므로 너희는 죄가 너희 죽을 몸을 지배하지 못하게 하여 몸의 사욕에 순종하지 말고 또한 너희 지체를 불의의 무기로 죄에게 내주지 말고 오직 너희 자신을 죽은 자 가운데서 **다시 살아난 자같이** 하나님께 드리며 너희 지체를 의의 무기로 하나님께 드리라 죄가 너희를 주장하지 못하리니 이는 너희가 법 아래에 있지 아니하고 은혜 아래에 있음이라

지난 시간 우리는 구원받은 그리스도인들이 어떻게 성화의 삶, 거룩한 삶을 살아갈 수 있는지 살펴보았습니다. 세상과 죄에 대하여 우리 자신을 말씀에 못박아 장사 지내면, 예수 그리스도와 연합하여 주님께 접붙임 받음으로 새 생명을 얻고 삶 속에서 주님의 열매를 맺게 된다고 했습니다. 그런데 이것을 이해하고 깨달았다고 해서 삶의 문제가 해결되는 것은 아닙니다. 깨달은 다음에는 결단이 있어야 합니다.

로마서 6장 1-11절이 모두 중요한 구절이지만, 그중에서도 우리

가 마음에 새겨야 할 두 구절이 있습니다. 먼저, 3절에 나오는 "알지 못하느냐"입니다. 이것은 알고 깨달으라는 의미입니다. 그다음으로 11절에 나오는 "살아 있는 자로 여길지어다"입니다. 여기에서 '여기다'는 '간주하다', '단정하다', '인정하다'라는 뜻입니다. 즉, 자신이 하나님에 대해서는 산 사람이고 죄에 대해서는 죽은 사람이라고 매 순간 간주하고 단정하라는 것입니다. 바꾸어 말하면, 그리스도인의 정체성을 확립하고 참된 그리스도인으로 살아갈 것을 날마다 결단하라는 것입니다. 깨달음이 결단으로 이어지지 않으면, 그 깨달음은 내 안에서 관념으로 머물다 소멸되고 맙니다. 어떤 순간에든 '나는 그리스도인이다. 나는 죄에 대해 죽었어. 나는 하나님에 대해 산 자야'라고 고백하며 그리스도인의 정체성을 확립하는 것이 성화를 이루는 데 가장 기본이 됩니다.

그리스도인들이 왜 술 담배를 끊지 못합니까? '딱 한 번만 하자. 남들도 다 하는데'라는 생각으로 자신의 정체성과 결단을 희석시키기 때문입니다. '이번 한 번만 하자'가 두 번 세 번 반복되면, '이 정도야 뭐 어때? 남들도 다 하는데'라며 굳어지게 되는 것입니다. 깨달음에 대한 결단을 삶 속에서 지켜 나가기 위해서는 끊임없는 훈련이 요구됩니다. 나무에 접붙여진 가지가 열매를 맺으려면, 그 가지가 죽어 있어서는 안 됩니다. 그 가지로 하여금 열매 맺게 하는 것은 나무의 둥치지만, 접붙여진 가지도 살아 있어야 합니다. 그래서 공급해 주는 물과 영양분을 빨아들여야 합니다. 나무에 동화되어야 합니다. 이것이 운동이요 훈련입니다. 따라서 그리스도인은 예수 그리스도를 떠나지 않고 그분 안에서 깨어 있을 수 있도록 말씀과 기도를 통해 신앙의 훈련을 거듭해야 합니다.

1972년 제가 처음 외국에 나갔을 때, 외국에 있다는 사실이 좀체 실감 나지 않았습니다. 자다가 일어나도 우리 집 안방 같고 전화가 와도 "여보세요"라는 말이 먼저 나왔습니다. 그런데 시간이 지나고 해외여행을 거듭할수록 내가 외국인 신분으로 다른 나라를 방문한 것이라는 인식이 자연스럽게 뚜렷해졌습니다. 그리고 이제는 공항에서 비행기를 타면서부터 제가 가는 나라의 사고방식과 문화에 동화되면서 즐거운 여행을 할 수 있게 되었습니다. 신앙 훈련도 이와 마찬가지입니다. 우리가 무슨 일을 하고 무슨 일을 겪든지 하나님의 자녀라는 정체성을 끊임없이 확인하고 바로 세워 간다면, 우리도 모르는 사이에 주님의 향기로운 열매가 삶으로 드러나게 될 것입니다.

분을 내어도 죄를 짓지 말며 해가 지도록 분을 품지 말고(엡 4:26)

이미 언급했듯이, 그리스도인이기 때문에 절대로 화를 내서는 안 된다고 성경은 말하지 않습니다. 세상을 살아가면서 화나는 일이 얼마나 많습니까? 이 말씀은 분을 내는 것 자체를 부정하거나 배척하는 것이 아니라, 분을 내더라도 해가 질 때까지 분을 간직하지 말라는 것입니다. 분이 났어도 자신이 하나님의 자녀라는 사실을 다시금 인정하고 깨달으면 분이 해결됩니다. 그러나 마음속에 분이 사라지지 않아서 잠도 못 자고 아침을 맞는다면, 그것은 내 믿음의 끈이 주님께 밤새 한 번도 연결되지 않았다는 증거입니다. 비록 절제하지 못해 감정을 터뜨렸다 할지라도 주님을 바라봄으로 분을 해결할 수 있기 위해서는 평소에 지속적인 신앙 훈련이 필요합니다.

깨달음은 결단으로 이어져 구체적인 실천으로 드러나야 합니다.

그래야 성화가 완성됩니다. 오늘 본문 말씀은 깨닫고 결단한 사람에게 어떤 구체적인 실천이 드러나야 하는지 가르쳐 줍니다.

그러므로 너희는 죄가 너희 죽을 몸을 지배하지 못하게 하여 몸의 사욕에 순종하지 말고(12절)

"못하게 하여"라는 구절은 다른 표현으로 바꾸면 '못하도록'입니다. "몸의 사욕에 순종하지 말고"는 육체의 욕망에 굴복하지 말라는 의미입니다. 따라서 성화의 삶은 무엇으로 시작됩니까? 육체의 욕망을 따르지 말고 그것을 버리는 것으로 시작됩니다. 아무리 작은 욕망이라 할지라도 내가 그 욕망을 물리치지 못하면, 욕망이 나에게 왕 노릇합니다. 욕망이 나의 왕이 되면, 그 왕 앞에서 나는 복종할 수밖에 없게 됩니다. 욕망은 나로 하여금 또 다른 죄를 짓게 만들고, 그 죄가 다시 나를 지배합니다. 한번 욕망에 굴복하면, 그다음부터는 죄의 지배에서 벗어날 길이 없습니다. 죄는 힘이 있어 사람을 굴복시키고 꼼짝 못하게 묶습니다.

쉬운 예가 다윗입니다. 어느 날 저녁 다윗은 왕궁의 옥상에 올라가 거닐다가 남의 여자가 목욕하는 모습을 보고 마음속에 음욕, 즉 음란한 욕망을 품었습니다. 이 욕망에 한번 굴복하자 죄가 다윗에게 왕 노릇하기 시작했습니다. 사람을 보내 여자를 데려와 실제로 간음했습니다. 그리고 여자가 아기를 갖자 자기 아기가 아닌 것처럼 알리바이를 만들었습니다. 그러다 상황이 여의치 않자 그 여자의 남편, 곧 자신의 충신을 죽였습니다. 죄가 왕 노릇하자 그렇게 훌륭하던 다윗이 꼼짝없이 당하고 만 것입니다. 따라서 이 욕망의 문제를 해결하지 않고는 거룩한 성화의 삶이 절대로 성취되지 않습니다.

우리는 육체가 반드시 죽는다는 사실을 깨달아야 합니다. 육체의 욕망을 아무리 아름답게 가꾸어 뵈야 육체는 결국 씩을 수밖에 없습니다. 죽음 이후에 오는 영원한 삶과 참된 기쁨은 욕망을 채울 때 얻어지는 것이 아니라, 욕망을 버릴 때 얻어집니다. 그러므로 내가 죽을 수밖에 없는 존재라는 사실을 인식하지 않으면 욕망의 노예로 전락하게 되고, 반대로 내가 죽을 수밖에 없는 존재라는 사실을 기억하면 욕망의 문제에서 자유할 수 있습니다.

우리가 아침에 일어나서 무엇 때문에 성경을 읽습니까? 그날 하루 우리의 욕망을 채워 줄 말씀을 찾기 위해서는 아니지 않습니까? 하나님의 말씀 없이는 바람에 흔들리는 갈대처럼 언제라도 휘청거릴 수밖에 없는 존재임을 스스로 인정하기 때문입니다. 이 사실을 잊지 말고 늘 겸손히 하나님 앞에 나아가 인도하심을 구해야 합니다.

우리가 삶에서 욕망의 문제를 해결했다면, 이것이 무엇으로 증명되어야 하는지 본문 13절 상반절이 전해 줍니다.

또한 너희 지체를 불의의 무기로 죄에게 내주지 말고

여기에서 중요한 단어는 "지체"입니다. 헬라어로는 '멜로스μέλος'인데, 본래의 뜻은 '백체百體'입니다. 곧, 우리의 백체 중 어느 부분도 죄의 무기가 되지 않게 함으로 증명되어야 한다는 것입니다. 영어성경에는 이 구절이 'any part of your body'로 잘 번역되어 있습니다. 사지백체 중 어느 한 부분이라도 죄의 도구가 되었다는 것은 이미 욕망이 우리의 영혼을 지배하고 있다는 뜻입니다. 이내 다른 지체마저도 불의의 무기가 될 수 있는 위험성이 있다는 뜻이기도 합니다. 다윗은 가장 먼저 눈으로 죄를 지었습니다. 그리고 결국 몸 전체가 죄의 무기가 되었습니다. 예수님께서 "만일 네 눈이 너를 범죄하게 하거든 빼어 내버리라. 한 눈으로 영생에 들어가는 것이 두 눈을 가지고 지옥 불에 던져지는 것보다 나으니라"(마 18:9)고 말씀하셨습니다. 예수님께서 이처럼 단호히 말씀하신 것은 자신의 상태를 깊이 들여다보고 각별히 주의하라는 것입니다.

그런데 13절 하반절은 우리의 지체를 죄의 무기가 되지 않게 하는 것에서 한 걸음 더 나아가, 욕망을 이기는 더 적극적인 방법을 가르쳐 줍니다.

오직 너희 자신을 죽은 자 가운데서 다시 살아난 자같이 하나님께 드리며 너희 지체를 의의 무기로 하나님께 드리라

즉, 우리 자신을 하나님께 드리는 것입니다. '하나님께 드린다'고 하면 머리에 쉽게 떠오르는 생각이 물질을 바치거나 봉사활동을 통해 헌신하는 것입니다. 하지만 아무리 헌금을 많이 하고 열심히 봉사해도 교회 밖에서는 여전히 세상과 죄에 매인 이중적인 삶을 산다면, 결코 자신을 하나님께 드린다고 할 수 없습니다.

우리는 이미 옛사람이 죽고 예수 그리스도 안에서 다시 태어난 사람들입니다. "죽은 자 가운데서 다시 살아난 자같이" 하나님께 드린다는 것은, 새 생명을 경험한 사람답게 우리의 생명, 우리의 영혼, 우리의 전 삶을 하나님께 드린다는 것입니다. 생명을 드리면 헌신은 당연히 뒤따르게 되어 있습니다. 헌신만 해서는 생명이 따라가지 않습니다.

저녁에 집에서 가족 예배를 드릴 때면, 아이들이 돌아가며 기도를 합니다. 그런데 아이들이 한결같이 기도하는 내용이 있습니다. 예배드릴 때 장난치지 않게 해달라는 것입니다. 아이들은 예배 시간에 장난쳐서는 안 된다는 것을 알고 있는 것입니다. 그러면 어떻게 기도해야 합니까? '하나님, 장난치지 않게 해주세요'라고 기도해서는 안 됩니다. '하나님, 장난치지 않겠습니다'라고 바뀌어야 하며, 그 결단이 실천으로도 드러나야 합니다. 우리가 평소에 아무 생각 없이 드리는 기도가 바로 이 아이들의 기도와 똑같습니다. 옛 삶이 잘못되었음을 깨달았다면, 버려야 합니다. 우리가 깨달은 뒤에는 얼마나 결단을 많이 합니까? 그러면 실천해야 합니다. '하나님, 제가 지금도 죄 가운데 있는데 이 죄에서 빠져나올 수 있게 해주십시오'에서 한 걸음 더 나아가, '지금부터 이 욕망을 버릴 것이니 도와주십시오'라고 기도하고 즉시 결단을 실행으로 옮겨야 합니다.

예수님을 만나 자신이 새로운 피조물이 되었음을 깨닫고서 오늘부터 술을 끊고자 결단한 분이 있다면, 오랜만에 절친한 친구로부터 술 한 잔 하자는 전화가 와도 단호하게 거절해야 합니다. 그리고 응접실의 장식장이나 냉장고에 술병이 있다면, 아무리 비싼 술이라 하더라도 당장 싱크대에 남김없이 쏟아 버려야 합니다. 옛 삶을 장사 지내지 않으면서 매일 하나님께 그 삶을 청산해 달라고 기도만 한다면, 하나님께서는 그런 사람을 절대 세우시지 않습니다.

13절 하반절을 다시 보면, 우리의 생명을 하나님께 드림과 더불어 "지체를 의의 무기로 하나님께 드리라"고 말씀합니다. 우리의 백체 중 어떤 부분도 죄의 무기가 되게 해서는 안 될 뿐더러 사지백체를 의의 무기로 하나님께 바치되, 'completely to God'이라는 영어성경의 번역에서처럼 완전히 바칠 것을 이야기하고 있습니다.

즉, 우리의 머리끝부터 발끝까지 한 부분도 빠짐없이 모든 지체가 의롭게 쓰여져야 하는 것입니다. 그런데 그렇게 되기 위해서는 우리에게 주어진 시간이 의롭게 쓰여져야 합니다. 만일 조금의 시간이라도 불의하게 쓰여지면, 그 시간 동안 우리의 지체도 불의하게 쓰여지기 때문입니다.

자신에게 주어진 모든 시간과 백체를 하나님의 의의 무기로 쓸 수 있다면, 앞서 언급한 세 가지, 곧 욕망의 문제가 해결되고, 백체가 죄의 무기가 되지 않으며, 옛 삶을 청산하고 자신의 생명을 하나님께 드리게 됩니다. 왜냐하면 주님을 위해 모든 시간과 백체를 어떻게 의롭게 쓸 수 있을지 생각하고 실행하는 과정에서는 욕망의 노예가 될 틈이 없기 때문입니다. 백체가 죄의 무기가 될 틈도, 옛 삶으로 되돌아갈 틈도 없습니다. 그러므로 하나님께 삶의 초점을 맞추고 주님을 위해 시간과 백체를 써나가면, 삶의 성화가 이루어지게 됩니다.

지난 수요일에 제가 예전에 알던 분을 10년 만에 만났습니다. 저는 그분을 금방 알아보았습니다. 그런데 그분은 제 얼굴을 못 알아보았습니다. 그러다가 그분이 제가 누구인지 알아차리고서 첫마디가 "속기俗氣가 완전히 가셨네요"라고 하는 것이었습니다. 가끔 책상을 정리하다 보면 10년 전 사진이 나올 때가 있습니다. 그런데 창피해서 그 사진을 못 봅니다. 그분의 말을 듣고 일면으로는 기뻤습니다. 그분이 그렇게 인사를 건넨 이유는 간단합니다. 주일마다 하루 종일 예배드리고, 수요예배, 구역성경공부, 새벽예배, 심방 등에서 24시간 말씀 전하는 것만 생각하며 살아가니 다른 무엇을 할 틈이 없었기 때문입니다.

'악'을 헬라어로 '포네로스πονηρός'라고 하는데, 그 어원이 '바쁘다' 입니다. 여기에서 바쁘다는 것은 육체를 위해 바쁜 것을 의미합니다. 아침부터 육체를 위해 바쁘게 뛰어다니면 반드시 죄로 귀결됩니다. 육체에 몰입하는 삶은 선하고 의로운 것을 생각할 수 없습니다. 육체에 몰입하면 할수록 욕망의 노예가 됩니다. 육체를 위해 바쁜 것이 죄이므로, 영혼을 위해 바쁘지 않은 것이 죄입니다. 영혼이 나태하면 성화의 삶을 살 수 없습니다. 영혼은 늘 바쁘게 의로운 일거리를 찾아야 합니다. 말씀과 기도를 생활화하고 끊임없이 삶과 연결지어야 합니다.

내 영혼이 내 속에서 피곤할 때에 내가 여호와를 생각하였더니 내 기도가 주께 이르렀사오며 주의 성전에 미쳤나이다(욘 2:7)

요나가 큰 물고기 뱃속에 들어가서 이렇게 고백했습니다. 여기에서 "피곤"했다는 것이 바로 바빴다는 의미입니다. 이전에는 영혼보다 육체가 바빴습니다. 그런데 물고기 뱃속에 갇히고 보니 영혼이 움직이기 시작했습니다. '내가 뭘 잘못했지? 왜 말씀대로 살지 않았을까?' 영혼이 바빠지니 회개가 나왔습니다. 하나님께서 그런 요나의 기도를 들으시고 그를 물고기 뱃속에서 꺼내 주셨습니다.

본문 13절 하반절에 나오는 "무기"라는 단어를 좀더 깊이 생각해 보십시다. 헬라어로는 '호플론ὅπλον'인데, '도구', '악기'를 뜻하기도 합니다. 즉 누가 무기를 다루느냐에 따라 그 용도가 완전히 달라지는 것입니다. 같은 칼이라도 의로운 사람이 들었을 때와 악한 사람이 들었을 때, 그 쓰임이 크게 달라집니다. 마찬가지로 우리가 똑같이 사지백체를 지니고 있는 인생이지만, 누가 인생의 주인이 되느냐에 따라서 그 방향과 결과와 의미가 전혀 달라집니다. 그러면 우리가 의로운 무기가 되기 위해서는 누가 우리의 삶을 주관해야 합니까? 바로 하나님이십니다. 그래서 13절 하반절이 "너희 지체를 의의 무기로 하나님께 드리라"고 말씀하신 것입니다.

로마서 6장에서 중요한 단어 세 가지는 '알지 못하느냐'(3절), '여길지어다'(11절) 그리고 '드리라'(13절)입니다. 각각 깨달음, 결단, 실천을 뜻합니다. 그런데 이렇게만 정리하고 로마서 7장으로 넘어가면 다른 종교와 다를 바 없게 됩니다. 우리의 힘으로 모든 것을 이루라는 것이 되고 말기 때문입니다. 그러나 우리는 누구보다 우리의 한계를 잘 알고 있습니다.

죄가 너희를 주장하지 못하리니 이는 너희가 법 아래에 있지 아니하고 은혜 아래에 있음이라(14절)

만약 하나님께서 우리에게 법만 주시고서 "너희 스스로 법을 지킬 때에만 너희가 구원을 받을 것이다"라고 하셨다면, 우리는 한 사람도 예외 없이 중도 탈락자가 될 것입니다. 그러나 하나님께서 당신의 독생자 예수 그리스도로 하여금 십자가에 달려 찢기고 보혈을 흘리게 하심으로, 우리를 향한 구원을 이루어 주셨습니다. 우리의 모든 죄를 사해 주시고 당신의 자녀로 삼아 주신 사랑과 은혜로 말미암아 우리가 실천의 삶을 살아갈 수 있는 것입니다. 주님께서 우리를 무한히 사랑해 주셨기에, 우리도 주님을 사랑함으로 모든 것이 가능해집니다. 사랑은 모든 율법을 뛰어넘는 힘을 지니기 때문입니다.

가령 5킬로그램의 돌을 한 시간만 들고 있으면 상금을 얻을 수 있다고 하십시다. 그 상금이 꽤 크다 해도, 시간이 지나면 허리가 끊어질 듯 아파 돌을 계속 들고 있기가 쉽지 않을 것입니다. 그런데 똑같이 5킬로그램 되는 자기 아이가 간밤에 고열이 나서 위급한데, 걸어서 한 시간가량 떨어진 병원까지 아이를 안고 가야 하는 상황이라고 생각해 보십시다. 아이를 안고 달려간다 해도 지치지 않을 것입니다. 사랑하기 때문입니다. 하나님께서는 우리에게 돌 같은 율법에 앞서 구원이라는 선물을 주셨습니다. 이에 대한 감사와 사랑으로 우리는 모든 것을 뛰어넘어 삶을 완성해 갈 수 있습니다.

영국의 조셉 스웨인 목사는 자신이 작사한 찬송가에서 "나의 기쁨 나의 소망 되시며 나의 생명이 되신 주 / 밤낮 불러서 찬송을 드려도 늘 아쉰 마음뿐일세"라고 고백했습니다. 그가 말하는 찬송은 입으로만 드리는 찬송이 아니라, 주님께서 요구하시는 삶으로 응답드리는 찬송입니다. 왜입니까? 주님을 사랑하기 때문입니다. 내가 주님을 진정으로 사랑하면, 주님께서 요구하시는 것을 다 하고도 더 해드리지 못해 아쉬운 마음밖에 없다는 것입니다.

주님의 사랑이 오늘 우리와 함께하고 계십니다. 우리의 죄를 대신하여 십자가에서 찢기고 피 흘려 우리를 구원하신 사랑입니다. 이 사랑을 깨달으십시다. 이 사랑 앞에서 결단하십시다. 지금부터 우리의 삶으로 주님께 찬양을 올려 드리십시다. 그러면 이제까지 우리가 경험하지 못했던 새로운 삶을 날마다 맛보도록 하나님께서 우리 삶의 주인이 되어 주실 것입니다.

26
감사하리로다

로마서 6장 15-18절

그런즉 어찌하리요 우리가 법 아래에 있지 아니하고 은혜 아래에 있으니 죄를 지으리요 그럴 수 없느니라 너희 자신을 종으로 내주어 누구에게 순종하든지 그 순종함을 받는 자의 종이 되는 줄을 너희가 알지 못하느냐 혹은 죄의 종으로 사망에 이르고 혹은 순종의 종으로 의에 이르느니라 하나님께 **감사하리로다** 너희가 본래 죄의 종이더니 너희에게 전하여 준 바 교훈의 본을 마음으로 순종하여 죄로부터 해방되어 의에게 종이 되었느니라

우리가 깨닫고, 결단하고, 실천할 수 있는 원동력은 하나님의 사랑, 하나님의 은혜라고 했습니다. 하나님께서 먼저 우리를 사랑해 주시고 은혜를 베풀어 주셨기 때문에, 그 안에서 우리가 주님을 위한 의무를 다할 수 있습니다.

그런즉 어찌하리요 우리가 법 아래에 있지 아니하고 은혜 아래에 있으니 죄를 지으리요 그럴 수 없느니라(15절)

우리가 율법이 아닌 하나님의 사랑과 은혜 아래에 있다고 해서, 하나님께 의무를 다하기보다 오히려 죄와 벗해도 되겠습니까? 바울이 대답하기를 그럴 수 없다는 것입니다. 왜냐하면 하나님의 사랑과 은혜를 진정으로 깨달은 사람은 그것을 동력으로 자신이 행해야 할 의무와 책임을 다할 수밖에 없기 때문입니다.

어떤 부부에게 외아들이 있었습니다. 부부는 그 아들에 대한 기대가 컸습니다. 그런데 언제부터인지 아들이 말을 듣지 않았습니다. 부모가 야단치면 반항만 했습니다. 부모가 참다못해 심하게 야단치자 급기야 가출을 해버렸습니다. 부모는 수소문 끝에 아들을 찾아 수도사에게 데려갔습니다. 그리고 수도사에게 부탁하기를, 당신이 때리든지 죽이든지 이 아이를 사람으로 만들어 달라고 했습니다. 그런데 아이가 수도사에게 맡겨진 지 일주일 후 수도사에게 예의를 갖추기 시작했습니다. 일주일 동안 수도사가 한 일은 하나뿐이었습니다. 아침이면 물을 떠다가 아이의 방으로 가져가 아이의 얼굴을 씻겨 주고 밤이 되면 발을 씻겨 주며 아이 옆에서 친구가 되어 주었습니다. 한 달이 지나자 이제는 아이가 물을 떠서 수도사에게 가져갔습니다. 수도사의 사랑이 아이를 바꾼 것입니다.

그렇다면 아이의 부모는 아이를 사랑하지 않았던 것입니까? 그 부모에게 이렇게 물으면 펄쩍 뛸 것입니다. 하나밖에 없는 아들인데 다른 사람보다 더 사랑하면 사랑했지 왜 안 했겠냐고 반발할 것입니다. 그러나 그 부모의 사랑은 참된 사랑이 아니라 이기적인 사랑이었습니다. 이기적인 사랑이란 상대에게 보상을 바라는 사랑입니다. 부모로서의 무한 의무를 다하지 않으면서, 아들로서의 보상 의무를 강요한 것입니다.

상대에게 의무를 요구할 때 그것이 실은 자기의 유익을 구하는 것이 아닌지 깊이 살펴야 합니다. 바울은 고린도전서 13장 5절에서 사랑은 자기의 유익을 구하지 않는 것이라고 했습니다. 자기의 유익을 구하는 것은 절대로 사랑이 되지 못합니다. 사랑이라는 것은 설령 자신이 해를 입을지라도 의무를 다하는 것입니다. 그때에 사랑의 역사가 일어납니다.

이 세상에서 수많은 사람들의 관계 가운데 부모와 자식 사이, 부부 사이, 형제 사이만큼 가까운 사이는 없습니다. 그런데 의외로 그 사이가 소원한 가정, 오히려 남보다 못하고 심지어 서로 등 돌린 가정이 많습니다. 남에게는 의무를 강요하지 않으면서, 가까운 관계에서는 당연한 듯 의무를 강요하기 때문입니다. 이 여자는 나를 위한 아내가 되어야만 하고, 이 남자는 나를 위한 남편이 되어야만 하고, 이분은 나를 위한 부모가 되어야만 하고, 이 아이는 나를 위한 자식이 되어야만 한다고 생각하기 때문에, 상대가 그 의무를 다하기만을 바랍니다. 상대의 의무만 요구하는 곳에는 분란밖에 없으며, 사랑의 역사는 물론 일어나지 않습니다. 사랑의 역사는 먼저 자신을 내줄 때 일어납니다. 사랑의 본성 자체가 주는 것이기 때문입니다.

법정 스님이 쓰신 글 중에 이런 글이 있습니다.

눈이 오는 날 밤이면 밤새도록 뒷산에서 나뭇가지가 뚝뚝 떨어지는 소리를 들으면서, 나는 사랑의 힘을 실감한다.

민가도 없는 깊은 산속에 여름날 세차게 비가 오고 바람이 불 때가 있습니다. 그런데 비바람이 아무리 나무를 때리고 몰아쳐도 나뭇가지는 잘 꺾이지 않습니다. 오히려 비바람이 때리면 때릴수록 나뭇가지는 수분을 머금고 더 강하게 지탱합니다. 뿌리는 땅 속으로 더 깊숙이 내려갑니다. 반면에, 겨울에 내리는 눈은 나무를 때리는 법이 없습니다. 그저 어루만지듯이 차곡차곡 쌓이기만 합니다. 그런데 그렇게 힘없어 보이고 해만 뜨면 녹아 버릴 눈이 쌓이면, 나뭇가지는 그 무게를 이기지 못하고 부러져 버립니다. 이것이 사랑의 원리입니다. 자기의 유익을 구하지 않고, 어떤 대가도 바라지 않고, 자신을 몽땅 내주는 사랑은 겉으로는 연약해 보입니다. 그러나 거듭되어 쌓인 사랑은 아무리 완악한 사람의 마음일지라도 무너뜨리고 맙니다. 이것이 바로 하나님께서 역사하시는 사랑의 힘이고, 사랑의 방법입니다.

우리가 죄인 되었을 때 예수 그리스도께서 우리를 위해 십자가에 못박혀 죽으셨습니다. 먼저 우리에게 의무를 요구하신 것이 아니라, 먼저 구원자로서의 당신의 의무를 행하셨습니다. 십자가 사건은 얼핏 보면 너무도 무력한, 실패한 사건처럼 보입니다. 그런데 아무리 흉악무도한 살인자라 할지라도 그 십자가 앞에서 고꾸라지고 맙니다. 왜입니까? 십자가는 하나님의 사랑과 은혜의 핵심이기 때문입니다.

부활하신 예수님께서 갈릴리를 찾아가셨습니다. 그곳에서 제자들은 예수님을 기다리고 있었던 것이 아니라 먹고사는 문제로 인해 고기를 잡고 있었습니다. 그때 만약 예수님께서 그들을 불러다가 "너희가 어떻게 나를 배신할 수 있느냐"며 야단치고 저주하셨다면 어찌 되었겠습니까? "3년 동안 당신이 우리에게 해준 것이 무엇입니까" 하며 제자들이 반발했을지도 모릅니다. 예수님께서 보여 주신 모습은 전혀 달랐습니다. 주님께서는 제자들이 고기를 잡고 있는 동안 그들을 위해 손수 숯불에 생선을 굽고 빵을 준비하셨습니다. 그리고 주님께 다가온 제자들에게 빵과 생선을 나누어 주셨습니다(요 21:1-13). 제자들이 주님의 이 같은 사랑을 확인하는 것으로 사복음서 내용은 끝이 납니다. 이후 제자들이 어떤 삶을 살았습니까? 주님께서 이끄시는 곳이라면 어디든 가서 주님만을 증거하는 삶을 살았습니다. 참된 사랑은 의무와 책임을 다하게 하는 유일한 힘이기 때문입니다.

'하나님께서 자꾸 사랑과 은혜를 베풀어 주시면 사람이 오히려 더 죄짓게 되지 않겠습니까?'라는 질문은 하나님의 사랑을 경험하지 못한 사람의 질문입니다. 아직까지 하나님의 은혜를 깨닫지 못한 사람의 질문입니다. 이런 사람은 남을 사랑한다고 하면서 자기를 버리기보다는 자기의 유익을 앞세우는 이기적인 사랑만 알고 있는 사람입니다.

참사랑만이 모든 법을 완성시킵니다. 예수님께서 "내가 율법이나 선지자를 폐하러 온 줄로 생각하지 말라. 폐하러 온 것이 아니요 완전하게 하려 함이라"(마 5:17)고 말씀하셨습니다. 어떻게 이렇게 말씀하실 수 있었습니까? 예수님께서는 사랑이시기 때문입니다. 당신의 사랑 안에 있으면 율법을 완전케 할 수 있다는 것입니다.

너희 자신을 종으로 내주어 누구에게 순종하든지 그 순종함을 받는 자의 종이 되는 줄을 너희가 알지 못하느냐 혹은 죄의 종으로 사망에 이르고 혹은 순종의 종으로 의에 이르느니라(16절)

이 말씀에서 주목해야 할 세 개의 단어가 있습니다. 첫째, "너희 자신을 종으로 내주어"에서 '내주어'입니다. 둘째, "누구에게 순종하든지"에서 '순종'입니다. 셋째, "그 순종함을 받는 자의 종이 되는"에서 '종'입니다. 여기에서 종이란 둘로스, 즉 노예입니다. 16절을 쉽게 표현하면 이렇습니다. 인생은 끊임없는 선택의 연속입니다. 우리는 매 순간 선택하면서 살아가야 합니다. 그런데 우리는 그렇게 선택한 것의 지배를 받게 됩니다. 분명히 선택은 내가 했는데, 내가 선택한 것의 종이 되어 버립니다. 그래서 인생은 무엇을 선택하느냐가 중요합니다.

예를 들어 보겠습니다. 흔히 남자들이 겪는 유혹과 갈등에 관한 것인데, 퇴근 시간이 가까이 되어 친구로부터 술 한 잔 하자는 전화를 받았다고 하십시다. 어떤 친구는 고스톱을 치자고 합니다. 가슴 한편에는 술이나 화투를 하지 말고 집에 가야 한다는 마음이 있습니다. 이중에서 무언가를 선택해야 하는 상황입니다. 만약 술집에 가는 것을 선택했다고 하십시다. 선택은 분명히 내가 한 것입니다. 그런데 술집에 들어가는 순간, 술집 분위기에 지배받게 됩니다. 그리고 술자리 문화의 노예가 되어 버립니다. 처음에는 내가 술을 먹었는데, 나중에는 술이 나를 먹습니다. 도박판에 가도 마찬가지로 도박판의 지배를 받게 됩니다. 도박을 하면서 고매한 인격이 드러나는 경우는 없습니다. 도박판에서 드러나는 것은 쾌락을 탐하고 생존을 위해 몸부림치는 본능뿐입니다. 결국에는 돈, 시간, 건강 다 날리고도 도박판의 지배에서 헤어나기 힘들게 됩니다. 술을 마실까 화투를 할까 고민 고민하다가 집으로 가는 경우, 집 앞에서 벨을 누르고 들어서기 전까지도 갈등이 있을 수 있습니다. 그런데 아이가 달려와 "아빠" 하며 목에 안기고 아내가 반가이 맞아 줍니다. 그 분위기의 영향을 받아 더 가정적인 사람이 되는 것입니다.

이처럼 우리가 죄를 주인으로 모실 것인가, 진리를 주인으로 모실 것인가 선택한 바에 따라 죄의 종이 될지, 의의 종이 될지가 결정됩니다. 앞서 다윗의 이야기를 언급드렸는데, 어느 날 그가 잠이 오지 않았습니다. 그래서 왕궁 옥상에 올라갔더니 한 여인이 목욕하는 모습이 보였습니다. 그때 다윗은 죄를 선택했습니다. 단 한 번 죄를 선택한 것인데, 그 순간 이후로 계속 죄의 지배를 받게 되었습니다. 얼마만큼 지배받았습니까? 살인을 저지르기까지 지배받았습니다. 이와 반대로, 우리가 진리를 선택하면, 그때부터는 진리가 우리를 지배합니다. 진리가 우리 삶의 주인이 되어, 날이 갈수록 진리의 열매를 풍성히 맺음으로 우리의 기쁨도 더 커집니다.

하나님께 감사하리로다 너희가 본래 죄의 종이더니 너희에게 전하여 준 바 교훈의 본을 마음으로 순종하여(17절)

"하나님께 감사하리로다"라는 바울의 말은 무엇 때문에, 대체 무엇에 감사하자는 것입니까? 하나님께서 사랑과 은혜를 우리에게 베푸심으로 우리로 하여금 바른 선택을 할 수 있도록 인도해 주신데 감사하자는 것입니다. 바꾸어 말하면, 하나님께서 사랑과 은혜로 우리를 구속해 주시지 않았다면, 우리는 결코 의를 선택할 수 없었을 것이라는 의미입니다. 그러면 하나님께 감사드리는 삶, 하나님 앞에서 바른 선택을 하는 삶은 어떤 삶입니까? 주님의 말씀을 따르는 삶입니다. 본문에서 바울은 주님의 말씀을 "너희에게 전하여 준 바 교훈의 본"이라고 표현하고 있습니다. 우리가 바른 선택을 한다는 것, 주님의 말씀을 따른다는 것은 곧 이 세상 그 무엇이 아닌 주님의 말씀을 삶의 본으로 삼는 것입니다.

주님의 말씀을 본으로 삼는다는 것은 또 무엇을 의미합니까? 본문이 가르쳐 주듯이 "마음으로 순종"하는 것입니다. 순종이라는 것은 행동입니다. 선언이나 관념이 아닙니다. 앞서 말씀드렸듯이, 믿음은 입으로 믿는 것이 아니라, 생각으로 믿는 것이 아니라, 삶으로 믿는 것이라는 사실이 여기에서 다시 드러나고 있습니다. 하나님의 말씀에 순종해서 그 진리의 말씀이 삶으로 드러나야 합니다. 순종할 때는 물질이나 육체가 아니라 마음으로 순종하라고 했습니다. 마음으로 순종할 때에만 모든 것이 따라가기 때문입니다. 그래야 생각도 순종하고 사지백체도 순종하고, 나에게 있는 모든 것이 비로소 하나님의 것이 됩니다. 우리는 손으로, 몸으로, 물질로 하나님께 순종하면서도 마음은 딴 곳에 가 있는 경우가 많습니다. 하나님께서는 우리가 마음으로부터 순종하기를 원하십니다. 마음으로 순종할 때에만 우리의 믿음이 고백에서 그치지 않고 삶의 실천으로 나타납니다.

하나님의 말씀에 마음으로 순종하는 삶은 하나님 앞에서 바른 선택의 삶이고, 하나님께 감사드리는 삶이며, 이는 곧 거룩한 성화를 이루는 삶입니다. 두 가지 이유 때문인데 첫째, 우리가 진리의 말씀에 마음으로 순종하면 더 이상 죄에 매이지 않고 죄에서 단절되기 때문입니다. 18절 상반절을 보면 "죄로부터 해방되어"라고 전하고 있습니다. 많은 사람들이 죄를 끊지 못해 고통스러워합니다. 그리고 죄를 버리는 것이 대단히 어려운 일이라고 생각합니다. 그러나 본문은 매우 단순 명료하게 말씀하고 있습니다. 빛이 있는 곳에 어둠이 있을 수 없고 생명이 있는 곳에 죽음이 있을 수 없듯이, 진리가 있는 곳에 죄가 자리할 수 없는 까닭입니다. 집에 들어가기 전까지는 술집에 갈까 집으로 갈까 갈등되지만, 집에 들어가는 순간 술집으로부터 자유를 얻습니다. 마찬가지로, 진리에 순종하면 죄의 문제는 저절로 해결됩니다. 우리가 더 이상 죄의 노예가 되고 싶지 않다면, 우리의 마음이 진리로 들어가야 합니다. 이 외에는 다른 도리가 없습니다.

둘째, 우리가 진리의 말씀에 마음으로 순종하면, 의의 지배를 받게 되기 때문입니다. 18절 하반절은 "의에게 종이 되었느니라"고 전합니다. 거룩한 진리의 삶을 산다는 것이 입산수도를 하거나 40일 금식기도를 하면 가능합니까? 그렇지 않습니다. 오직 말씀에 마음으로 순종해야, 그때 우리의 삶을 통해 하나님의 의와 진리가 드러나기 때문입니다. 우리가 어떻게 진리의 말씀에 마음을 다해 순종할 수 있습니까? 내가 죄인 되었을 때 나를 구속해 주신 주님의 사랑으로 인함입니다. 그 사랑이 늘 우리를 깨우치고 인도해 주시니 하나님께 감사드릴 수밖에 없는 것입니다. 무식한 갈릴리 어부들이 어떻게 그토록 의로운 사도가 될 수 있었습니까? 주님의 사랑을 온 영혼과 몸으로 깨닫고 주님께 자신을 드림으로 가능했습니다. 바로 그 사랑이 지금 이 자리에 우리와 함께하고 계십니다.

주님의 사랑이 지금 이 자리로 우리를 인도하셨습니다. 주님의 사랑이 우리를 구속하심으로 이미 우리에게 영원한 생명을 주셨고, 앞으로도 영원토록 우리를 바른 길로 인도해 주실 것입니다. 이 사실을 믿는다면, 그리고 이 사랑에 감사한다면, 할 일은 하나입니다. 주님의 말씀에 마음으로 순종하고 그분의 말씀을 본으로 삼는 것입니다. 우리의 힘으로는 불가능하지만, 주님께서 무한하신 사랑으로 우리와 함께하시기에 가능합니다. 이와 같이 우리가 사랑의 주님과 동행하면, 죄로부터 해방되는 기쁨과 의의 종이 되는 희열을 삶 가운데 넘치도록 누리게 될 것입니다.

27
거룩함에 이르는

로마서 6장 19-23절

너희 육신이 연약하므로 내가 사람의 예대로 말하노니 전에 너희가 너희 지체를 부정과 불법에 내주어 불법에 이른 것 같이 이제는 너희 지체를 의에게 종으로 내주어 거룩함에 이르라 너희가 죄의 종이 되었을 때에는 의에 대하여 자유로웠느니라 너희가 그 때에 무슨 열매를 얻었느냐 이제는 너희가 그 일을 부끄러워하나니 이는 그 마지막이 사망임이라 그러나 이제는 너희가 죄로부터 해방되고 하나님께 종이 되어 **거룩함에 이르는** 열매를 맺었으니 그 마지막은 영생이라 죄의 삯은 사망이요 하나님의 은사는 그리스도 예수 우리 주 안에 있는 영생이니라

로마서 6장은 믿음으로 의롭다 함을 받은 사람, 다시 말해 믿음으로 말미암아 구원받은 그리스도인에게 주어지는 성화의 의무, 거룩한 삶의 의무에 대해 계속해서 권면의 말씀을 주고 있습니다. 로마서 6장에서 중요한 단어 세 가지 중 첫 번째가 '알지 못하느냐'(3절), 곧 깨달음이라고 했습니다. 기독교는 명상의 종교가 아닙니다. 무

엇을 깨달았다고 해서 삶이 완성되는 것이 아닙니다. 그러나 깨달음이 없이는 성화가 시작되지 않습니다. 그러므로 바른 깨달음을 얻어 그것을 삶으로 실천하는 것이 중요합니다.

올해 '책의 해'를 맞아 유명 저자들을 인터뷰한 기사가 요즘 신문에 연재되고 있습니다. 어제는 철학자 김용옥 씨 기사가 났습니다. 이분은 개인적으로 보유하고 있는 책이 2만 5천여 권이고, 지난 7년 동안 스물다섯 권의 책을 냈습니다. 그런데 기사 마지막에 그가 이런 말을 했습니다. "책은 중요하지 않다. 깨달음이 없으면." 깨달음이 없는 사람에게 책이 무슨 가치가 있겠습니까? 그런 사람에게 책은 휴지와 다를 바가 없습니다. 깨달음이 있는 사람에게만 책이 자산이 되고, 인격이 되고, 미래를 위한 도약의 발판이 됩니다.

요즘 불교계에 '돈오돈수頓悟頓修 돈오점수頓悟漸修' 논쟁이 있습니다. 고려 시대 보조국사普照國師 때부터 있어 온 돈오점수 사상은, 깨달음을 얻은 뒤 훈련을 거듭하면서 수행이 점진적으로 완성된다는 것입니다. 해인사에 계신 종정宗正 성철 스님(*1993년 11월 4일 입적)이 주장한 돈오돈수 사상은, 깨닫는 즉시로 수행이 완성된다는 것입니다. 이 두 사상에 대해 몇 년 동안 논쟁이 있었지만 결론이 나지 않고 있습니다. 그런데 돈오돈수가 맞든 돈오점수가 맞든, 깨달음부터 시작된다는 것은 일치합니다. 깨달음이 없으면 불교 자체가 성립되지 않습니다.

그 의미에서는 기독교도 마찬가지입니다. 아무리 성경 말씀이 내 눈앞에 있다 할지라도 깨닫지 못하면, 나에게 생명의 말씀이 될수 없습니다. 깨달을 때 생명의 말씀이 되고, 하나님의 말씀이 되고, 진리의 말씀이 됩니다. 그래서 주님께서도 깨달음을 강조하셨습니다.

또 천국은 마치 바다에 치고 각종 물고기를 모는 그물과 같으니 그물에 가득하매 물 가로 끌어내고 앉아서 좋은 것은 그릇에 담고 못된 것은 내버리느니라 세상 끝에도 이러하리라 천사들이 와서 의인 중에서 악인을 갈라내어 풀무 불에 던져 넣으리니 거기서 울며 이를 갈리라(마 13:47-50)

　　천국에 관한 내용으로 이루어진 마태복음 13장에서 예수님께서 이렇게 말씀하시고는 51절에서 제자들에게 "이 모든 것을 깨달았느냐"라고 물으셨습니다. 주님께서 제자들에게 깨달음의 여부를 확인하신 것입니다. 깨달음이 없으면, 천국 말씀이 천국 말씀이 되지 못하기 때문입니다.

　　며칠 전에 차를 타고 가면서 라디오를 켰는데 신앙 상담하는 내용이 나왔습니다. 어떤 사람이 편지로 상담을 신청했는데, 그는 3년 전 예수님을 믿고 성령 충만한 가운데 신앙생활을 했습니다. 그런데 언제부터인지 기도를 할 수 없게 되었고 성경도 읽을 수가 없으니 어쩌면 좋으냐고 물었습니다. 그러자 상담가가 답변하기를, 내적인 이유와 외적인 이유가 있을 터인데 그것을 잘 찾아서 치유하라고 하였습니다. 그 대답을 들으면서 저는 과연 문제가 해결될 수 있을까 하는 의문이 들었습니다.

　　흔히 '성령 충만하다'고 하거나 '뜨겁게 신앙생활을 한다'고 할 때, 그 뜨겁다는 것이 진리를 깨달아 그 깨달은 바가 삶으로 드러남으로 인해 얻어진 것이 아니라면, 자칫 단순한 감정을 의미하기가 쉽습니다. 뜨거운 감정만 붙잡고 있으면, 이내 공허함에 빠지게 됩니다. 왜냐하면 감정은 속성상 변화무쌍하여 뜨거운 감정은 쉽게 식어 버리기 때문입니다. 뜨거운 감정은 우리의 마음도, 머리도 뜨겁게 합니다. 마음과 머리가 뜨겁다는 것은 감정의 지배를 받은 결과입니다. 이처럼 뜨거운 머릿속에서는 깨달음이 나오거나 이어지지 않습니다. 진정한 깨달음은 우리의 머리를 차갑게 합니다. 우리는 뜨거운 감정으로 처음에는 무엇이든지 열심히 할 수 있습니다. 그러나 그 깨달음이 식고 나면, 기도도 안 되고 말씀도 읽어지지 않습니다. 나를 세워 주는 진리의 뿌리가 내 속에 남아 있지 않기 때문입니다.

아무나 천국 말씀을 듣고 깨닫지 못할 때는 악한 자가 와서 그 마음에 뿌려진 것을 빼앗나니 이는 곧 길가에 뿌려진 자요(마 13:19)

깨달음이 없으면 뿌려진 천국 말씀을 다 잃고 맙니다. 남는 것이라고는 여전히 악한 심성, 악한 감정, 황폐해진 자신뿐입니다. 그러면 어떻게 깨달을 수 있습니까?

무리를 불러 이르시되 듣고 깨달으라(마 15:10)

예수님께서 복음서에서 수차례에 걸쳐 하신 말씀입니다. 들음이 없는 곳에는 깨달음도 없습니다. 바꾸어 말하면, 깨닫기 위해서는 들음이 있어야 합니다. 들음 속에서 깨달아집니다. 이 들음이 무엇을 의미합니까? 첫째, 집중입니다. 건성으로 들으면 깨달음이 있을 수 없습니다. 하다못해 사람들이 고스톱을 치면서도 얼마나 집중합니까? 그런데 하나님의 말씀을 들을 때는 그런 집중이 없습니다. 둘째, 묵상입니다. 집중한 다음에는 깊이 묵상해야 합니다. 깊은 묵상에서 더 큰 깨달음이 나옵니다. 셋째, 반복입니다. 반복적으로 집중하고 반복적으로 묵상해야 합니다. 하루 종일 창세기부터 요한계시록까지 말씀에 집중해서 그 전부를 깨달을 수 있다면 얼마나 편하겠습니까? 그러나 절대 그럴 수 없습니다. 동일한 말씀임에도 매일 반복해서 집중하고 묵상할 때 그 의미가 샘솟듯 솟아나는 것입니다. 한번 테스트해 보시기 바랍니다. 성경을 일독할 때 깨달음이 있거나 은혜가 되는 부분에 줄을 치고, 이독을 할 때는 다른 성경 번역본을 사용해 줄을 치고, 삼독을 할 때 또 다른 성경 번역본을 사용해 줄을 치고, 성경 읽기를 마친 후에 그 성경들을 비교해 보십시오. 줄 친 곳이 다 다를 것입니다. 깨달음이 달라지기 때문입니다. 이렇게 성경을 읽으면, '예전에는 이런 것은 몰랐는데…… 예전에는 이런 수준이었는데' 하며 자기 신앙의 성숙도를 자기가 알 수 있습니다.

그러나 이것만으로 되지 않습니다. 깨닫는 과정 위에 성령님의 내적 조명이 있어야 합니다. 하나님의 말씀은 영적인 말씀이기 때문에 우리의 노력, 우리의 지성만으로 그 의미를 알 수 없습니다. 성령님의 인도하심과 도우심이 우리와 함께해야 합니다. 그래서 이사야는 이렇게 고백했습니다.

주 여호와께서…… 아침마다 깨우치시되 나의 귀를 깨우치사 학자들같이 알아듣게 하시도다(사 50:4)

우리가 신앙생활을 해나가면서 무슨 일을 하든지 우리의 기도가 쉼 없이 하나님께 아뢰어져야 하지만, 가장 집중적으로 기도가 쏟아져야 할 때가 언제입니까? 바로 깨달음의 단계에서입니다. 바르게 깨닫지 않으면 그다음 단계도 흐트러지기 때문입니다. 바르게 깨닫지 못했는데 어떻게 바른 삶을 살 수 있습니까? 그런데 사람들은 이에 대해 잘 기도하지 않습니다.

11절에 나오는 '여길지어다'는 결단의 단계를 뜻한다고 했습니다. 하나님의 말씀에 대해 깨달은 바를 삶 속에 적용시키는 단계입니다. 깨달음이 진리에 대한 해석이라고 한다면, 결단은 해석에 대한 재해석입니다. 자신이 깨달은 말씀의 토대 위에 서서 자신이 해야 할 바가 무엇인지 결정짓는 것입니다.

깨달음과 적용, 즉 결단의 단계까지는 내적 움직임입니다. 우리가 이 단계에서 멈추면, 심산계곡에서 도를 닦는 사람과 다를 바가 없습니다. 그리스도인의 길은 삶의 길이기에, 그다음 단계가 필히 뒤따라야 합니다. 13절에 나오는 '드리라'가 바로 마지막 단계인 실천을 뜻한다고 했습니다. 주님께서 우리에게 하신 말씀들을 가만히 떠올려 보십시오. "너도 이와 같이 하라"(눅 10:37), "자기를 부인하고, 자기 십자가를 지고, 나를 따를 것이니라"(막 8:34), "너희도 서로 사랑하라"(요 13:34)…… 전부 실천을 향한 명령입니다. 주님의 말씀들은 관념 속에 머물러 있는 말씀들이 아닙니다. 종이 울리기 전까지는 종이 아니듯이, 실천되어 삶으로 드러나기 전까지는 깨달음은 깨달음이 못 됩니다. 바른 깨달음은 반드시 우리의 삶을 통해 드러납니다. 바른 깨달음과 바른 적용과 바른 실천이 있는 삶은 거룩한 삶으로 완성되어 갈 수밖에 없습니다.

이 예수를 하나님이 그의 피로써 믿음으로 말미암는 화목제물로 세우셨으니 이는 하나님께서 길이 참으시는 중에 전에 지은 죄를 간과하심으로 자기의 의로우심을 나타내려 하심이니(롬 3:25)

어느 성도님이 이 말씀을 공부하면서 깊은 깨달음을 얻었습니다.

그리고 깨달은 것으로 끝나지 않고 이 말씀을 자신의 삶 속에 적용시켰습니다. 당시 그분은 누군가에게 크게 상처를 받아 절망에 빠져 있었습니다. 그런데 바로 그 사람과 자신 사이에 이 말씀을 적용시켰습니다. '예수님께서 나를 위해 죽으심으로 하나님과 나 사이에 화목제물이 되셨다면, 내가 그 사람을 위해 화목제물이 되지 못할 바가 없다'고 생각했습니다. '하나님께서 나를 향해 길이 참으셨다면, 내가 그 사람을 길이 참지 못할 이유가 없다', '하나님께서 내 죄를 간과해 주심으로 내가 살았으니, 그 사람이 상처 준 것을 나 또한 간과해 주지 않을 수 없다'고 생각했습니다. 문제는 실천인데, 그분은 그날부터 자신의 생각을 실천으로 옮겨 그 사람을 포용했습니다. 그러자 절망으로부터 자유하는 기쁨은 물론, 그 사람과 화목을 이루는 기쁨까지 얻게 되었습니다. 저는 멀리서 그분을 보면, 마치 천사를 보는 듯한 생각이 듭니다.

내가 사람의 방언과 천사의 말을 할지라도 사랑이 없으면 소리 나는 구리와 울리는 꽹과리가 되고(고전 13:1)

천사의 말이 얼마나 거룩합니까? 그러나 천사처럼 말한다 해도 결코 충분하지 않다는 것입니다. 거룩함은 입술에 있는 것이 아니라 삶 속에 있기 때문입니다. 바른 깨달음, 바른 적용, 바른 실천 속에는 거룩함이 있습니다. 그리고 이 거룩함에는 사람을 감화시키는 힘이 있습니다. 사도 바울의 삶을 얼핏 보면 참 보잘것없는 것처럼 여겨집니다. 그런데 그가 이룬 바른 깨달음, 바른 적용, 바른 실천의 삶은 한 나라의 역사를 바꾸었을 뿐만 아니라 지금까지도 전 세계에 지대한 영향을 미치고 있습니다.

우리가 구원받은 자로서 바른 깨달음, 바른 적용, 바른 실천의 삶을 살아야 하는 이유에 대해 오늘 본문이 밝혀 주고 있습니다.

너희 육신이 연약하므로 내가 사람의 예대로 말하노니 전에 너희가 너희 지체를 부정과 불법에 내주어 불법에 이른 것같이 이제는 너희 지체를 의에게 종으로 내주어 거룩함에 이르라(19절)

"너희 육신이 연약하므로 내가 사람의 예대로 말하노니"라는 말은 너희의 깨달음이 미약하므로 인간사의 예를 들어 설명해 주겠다는 의미입니다. 더 쉽게 표현하면, 너희의 깨달음이 얕으니 단도직입적으로 이야기하겠다는 것입니다. 너희가 이제껏 부정과 불법을 저지르기만 했지 선하고 의로운 일을 했으면 이야기해 보라는 말입니다. 이 말은 예수 그리스도를 믿지 않는 사람들을 향해 한 말이 아닙니다. 우리가 예수를 믿는다고 고백하면서도 구원받은 사람으로서 성화의 삶을 살지 못하면, 여전히 불의 속에 거할 수밖에 없습니다.

미국의 어느 목사님이 한 교회에 부임했는데, 그 교회는 범죄가 많은 지역에 위치하고 있었습니다. 그래서 수주일에 걸쳐 십계명 가운데 '도적질하지 말라'는 제8계명을 가르쳤습니다. 하지만 성도들의 삶은 변화되지 않았습니다. 그래서 마지막으로 한 주 더 설교했습니다. 그런데도 성도들이 자기를 향한 말이라고 받아들이지 않자 목사님은 말하기를, "저는 도적질하지 말라는 말씀을 교도소에 있는 사람들을 향해 하지 않았습니다. 바로 당신을 향해 하고 있는 것입니다. 하나님께서 오늘 당신에게 도적질하지 말라고 명령하고 계십니다"라고 하였습니다. 우리가 성화의 삶을 살지 않으면, 이와 똑같을 수밖에 없습니다. 참으로 새겨들어야 할 이야기입니다.

우리가 불법·불의한 삶을 경계해야 하는 이유가 무엇입니까?

너희가 죄의 종이 되었을 때에는 의에 대하여 자유로웠느니라 너희가 그때에 무슨 열매를 얻었느냐 이제는 너희가 그 일을 부끄러워하나니 이는 그 마지막이 사망임이라(20-21절)

불의와 불법의 삶은 그 마지막이 사망이기 때문입니다. 그 삶에 쾌락이 있을지라도, 그것은 자기를 죽이는 쾌락입니다. 만일 예수 그리스도 밖에서 불의한 방법으로 큰 재물을 모았다면, 누군가의 눈에서 피눈물을 흘리게 한 결과가 아니겠습니까? 만일 예수 그리스도 밖에서 부당한 방법으로 권세를 얻었다면, 누군가를 짓밟은 결과가 아니겠습니까?

보라 너희 밭에서 추수한 품꾼에게 주지 아니한 삯이 소리 지르며 그 추수한 자의 우는 소리가 만군의 주의 귀에 들렸느니라(약 5:4)

내가 주머니에 많은 것을 가지고 사람들 앞에 당당하게 설지라도, 하나님께서 듣고 계신 것은 나로 인해 고통당한 모든 사람들의 울음소리라는 것입니다. 하나님께서 듣고 계시면 그 결과는 사망일 수밖에 없습니다.

죄의 삯은 사망이요 하나님의 은사는 그리스도 예수 우리 주 안에 있는 영생이니라(23절)

여기에서 주의해야 할 단어가 "삯"입니다. 헬라어로는 '옵소니온 ὀψώνιον'인데, 군인이 받는 삯을 의미합니다. 농부나 군인이나 동일한 삯을 받을 수 있습니다. 그러나 그 의미는 다릅니다. 왜냐하면 군인이 받는 삯은 목숨을 건 결과로 받는 것이기 때문입니다. "죄의 삯은 사망"이라는 구절은 '목숨을 걸고 일평생 싸우듯 살았어도 죄 된 삶의 결과는 죽음'이라는 의미입니다. 얼마나 허무합니까?

지난 1월 30일에 세계적 갑부인 일본의 모리 다이키치로가 89세를 일기로 죽었습니다. 이 사람은 도쿄 요지에 80여 채의 빌딩을 가지고 있었고 재산이 130억 달러에 달했습니다. 우리 돈으로 환산하면 약 10조 4천억 원입니다. 미국에서 발행하는 경제지에 세계 제일의 갑부로 소개되어 있습니다. 2차 세계대전을 거치며 그 많은 빌딩을 갖기까지 목숨을 걸고 살아 온 인생이었습니다. 그런데 이분이 돌아가셔서 몇 평 땅에 묻혔습니까? 반 평 남짓한 곳입니다. 그 반 평도 그의 것이 아닙니다. 죽은 사람은 자기 이름으로 땅을 가질 수 없습니다. 더 허망한 사실은, 이분이 주님을 모르는 삶을 살았다면 그 죽음은 영원한 사망이라는 것입니다.

내가 그리스도 밖에 있다면, 일평생 새벽부터 밤까지 목숨을 걸고 학문의 업적을 쌓아도 주어지는 삯은 사망입니다. 이 점을 깊이 깨달았던 솔로몬은 다음과 같이 탄식했습니다.

오호라 지혜자의 죽음이 우매자의 죽음과 일반이로다(전 2:16하)

그러므로 우리는 성화의 삶을 살아야 합니다. 19절 하반절을 다시 보십시다.

그리스도 밖에 있는 삶은 아무리 목숨을 걸고 피땀을 흘려도 주어지는 것이 사망이니, 그리스도를 믿음으로 의롭다 함을 입은 사람답게 거룩한 삶을 이루라는 것이 결론입니다. 왜 우리가 거룩한 삶을 살아야 합니까? 그 삶을 살지 않으면 죽기 때문입니다. 의의 종이 되고 거룩함에 이르라는 말은 특정 목사의 종이 되라는 것이 결코 아닙니다. 우리의 눈에 보이는 것의 종이 되면 거룩함에 이르지 못합니다. 눈에 보이는 것의 종이 되면 외식하는 사람이 되기 때문입니다. 눈에 보이는 모든 것을 뛰어넘어 눈에 보이지 않는 진리와 연합할 때, 그것을 깨닫고 적용하고 실천하는 삶 속에서 거룩함에 이르는 것입니다.

하나님께서는 우리에게 법보다 은혜를 먼저 주셨는데, 이 은혜가 구체적으로 무엇입니까? 23절 하반절에서 "하나님의 은사는 그리스도 예수 우리 주 안에 있는 영생이니라"고 했습니다. 즉 우리가 거룩함에 이를 수 있는 것은 우리가 이미 영원한 생명으로 살고 있기 때문에 가능한 것입니다. 물통에 물을 가득 담고 손으로 물을 휘휘 저어 보면, 거품이 입니다. 그러나 그 거품은 몇 초 만에 다 사라집니다. 우리의 인생이 몇 초 만에 사라지는 그 거품과 같다면, 서로가 시기하고 질투하고 싸우며 살아가는 것이 얼마나 우습습니까? 영원한 생명을 얻은 사람으로서 영원한 생명의 안경을 쓰고 바라보면, 7, 80년은 순간입니다. 물거품과 똑같습니다. 순간의 쾌락을 위해 영원한 생명을 버리는 것은 물거품을 잡으려 함과 진배없습니다.

우리에게 영원한 생명을 주시기 위해 십자가에서 자기 몸을 찢어 우리의 구원자가 되어 주신 주님께서 오늘도 충만하신 생명으로 우리와 함께하고 계십니다. 주님께서 당신의 영원한 생명으로 우리를 품고 계십니다. 바로 이 생명을 바로 깨닫고, 이 생명에 우리를 맡김으로, 이 생명을 살아가십시다. 그러면 주님께서 영원토록 우리 삶의 주관자가 되시고, 영원한 진리의 열매로 우리의 삶을 풍성하게 해주실 것입니다.

로마서 7 장

28
영의 새로운 것으로

로마서 7장 1-6절

형제들아 내가 법 아는 자들에게 말하노니 너희는 그 법이 사람이 살 동안만 그를 주관하는 줄 알지 못하느냐 남편 있는 여인이 그 남편 생전에는 법으로 그에게 매인 바 되나 만일 그 남편이 죽으면 남편의 법에서 벗어나느니라 그러므로 만일 그 남편 생전에 다른 남자에게 가면 음녀라 그러나 만일 남편이 죽으면 그 법에서 자유롭게 되나니 다른 남자에게 갈지라도 음녀가 되지 아니하느니라 그러므로 내 형제들아 너희도 그리스도의 몸으로 말미암아 율법에 대하여 죽임을 당하였으니 이는 다른 이 곧 죽은 자 가운데서 살아나신 이에게 가서 우리가 하나님을 위하여 열매를 맺게 하려 함이라 우리가 육신에 있을 때에는 율법으로 말미암는 죄의 정욕이 우리 지체 중에 역사하여 우리로 사망을 위하여 열매를 맺게 하였더니 이제는 우리가 얽매였던 것에 대하여 죽었으므로 율법에서 벗어났으니 이러므로 우리가 **영의 새로운 것으로** 섬길 것이요 율법 조문의 묵은 것으로 아니할지니라

"죄의 삯은 사망이요 하나님의 은사는 그리스도 예수 우리 주 안

에 있는 영생이니라"는 로마서 6장 23절은, "그러므로 한 사람으로 말미암아 죄가 세상에 들어오고 죄로 말미암아 사망이 들어왔나니, 이와 같이 모든 사람이 죄를 지었으므로 사망이 모든 사람에게 이르렀느니라"는 로마서 5장 12절과 더불어 로마서에서 중요하게 다뤄집니다. 5장 12절을 간단히 아래와 같이 표현할 수 있습니다.

한 사람의 죄—모든 사람의 죄—모든 사람은 죽음

죽음은 원죄를 지닌 인간이 예수 그리스도 밖에서 맞을 수밖에 없는 사망, 곧 죄의 삯인 것입니다. 성경이 말하는 구원은 '자유'를 뜻하는데, 이 부분에서는 '죽음으로부터의 자유'를 가리킵니다. 죽음으로부터 자유를 얻는 삶은 예수 그리스도 안에 있는 영생을 누리는 삶으로, 이전 삶과 비교해 전혀 차원이 다른 삶이라 할 수 있습니다. 그런데 구원은 죽음으로부터의 자유뿐 아니라 두 가지 자유를 더 의미합니다. 바로 '율법으로부터의 자유'와 '죄로부터의 자유'입니다. 오늘 본문은 이에 대해 다시금 강조하고 있습니다.

형제들아 내가 법 아는 자들에게 말하노니 너희는 그 법이 사람이 살 동안만 그를 주관하는 줄 알지 못하느냐(1절)

로마서 7장은 "형제들아"라는 단어로 시작되고 있습니다. 바울은 로마서에서 '형제'라는 단어를 열 번 이상 사용했는데, 저는 이 단어를 볼 때마다 감격스럽습니다. 로마서가 다른 바울서신들과 차이나는 점은 바울이 한 번도 본 적 없는 그리스도인들에게 쓴 편지라는 점입니다. 다른 서신들은 바울이 여러 곳을 다니며 직접 세운 교회의 성도들을 향해 그들의 얼굴을 떠올리며 쓴 편지입니다. 그런데 로마서는 바울이 로마에 가보지 못한 상황에서 로마에 자생적으로 그리스도인들이 생겼다는 소문을 듣고 그곳에 자신이 방문하기전에 써 보낸 편지입니다. 바울은 그들의 교육 수준이 어느 정도인지, 가정환경이 어떠한지 몰랐습니다. 그럼에도 바울은 그들을 '형제'라고 호칭한 것입니다.

이 형제라는 단어는 서로 사랑의 관계에 있음을 뜻합니다. 그러나 이 의미만으로는 형제라는 단어가 갖는 특성이 잘 살아나지 않습니다. 그 특성은 무엇보다도 부모 앞에서 동등한 사이라는 것입니다. 형제들이 사회적으로 직업에 차이가 날 수 있습니다. 그러나 부모 앞에서는 아무런 차이가 없습니다. 바울이 한 번도 본 적 없는 로마의 성도들을 형제라고 부른 것은 그가 예수 그리스도의 사랑으로 그들을 사랑했음을 의미할 뿐만 아니라, 자신과 그들이 그리스도 앞에서 다 같이 동등한 존재라고 생각했음을 뜻합니다. 당시에는 노예제도가 합법화된 철저한 계급사회였습니다. 그런데 이처럼 형제라고 부른 것은 대단히 혁명적인 발상이었습니다. 노예들은 주인의 발에다 입을 맞추며 인사해야 했습니다. 그런데 바울은 노예든 주인이든 상관없이 예배당에 들어오면 서로 거룩한 입맞춤으로 동등하게 인사하라고 권면했습니다(롬 16:16).

우리가 교회에서 행하는 성찬식은 예수님께서 우리를 위해 십자가에서 피 흘리며 죽으신 고난을 기림과 아울러, 그럼으로써 우리에게 영원한 생명이 주어졌음을 다시 확인하는 감격적인 축제입니다. 여기에 한 가지 의미가 더 있습니다. 우리가 성찬식을 행할 때 그리스도의 떡을 받는데, 그 떡을 떼는 순간 우리는 주님의 몸 앞에서 모두 동등한 존재임을 고백하는 것입니다. 사회적으로는 동등할 수 없지만, 주님께서 아무런 차별 없이 사랑하고 구원하신 동등한 존재인 것입니다. 이처럼 예배당에서 우리 모두가 동등하다는 사실을 뼛속 깊이 확인하지 않으면, 세상으로 나아가 이웃을 사랑하자는 것은 공허한 구호가 되고 맙니다. 우리는 서로 사랑하자고 모인 사람들입니다. 그런데 이 자리에서도 사랑하지 못한다면 어떻게 세상에 나가서 사랑할 수 있겠습니까? 이 자리에서조차 형제애가 확인되지 않는다면 어떻게 담 높은 옆집 사람들과 형제애를 나눌 수 있겠습니까?

1절을 다시 보면, "너희는 그 법이 사람이 살 동안만 그를 주관하는 줄 알지 못하느냐"고 바울이 물었습니다. 어떤 법도 사람이 살아 있는 동안에만 영향을 미칩니다. 사람이 죽고 나면 더 이상 그 사람에게 효력을 미치지 못합니다. 만약 살인자가 경찰에게 쫓기다가 막다른 골목에서 자살했다면 그것으로 끝난 것입니다. 무슨 죄를 지었든지 마찬가지입니다.

이와 반대로, 내가 살아 있는데 법이 나에게 영향을 미치지 못하는 경우가 있습니다. 법의 시효가 끝난 경우입니다. 일제강점기 때의 법은 더 이상 우리에게 영향을 미치지 못합니다. 1945년 8월 15일 대한민국이 광복을 맞이하는 순간 법의 시효가 끝나 버렸기 때문입니다.

남편 있는 여인이 그 남편 생전에는 법으로 그에게 매인 바 되나 만일 그 남편이 죽으면 남편의 법에서 벗어나느니라(2절)

당시에는 부부 사이에 이혼을 하느냐 안 하느냐의 결정권은 오직 남편에게 있었습니다. 아내는 남편이 죽기 전에는 이혼할 방법이 없었습니다. 그러므로 여자에게 있어서 남자는 살아 있는 법 자체였습니다. 그러나 남편이 죽으면 더 이상 아내에게 영향을 미치지 못합니다. 남편이라는 법의 시효가 끝났기 때문입니다.

그러므로 만일 그 남편 생전에 다른 남자에게 가면 음녀라 그러나 만일 남편이 죽으면 그 법에서 자유롭게 되나니 다른 남자에게 갈지라도 음녀가 되지 아니하느니라(3절)

남편이 죽으면 아내는 그 법에서 해방되는 것이므로, 다른 남자에게 갈지라도 간음한 여자가 되지 않는 것은 당연한 일입니다.

그러므로 내 형제들아 너희도 그리스도의 몸으로 말미암아 율법에 대하여 죽임을 당하였으니(4절 상반절)

바울이 중요하게 전하려고 하는 내용이 4절 말씀입니다. 그리스도인은 율법에 대하여 죽은 존재라는 것입니다. 즉, 내가 율법에 대해 죽었든지 율법이 나에 대해 시효를 상실했든지 간에, 율법은 더 이상 나에게 아무런 영향을 미치지 못하게 되었다는 것입니다. 그래서 6절 상반절은 "이제는 우리가 얽매였던 것에 대하여 죽었으므로 율법에서 벗어났으니"라고 말씀합니다. 이것이 바로 '율법으로부터의 자유'입니다.

많은 사람들이 로마서의 내용을 무척이나 어렵다고 생각합니다. 이 율법으로부터의 자유를 제대로 해석하지 못하기 때문에 그렇습니다. 로마서는 결코 난해한 책이 아닙니다. 많은 사람들이 율법으로부터의 자유를 율법무용론이라고 생각하며 율법은 필요 없는 것, 폐지된 것으로 여깁니다. 그러다 보니 "내가 율법이나 선지자를 폐하러 온 줄로 생각하지 말라. 폐하러 온 것이 아니요 완전하게 하려 함이라"(마 5:17)는 예수님의 말씀과 상치되어 혼란스러워합니다. 로마서 3장 31절 말씀을 보시겠습니다.

그런즉 우리가 믿음으로 말미암아 율법을 파기하느냐 그럴 수 없느니라 도리어 율법을 굳게 세우느니라

7장에서 율법으로부터의 자유를 설명하는 바울이 3장에서 율법을 폐한다고 한 것이 아니라 굳게 세운다고 했습니다. 또 7장에서 계속해서 다음과 같이 말했습니다.

그런즉 우리가 무슨 말을 하리요 율법이 죄냐 그럴 수 없느니라 율법으로 말미암지 않고는 내가 죄를 알지 못하였으니(7절 상반절)
이로 보건대 율법은 거룩하고 계명도 거룩하고 의로우며 선하도다(12절)

그렇다면 율법으로부터의 자유가 무엇을 의미합니까? 율법의 내용으로부터의 자유가 아니라, 율법의 형식으로부터의 자유입니다. '하나님 앞에 나아갈 때는 제사장을 통해야 한다', '죄 씻음을 받기 위해서는 짐승의 피를 뿌려야 한다', '번제를 드리기 위해서는 제물의 안팎을 다 불에 태워야 한다' 등 이런 모든 율법의 형식으로부터의 자유를 말합니다. 그 이유가 무엇입니까? 4절 말씀을 다시 보십시다.

그러므로 내 형제들아 너희도 그리스도의 몸으로 말미암아 율법에 대하여
죽임을 당하였으니 이는 다른 이 곧 죽은 자 가운데서 살아나신 이에게 가서
우리가 하나님을 위하여 열매를 맺게 하려 함이라

예수 그리스도의 몸으로 인해 우리가 율법의 형식으로부터 자유함을 얻었습니다. 다시 말하면, 예수 그리스도께서 단번에 자신의 몸을 제물로 드리심으로 속죄의 모든 형식을 대신해 주셨기 때문에, 우리가 율법의 형식으로부터 자유함을 얻게 된 것입니다. "다른 이 곧 죽은 자 가운데서 살아나신 이"는 죽은 자 가운데서 살아나신 예수님을 의미합니다. 그리고 "하나님을 위하여 열매를 맺게 하려 함"은 율법의 내용을 완성케 하려 함을 의미합니다. 따라서 예수님께 가서, 즉 예수 그리스도 안에서 율법의 내용을 완성케 하기 위해 주님께서 자기 몸을 드려 죽임을 당하신 것입니다.

여기에서 율법의 내용이란 하나님을 사랑하고 사람을 사랑하는 것입니다. 이것을 완전하게 하기 위해 예수 그리스도께서 오신 것입니다. 우리는 율법의 형식으로부터 자유를 얻었지만, 예수 그리스도 안에서 율법의 알맹이를 거두어야 합니다.

우리가 육신에 있을 때에는 율법으로 말미암는 죄의 정욕이 우리 지체 중에
역사하여 우리로 사망을 위하여 열매를 맺게 하였더니(5절)

우리가 육체의 소욕을 따라 살면, 죄가 우리의 왕 노릇합니다. 그리고 죽음의 열매만을 맺게 합니다.

이제는 우리가 얽매였던 것에 대하여 죽었으므로 율법에서 벗어났으니 이러

므로 우리가 영의 새로운 것으로 섬길 것이요 율법 조문의 묵은 것으로 아
니할지니라(6절)

  그런데 우리가 얽매였던 것, 즉 죄에 대해 죽었습니다. 갈라디아
서 5장 24절에서도 바울은 "그리스도 예수의 사람들은 육체와 함
께 그 정욕과 탐심을 십자가에 못박았느니라"고 말하며 '죄로부터
의 자유'를 설명합니다. 따라서 죄사함을 위한 율법의 형식이 불필
요하게 되어 우리가 율법의 형식으로부터 해방된 것입니다. 죄로부
터의 자유를 얻자, 예수 그리스도 안에서 거듭남으로 죽음으로부
터의 자유를 얻게 되었을 뿐만 아니라, 율법의 형식으로부터의 자
유도 얻게 되었습니다. 그리고 이제부터는 율법의 낡은 형식으로
가 아니라, 성령님의 도우심과 새로운 생명으로 하나님을 섬길 수
있게 되었습니다.
  그러므로 이제 우리가 해야 할 일은 무엇입니까? 6절 하반절이
말씀하듯이, 하나님을 섬기는 것입니다. 하나님을 바르게 섬긴다
는 것은 하나님을 사랑하고 사람을 사랑하는 것으로, 다시 말해 율
법의 내용을 굳게 세우는 일입니다. "율법 조문의 묵은 것으로 아니
할지니라"에서 '율법 조문'은 율법의 형식을 말하며, 오직 "영의 새
로운 것으로"만 율법의 내용을 완성할 수 있습니다. 그 새로운 것
이란 매 순간 성령님께서 주시는 도우심이며, 결국 하나님의 은혜
를 가리킵니다. 우리가 죄로부터, 죽음으로부터, 율법의 형식으로
부터 자유를 얻는 것은 하나님의 은혜가 아니면 안 됩니다. 그러므
로 우리가 하나님 앞에서 어떤 선한 일을 이루든지 그것은 우리의
자랑거리가 될 수 없습니다. 그것은 하나님께서 우리게 베풀어 주
신 은혜의 결과이기 때문입니다. 중요한 것은, 우리는 하나님 없이

는 아무것도 아니라는 사실입니다.

또 하나 잊지 말아야 할 사실은, 우리에게 하나님께서 계시지 않으면 안 되는 것처럼 하나님께도 우리가 없으면 안 된다는 점입니다. 하나님께서 그토록 우리를 사랑하십니다. 우리가 파리만도 못한 죄인이었음에도 하나님께서는 우리가 없으면 당신이 존재할 이유가 없기라도 한 것처럼 우리를 대신하여 당신의 독생자를 죽이셨습니다. 누가복음에 나오는 탕자가 아버지를 떠나서 깨달은 것은 자신에게는 아버지가 안 계시면 안 되겠다는 사실이었습니다. 그래서 아버지에게로 되돌아갔습니다. 그런데 마찬가지로 그 아버지도 탕자가 없으면 안 되었습니다. 그래서 아버지는 날마다 동구 밖에서 아들을 기다렸습니다. 그리고 돌아오는 아들을 아버지가 먼저 알아보았습니다. 아들을 지극히 사랑했기 때문입니다.

하나님께서 이런 긍휼하심으로 우리를 이 자리에 불러 주셨습니다. 지난 한 주간도 우리는 하나님을 자주 잊고 살았음에도 하나님께서는 너 아니면 안 되겠다며 우리를 다시 불러 주시고 충만한 은총으로 함께하고 계십니다. 우리가 이 사실을 깨닫는다면, 예수 그리스도 안에서 율법의 내용을 완성해 나감으로써 참된 그리스도인이요 하나님의 자녀 되는 기쁨을 누리게 될 것입니다.

29
하나님께 감사하리로다

로마서 7장 14-25절

우리가 율법은 신령한 줄 알거니와 나는 육신에 속하여 죄 아래에 팔렸도다 내가 행하는 것을 내가 알지 못하노니 곧 내가 원하는 것은 행하지 아니하고 도리어 미워하는 것을 행함이라 만일 내가 원하지 아니하는 그것을 행하면 내가 이로써 율법이 선한 것을 시인하노니 이제는 그것을 행하는 자가 내가 아니요 내 속에 거하는 죄니라 내 속 곧 내 육신에 선한 것이 거하지 아니하는 줄을 아노니 원함은 내게 있으나 선을 행하는 것은 없노라 내가 원하는 바 선은 행하지 아니하고 도리어 원하지 아니하는 바 악을 행하는도다 만일 내가 원하지 아니하는 그것을 하면 이를 행하는 자는 내가 아니요 내 속에 거하는 죄니라 그러므로 내가 한 법을 깨달았노니 곧 선을 행하기 원하는 나에게 악이 함께 있는 것이로다 내 속사람으로는 하나님의 법을 즐거워하되 내 지체 속에서 한 다른 법이 내 마음의 법과 싸워 내 지체 속에 있는 죄의 법으로 나를 사로잡는 것을 보는도다 오호라 나는 곤고한 사람이로다 이 사망의 몸에서 누가 나를 건져내랴 우리 주 예수 그리스도로 말미암아 **하나님께 감사하리로다** 그런즉 내 자신이 마음으로는 하나님의 법을 육신으로는 죄의 법을 섬기노라 로마서 7장 1-6절은 율법의 형식으로부터의 자유를, 그리고 7-13절은 율법 내용의 절대적인 필요성을 이야기합니다. 율법의 내용이 없으면 우리는 우리 자신이 죄인이라는 사실조차 인식할 수 없습니다. 그래서 13절 하반절은 "계명으로 말미암아 죄로 심히 죄 되게 하려 함이라"고 말씀합니다. 우리가 알지 못했던 죄까지도 인식하게 된다는 것입니다.

오늘 본문은 "율법은 신령한 줄 알거니와"라고 시작되는데, 율법이 신령한 이유가 무엇입니까? 가령, 소매치기하던 사람이 자신의 죄에 대해 갈등과 괴로움을 느끼며 옥에 들어갔다고 하십시다. 그런데 같은 감방에 살인강도가 들어와 있었습니다. 그리고 그 살인강도가 무용담 삼아서 자기가 한 일을 자랑스레 이야기했습니다. 그때 소매치기가 무슨 생각을 하겠습니까? 자신은 상당히 괜찮은 사람이라고 생각할 것입니다. 상대가 자기보다 훨씬 더 악해 보이기 때문입니다. 이와는 반대로, 많은 사람들로부터 존경받는 사람이라 할지라도 티 없이 맑은 어린아이 앞에 서면 자신의 추함을 발견하게 됩니다. 어린아이는 그만큼 순수하고 깨끗하기 때문입니다. 우리가 하나님의 말씀 앞에 섰을 때 스스로 죄인임을 인식하는 것은 바로 하나님의 율법이 신령하기 때문입니다.

나는 육신에 속하여 죄 아래에 팔렸도다(14절 하반절)

신령한 율법 앞에 서고 보면 자신이 완전히 죄에 팔려 죄의 종 된 존재임을 발견하게 됩니다. 더 심각한 내용은 이렇습니다.

내가 행하는 것을 내가 알지 못하노니 곧 내가 원하는 것은 행하지 아니하고

도리어 미워하는 것을 행함이라(15절)

자신이 지금 뭔가 행하고는 있는데 무엇을 하고 있는지, 왜 그렇게 하고 있는지도 모른다는 것입니다. 달리 말하면, 마음으로는 이것을 하고 싶은데 실제로는 저것을 하게 된다는 말입니다. 그러면 내가 원하는 바 이것은 무엇이고, 원치 않는 바 저것은 무엇입니까?

내가 원하는 바 선은 행하지 아니하고 도리어 원하지 아니하는 바 악을 행하는도다(19절)

이 말씀은 두 종류의 내가 있음을 뜻합니다. 하나는 원하는 바로서의 나이고, 또 하나는 행하는 바로서의 나입니다. 원하는 바로서의 나는 하나님의 말씀을 아는 나를 의미합니다. 하나님의 말씀을 알므로 하나님 말씀대로 살기를 원합니다. 그런데 실제로는 하나님의 말씀과 전혀 다르게 행동합니다. 하나님의 말씀대로 살고 싶은 나와 실제로 삶의 현장에서 행동하는 나의 괴리가 좁혀지지 않는 상황입니다.

예를 들어, 어떤 아내가 남편이 예수님을 믿지 않아 불만이 많습니다. 그런데 말씀을 배우게 되면서 그 말씀대로 살기로 결심했습니다. '믿는 사람이 먼저 주님의 사랑을 흘려보내는 통로가 되어야겠구나. 십자가를 져야겠구나. 오늘은 정말 잘해 주어야지. 이게 바로 내가 원하는 바야' 하고 생각했습니다. 그런데 남편의 얼굴을 보는 순간, 좋은 마음과 선한 생각이 다 사라지고 밖에서 나오는 말과 행동은 전혀 딴판입니다. 자신이 왜 그러는지 이유도 알지 못합니다. 다른 예로, 어떤 남자가 예수님을 믿는 사람답게 가정적인 사람이 되겠다고 결심했습니다. 그런데 회사를 마치고 저녁만 되면 자기도 모르게 발길이 딴 곳으로 향합니다. 자기가 자기를 집으려고 해도 잡혀지지가 않습니다.

만일 내가 원하지 아니하는 그것을 행하면 내가 이로써 율법이 선한 것을 시인하노니(16절)

이 구절을 새번역성경은 "내가 그런 일을 하면서도 그것을 해서는 안 되겠다고 생각하는 것은, 곧 율법이 선하다는 사실에 동의하는 것입니다"라고 번역하고 있습니다. '이건 말씀대로 사는 게 아닌데' 하며 마음에 자꾸 가책이 드는 이유는, 잘못된 것을 알고 율법이 선하다는 것을 인정하기 때문입니다.

이제는 그것을 행하는 자가 내가 아니요 내 속에 거하는 죄니라 내 속 곧 내육신에 선한 것이 거하지 아니하는 줄을 아노니 원함은 내게 있으나 선을 행하는 것은 없노라(17-18절)

선을 행하고 싶어 하는 내가 있는데, 삶의 현장에서 그 나는 사라지고 없습니다. 그리고 죄만 남아 있습니다. 선을 행하고 싶으나 내 속에 선을 행할 능력이 없습니다.

만일 내가 원하지 아니하는 그것을 하면 이를 행하는 자는 내가 아니요 내속에 거하는 죄니라(20절)

20절에서는 17절 말씀이 반복되고 있습니다. 선을 행하고 싶어 하는 내가 실종되고 죄가 나를 지배한다는 것입니다.

그러므로 내가 한 법을 깨달았노니 곧 선을 행하기 원하는 나에게 악이 함께 있는 것이로다 내 속사람으로는 하나님의 법을 즐거워하되 내 지체 속에서 한 다른 법이 내 마음의 법과 싸워 내 지체 속에 있는 죄의 법으로 나를 사로잡는 것을 보는도다(21-23절)

내 속에서 악이 살아서 역사한다는 것입니다. 하나님의 법을 즐거워하는 내가 분명히 있는데, 내가 죄에게 지고 맙니다. 그리고 죄의 법이 나를 포로로 만듭니다. 이는 죄가 나를 끊임없이 정죄하며 옭아매는 것을 의미합니다.

오호라 나는 곤고한 사람이로다 이 사망의 몸에서 누가 나를 건져내랴(24절)

"오호라"는 슬플 때 내지르는 탄식입니다. "곤고한"의 원어는 비참하다는 뜻입니다. 원하는 바는 할 수 없고 원치 않는 바를 행하고만 있으니 얼마나 비참합니까? 죄의 삯은 사망뿐인데, 죄에서 벗어날 길이 없습니다. 그러니 누가 나를 건져내 주겠느냐고 통탄하며 절규하고 있습니다.

여기에서 짚고 넘어가야 할 중요한 사실이 있습니다. 지금 자신의 죄성 때문에 고통스러워하는 사람이 누구입니까? 사도 바울입니다. 그는 가장 위대한 사도요, 신약성경에서 예수님을 제외하면 가장 중요한 인물입니다. 이런 바울이 자신은 선을 원하지만 선을 행할 능력이 없어 죄가 자신을 지배한다고 했습니다. 우리가 이것을 어떻게 받아들여야 하는 것입니까? 초신자가 이런 말을 했다면 당연하리라 여길 것입니다. 그런데 전도의 삶을 살며 여러 교회를 세운 바울이 로마에 있는 성도들에게 편지를 쓰면서 이렇게 고백하고 있는 것입니다.

본문 14-25절에 대해 두 가지 학설이 첨예하게 대립하고 있습니다. 첫 번째 학설은, 본문이 바울이 다메섹에서 회심하기 전 죄에 빠져 있었을 때의 자기를 고백한 내용이라는 것입니다. 다시 말해, 예수님을 믿는 사람이 선을 행하기를 원하면서도 죄의 지배를 받는다는 것은 있을 수 없다는 주장입니다. 두 번째 학설은, 바울이 구원을 받았음에도 말씀대로 살지 못하는 자기 자신의 현재의 절망을 고백한 내용이라는 것입니다. 우리가 예수 그리스도로 말미암아 구원을 얻었지만, 성화는 한순간에 이루어지는 것이 아니라 오랜 시간에 걸쳐 완성되는 것이기에 바울도 예외가 아니라는 것입니다.

세 가지 근거를 통해 두 번째 학설이 맞다고 볼 수 있습니다. 첫째, 바울은 다메섹에서 예수를 만나기 이전에는 한 번도 자신을 죄인이라고 생각해 본 적이 없는 사람입니다. 그는 율법을 철저히 따르는 바리새인이요 가말리엘 문하생이었습니다. 예수를 만나기 전에는 자기는 의인 중에 의인이라고 확신했으며, 선을 행한다는 명목으로 그리스도인들을 박해했습니다. 만약 예수를 만나기 전에 자신이 죄인임을 알았다면, 스스로 죄인이라고 고백하는 기독교인들의 말에 귀를 기울였을 것입니다.

둘째, 14절의 "팔렸도다"라는 동사를 포함해 오늘 본문을 헬라어 원문으로 보면, 동사의 시제가 모두 현재형으로 되어 있습니다.

셋째, 우리는 모두 하나님의 자녀 된 사람들입니다. 그런데 그런 우리가 죄의 공격을 받지 않습니까? 매 순간 죄가 우리를 공격하고 지배할 때가 있음을 우리 스스로 알고 있습니다.

바울이 예수 믿기 전의 상태를 고백하는 것이라고 주장하는 사람들은, 예수 그리스도를 믿고 구원받으면 죄를 지을 수도 없고 악을 생각할 수도 없다고 주장합니다. 이런 사람들은 세 부류 가운데 하나입니다. 첫째, 예수 그리스도와 같은 완전한 성자입니다. 둘째, 철저한 위선자입니다. 마음속에는 온갖 더러운 것이 있으면서 겉으로는 전혀 없는 척하는 것입니다. 셋째, 아직까지 죄와 인간의 속성에 대해 모르는 사람입니다. 《천로역정》을 쓴 존 번연은 예수님을 만나 구원의 기쁨을 얻었으나, 그 기쁨은 잠시였고 예수님을 믿는다는 것 때문에 절망과 고통을 겪기 시작했습니다. 분명 예수님을 믿어 하나님의 자녀가 되었는데 죄에 대한 생각이 날마다 차올랐습니다. 이 죄를 아무리 떨쳐 버리려고 해도 떨쳐 버려지지 않았습니다. 그는 너무나 고민스러워 마을의 젊은 목사를 찾아가 상담을 했습니다. 그런데 그 목사가 "당신은 구원받지 못했습니다"라고 하는 것이었습니다. 번연은 실망하면서 다시 물었습니다. "내가 아무리 노력하고 애써도 내 마음속에서 죄와 악이 떠나지 않는다면, 저는 하나님께로부터 저주받은 자, 버림받은 영혼이 아니겠습니까?" 그랬더니 목사님이 한참 쳐다보다가 곤란한 표정을 지으며 "형제여, 대단히 안됐지만 그런 것 같습니다"라고 했습니다. 그 말을 듣고 번연은 쉽사리 일어설 수가 없었습니다. 그 후 번연이 복음의 진리를 다시 깨닫고는 친구에게 이렇게 말했습니다. "그 목사님은 신학적 이론에는 밝을 수 있지만, 죄와 인간에 대해서는 모르는 사람이다."

우리는 구원을 받았음에도 우리 안에는 선한 마음, 아름다운 생각만 차 있지 않습니다. 시시각각으로 나쁜 것을 생각하고, 온갖 죄가 우리를 지배하고 있습니다. 그렇다면 구원은 무익한 것입니까?

믿지 않는 사람들이 구태여 하나님을 믿고 구원받아야 할 이유가 무엇입니까? 이에 대해 바울은 "우리 주 예수 그리스도로 말미암아 하나님께 감사하리로다"라고 대답합니다.

우리 주 예수 그리스도로 말미암아 하나님께 감사하리로다 그런즉 내 자신이 마음으로는 하나님의 법을 육신으로는 죄의 법을 섬기노라(25절)

죄 때문에 절규하던 바울이 갑자기 예수 그리스도로 말미암아 감사드린다고 말하고 있습니다. 그다음 구절을 이해하기 쉽게 풀어 보면, 내가 비록 육신으로는 죄의 법을 섬기지만 내 마음으로는 하나님의 법을 섬긴다는 의미입니다. '섬기다'에 해당하는 헬라어 '둘류오δουλεύω'는 종을 뜻하는 '둘로스'에서 나온 말입니다. 즉, 내가 비록 죄 가운데 빠져 있지만 내 마음이 하나님의 법의 종이 되어 있는 한 문제없다는 것입니다. 어떻게 이런 말을 할 수 있습니까? 로마서 8장 1-2절에 그 답이 나와 있습니다. 사실 바울은 8장 1-2절을 말하고 싶어서 7장 14절부터 지금까지 이야기한 것입니다.

그러므로 이제 그리스도 예수 안에 있는 자에게는 결코 정죄함이 없나니 이는 그리스도 예수 안에 있는 생명의 성령의 법이 죄와 사망의 법에서 너를 해방하였음이라(롬 8:1-2)

예수 그리스도께서 이미 십자가에서 구원을 완성하셨습니다. 그러므로 내 마음이 주님을 향해 방향이 고정되어 있는 한, 내 삶과 육신이 아직까지 죄의 간섭과 관행에 빠져 있다 할지라도 문제되지 않는 것입니다. 내 마음이 하나님의 법에 매여 있는 한 나의 부족한 부분을 주님께서 당신의 의로 채워 주실 것이기 때문이고, 내 마음이 하나님의 법에 묶여 있는 한 아직까지 내 속에 남아 있는 죄의 잔재를 주님께서 말끔히 없애 주실 것이기 때문입니다.

문제가 되는 것은, 겉으로는 하나도 죄짓지 않는 것처럼 보여도, 내 마음이 하나님의 법에 묶여 있는 것이 아니라 죄의 법에 묶여 있는 것입니다. 죄의 법에 묶여 있으면 당장은 드러나지 않더라도 이미 죄의 노예가 되었기에, 속수무책으로 당하게 될 것이기 때문입니다.

7장을 마무리하면서 세 가지를 정리해 보십시다.

첫째, 그리스도인과 성화의 관계입니다. 구원받은 그리스도인이라면 반드시 거룩한 삶을 살아야 합니다. 이 성화는 율법의 완성으로 이루어집니다. 예수님의 말씀을 빌리자면, 율법의 일점일획도 빠짐없이 다 이뤄야 합니다. "하늘에 계신 너희 아버지의 온전하심과 같이 너희도 온전하라"(마 5:48)고 주님께서 명령하셨습니다. 따라서 우리는 온전한 삶을 살 수 있을 정도로 거룩해져야 합니다. 그런데 이 말씀은 피조물인 우리가 창조주인 하나님과 똑같이 온전하라는 의미가 아니라, 하나님께서 하나님으로서 온전하심같이 사람인 우리는 사람으로서 온전하라는 의미입니다. 개를 보고서 '저 개는 완전한 개'라고 한다면, 그 개가 사람과 같이 완전하다는 말이 아니라 개로서 완전하다는 말입니다. 도둑으로부터 집을 잘 지키고, 주인에게 인사를 잘 하고, 가급적 건강하게 지내 주면 완전한 개입니다. 사람으로서 완전하다는 것은 각자의 수준에서 완전한 것을 의미합니다. 예를 들면, 초등학교 3학년은 보통 세 자리까지 덧셈을 합니다. 그러나 어른은 천 단위, 만 단위, 억 단위도 계산할 수 있습니다. 억 단위 덧셈을 할 줄 아는 어른이 백 단위 덧셈을 하는 아이에게 무식하다고 야단칩니까? 그렇지 않습니다. 백 단위 덧셈을 할 줄 알면 3학년으로서 완전한 것입니다. 이 아이는 자기가 십만 단위의 덧셈을 할 줄 모른다고 절망할 필요가 없습니다. 왜냐하면 그 아이는 결코 무식한 것이 아니며, 배움의 길 위에 있는 한 언젠가 그 단계에 나아가게 될 것이기 때문입니다.

신앙의 수준도 사람마다 다릅니다. 신앙적인 면에서 초등학교 수준의 사람도 있고, 고등학교 수준의 사람도 있고, 대학교 수준의 사람도 있습니다. 우리가 온전해야 한다면 어떤 의미에서 온전해야 합니까? 초등학교 수준의 사람은 초등학교 수준에서 온전해야 합니다. 중학교 수준의 사람은 중학교 수준에서 온전해야 합니다. 우리가 장성한 신앙의 분량에 이르기까지 하나님의 법에 매여 있는 한, 절대로 정죄함이 있을 수 없습니다. 지금은 이 정도밖에 못하지만 1년이 지나면 그다음 단계를 할 수 있고, 또 시간이 지나면 그다음 단계를 할 수 있게 되기 때문입니다. 우리가 어떤 신앙의 수준에 있든지 절망할 필요도 없고 자만할 필요도 없습니다. 백 단위 덧셈을 하는 아이가 10년 후에도 그것을 할 줄 안다고 자만하면, 오히려 놀림거리가 될 것입니다. 우리의 최후의 목표는 이 땅에 오셔서 본이 되는 삶을 보여 주신 주님을 닮는 데 있기에, 우리의 수준은 끊임없이 상승되어야 합니다.

둘째, 그리스도인과 자기 발견의 문제입니다. 어떻게 바울이 이처럼 깊은 복음의 진리를 깨달았습니까? 자기 자신을 바로 알았기 때문입니다. 7절부터 가장 자주 나타나는 단어가 '내가', '나의', '내'라는 단어입니다. 25절까지 이 단어들이 총 서른다섯 번 나옵니다. 성경 전체에서 이 단어들이 가장 짧은 본문에서 가장 많이 나오는 부분이 이 대목입니다. 바울은 자신의 죄인 됨과 죄성을 선명하게 깨달았습니다. 그러고서 예수 그리스도를 바라보자, 그분이 그토록 고난당하고 돌아가신 이유가 자신이 해결할 수 없는 죄를 해결해 주시고 구원을 완성해 주시기 위함임을 알게 되었습니다. 이처럼 바울은 자신이 어떤 존재인지 철저하게 깨달음으로 주님과 늘 인격적으로 만나고 동행할 수 있었습니다.

내 이름을 경외하는 너희에게는 공의로운 해가 떠올라서 치료하는 광선을 비추리니 너희가 나가서 외양간에서 나온 송아지같이 뛰리라(말 4:2)

여기에서 "공의로운 해"는 예수 그리스도이십니다. 이 같은 주님께서 내 죄를 대신 지고 한 번 용서해 주시는 것으로 끝나는 것이 아니라, 비록 내가 죄에 빠져 있지만 나로 하여금 그리스도인으로 바르게 살아갈 수 있도록 치료하는 광선을 끊임없이 비춰 주십니다. 나의 실체, 나의 실상을 바르게 인식할 때에만 주님과의 인격적인 만남과 교제가 시작됨을 기억하시기 바랍니다.

셋째, 그리스도인과 갈등의 문제입니다. 예수님을 믿으면 마음속에 기쁨이 넘쳐야 하는데 오히려 갈등을 더 많이 겪게 됩니다. 그런데 이 갈등이 실은 하나님의 자녀 된 증거라는 사실이 중요합니다. 바울도 우리와 똑같았습니다. 그가 예수 그리스도를 믿고 하나님의 자녀가 되기 전에는 이런 갈등이 하나도 없었습니다. 그런데 예수 그리스도를 믿고 하나님의 자녀가 되고부터, 자신이 하나님의 자녀답지 못한 데 대한 갈등이 생겼습니다. 바꾸어 설명하면, 자신이 구원받았다고 하면서 지금까지 구원의 기쁨과 감격만 있고 한 번도 갈등을 겪어 본 적이 없다면, 그것은 구원받은 것이 아닌 것입니다.

바울은 자신이 구원받은 것을 확신하고도 자기가 원하는 바 선은 행치 않고 악을 행한다고 했습니다. 이때 악은 무엇입니까? 바울이 예수님을 만난 이후에 도둑질을 했습니까, 간음을 했습니까, 살인을 했습니까? 이런 차원이 아니라 하나님의 말씀대로 더 살지 못하고 있는 데에 고통스러워한 것입니다. 그런데 바로 이 갈등을 겪음으로써 그는 거룩한 삶을 완성할 수 있었습니다. 그는 자신에 대해 절망하고 슬퍼할수록 예수 그리스도만을 바라보았습니다. 그때마다 주님께서 치료하는 광선을 비추시고 당신의 의를 채워 주시고 당신의 능력으로 붙들어 주심으로, 더 성숙한 삶을 살아갈 수 있도록 바울을 이끌어 주셨기 때문입니다.

프랑스의 소설가 프루스트가 나팔꽃에 대해 이런 이야기를 했습니다. 나팔꽃은 줄을 타고 올라가면서 자라는데, 올라갈 때 줄기 끝이 줄을 휘감습니다. 줄기 끝부분이 더 위의 줄을 붙잡기 전에는 떨림이 있는데, 이 떨림이 없으면 나팔꽃 무게 때문에 땅으로 처지고 맙니다. 바람이 불지 않아도 계속 떨림이 있기 때문에 위의 줄을 잡을 수 있는 것입니다. 그래서 프루스트는 우리의 삶에도 갈등이 있어야 한다고 했습니다. 이 갈등으로 인해 비로소 보다 나은 위의 삶을 잡을 수 있기 때문입니다.

주일성수만 해도 신앙생활에 큰 거리낌이 없는 사람이 있다고 하십시다. 그런데 1년이 지나고 보니 주일성수만 해서는 안 됨을 느끼게 되었습니다. 자신이 예수 그리스도를 위해 살아야 함을 깨달아 주일에 교회 주차봉사할 것을 결단했습니다. 그런데 또 1년이 지나고 보니 그것만으로도 안 된다는 것을 다시 느꼈습니다. 이러한 갈등 때문에 우리가 계속 위의 줄을 잡으면서 그리스도의 장성한 분량이 충만한 데까지 이르는 것입니다. 우리가 지키지 못할 것을 뻔히 알면서 백 번 결단한들 무슨 소용이며 하나님 앞에 더 죄만 느끼는 것이 아닌지, 그럴 바에야 애초에 결단하지 않는 것이 낫지 않은지 질문할 수 있습니다. 그러나 이것은 초등학생이 계속해서 초등학생으로 머무르려 하는 것과 같습니다.

갈등해야 합니다. 결단해서 못 지켜도 괜찮습니다. 우리가 온전한 그리스도인이 되기 위해 하나님께 매인 바 된 한은, 하나님께서 우리를 절대 정죄치 않으십니다. 하나님께서는 결단하는 우리의 마음을 언제나 기뻐 받아 주시고, 우리가 결단한 것을 지키지 못한다 해도 하나님께서 치료하는 광선을 비춰 주시고 당신의 의를 채워 주셔서 그 갈등을 통해 더 성숙할 수 있도록 우리를 인도해 주십니다. 지금 우리가 겪고 있는 갈등을 더 성숙한 그리스도인이 되기 위한 뜀틀로 삼으십시다. 그러면 사도 바울이 누렸던 기쁨과 확신이 분명 우리의 것이 될 것입니다.

1 믿음으로 말미암아 살리라

이재철 목사의 로마서

1 We'll Live by Faith
The Romans of LEE Jae Chul

지은이 이재철
펴낸곳 주식회사 홍성사
펴낸이 정애주
국효숙 김의연 박혜란 손상범
송민규 오민택 임영주 차길환

2015. 5. 15. 초판 발행   2024. 4. 15. 11쇄 발행

등록번호 제1-499호 1977. 8. 1.
주소 (04084) 서울시 마포구 양화진4길 3   전화 02) 333-5161   팩스 02) 333-5165
홈페이지 hongsungsa.com   이메일 hsbooks@hongsungsa.com
페이스북 facebook.com/hongsungsa
양화진책방 02) 333-5161

ⓒ 이재철, 2015

ISBN 978-89-365-1091-6 (04230)
ISBN 978-89-365-0542-4 (세트)